国家出版基金项目
NATIONAL PUBLICATION FOUNDATION

国家社会科学基金重大项目成果
湖南大学哲学社会科学高水平著作

中國經學史

清代編

姜广辉◎著

CTS
岳麓書社·長沙

清代编

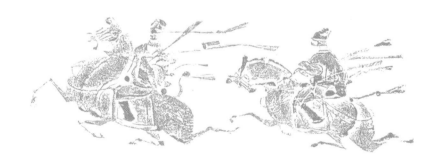

目录

第四十五章
清代经学的演变

对于清代学术，学者通常将它分为三个阶段：一是清初对理学批判与总结的思潮（或称"反理学思潮""早期启蒙思潮""经世致用思潮"等）；二是清中叶的考据学思潮（或称"乾嘉汉学思潮"）；三是晚清的今文经学思潮。无论从哪种意义上说，清代学术思想史的这三个发展阶段都是很明显的。然而这三个发展阶段又是一脉相承的。如果对这三个发展阶段做一整体概括的话，我们也许可以从经学思想发展的视角出发，统称之为"清代经典考据学"。

现代学术界习惯于将社会史断代的方法用于学术史断代，准此，也就有宋明理学与清代经典考据学的划分。但学术思想有其自身的发展脉络与理路，明清之间的朝代划分并不能将学术思想史的绵延与联系一刀分开。具体地说，理学思潮与经典考据学思潮之间实际呈现一种相互交错的发展关系，理学思潮在清代虽呈颓势，但仍传承不绝。而经典考据学思潮则一直可以上溯于明代中期的杨慎、梅鷟之时。

清代儒者所面对的是这样一个时代，首先是宋明理学所带来的学术流弊使得哲学义理学进路本身受到了极端的轻视与深刻的质疑，以致清初的顾炎武说出下面一番话来："刘石乱华，本于清谈之流祸，人人知之。孰知今日之清谈，有甚于前代者。昔之清谈谈老庄，今之清谈谈孔孟，……不习六艺之文，不考百王之典，不综当代之务，举夫子论学论政之大端，一切不问，而曰'一贯'，曰'无言'，以明心见性之空言，代修己治人之实学，股肱惰而万事荒，爪牙亡而四国乱。神州荡覆，宗社丘墟！"[1]这就将儒家经典诠释史上的两次哲学义理学的进路全都否定了。清初的许多学者一方面总结和批判宋明理学，反省经典诠释的哲学义理学进路；一方面尝试走政治义理学与历史考证学相结合的进路，如顾炎武所采取的就是这样一种治学路线。然而此后的历史证明，这条路走不通。其中原因，一方面是清初学者所标榜的经世致用之学，除黄宗羲《明夷待访录》等少数著作提出了一些新的思想主张之外，大多属于以往的实际政治历史经验，并没有多少新意，而且未必切于时用。另一方面，随着国家政治形势的稳定，清王朝加强思想统治，大兴文字狱。而至乾嘉之时，中国社会又进入了历史上少有的盛世，乾隆皇帝一人统治中国长达六十余年之久，他以"十全老人""文武全才"的圣君自居，而一般士儒皆心知肚明：处此时代儒者于政治已无可置喙；文弱书生面对强权政治，以文议政，不仅无益于世，还有可能招致杀身灭门之祸。龚自珍"避席畏闻文字狱"的诗句道尽了当时儒者的心境。这也清楚地表明：当此之时，经典诠释的政治义理学进路也是行不通的，而剩下的就只有一条历史考证学的进路可走了。

时贤重新探讨乾嘉学术的成因，否认文字狱与乾嘉考据学兴盛的关联，而归结于传统文化学术发展积累等原因。前人将乾嘉学术的成因完全归结于文字狱的政治高压政策，或许失之简单片面，但若认为清廷的文字狱政治高压政策与乾嘉时期考证学风的形成毫无关系，也是值得商榷的。

我们可以把清代学术思想史看作这样一个过程：一方面，它表现为对宋明经学的理学诠释体系的"解构"，另一方面它又表现为力图"重构"新的经学思想体系。当经学的理学解释体系被解构后出现了这样一个问题：取代理学的新的经学思想体系是什么，新兴的考证之学是否就是新经学思想体系的表现形态？回答是否定的。考证之学只是一种方法之学，它着眼于具体历史事实的说明，而并不着眼于哲学思想体系的建构。虽然如戴震曾提出"以情絜情"的思想原理，凌廷堪曾提出"以礼代理"的理论构想等，但都未能建构起足以与宋明理学相抗衡的思想体系。整个清代，学者们未尝不在努力打造一种新的经学思想体系，但直到清末的康有为才算有了新的经学思想体系的雏形。康有为以今文经学为载体，吸收西方的民主思想、宪政理论与逻辑论证方法等，建构了一种近代的儒家经典诠释学，以因应他所倡导的维新变法的政治需要。

清代学术思想的发展，应该说是符合中国学术思想本身的逻辑进程的。然而打开国门，与当时欧洲的学术思想界相比较，中国此时的学术思想却显得相当陈旧与落伍。因此，随着"戊戌变法"的失败、"辛亥革命"的发生、新政府"废除尊孔读经"政令的发布，康有为所建构的新的经学思想体系很快被急遽变化的时代大潮冲刷掉了。中国传统的学术思想不能适应、也不能指导中国近代化的进程。康有为新经学思想的提出，使得儒家经典诠释有了一线向近代创造性转型的生机，然而当时社会历史发展竟如此之快，当西方文化排闼而入之时，传统的经典文化便像纸糊的房子一般被轻易地撕碎了。

清人学问超迈前人，然于哲学思想则少有建树。传统文化若无强有力的哲学体系作为思想支撑，便不能得到其应有的地位。乾嘉诸老以学问自矜，而排斥哲学义理；能做到"善读书"，而不能做到"善读世"，民族传统文化于晚清之际开新乏力，甚且不能自守，乾嘉诸老难辞其咎。正因为如此，我们或许可以说，传统的经典文化非终结于晚清、民国之际，而终结

于乾嘉诸老之时。

第一节　清代初期对理学的总结与批判思潮

传统学术将儒家经学分为"汉学"和"宋学"两大类，《四库全书总目·经学总论》说儒家经学"要其归宿，则不过汉学、宋学，两家互为胜负。夫汉学具有根柢，讲学者以浅陋轻之，不足服汉儒也。宋学具有精微，读书者以空疏薄之，亦不足服宋儒也"[2]。表面上看，四库馆臣在汉学与宋学之间采取了一种调停两可、公正持平的意见，而实际上四库馆乃汉学家之大本营，四库馆臣们的立场基本是站在汉学一边的，而此时汉学已经在学术界取得了决定性的胜利。正因为如此，四库馆臣在评论宋学时，显得相当的温和。然而在清初，当学术思潮由宋学向汉学过渡、转变的时期中，学者与思想家们对宋学的批判却是异常激烈的。

这里，我们有必要对宋学的兴起与演变作一简略回顾。宋代思想家们为了抵制佛老思想的影响，复兴传统儒学，对儒家经典作了许多创造性的诠释，由此建构和发展了儒家的道德性命之学，亦即学者通常所说的"道学"或"理学"。但思想家们在创立理学思想体系之时，在许多方面吸收了佛老思想的心性理论，这又被后世儒者视为"受病之源"，它导致了理学在此后的发展过程中向"空虚"一途演变，由此产生了许多社会流弊。关于此点，我们从明中叶杨时乔对阳明后学罗汝芳的批评中可见一斑："佛氏之学，初不溷于儒，乃汝芳假圣贤仁义心性之言，倡为见性成佛之教，谓吾学直捷，不假修为，于是以传注为支离，以经书为糟粕，以躬行实践为迂腐，以纲纪法度为桎梏，逾闲荡检，反道乱德，莫此为甚！"[3]而从明中叶开始，学术界出现了一批倡导古学、以考据相尚的学者，如杨慎、梅鷟、陈耀文、胡应麟、陈第等人。但当时阳明之学风靡天下，新兴的考据之学尚不足以与之抗衡。

历史的必然性总是由偶然性为其开辟道路的，明清鼎革这一重大的历史事件促发了清代学者的深刻反省与检讨，他们痛定思痛，深感理学空疏无用，当时的儒者颜元就批评明末理学名臣"无事袖手谈心性，临危一死报君王"[4]。明王朝的覆亡给予了清初学者以巨大的刺激，由此在学术界掀起一股批判理学的思潮。这一批判理学思潮的最大特点是反形上学的，当时许多有影响力的学者致力于"解构"宋明理学的道德形上学，而其矛头所向，不仅仅是陆王心学，而且是直指当时在经典诠释上占主导地位的程朱理学。

这里我们有必要对宋明理学的道德形上学的特点作一了解。如果说儒家元典的基本内容是关于伦理道德的论说，那理学的诠释主旨则在于为这些伦理道德的论说寻找意义的源头，建立形而上的心性本体。正因为如此，理学家心性理论便有一种二元对立的特征，比如理与气、性与情、理与欲、公与私、道心与人心、本然之性与气质之性的截然对立。一个方面被抽象化、形上化，成为信仰与体认的对象；而另一方面则被加以贬抑，作为现实社会的流弊受到批判。与原始儒学相比，理学重体认而轻践履，重境界而轻实际，因而其意义的追求不免因"蹈空"而失落。

在清初对理学的总结与批判思潮中，有一批重要的代表人物如黄宗羲、颜元、陈确、王夫之、顾炎武、阎若璩、胡渭等。这些人的学术思想特点各不相同，然而大体可以分为两大类：一类所讨论的内容虽然仍是宋明理学的议题，但在许多带根本性的问题上站在宋明理学家的对立的立场上，即他们虽然表面看上去仍在使用理气心性一类理学概念，但基本上不承认有所谓超越的形而上本体,黄宗羲、颜元、陈确、王夫之等人属于这一类型的代表。另一类是新型的考据之学,此学对于宋明理学的理气心性一类议题很少有兴趣。虽然考据学在清初的影响还不算很大,但它对以后乾嘉时期的学者起了一种典范的效应。顾炎武、阎若璩、胡渭三人便是此一类型学者的代表。三人之中,顾、阎二人学术更具典范的意义,因此学者往往以顾、阎并提。[5]下面我们对清初这七位学者的学术思想及其社会影响作一扼要介绍。

(一)黄宗羲、颜元

在批判理学的学者中,南方以黄宗羲所代表的浙东学派和北方以颜元、李塨所代表的颜李学派影响最大,以至于清人方苞将黄宗羲、颜元捆绑在一起评论说:

> 夫学之废久矣,而自明之衰则尤甚焉。某不足言也,浙以东则黄君梨洲坏之,燕赵间则颜君习斋坏之。盖缘治俗学者,懵然不见古人之樊,稍能诵经书、承学治古文,则皆有翘然自喜之心。而二君以高名耆旧为之倡,立程朱为鹄的,同心于破之,浮夸之士皆醉心焉。[6]

方苞是程朱派学者,而且是当时人感于当时之事。他深感于黄宗羲、颜元之学对程朱理学所起的破坏性作用。这种破坏性作用已经大大动摇了程朱理学在儒家经典诠释上的权威地位。

我们之所以将清初学术特点概括为"对理学的总结与批判思潮",是说清初学者对理学思想的清算是通过"总结"与"批判"两种形式进行的。从总结理学的意义上讲,黄宗羲是典型代表,他通过《宋元学案》《明儒学案》两部学术史著作来评述、总结宋元明时期的学术思想，并通过其评述和总结来"解构"程朱理学的形上学体系。而从批判理学的意义上讲，颜元是典型代表。他通过《四存编》等著作系统批判挞伐理学的"尚虚"的世界观，而主张回到周公、孔子的"尚实"之学。

（二）陈确、王夫之

陈确与王夫之是清初的两位重要思想家，但当时学者对他们的学术思想所知甚少，原因是他们的著述在当时皆未刊行流传。王夫之的著作于晚清时才被发现与刊行，而陈确著作的发现与整理出版还是近几十年的事情。

陈确与黄宗羲皆出明末大儒刘宗周门下，为同门之友。黄宗羲《明儒学案》曾对陈确思想有所介绍。陈确曾著《大学辨》，辨《大学》一书非圣经。《大学》与《中庸》本是小戴《礼记》中的两篇，由于程朱等理学家大加表彰，于是表而出之，并上升为圣经。此二书与《论语》《孟子》并称"四书"，并逐渐驾于五经之上。在理学家的思想中，《大学》一书具有特殊的地位，朱熹认为，在读儒家五经之前，应先读四书；而在四书之中，又要人先读《大学》。他说："我平生精力尽在此书，先须通此，方可读书。"[7]朱子的思想对后世影响最深远的莫过于"格物致知"论，而此论所凭借的即是《大学》。明代阳明学崛起，与朱学争胜，其在经学上的表现，就是古本、新本《大学》之争。陈确将此类纷争一切廓清，认为理学家根本之误在于以《大学》为圣人之书，并声言："还《学》《庸》于戴《记》，删性理之支言……出学人于重围之内。"[8]

陈确与王夫之的思想有一个共同之处，即他们都激烈抨击宋明理学的"存天理，灭人欲"的思想主张。陈确说："确尝谓人心本无天理，天理正从人欲中见，人欲恰好处，即天理也。向无人欲，则亦并无天理之可言矣。"[9]理学的许多理论都建立在"天理是人心之本"的虚假命题上，陈确"人心本无天理……向无人欲，则亦并无天理之可言"一句，则将整个理学基础否定了。

王夫之的观点与陈确有相近之处，他认为，"理"寓于"欲"中，没有"欲"，"理"也不复存在了。他说："有欲斯有理。"[10]"礼虽纯为天理之节文，而必寓于人欲以见。……故终不离人而别有天，终不离欲而别有理也。"[11]王夫之甚至把"欲"当作积极用世的杠杆和动力，"吾惧夫薄于欲者之亦薄于理，薄于以身受天下者之薄于以身任天下也"[12]。这一观点最能击中程朱理学要害，程朱理学天天讲"天理"，而不知人要发展、创造也是"天理"。

（三）顾炎武、阎若璩、胡渭

当理学体系的大厦在清初学者的总结与批判声中开始坍塌之时，明中叶以降的考证之学却在清初得以延续发展，其代表人物即是顾炎武、阎若璩、胡渭等人，他们是与黄宗羲、颜元等人不同的另一类学术思想的代表。如果说黄宗羲、颜元等人对宋明理学的总结与批判是一种"解构"的话，那似乎还不是彻底的解构，因为他们都想在理学的废墟上重建自己的哲学体系。如果说顾炎武、阎若璩、胡渭的新型的考据学是一种"重构"的话，那倒是一种彻底的"解构"，因为它完全转变了理学的议题和学术形态。下面我们再看顾、阎、胡三人对宋明理学一些重要议题的否定性意见。顾炎武说：

> 理学之名，自宋人始有之。古之所谓理学，经学也，非数十年不能通也。故曰："君子之于《春秋》，没身而已矣。"今之所谓理学，禅学也，不取之五经而但

资之语录，校诸帖括之文而尤易也。[13]

这是一段极耐人寻味的文字，反映了一代宗师转移学术方向的智慧。顾炎武不像其他学者那样直接攻斥理学、道学名目，而是故意对之作了一种宽泛的理解，然后在主词不变的情况下，调换了述词，以古之理学与今之理学相对，而所谓古之理学，是指"非数十年不能通"的经学，这显然是指汉儒的学术。当时理学虽已呈"风靡波颓不可挽"之势，但在学界、政界仍有很强的势力，顾炎武指示这一新的学术变迁途径是最无痛苦、最易接受的。这是因为，晚明王学末流"束书不观，游谈无根"，学者思以补偏救弊，自然同情朱熹读书穷理的"道问学"主张。朱熹本有表彰汉儒的言论，尽管顾炎武隐以汉学为正宗，但朱学学者并不感到他的提法太唐突。因此顾炎武"理学，经学也"的思想，可以视为宋学向汉学过渡和转换的契机。

理学自称是"圣学"，道统论是它的中心支柱，以至于清人汪廷珍为理学下了这样一个定义："虞廷以十六字之心法衍道统，而理学乃得承于后代。理学者，道统所由寄也。"[14]从唐中期的韩愈到北宋的理学家，讲"道统"的大有人在，但并无人指陈"道统"的具体内涵。南宋朱熹从伪《古文尚书·大禹谟》中拈出"人心惟危，道心惟微，惟精惟一，允执厥中"十六字作为"道统"的具体内涵。他说："尧、舜、禹所传心法，只此四句。"[15]因而此四句也就成为理学著名的"道统心传"，或曰"十六字心传"，它作为"千载不传的圣贤之奥"为理学家所发明，揭橥于世。叵是，清代学者阎若璩作《尚书古文疏证》，考证《古文尚书》为伪书，所谓"虞廷十六字"乃抄撮《荀子》和《论语》而成。《古文尚书》既被考证为伪作，便不复具有圣经的地位，则数百年来所称之"圣学心传"亦即失去根据。理学家所苦心孤诣建构起来的道统论，也因之黯然失色了。

周敦颐被理学家尊为"道学宗主"，他的功绩在于"奋乎千有余载之下，超然自得，建图立书"[16]。所谓"建图立书"，是指他著有《太极图说》和《通书》。《太极图说》巧妙地把太极、阴阳、五行、四时、万物等观念整合起来，组成一个和谐的宇宙图画，数百年来，一直作为理学世界观的基本模式。《通书》（原名《易通》）阐发《太极图说》，提出"是万为一，一实万分"[17]，是理学"理一分殊"思想的最初表达方式。《太极图说》和《通书》的内容在于解释《周易》，宋明理学家之言易学者多宗之。清代学者黄宗炎著《图学辨惑》、毛奇龄著《太极图说遗议》、朱彝尊作《太极图授受考》、胡渭著《易图明辨》，考证《太极图》出自五代道士陈抟的《无极图》，而《无极图》一本于《道藏·真元品》，一本于圭峰宗密的《禅源诸诠集都序》，而总出于《周易参同契》。他们的考证在当时以及后世很有影响，这等于揭露理学所谓孔孟"圣学道统"是假，而援袭老释二氏"异学"是真。在此数书中，胡渭的《易图明辨》可以说集图学考辨之大成。

（四）清初经世致用思潮的蜕变

清初对理学总结与批判思潮之另一面，又表现为经世致用思潮，因为清初学者惩于明末士人空疏之习，多以经世致用为治学宗旨。但从康熙末年开始，对理学总结与批判的思潮或经世致用思潮已进入了退潮期，而逐渐过渡到以经典考据学为主的时期。下面我们举出顾炎武弟子潘耒和颜元弟子李塨两人的例子来说明此点，在当时，他们已经感受到考据学思潮的压力，各自表明自己的态度。

我们先来看潘耒的例子，潘耒称其师所作《日知录》说：

"此书非一世之书也，魏司马朗复井田之议，至易代而后行；元虞集京东水利之策，至异世而见用。立言不为一时，《录》中固已言之矣。异日有整顿民物之责者，读是书而憬然觉悟，采用其说，见诸施行，于世道人心实非小补。如第以考据之精详、文辞之博辨叹服而称述焉，则非先生所以著此书之意也。"[18]然而到了乾隆时期，潘耒的见解已不能为四库馆臣所认同。更准确地说，四库馆臣的意见与潘耒正好相反，他们肯定顾氏的考据学成就，对其经世致用之学却不以为然。《四库全书总目》于《日知录》条下批评顾氏说："惟炎武生于明末，喜谈经世之务，激于时事，慨然以复古为志。其说或迂而难行，或愎而过锐，所作《音学五书后序》至谓'圣人复起，必举今日之音而还之淳古'，是岂可行之事乎？潘耒作是书序，乃盛称其经济，而以考据精详为末务，殆非笃论矣。"[19]

我们再来看李塨的例子，李塨为北方学者，二十一岁时师事颜元，接受颜元的习行经济之学；三十七岁时南游，一路宣传师说，使颜元学说"发扬震动于时"。与此同时，李塨受毛奇龄、王复礼、阎若璩、万斯同等人的影响重视考据之学。如李塨自己所说："予自弱冠庭训外，从颜习斋先生游，为明德亲民之学。……迨年几四十，始遇毛河右先生，以学乐余力，受其经学。后复益之王草堂、阎百诗、万季野，皆学穷二酉，助我不逮。然取其经义，犹以证吾道德经济。"[20]在李塨看来，经典考据之学有助于阐发论证道德经济之学。李塨南游归来，曾以此观点向其师颜元质学，颜元规劝他勿染南方名士之习，流于书生之见，颜元说："幼而读书，长而解书，老而著书，莫道讹伪，即另著一种四书五经，一字不差，终书生也，非儒也。……仆谓古来诗书不过习行经济之谱，但得其路径，真伪可无问也，即伪亦无妨也。今与之辨书册之真伪，著述之当否，即使皆真而当，是彼为有弊之程朱，而我为无弊之程朱耳。不几揭衣而笑裸、抱薪而救火乎？"[21]但李塨重染考据风习，并未能听从颜元的规劝，以致后来如他自己所说"流连三古经成癖"。由此可见，风气之移人，虽卓荦可观之士亦有所不免。

第二节　清代中期的经典考据学思潮

当我们将有清一代学术统称为"经典考据学"的时候，似乎有意淡化了清初与晚清经学思想的特点，而当我们说"考证之学只是一种方法之学"的时候，似乎又在贬低考据学的价值。笔者的意思是说，清代学术虽有三个发展阶段，而考据学最足以代表清学的特点。考证之学虽然只是一种方法之学，其方法论的特点和意义也颇值得玩味与探索。

（一）明清考据学的发展过程

过去学者谈到考证之学，一般皆从清初的顾炎武说起。20世纪80年代初台湾学者林庆彰先生的《明代考据学研究》一书出版，该书以翔实的材料说明：清代的考据之学直承了明中叶杨慎等人开创的考据之风。这个观点逐渐被学术界所认同和接受。

考据之学又叫考证之学、考核之学。中国古代学术，特别是儒家学术，从治学方法上分类，主要有所谓义理之学与考据之学。在汉代以后的儒学发展史中，有所谓汉学与宋学之分。汉学偏重考证之学，宋学偏重义理之学。而清代桐城派认为，词章之学在学问上的地位亦不可轻视，因而将学问之道分为义理之学、考据之学、词章之学三个面向，主张三者的统一。

考证之学虽兴盛于明清，但其远源可以追溯于汉代的郑玄。《四库全书总目》于郑方坤《经稗》条下谓：

> 汉代传经，专门授受，自师承以外，罕肯旁征。故治此经者，不通诸别经；即一经之中，此师之训故，亦不通诸别师之训故。专而不杂，故得精通。
>
> 自郑元（玄）淹贯六艺，参互钩稽，旁及纬书，亦多采摭，言考证之学者自是始。宋代诸儒，惟朱子穷究典籍。其余研求经义者，大抵断之以理，不甚观书。故其时博学之徒多从而探索旧文，网罗遗佚，举古义以补其阙。于是汉儒考证之学遂散见杂家笔记之内，宋洪迈、王应麟诸人，明杨慎、焦竑诸人，国朝顾炎武、阎若璩诸人，其尤著者也。
>
> 夫穷经之要在于讲明大义，得立教之精意，原不以搜求奇秘为长。然有时名物训诂之不明，事迹时地之不考，遂有凭臆空谈，乖圣人之本旨者。诸人于汉学放失之余，捃摭而存一线，亦未始非饩羊之遗也。[22]

西汉儒者传经，讲求师法、家法，师说定于一是，不作两歧之论，故无旁征博引之需，因而也无所谓考证之学。师法废而求圣人作经之本意，说者纷纭，圣人不能复起而是正，于是不得不折中群言，而立一说。汉代从事考证之学者，其人非一，而以郑玄为代表。然郑玄当时所折中之文献早已遗佚，是郑玄之考证学已不可考。

宋代理学兴盛，本不重考证之学。洪迈《容斋随笔》、王应麟《困学纪闻》属札记考证著作，虽于经史学问多有裨补，但尚不足以影响一代学术风气。

明中叶以后，陈白沙、王阳明心学逐渐风靡天下，与当时占思想统治地位的程朱理学互争短长，门户之见甚深。而于此时学术界悄然兴起一股杂考之风，此派学者鄙视理论虚谈，崇尚学问实证。此类学者之间，读书多、涉猎广者往往受人尊崇，而杨慎、焦竑、胡应麟、陈耀文、陈第诸人为一时之彦。考此派兴起之因，乃由社会长期稳定，经济繁荣，刻书、藏书之业兴旺，缙绅之士以诗书传家为荣耀，当时在经济富裕、文化发达地区，学者聚书、诵书、抄书、著书成为风气，由此形成一种考证之学产生、成长的文化氛围。

清初学者在批判理学形上学的同时，又倡导经世致用之学，但经世致用之学不能凭空建立，必有资于历史文献的考订，因而他们的学术活动与思想主张在客观上为考据学的进一步拓展清理了地盘。明代杨慎诸人有以考据学自娱的倾向，其学虽称博洽，然识断尚欠精审。清世学者经过了社会巨大变迁的历练，学问转趋深沉，顾炎武、阎若璩诸人至乾嘉诸老，确立了精核邃密的考据学方法的新典范，考证之学由是蔚为大观。

（二）明清考据学发展两大阶段及其特点

笔者以为，明中叶至清代考证之学的发展大体经历如下两个阶段：一是从求博到求真；二是从求古到求是。下面分别论之：

1. 从求博到求真

明人考证之学的特点可以"求博"二字概括之。明人从事考证，实事求是之意不足，而哗众取宠之心有余。所谓"求博"，即以博奥夸耀于世，如《四库全书总目》所说："明人著书，好夸博奥，一核其实，多属子虚，万历以后风气类然。"[23] 在这方面，杨慎、胡应麟、何孟春、徐应秋等人比较具有代表性。李贽《正杨序》称："用修著《丹铅余录》等书，至数十百种，搜奇抉谲，撷采钩隐，皆世所骤闻，而学士大夫所望而骇叹者，以是声誉籍甚。"[24]清人万树《词律·发凡》批评杨慎说："总因好尚新奇，矜多炫博，遇一殊名，亟收入帙。如升庵以'念奴娇'为'赛天香'，'六丑'为'个侬'。《图谱》皆复收之，而即以杨词为式。"[25]胡应麟著书批驳杨慎考证之误，"以辨驳自矜"[26]，但错讹亦多不免。《四库全书总目》于《少室山房笔丛正集》条下批评胡应麟说："曰《丹铅新录》八卷，曰《艺林学山》八卷，则专驳杨慎而作，其中征引典籍极为宏富，颇以辨驳自矜，而舛讹处多不能免。"[27]又于《余冬序录》条下批评何孟春说："炫博贪多，有得辄录，往往伤于踳驳。"[28]又于《玉芝堂谈荟》条下批评徐应秋说："是书亦考证之学，而嗜博爱奇，不免兼及琐屑之事。"[29]以上之例，皆在指出明人考证之学"求博""嗜博""炫博"的特点。

入清以后，学者鄙弃明人治学的浮嚣之气，考证之学亦由求博转向求真。清初的顾炎武和阎若璩可称考据精审的典范。

顾炎武《日知录》和《音学五书》都是积学数十年的力作。顾炎武曾说："所著《日知录》三十卷，平生之志与业皆在其中，……有王者起，得以酌取焉，其亦可以毕区区之愿矣。"[30]在顾炎武看来，著书的目的在于备世之用，而不是为了夸能炫博。因此他不屑于罗列纷繁杂多的材料，而是有分析、有断制，去粗取精，去伪存真。《四库全书总目》卷一一九《日知录》条称："炎武学有本原，博赡而能通贯，每一事必详其始末，参其证佐，而后笔之于书，故引据浩繁，而抵牾者少，非如杨慎、焦竑诸人，偶然涉猎，得一义之异同，知其一而不知其二者。"[31]顾炎武特别重视证验的方法，力求名实相符，凡事有佐证方可立是非，无佐证则宁付阙疑而绝不师心自用。他不仅重视文献的考订，同时也很重视社会实际的考察，顾氏曾在其北游途中，"以二马二骡载书自随，所至厄塞，即呼老兵退卒询其曲折，或与平日所闻不合，则即坊肆中发书而对勘之"[32]。也正因为如此，作为其代表性的考据学著作——《日知录》一向为学林所推重。

顾炎武治学的基本方法是归纳法，这需要充分占有资料，比勘审核，旁推互证，寻绎离合异同之故，以求一以贯通之道。顾炎武所著《音学五书》即是运用此法的范例。《四库全书总目》卷四十二《经部·小学类三》于《诗本音》条下谓："即本经所用之音，互相参考，证以他书，明古音原作是读。……南宋以来随意叶读之谬论，至此始一一廓清，厥功甚巨。"[33]

阎若璩的考证之学更明确以"求真"为期许，他以一生精力考辨《古文尚书》之伪，当有人质疑他有"疑经"之嫌时，他鲜明地提出了"唯真是求"的治学主张。阎若璩《尚书古文疏证》卷二载：

> 或问曰："子于《尚书》之学，信汉而疑晋疑唐，犹之可也。乃信史信传而疑经，其可乎哉？"余曰："何经何史何传，亦唯其真者而已。经真而史传伪，则据经以正史传可也；史传真而经伪，犹不可据史传以正经乎？"
>
> 或又曰："晚出之《书》，其文辞格制诚与伏生不类，兼多脱漏，亦复可疑。然其理则粹然一出于正，无复有驳杂之讥。子何不过而存之乎？"余曰："似是而非者，孔子之所恶也；弥近理而大乱真者，朱子之所恶也。余之恶夫伪《古文》者，亦犹孔子、朱子之志也。"[34]

由以上论述可见，从明中叶到清初，考证之学经历了一个由求博转向求真的过程。

2. 从求古到求是

论及清代乾嘉时期的学术，学者公认惠栋、戴震为当时的学术宗师，又以二人之郡望分别称之为吴派和皖派，两派门生弟子中各有若干重要的学者。吴、皖两派学风，有"求古"与"求是"的分判，吴派标榜"求古"，皖派标榜"求是"。吴派稍早于皖派，戴震于惠栋为晚辈，是以吴派之"求古"主张已先流行于学林。而吴派之所谓"古"实指汉代，因此吴派学者治学，标帜"汉学"，以为学术宗旨所在。惠栋说：

> 汉人通经，有家法，故有五经师。训诂之学，皆师所口授，其后乃著竹帛。所以汉经师之说立于学官，与经并行。五经出于屋壁，多古字古言，非经师不能辨。经之义存乎训，识字审音，乃知其义，是故古训不可改也，经师不可废也。[35]

先秦经籍多用假借字，只有经师能正其字，明其义。通经必由训诂，此等训诂之学，起初由经师代代口授，后乃著于竹帛。而师弟子之授受，一字不敢出入，此即所谓"家法"。因为汉儒严守"家法"，才保证经典之大义不至于历久失真。当然，汉儒解经是否完全符合经典本义，也是一个问题。但是相对于后儒解经而言，可能更接近于经典本义。其道理正如惠栋后学钱大昕所说："诂训必依汉儒，以其去古未远，家法相承，七十子之大义犹有存者，异于后人之不知而作也。"[36]这清楚地说明了吴派学人宗信汉儒的理由，其理由可以概括为两点：一是汉儒"去古未远"，二是"家法相承"。这就保证了接近经典的本义。而这也是清代汉学家普遍的信念。惠栋的再传弟子江藩作《汉学师承记》论惠栋光复汉学之功，称惠栋"撰

《周易述》一编，专宗虞仲翔，参以荀、郑诸家之义，约其旨为注，演其说为疏，汉学之绝者千有五百余年，至是而粲然复章矣"[37]。同书中《国朝经师经义目录·易》又说："盖《易》自王辅嗣、韩康伯之书行，二千余年，无人发明汉时师说，及东吴惠氏起而导其源，疏其流，于是三圣之易昌明于世，岂非千秋复旦哉！"[38]吴派所标帜之"汉学"，不仅是一种考据学的方法，并且也在于祖述"汉时师说"。儒者解经，众说纷纭，莫衷一是。而在吴派学者看来，只有"汉时师说"才是一种正确的尺度。这正如另一位吴派学者王鸣盛所说："求古即所以求是，舍古无是者也。"[39]吴派学者其初只在批评宋儒以己意解经，故标帜"汉学"，以此自负，亦以此凌轹宋学。历史上对于每一部经典文本几乎都有许多不同的说解，如果我们找不到一种标准判断什么样的说解比较符合经典本义的话，那我们也许有理由认为汉儒的经说可能比较接近经典的本义，其理由也正如清代汉学家所说，汉儒"去古未远"，且有"家法相承"，这就使得其经说有可能接近经典本义。然而这一逻辑如果成立，那搜考和编辑汉儒的经注佚文，岂不成了清代经学研究的最高目标？惠栋吴派这种"唯汉是求""株守汉学"的治学方法势必要受到学者的责难。

而对吴派治学方法提出批评的主要是皖派学者。由于惠栋、戴震年代相接，戴震本人对惠栋又极其尊重，因而戴震生前并未对惠栋提出直接的批评。直接批评惠栋吴派治学方法的是戴震的后学。他们提出"求是"说，向吴派之"求古"说挑战，于是而有"求古"与"求是"两种不同学术观点的交集和论辩。焦循说：

> 学者述孔子而持汉人之言，唯汉是求，而不求其是，于是拘于传注，往往扞格于经义，是所述者，汉儒

也，非孔子也。而究之汉人之言亦晦而不能明，亦第持其言而未通其义也，则亦未足为述也。[40]

焦循所批评的正是吴派学者。王念孙、王引之父子也有与焦循相同的意见，王念孙说：

世之言汉学者，但见异于今者则宝贵之，而于古人之传授、文字之变迁，多不暇致辨，或以为细而忽之。[41]

而王引之则在回复焦循的信中说：

惠定宇先生考古虽勤，而识不高，心不细，见异于今者则从之，大都不论是非。……来书言之，足使株守汉学而不求是者，爽然自失。[42]

乾嘉学者，特别是皖派学者喜爱将自己的治学方法概括为"实事求是"，因而自许许人皆以此语为标尚。如钱大昕在《潜研堂文集》卷三十九《戴先生震传》称赞戴震："实事求是，不偏主一家。"[43]凌廷堪《校礼堂文集》卷三十《书汪荍文书中星解后》说："自宋以后，儒者率蹈虚言理，而不实事求是，故往往持论纰谬。"[44]阮元《揅经室集·自序》说："余之说经，推明古训，实事求是而已，非敢立异也。"[45]又于《揅经室三集》卷五《惜阴日记序》说："我朝儒者，束身修行，好古敏求，不立门户，不涉二氏，似有合于'实事求是'之教。"[46]汪中《述学》别录《与巡抚毕侍郎书》："为考古之学，惟实事求是，不尚墨守。"[47]

自班固表彰河间献王刘德的学术态度，称其"修学好古，实事求是"[48]，而在此后差不多两千年中间各种学术思潮与流派都不曾以"实事求是"作为治学的法门，因为此一期间魏晋的玄学、宋代的荆公新学、程朱理学、明代阳明心学等都是借解经的形式阐扬自家哲学或政治思想主张，而只是到了乾嘉时期学者始以"推明古训，实事求是"为治学宗旨。

这一方面表明对儒家元典的诠释自此进入了一个纯学术研究的领域，学者可以排除主观的政治预设和哲学预设，对元典作客观的、历史述原式的研究。而所谓"推明古训，实事求是"，是把对经典文本历史内涵的理解，建立在对古代文字学、音韵学、训诂学、名物制度学、天文地理学等许多学科的内在规律把握的基础之上。古代文字学、音韵学、训诂学等学科原是作为"小学"附丽于经学的，而在乾嘉时期这些学问都已发展成为缜密专精的学科。考证之学虽然由来已久，但只是到了清代乾嘉时期才发展出这些缜密专精的学科。因此，乾嘉学者，尤其是皖派学者的学术成就，与其说是在经学的研究方面，还不如说是在古代文字学、音韵学、训诂学等学科的研究方面，这正是所谓"附庸成大国"。从历史学研究的方法论而言，乾嘉时期的学术成就与方法，成为现代历史学研究的宝贵经验与资源。

清代考据学家多强调经典的本义，他们是否真的还原了经典的本义，此又另当别论。从解释者的立场而言，他们希望还原于历史，但旁征博引的结果会展现多种解释的可能性，许多时候人们很难判断哪种情况更符合历史本真。而经之作为经，是含有信仰的意义于其中的。而信仰需要唯一，需要确定。面对林林总总的不确定的答案，人们很难建立起对经典的信仰。于是，经典诠释变成了考据学的解剖实验，其最后的结果只剩下零碎的残肢，它再也不能作为活体而存在。正因为如此，梁启超对乾嘉学者的烦琐学风颇有微词，他在《中国近三百年学术史》一书中谈到"清代学者整理旧学之总成绩"时说：

平心论之，清代风尚所趋，人人争言经学，诚不免汉人"碎义逃难""说三字至二十余万言"之弊。虽其间第一流人物，尚或不免，承流望风者更不待言。所以在清末已起反动，现在更不消说无人过问了。他们若能把精力和方法用到别的方面，成就或者可以很大，仅用之几部古经，已觉十分可惜。即以经学论，讲得越精细，越繁重，越令人头痛，结果还是供极少数人玩弄光景之具，岂非愈尊经而经愈遭殃吗？依我看，这种成绩只好存起来，算做一代学术的掌故。[49]

梁氏以为，经学"讲得越精细，越繁重，越令人头痛……岂非愈尊经而经愈遭殃吗？"这确实是一个严重的问题。如果我们说考据学谋杀了经典，那也许并不为过。而此后的工作，就只有把经典制成木乃伊，放在历史的博物馆里陈列了。

第三节　清代后期的春秋公羊学思潮

清代后期，中国经历了一个从古代社会向近现代社会逐步转型的过程，而主导这一社会转型的思想理论是儒家的春秋公羊学。《春秋》作为儒家的五经之一，史称由孔子删述而成，后世儒者相信此书寄寓了圣人的道德准则和社会理想。自汉代始，儒者解释《春秋》主要有三部著作：今文经学的《公羊传》和《穀梁传》，加上古文经学的《左传》，由此而有儒家春秋学的三大学派。公羊学派与其他两个学派相比，采取一种古为今用、与时俱进的经典解释方式。因而此派学术在传承过程中提出了许多重要的理论，其中有三个重要的理论支柱：一是关于国家统一的"大一统"理论，即国家必须统一于以君主为最高领导的中央王朝；二是关于社会变易的"通三统"理论，即每一新的王朝必须改革旧的政治制度，建立新统，同时也参考和吸收前两朝的制度文化；三是关于历史进化的"张三世"理论，即认为社会历史的发展有三个大的阶段：由据乱世到升平世，最后到达太平世。

中国文化自古以来就有一种内在的因袭性特点。产生这种因袭性的主要原因，一是王权政治的世袭制度，二是家族伦理的孝道思想，两者有机结合在一起，便有根深蒂固的"祖制不能改"的观念，这种观念在相当程度上影响了中国社会的进步与发展。尤其是在社会面临重大的改革和转型时期，它往往成为保守政治势力的护身符和打击改革派的致命利器。这种因袭性特点在许多学术流派中都有所体现，在儒学中更有突出的表现。西汉时，董仲舒向汉武帝建议实行"罢黜百家，表章六经"的文化政策，并将春秋公羊学推上官方意识形态的崇隆地位。东汉时，何休又将公羊学理论进一步系统化和完善化。春秋公羊学以发明孔子"微言大义"为名义，提出"大一统""通三统""张三世"等重大政治理论，这为日后儒者"以经议政"预留了较大的讨论空间。这种理论的实际好处在于，它使那些试图推动"改制""变法"的人物有一个相对安全的港湾，退可以防止政治上的顽固保守派以"擅改祖制"的罪名加害自己，进可以解经的形式向最高统治者建言，使其接受"改制""变法"的主张，而有经典可据。秦汉之际，当社会由诸侯分裂局面向中央集权的"大一统"国家体制转型之际，公羊学理论发挥了积极的历史作用。两千年后，当古代社会向近现代社会转型之际，公羊学理论再一次发挥了它的历史作用。

当清王朝确立在全国的统治地位后，许多政治制度以祖训的形式固定下来，就像铁板一块，动也动不得。清代公羊学之所以在清代后期兴起，并且日益壮大，其政治上的针对性就是要将公羊学作为一种有力的杠杆，撬开压在统治阶级心头的那一块"祖制不能改"铁板。公羊学家抬出圣人孔子，讲所谓"张三世""通三统"的"微言大义"，实际就是要统治阶级能够改变观念：社会是不断进步的，是需要不断进行变革和改革的。

卡尔·马克思（1818—1883）身在欧洲，对于18世纪中叶至19世纪初的中国的情况有着清楚的认识，他说：

> 这个幅员广大的帝国，包含着差不多有三分之一的人类，它不管时势怎么变迁，还是处于停滞的状态，它受人藐视而被排斥于世界联系系统之外，因此它就自高自大地以老大天朝至善尽美的幻想自欺。……旧世界底代表以道德思想来鼓励自己，而最新社会底代表却争取那种以最贱的价格购买和以最贵的价格出卖的权利。[50]

在中国两千余年的君主专制社会的历史中，经历过许多次治世、衰世、乱世的循环交替发展，但当世界市场时代到来的时候，中国自编自导的"老大天朝"的历史剧再也不能循环往复地表演下去了。是的，这已经不同于某一历史朝代的"衰世"，这已经是整个君主专制时代的"衰世"。清代公羊学正是应此"衰世"的降临而产生和发展的。

清代公羊学萌生于乾隆时期，当时经典考据学正进入鼎盛的阶段，有一位曾作过皇子老师的常州籍学者，名叫庄存与，是他开创了清代春秋公羊学的新学脉。从思想史的角度看，庄存与的学术思想并不足为奇，但他对于清代后期春秋公羊学思潮的形成，却有一种渊源的关系。庄存与著有《春秋正辞》，此书大量引用汉代公羊学家的学说，打破了东汉何休之后千余年公羊学的沉寂，使这一独特的古代儒家学说重获新生，从而拉开了清代公羊学的序幕。著名学者钱穆分析清代春秋公羊学兴起的原因时说：

> 庄氏为学，既不屑屑于考据，故不能如乾嘉之笃实，又不能效宋明先儒寻求义理于语言文字之表，而徒牵缀古经籍以为说，又往往比附以汉儒之迂怪，故其学乃有苏州惠氏好诞之风而益肆。其实则清代汉学考据之旁衍歧趋，不足为达道。而考据既陷绝境，一时无大智承其弊而导之变，彷徨回惑之际，乃凑而偶泊焉。其始则为公羊，又转而为今文。而常州之学，乃足以掩胁晚清百年来之风气而震荡摇撼之。卒之学术、治道，同趋澌灭，无救厄运，则由乎其先之非有深心巨眼、宏旨大端以导夫先路，而特任其自为波激风靡以极乎其所自至故也。[51]

钱穆认为，庄氏之学最初不过是"清代汉学考据之旁衍歧趋"，部分合于史实。当时学者纷纷起来整理传统文献，从儒家经典扩及诸子百家等其他传统文献。此时庄存与研究和整理有关春秋公羊学的传统文献，那并不是一件唐突的事情，何况何休所著《春秋公羊经传解诂》早已被作为十三经注疏之一。当时学者也正是将庄存与的《春秋正辞》看作"说经之文"，看作一项对儒家经典文献的整理工作。如朱珪《春秋正辞序》说："义例一宗《公羊》，起应实述何氏，事亦兼资《左氏》，义或拾补《穀梁》，条例其目，属比其词，若网在纲，如机省括，义周旨密，博辨宏通，近日说经之文，此为卓绝。"[52]既然庄存与的《春秋正辞》属于乾嘉时期传统文献整理的工作之一，那它又为什么是"清代汉学考据之旁衍歧趋"呢？那是因为庄存与对于《公羊春秋》的研究整理并未循守乾嘉汉学"笃实"的考据学方法，而是拾取了公羊学家发明圣人"微言大义"的方法。而当时考据之学已渐陷"绝境"[53]，学术界缺乏有大智慧的人引导学术思想走向正轨，庄氏之学的出现，则将儒家经学的发展逐渐引向公羊学和今文经学的道路上来。钱穆不欣赏清代公羊学，以为其时代未能产生出伟大的思想家，使得庄存与偶然（"凑而偶泊"）在历史上扮演了一种不能胜任的思想导师的角色。而庄氏公羊学这一"学术怪胎"的产生，最终导致"学术、治道，同趋澌灭，无救厄运"。

在我们看来，清代公羊学的产生和发展并不是偶然的，既有当时社会政治的原因，也有经典文化发展的内在原因。首先，从社会政治方面的原因说，应归咎于清廷的政治高压。清廷的政治高压不仅是促使乾嘉汉学发达的重要原因之一，也是清代公羊学兴起的一个重要原因。这个道理并不难理解，乾嘉汉学讲究为学术而学术，不问政治，如章太炎所说："家有智慧，大凑于说经，亦以纾死。"[54]说白了，就是害怕讲政治招来杀身灭门之祸。公羊学家主张讲政治，却又不敢堂而皇之地明讲，而是战战兢兢地通过发明所谓圣人"微言大义"讲出来。这难道不是君主专制制度下的政治高压所产生的结果吗？龚自珍有诗句云："避席畏闻文字狱"，"万马齐喑究可哀"。正是当时触目惊心的文字狱，严重扼杀了人民的自由创造精神，这是我们必须郑重指出的。

当然，清代公羊学的产生也有经典文化发展的内在原因。儒家经学虽称博大精深，但面对社会不断发展而言，它又会常常显得不敷时用。特别是经典受文本文字的制约，不可能不受限制地表达某种新思想。公羊学家声称发明圣人"微言大义"，实际上就是为了突破经典文本的文字限制，表达他们对于政治时局的一些新思想、新见解。

具体到庄存与本人而言，他当时倡导春秋公羊学的思想动因是什么呢？在庄存与的时代，虽然考据学如日中天，但已开始暴露出它的缺陷：第一，考据学家反复宣传"由字以通其词，由词以通其道"的治经路径，由此治经路径果真可以认识"圣人之道"吗？第二，考据学家为考据而考据，脱离现实政治，那么，儒者的价值关怀和政治理念怎样持守与落实呢？

庄存与找到了公羊学，认为公羊学可以克服考据学这两大缺陷。首先，公羊学重视从《春秋》中探求圣人的"微言大义"，而圣人的"微言大义"实有在经典文献语言文字之外者，这就要求"于所书求所不书"。庄存与之倾心于讲求"微言大义"的春秋公羊学，其思想深处乃出于对当时考据之风的不满。庄存与自己便说过："自分文析字，繁言碎辞，日以益滋。圣人大训，若存若亡，道不足而强言，似是之非，习以为常，而不知其倍以过言。"[55]其次，公羊学强调政治参与性，儒者应尽其匡时济世的职责。庄存与推重公羊学，就是要借公羊学的"大一统"主张，宣扬其"拱奉王室"的思想，这与他的皇子老师的身份是非常切合的。然而，在当时考据学风靡天下之时，庄存与的学术思想并不为学界所关注。他自己虽然对考据之学有所不满，但也并未公然揭橥一面与考据学相抗衡的旗帜。

梁启超曾概述清代公羊学的授受发展脉络说：

今文学启蒙大师，则武进庄存与也。存与著《春秋正辞》，刊落训诂名物之末，专求所谓"微言大义"者，与戴、段一派所取途径全然不同。其同县后进刘逢禄继之，著《春秋公羊经传何氏释例》，凡何氏所谓非常异义可怪之论，如"张三世""通三统""绌周王鲁""受命改制"诸义，次第发明。……段玉裁外孙龚自珍，既受训诂学于段，而好今文，说经宗庄、刘，……往往引

《公羊》义讥切时政，诋排专制，……虽然，晚清思想之
解放，自珍确与有功焉。……今文学派之开拓，实自龚
氏。夏曾佑赠梁启超诗云："璱人（龚）申受（刘）出方
耕（庄），孤绪微茫接董生（仲舒）。"此言今文学之渊
源最分明。[56]

在我们看来，清代后期春秋公羊学思潮的产生和发展，可
以略分为四期：初期以庄存与为代表，二期以刘逢禄为代表，
三期以龚自珍、魏源为代表，四期以康有为为代表。这四期公
羊学的发展犹如俗语所说，是长江后浪推前浪，一浪高过一浪
的。关于庄存与的公羊学思想，上已述之，下面来介绍刘逢
禄、龚自珍、魏源、康有为等人的公羊学思想。

刘逢禄是清代公羊学第二期发展的代表人物，也是清代
复兴公羊学事业的关键人物。他潜心研究几十年，撰著了《春
秋公羊何氏释例》等一系列重要著作，不遗余力地彰显和宣
扬"大一统""张三世""通三统"的公羊家法，成为清代公羊
学理论的实际奠基人。[57]就《春秋》经文本而言，我们不仅
看不到"张三世""通三统""大一统"字样，也很难说其中一
定有类似的思想。公羊学的这些解释不仅看起来"非常异义可
怪"，从一种解释的态度而言也似乎有些"粗暴"。正因为如
此，像孔广森、凌曙、陈立这些清代公羊学者，有意回避或抹
杀这些义旨。而坚持公羊学家法的学者则肯定地认为，正是
这些"非常异义可怪"之论，恰恰是孔子的"微言大义"。"张
三世"所讲的历史进化理论、"通三统"所讲的社会变易理论、
"大一统"所讲的国家体制理论，关系着重大的理论是非问
题，只有那些目光如电的思想家才能深刻地体会这些理论的重
要意义，刘逢禄正是这样的思想家。由于他的努力，使由庄存
与发轫的清代公羊学至此发皇壮大，声势顿盛。

　　龚自珍和魏源是清代公羊学第三期发展的代表人物，从他们开始，公羊学理论从书斋走向社会，从论学转向议政。龚自珍和魏源生活的时代正当清朝统治由盛转衰之时，他们敏锐地认识到"衰世"的到来，向世人大声疾呼挽救社会的危机，传统的公羊学说在他们手里得到了改造，成为批判社会现实、呼吁变革的思想武器，因而对晚清社会产生了巨大、深远的影响。

　　龚自珍是一名才子，也是性情中人，他曾赋诗表达他从刘逢禄那里接受公羊学的喜悦之情："昨日相逢刘礼部，高言大句快无加；从君烧尽虫鱼学，甘作东京卖饼家。"[58]后刘逢禄去世，他又作诗表示继续奉行公羊学的坚定信念，诗中说："端门受命有云礽，一脉微言我敬承。宿草敢祧刘礼部，东南绝学在毗陵。"[59]龚自珍学识博通，思想敏锐，富有独立思考精神。所著《乙丙之际箸议》《壬癸之际胎观》《古史钩沉论》《明良论》《尊隐》《论私》诸文深刻揭露当时社会制度的根本性弊端，并称将"有大音声起，天地为之钟鼓，神人为之波涛"，预言社会将发生巨大变动。他的论议和诗文对当时学界有很大的震撼力。

　　魏源与龚自珍同为嘉道年间今文学健将。两人生活在同一时期，感情挚笃，对于学术思想变迁的认识和对所处时代的看法处处合拍。所不同处是，与龚氏锋芒毕露的政治批判精神相比，魏源的著述显得学术色彩更浓重一些。魏源撰有专治儒家经典的著作《诗古微》《书古微》，又撰有历史著作多种。而且他在鸦片战争之后又生活了十余年，对于中国在这场历史巨变之后所面临的了解世界的迫切课题有深刻的认识，成为睁眼看世界的第一人，他说："圣人以天下为一家，四海皆兄弟。故怀柔远人、宾礼外国是王者之大度，旁咨风俗、广览地球是智士之旷识。彼株守一隅，自画封疆，而不知墙外之有天，舟

外之有地者，适如井蛙蜗国之识见，自小自蔀而已。"[60]他把
"大一统"的理论视野放到了全世界。

康有为是清代公羊学第四期发展的代表人物，也是晚清将
公羊学推上国家政治舞台的有力人物。清代公羊学经历四代人
的努力和上百年的发展，逐渐有了较为完备的理论形态。而此
时国事日非，特别是经历中日甲午战争失败之后，列强环伺，
国家和民族陷入了空前的危机，社会要求改革图强的呼声越来
越高。在这种形势下，以康有为为代表的改革派祭起公羊学的
大旗，掀起了轰轰烈烈的维新变法运动。客观地说，儒家经
学，包括春秋公羊学，对于中国社会的近代化发展而言，其可
资利用的思想资源是并不多的。春秋公羊学之所以成为戊戌变
法的理论武器，主要是因为康有为更多地吸收了西方的社会政
治学的新理论、新思想。虽然，康有为所主导的维新变法最终
失败了，变法的失败有当时政治形势的客观原因，也有康有为
等维新派的主观原因。其经验教训，值得后人认真总结。

注释：

［1］〔清〕顾炎武著，陈垣校注：《日知录校注》，合肥：安徽
大学出版社，2007 年，第 384 页。

［2］四库馆臣关于"汉学""宋学"概念的使用早于江藩的
《国朝汉学师承记》和《国朝宋学渊源记》。"汉学"又称"汉唐经
学"，其所指乃是训诂考证之学，而不包括西汉的今文经学和魏晋
的玄学。（参见：〔清〕永瑢等撰：《四库全书总目》，北京：中华书局，1956 年，
第 1 页。）

［3］〔清〕张廷玉等撰：《明史》，北京：中华书局，1974 年，
第 5909 页。

［4］［21］〔清〕颜元著，王星贤等校：《颜元集》，北京：中华

书局，1987年，第51，440—441页。

　　[5] 如章学诚《文史通义》卷三《朱陆》说："生乎今世，因闻宁人、百诗之风，上溯古今作述，有以心知其意。"（参见：〔清〕章学诚著，仓修良编注：《文史通义新编新注》，北京：商务印书馆。2017年，第128页。）凌廷堪《校礼堂文集》卷二十七《榷经斋札记序》说："自宋以来为考核之学者所著书，以洪野处《容斋笔记》、王深宁《困学纪闻》为最。……迨至国朝，兹学渐盛，而昆山顾氏《日知录》、太原阎氏《潜邱札记》，由此其选也。"（见〔清〕凌廷堪著，王文锦点校：《榷经斋札记序》，《校礼堂文集》卷二十七，北京：中华书局，1998年，第255页。）

　　[6]〔清〕方苞著，彭林、严佐之主编：《方望溪文集全编》卷十，《方苞全集》第8-9册，上海：复旦大学出版社，2018年，第350—351页。

　　[7] [15]〔宋〕黎靖德编，王星贤点校：《朱子语类》，北京：中华书局，1986年，第258，2017页。

　　[8] [9]〔明〕陈确：《陈确集》，北京：中华书局，1979年，第48，461页。

　　[10]〔明〕王夫之：《周易外传》，《船山全书》第1册，长沙：岳麓书社，2011年，第882页。

　　[11]〔明〕王夫之：《读四书大全说·孟子·梁惠王下》，《船山全书》第6册，第913页。

　　[12]〔明〕王夫之：《诗广传·陈风》，《船山全书》第3册，第374页。

　　[13] [18] [30]〔清〕顾炎武著，华忱之点校：《顾亭林诗文集》，北京：中华书局，1983年，第58，20，47页。

　　[14]〔宋〕陆九渊著，钟哲点校：《陆九渊集》，北京：中华书局，1980年，第546页。

　　[16] [17]〔宋〕周敦颐撰，梁绍辉、徐苏铭等校点：《周敦颐

集》，长沙：岳麓书社，2007 年，第 282，76 页。

[19][22][23][26][27][28][29][31][33]〔清〕永瑢等撰：《四库全书总目》，北京：中华书局，1965 年，第 1029，278，1247，1063，1063，1096，1063，1029，367 页。

[20]〔清〕李塨著，冯辰校：《诗经传注题辞》，《恕谷后集》卷十一，北京：中华书局，1985 年，第 136 页。

[24]〔明〕李蓘：《正杨序》，载〔明〕陈耀文：《正杨》，《景印文渊阁四库全书》第 856 册，台北：商务印书馆，1986 年，第 48 页。

[25]〔清〕万树编著：《词律》，上海：上海古籍出版社，2009 年，第 10—11 页。

[32]〔清〕全祖望原著，黄云眉选注：《鲒埼亭集选注》，北京：商务印书馆，2018 年，第 103 页。

[34]〔清〕阎若璩撰，黄怀信、吕翊欣校点：《尚书古文疏证》，上海：上海古籍出版社，2010 年，第 58 页。

[35]〔清〕惠栋：《九经古义·述首》，上海：商务印书馆，1937 年，第 1 页。

[36][43]〔清〕钱大昕著，陈文和主编：《潜研堂文集》，《嘉定钱大昕全集（增订本）》第 9 册，南京：凤凰出版社，2016 年，第 365，629 页。

[37][38]〔清〕江藩著，钟哲整理：《国朝汉学师承记》，北京：中华书局，1983 年，第 24，137 页。

[39]〔清〕王鸣盛著，陈文和主编：《嘉定王鸣盛全集》第 10 册，北京：中华书局，2010 年，第 280 页。

[40]〔清〕焦循著，陈居渊主编：《雕菰集卷七·述难四》，《雕菰楼文学七种》，南京：凤凰出版社，2018 年，第 172 页。

[41] 转引自王云五主编，刘盼遂辑：《新编中国名人年谱集成第 20 辑　清王石渠先生念孙年谱》，台北：商务印书馆，1986 年，

第 48 页。

［42］〔清〕王引之：《与焦里堂先生书》，《王文简公文集》卷四，中华民国十四年（1925）《高邮王氏遗书》刊本。

［44］〔清〕凌廷堪著，王文锦点校：《书汪莘文书中星解后》，《校礼堂文集》卷三十，第 274 页。

［45］［46］〔清〕阮元著，邓经元点校：《揅经室集》，北京：中华书局，1993 年，第 1，687—688 页。

［47］李金松：《述学校笺》，北京：中华书局，2014 年，第 743 页。

［48］班固《汉书》卷五十三《景十三王传》："河间献王德……修学好古，实事求是。"唐人颜师古注："务得事实，每求真是也。"（参见〔汉〕班固：《汉书》，北京：中华书局，第 2410 页。）

［49］梁启超著，夏晓虹、陆胤校：《中国近三百年学术史》，北京：商务印书馆，2011 年，第 203 页。

［50］马克思：《鸦片贸易》，《马克思恩格斯论中国》，北京：解放社，1950 年，第 95 页。

［51］钱穆：《中国近三百年学术史》，北京：商务印书馆，1997 年，第 582—583 页。

［52］〔清〕朱珪：《春秋正辞序》，载〔清〕庄存与，〔清〕孔广森撰：《春秋正辞》，上海：上海古籍出版社，2014 年，第 4 页。

［53］正如魏源所说："自乾隆中叶后，海内士大夫兴汉学，而大江南北尤甚。苏州惠氏、江氏，常州臧氏、孙氏，嘉定钱氏，金坛段氏，高邮王氏，徽州戴氏、程氏，争治诂训音声，爪剖瓟析。视国初昆山、常熟二顾及四明黄南雷、万季野、全谢山诸公，即皆摈为史学非经学，或谓宋学非汉学。锢天下聪明知慧，使尽出于无用之一途。"（参见〔清〕魏源：《魏源集》，北京：中华书局，2009 年，第 358—359 页。）

［54］章炳麟：《訄书·说儒》，上海：古典文学出版社，1958 年，第 30 页。

［55］〔清〕庄存与:《四书说》,道光十八年（1838 年）李兆洛刊本，第 75 页。

［56］梁启超著，朱维铮导读:《清代学术概论》,上海：上海古籍出版社，1998 年，第 74—75 页。

［57］庄存与和刘逢禄对于清代公羊学的关系，可以类比周敦颐、二程对于宋代理学的关系。周敦颐被尊为"理学开山"，是开创学派的先导者，而理学理论的实际奠基人则是二程。庄存与便是清代公羊学的开山宗师，而刘逢禄则是清代公羊学理论的实际奠基人。

［58］［59］〔清〕龚自珍:《龚自珍全集》,上海：上海人民出版社，1975 年，第 441，514 页。

［60］〔清〕魏源:《西洋人玛吉士〈地理备考〉叙》,《海国图志》第 7 册，长沙：岳麓书社，2004 年，第 1866 页。

第四十六章

陈确与王夫之在四书学上的批判立场

　　明清之际，社会经历了所谓"天崩地解"[1]"神州荡覆，宗社丘墟"[2]的历史大变动，为此，知识界发出了"天下兴亡，匹夫有责"的时代强音。明亡之初，孙奇逢、傅山、顾炎武、黄宗羲、王夫之等学者皆曾投笔从戎，救亡图存。直至南明王朝覆亡，他们才不得已退而隐居读书。这些被传统史家称为"明遗民"的学者痛定思痛，对宋明儒者的"空虚之学"进行了深沉的历史反思，由此形成了一种批判理学的思潮。

　　明代士人重视气节，甲申鼎革，士人死节者甚多。许多士人虽未死节，其内心的痛苦与挣扎却无时不在，视自己为"未亡之人"。陈确与王夫之皆是如此。王夫之为其新筑草庐"观生居"书写堂联："六经责我开生面，七尺从天乞活埋。"[3]这些士人唯一说服自己活下去的理由，便是通过他们的经典诠释来传承中华文化的慧命。

　　陈确与王夫之是清初的两位重要思想家，一在江浙，一在湖湘，两人并不相识。但在抨击宋明理学"重知轻行"和"存理灭欲"等观念时，两人思想如出一辙。如果将两人作一比较的话，陈确涉及的经学领域较有局限，而王夫之则在经学的广泛领域中对宋明理学进行了清算。然在整个清代，学者对他们的学术思想所知甚少，原因是他们的著述在当时皆未刊行流

传。王夫之的著作于晚清之时才被发现与刊行，而陈确著作的发现与整理出版只是近几十年的事情。[4]

第一节　陈确对《大学》文本的批判

陈确（1604—1677），字乾初，浙江海宁人。他与黄宗羲、张履祥皆出明末大儒刘宗周门下，为同门之友。黄宗羲《明儒学案》曾对陈确思想有所介绍。陈确曾著《大学辨》，辨《大学》一书非"圣经"。陈确之所以对儒家经典《大学》发起挑战，是有原因的。

《大学》与《中庸》本是《小戴礼记》中的两篇，北宋时受到二程等理学家的特别表彰。至南宋，朱熹将此二书与《论语》《孟子》并称"四书"，撰著《四书章句集注》。朱熹认为，在读儒家五经之前，应先读四书；而在四书之中，应先读《大学》。他说："我平生精力尽在此书，先须通此，方可读书。"[5]《大学》一书因而在儒家经典中具有特殊的地位。朱熹又认为《大学》原文有错简、阙文而为之作改本和补传，并据此提出"格物致知"的学问宗旨。

自朱熹《四书章句集注》行世后，四书学遂如日中天，遮掩了五经的光焰。明代经学多袭前代，唯有关于《大学》的解读，不让前修。明中叶阳明学崛起，与朱学争胜，其在经学上的表现，就是古本、新本《大学》之争。王阳明尊汉儒之古本《大学》，反对朱熹的改本《大学》，强调《大学》的根本在"诚意"而不在"格物致知"，由此开启《大学》古本与改本的学术论战。

明末大儒刘宗周一生致力于《大学》研究，由于学界聚讼纷纭，莫衷一是，最后表示了他的无奈："宗周读书至晚年，终不能释然于《大学》也。"[6]

明清易代，刘宗周死节。其弟子陈确痛定思痛之余，著《大学辨》，提出"还《学》《庸》于戴《记》，删性理之支言……出学人于重围之内"[7]。而突破"重围"的重点，就是首先否认《大学》为圣经。陈确认为，《大学》的思想观点本有偏弊，后世儒者强为之说解，使经典解释陷入灾难之中，"以吾学之所得而救《大学》之敝，……救之而无可救，勿如黜之而已矣"[8]。其说一出，惊世骇俗，刘宗周门下诸儒移书交争，而陈确屹然不为所动。[9]

陈确认为《大学》非圣经的主要理由如下：

（一）程朱以《大学》为孔氏遗书，缺乏历史根据

二程重视《大学》，因而有意抬高《大学》的地位，以《大学》为"孔氏遗书"[10]。他们没有资料证明《大学》是孔子或其门人所作，因此笼统言之。到了朱熹那里，又朝前进一步，作了如下的推测："右经一章，盖孔子之言而曾子述之；其传十章，则曾子之意而门人记之也。"[11]当学生问朱熹有什么根据时，朱熹回答："无他左验。"[12]二程、朱熹以其学术领袖的地位作此推测，后世便直奉《大学》为圣经。

从文献考察，陈确认为："自汉有戴《记》，至于宋千有余年间，亦绝未有一人焉谓是孔、曾之书焉者，谓是千有余年中无一学人焉，吾不信也。而自程、朱二子表章《大学》以来，至于今五百余年中，又绝未有一人谓非孔、曾之书焉者，谓是五百余年无一非学人焉，吾益不信也。嗟乎！学者之信耳而不信心，已见于前事矣，而又奚本之足据乎！"[13]他批评后世学者全无学术的存疑和求真精神。

从史实考察，陈确认为《大学》的名称就值得怀疑，古代并无大学、小学之分，"大学"一词，仅见于《礼记·王制》，

其中"大学"一词又可读为"太学"。在他看来，"夫道，一而已矣。故《易》称蒙养即圣功。古人为学，自少至老，只是一路，所以有成"[14]。

（二）《大学》重知轻行，立论偏颇

陈确批评《大学》言知不言行，他说："《大学》言知不言行，必为禅学无疑。虽曰亲民，曰齐、治、平，若且内外交修者，并是装排不根之言。其精思所注，只在致知、知止等字，竟是空寂之学。"[15]《大学》未专门讨论知与行的关系问题，虽未讨论此问题，但所言"齐家、治国、平天下"云云，当然是"行"即实践的问题。陈确指斥这只是"装排"之语，其"精思所注"乃是在"知"字上。陈确对《大学》的批评似欠公允，但陈确出此言论亦非无由。因为自朱熹表彰《大学》以后至陈确之前，学术界确实走了一条重"知"轻"行"的道路。因此陈确的指控应该针对宋明理学，而不应该针对《大学》本文。

在知行关系问题上，陈确的基本立场是"知行并进"之说，他以此批评朱熹的"知先行后"之说。他说："学者用功，知行并进。故知无穷，行亦无穷；行无穷，知愈无穷。先后之间，如环无端，故足贵也。"[16]陈确的同门友张履祥来书为朱熹的"知先行后"之说辩护，陈确答复说："阳明子言知行合一，知行无先后，知行并进，真是宋儒顶门针子。而吾兄云：如眼前一步，必先见得，然后行得。此谓知先于行，可为切喻。然亦是行得到此，故又见此一步耳。兄能见屋内步，更能见屋外步乎？能见山后步，更能见山前步乎？欲见屋外步，则必须行出屋外，始能见屋外步；欲见山前步，则更须行过山前，始能见山前步。所谓行到然后知到者，正以此也。"[17]陈确虽然认同王阳明的"知行并进"之说，但不能认同王阳明以

此解说《大学》，他说："《大学》明言先后，而阳明子谓知行无先后，说何由合？其曰致良知，亦强为致知解嘲耳，而终非《大学》之旨。阳明子亦欲曲护《大学》，其如《大学》之终不可理解何！"[18]

（三）《大学》讲"知止"、朱熹讲"一旦豁然贯通"，近于禅僧之了悟

陈确又批评《大学》讲"止于至善"，讲"知止"，类似于禅宗的顿悟论思维，他说："知止乃全乎禅学，即释氏所谓大彻大悟境界，圣学绝无此也。"[19]"《大学》之所谓知止，必不然也。必也，其一知无复知者也。一知无复知。惟禅学之诞有之，圣学则无是也。"[20]他认为，一个人的认识能力是有限的，而天下的道理却是无穷的，因此，人类的认识必然是一个无限的过程。他说："天下之理无穷，一人之心有限，而傲然自信，以为吾无遗知焉者，则必天下之大妄人矣，又安所得一旦贯通而释然于天下之事之理之日也哉！……禅家之求顿悟，正由斯蔽也，而不可不察也。"[21]这里，陈确通过批评《大学》"止于至善"和"知止"等说，阐释了认识论的真理，这是对认识论的贡献。但《大学》讲"止于至善"和"知止"，不是就认识论问题来讲的，而是就具体的礼乐艺能之学来讲的，如习礼、习射之类，必有"止于至善"和"知止"的觉悟和境界。况且此时禅学尚未兴起，陈确以禅学之顿悟论批评《大学》，没有考虑时代的因素。我们认为，以禅学衡量《大学》，失之过当；但以禅学衡量朱熹及整个宋明理学的思想，则并非无据。二程的高足杨时为萧欲仁《大学篇》作跋说："学始于致知，终于知止而止焉。致知在格物，物固不可胜穷也，反身而诚，则举天下之物在我矣。"[22]这是理学家对《大学》一种典型的理解，说明禅学已融入理学思想之中。朱

熹解《大学》"明德"说："明德者，人之所得乎天，而虚灵不昧，以具众理而应万事者也。"[23]"虚灵不昧"本为禅家语，非儒家所言，朱熹袭用过来，而作出儒、禅的区别是："禅家则但以虚灵不昧者为性，而无以具众理以下之事。"[24]这实际是承认了其思想有禅学的成分。明代来知德《大学古本释》说："朱子……但以明德为虚灵不昧，以格物为穷至事物之理，不免失之支离。""阳明……但仍以明德为灵昭不昧，而教人先以悟良知，则又不免失之茫昧。支离、茫昧，虽分内外，然于作圣工夫入手之差者，则均也。德以未仕，山林中潜心反覆二十余年，一旦恍然有悟。惧天下之学者日流而为禅也，乃书于《大学古本》之后。"[25]来知德批评朱子和王阳明讲"虚灵不昧""灵昭不昧"，担心天下学者流而为禅。宋明理学家的悲哀在于，他们几乎都"惧天下之学者日流而为禅"，但几乎人人与禅学牵扯不清，即以来知德而言，所谓"山林中潜心反覆二十余年，一旦恍然有悟"云云，不是明显受了禅学影响吗？陈确批评朱熹说："至朱子之所谓一旦豁然，去禅弥近。"[26]又说："道无尽，知亦无尽。今曰于众物之表里精粗无不到，而吾心之全体大用无不明，是何等语？非禅门之所谓了悟，即《中庸》之所谓予知耳，病孰甚焉！"[27]人们认识事物之理，积渐日久，会在某一时候发生"豁然贯通"的理解。但这只是就认识某一事物之理而言，不是就所谓天下万事万物之总理而言。若言人有一天会对所谓天下万事万物之总理无不知晓，如陈确所批评的"一知而无复知"[28]，那便是禅宗顿悟之学。陈确所引朱熹之语，正有此病。

明代经学，争议最大的要算《大学》一书，《大学》之中，争议最大的要算对"格物致知"的解释。陈确指出："今独格致之说言人人殊，……山阴先生（刘宗周）称：前后言格致者七十有二家，说非不备也，求其言之可以确然俟圣人而不惑者，吾未之见。何则？惟《大学》之诬而不可以理求焉故也。"[29]这可以说是解释学上的一个著名案例，宋明以后学者关于《大学》"格物致知"概念的看法，歧见猬起，这使学者无所适从。宋明学者已经认定"格物致知"概念关乎儒者治学的方向和次第，但学者始终不明其义，那让儒者从何处着手用功呢？这种解释的困境不是西哲伽达默尔"视域的融合"的方法可以解决的。这简直是一场解释的灾难，其最后的出路，不再是解释的问题，而是要打倒文本的权威。因而陈确说："阳明先生之言致良知也，山阴先生之言慎独也，以疏格致（而非以疏格致）也，皆以吾学之所得而救《大学》之敝焉云耳，而救之而无可救，勿如黜之而已矣。"[30]陈确说他批判《大学》文本的用意就在于要"删性理之支言""出学人于重围之内"[31]。这虽然是解释学的一个典型案例，但许多学术的最终结局差不多都是如此。

在陈确的思想中，还有一个重要之处，就是他激烈地抨击宋明理学"存天理，灭人欲"的思想主张。陈确说："人欲不必过为遏绝，人欲正当处，即天理也。……学者只时从人欲中体验天理，则人欲即天理矣。不必将天理、人欲分作两件也。……天理、人欲分别太严，使人欲无躲闪处，而身心之害百出矣，自有宋诸儒始也。"[32]"确尝谓：人心本无天理，天理正从人欲中见，人欲恰好处，即天理也。向无人欲，则亦并无天理之可言矣。"[33]理学的许多理论都建立在"天理是人心之本"的命题上，陈确"人心本无天理……向无人欲，则亦并无天理之可言"一句，则将理学家的哲学基础否定了。

第二节　王夫之在四书学上对理学的批判

王夫之(1619—1692)，字而农，号薑斋，湖南衡阳人。早年求学于岳麓书院，师从吴道行，明崇祯十五年（1642）中乡举。清军下湖南，王夫之与管嗣裘等于衡山起兵抗击，事败逃亡肇庆，任南明桂王政权行人司行人。南明王朝覆亡后，过着隐居著述的生活，因晚年隐居湘西石船山，学者称为船山先生。

王夫之学问通达，著作等身，尤擅长经学，他往往借解经以发挥义理，识见超卓，有震古烁今之气概。其著作有《周易外传》《周易内传》《尚书引义》《诗广传》《春秋家说》《春秋世论》《续春秋左氏传博议》《读四书大全说》《四书训义》《张子正蒙注》《思问录》等。这里，我们不拟对其学术思想作全面的介绍与分析，只着重讨论他对宋明理学知行观、理气观、理欲观等方面的批判与清算。下面分别述之：

（一）知行观

宋明理学体系虽然庞大，但对人们思维方式和行为方式影响最大的则是"知行关系"或理论与实践关系的问题。在许多思想家看来，这个问题解决得如何，甚至会关系一个国家的强弱盛衰。在知行观上有代表性的观点，一是朱熹提出"知先行后"说，二是王阳明提出的"知行合一"说。

王阳明的"知行合一"说颇具迷惑性，人们往往会按字面意思将它理解为认识与实践的关系。其实两者并不相同。因为王阳明所说的"知"是指"良知"，"行"是指"一念发动处"，所以"知行合一"乃是良知与意念之间的关系，两者都属于意识行为，总而言之还是属于"知"的大范围中。正如明末高攀龙所指出："自'致良知'之宗揭，学者遂认'知'为性，一切随'知'流转，张皇恍惚。甚以恣情任欲，亦附于作用变化之妙，而迷复久矣。"[34]

王夫之则批判理学知行关系的两种观点，指出："宋诸先儒欲折陆、杨'知行合一''知不先，行不后'之说，而曰'知先行后'，立一划然之次序，以困学者于知见之中，且将荡然以失据，则已异于圣人之道矣。"[35]而明代阳明学一派"其所谓'知'者非知，而'行'者非行也。知者非知，然而犹有其知也，亦惝然若有所见也。行者非行，则确乎其非行，而以其所知为行也，以知为行，则以不行为行"，是"销行以归知"。[36]在王夫之看来，程朱派学者强调"知先行后"之说，是将"知"和"行"截然分为两段，使学者困于书斋中，陷入抽象学理的沉思，从而长期脱离社会实践。王阳明所讲的"知行合一"，其所谓"知"不是一般认识论意义上的"知"，而是道德本体意义上的"良知"；"行"也不是实践意义上的"行"，而是克服内心不善意念的心理活动，这样就等于取消了社会实践意义的"行"。

王夫之根据《大学》"致知在格物"的话，提出"知"的获得无外乎"格物"和"致知"相济以为用。他说：

> 夫知之之方有二，二者相济也，而抑各有所从。博取之象数，远证之古今，以求尽乎理，所谓"格物"也。虚以生其明，思以穷其隐，所谓"致知"也。……二者相济，则不容不各致焉。[37]

所谓"格物"就是向外物的考察，即"博取之象数"，通过直接经验，以求对外在事物具体形象和数量关系的把握；以及"远证之古今"，通过间接经验对同类事物的既有研究，"以求尽乎理"，即通过归纳来达到规律性的"理"的认识。

所谓"致知"，就是向内心的思索，"虚以生其明"，即发挥主体认识的能动性，以人所特有的聪明睿智去观照事物；

"思以穷其隐"，即通过理性思维活动，总结、概括事物的规律性，并运用演绎、逻辑的方法求出事物隐微的道理。

王夫之强调"格物"和"致知"的关系是"二者相济，则不容不各致焉"。"格物"因为是向外物的考察，它大致属于"行"的范围；"致知"因为是内心的思索，它大致属于"知"的范围。在认识过程中，不能没有向外的考察，也不能没有内心的思索，两者相辅相成，相济为用，不可截然分为两截。

清代阎若璩等人考证，《古文尚书》中有二十五篇伪作，这二十五篇虽伪，却有许多格言警句在其中，《说命》篇"知之非艰，行之惟艰"即是其中之一。王夫之当时并不知《说命》篇是伪作，他称赞"知之非艰，行之惟艰"一语是"千圣复起，不易之言"。《论语》记载孔子有"先难而后获"之语，王夫之按照这个逻辑，提出："'艰'者先，'先难'也；'非艰'者后，'后获'也。"[38]这就把伪《古文尚书·说命》所说的知行关系的难易问题转化成了先后问题，即"行"先"知"后。王夫之由此进一步推导：

> 夫知也者，固以行为功者也。行也者，不以知为功者。行焉可以得知也，知焉未可以收行之效也。[39]

> 行可兼知，而知不可兼行。……君子之学，未尝离行以为知也必矣。离行以为知，其卑者，则训诂之末流，无异于词章之玩物而加陋焉；其高者，瞑目据梧，消心而绝物，得者或得，而失者遂叛道以流于恍惚之中。[40]

中国传统士人尊重知识和学问，他们在知行关系的认知上偏重"知"，是完全可以理解的。而在以往的历史中，汉学偏重训诂注疏，宋学偏重心性体认，这便使得学者终日兀坐书斋，足不出户，严重脱离社会实践。而事实上，一切真知皆从社会实践中产生，长期脱离社会实践，其所谓学问就不免于"炒陈饭"，所以王夫之强调"行可兼知""君子之学，未尝离行以为知"。

并且，在王夫之看来，儒者治学最终当能经世致用，有益于社会。而学者只有参与社会实践，付诸行动，才会收到功效。所以他又说"知也者，固以行为功者也"，"行焉可以得知也，知焉未可以收行之效也"。"行焉可以得知"可以从两方面来理解：一方面通过实践获得对自然事物与社会事物的认知，另一方面是通过实践可以检验认识的真确性。这也就是说："行"即是"知"的来源，也是检验真知的标准。

（二）理气观

从中国思想史来看，唐代以前，有天人关系、道器关系等问题的讨论，并没有关于理气关系问题的讨论。有关理气关系的讨论是从宋代理学开始的。我们或许可以说理气关系并不是经学问题，而只是理学问题。但由于理气问题的引入使中国学术思想走向深入，因而为理学家所特别看重，他们反过来会从理气观的角度来解释经典。因此如何对待理气关系，已经成了后世经学家们不能不思考的问题。

在宋明时代，有关世界本原问题，出现了"理"本论、"心"本论和"气"本论三大派。"理"本论以二程、朱熹为代表，二程提出，"天者，理也"[41]，把"理"当作世界本体，认为"有理则有气"[42]。其后，朱熹也提出"有是理，后生是气"[43]，主张"理本气末"[44]。陆九渊创立"心"本论的哲学，认为"心即理"，至明代，王守仁沿承其说，提出"心外无理""心外无物"[45]的主张。陆王心学可以视为宋明理学的别派。理学这两派皆不以"气"为世界的根本。

与此相反，北宋张载创立"气"本论的哲学，提出"太虚即气""由气化，有道之名"[46]等命题。明代王廷相沿承其说，提出"气者，造化之实体""气为理本"的观点。

王夫之在理气关系上，继承和发展了张载、王廷相"气"本论的思想。针对二程"天者，理也"的说法，王夫之提出："天者，固积气者也。""盖言'心'、言'性'、言'天'、言'理'，俱必在'气'上说，若无'气'处则俱无也。"以"天"为"理"，必须先承认"天"首先是"气"，"理"乃是"气"之"理"，"理"只是从属之名，因此王夫之说："以'天'为'理'，而天固非离乎气而得名者也。"[47]在理气关系上，"理"在"气"之中，不在"气"之外，"理"是从属于"气"的，因此王夫之说："理固在气之中。"[48]"气者，理之依也。"[49]

朱熹还说过："未有天地之先，毕竟也只是理。"[50]"有此理后，方有此气。"[51]"所谓理与气，此决是二物。"[52]针对朱熹离气以言理和理、气相分之说，王夫之批评说："理与气元不可分作两截。"[53]"盖将理、气分作二事，则是气外有理矣。"[54]若"理"独立于"气"外而存在，则此"理"便成为"虚托孤立之理"[55]。在王夫之看来，理与气是相互依存、统一而不可分的，"理与气互相为体，而气外无理，理外亦不能成其气。善言理气者必不判然离析之"[56]。"理"与"气"相比较，"气"是更根本的，因为"气"是"理"的载体，"理"是"气"的"秩叙（'叙'通'序'）"。王夫之说："天地间只是理与气，气载理而理以秩叙乎气。"[57]

王夫之将"理"分为两类：一是天地自然运行的秩序和条理（规律），一是被视为人性本质的道德伦理。他说："凡言理者有二：一则天地万物已然之条理，一则健顺五常、天以命人而人受为性之至理。"[58]所谓"气"，不过是对天地万物以及人类社会等实存之物的哲学概括和抽象，而"理"则是对天地万物以及人类社会等所具有的内在秩序和规律的哲学概括及抽象。在这个意义上，"气"是客观存在的，"理"也是客观存在的。

（三）理欲观

儒家经典《礼记·乐记》之中有这样一段话：

> 夫物之感人无穷，而人之好恶无节，则是物至而人化物也。人化物也者，灭天理而穷人欲者也。于是有悖逆诈伪之心，有淫佚作乱之事，是故强者胁弱，众者暴寡，知者诈愚，勇者苦怯，疾病不养，老幼孤独不得其所，此大乱之道也。

《礼记·乐记》这段话中出现了"天理"和"人欲"的概念，其中虽然说到有人受物质诱惑，"灭天理而穷人欲"，但并没有要求人们反过来"灭人欲""去人欲"，是宋代理学家自己反过来理解，要求人们"灭人欲""去人欲"的。

二程认为人的思想可以分为两类：一是出于"私欲"，一是出于"天理"。二者非此即彼，"不是天理，便是私欲。……无人欲即皆天理"[59]。程朱理学的"天理论"是一个庞大的思想体系，然就其宗旨而言，则是"明天理，灭人欲"。朱熹有一句话说得最为概括："圣人千言万语，只是教人明天理，灭人欲。"[60]其后王阳明也明确说："学者学圣人，不过是去人欲而存天理耳。"[61]朱学与阳明学是宋明理学中两大流派，两家都将"存天理，灭人欲"作为其学术的宗旨，因此黄宗羲说："'天理人欲'四字，是朱、王印合处。"[62]

宋明理学中派别众多，虽然就其学术主流而言是主张"明天理，灭人欲"的，但也有对此持异议者，如陆九渊不仅反对"天理""人欲"的提法，甚至连《礼记·乐记》也一齐批评，他说：

> 谓人欲、天理，非是。……此说出于《乐记》，此说
> 不是圣人之言。[63]
> 天理、人欲之言，亦自不是至论。若天是理，人是
> 欲，则是天、人不同矣。此其原盖出于老氏。[64]

陆九渊的看法当然有其根据，因为原始儒学并不笼统反对人欲，如孟子主张"寡欲说"，荀子主张"导欲说"和"节欲说"等，只有属于道家的老子、庄子以及后来由印度传来的佛学才主张"无欲""绝欲"之说。所以陆九渊认为《乐记》关于"天理""人欲"的说法本于道家思想，"不是圣人之言"。其实，《乐记》本身并没有"无欲""去欲"一类话，陆九渊显然也受了二程解读的误导。

了解了这个学术背景，我们就会理解王夫之批评宋明理学"理欲观"的意义。在"理欲观"上，王夫之的观点与陈确有相近之处，他认为，"理"寓于"欲"中，没有"欲"，"理"也不复存在了。他说："有欲斯有理。"[65]"礼虽纯为天理之节文，而必寓于人欲以见。……故终不离人而别有天，终不离欲而别有理也。""离欲而别为理，其唯释氏为然。"[66]这里，王夫之明确划出一条界限，认为只有佛老之学才讲无欲、绝欲，原始儒学是不讲无欲、绝欲的。宋明理学家几百年来所奉为宗旨的"存天理，灭人欲"思想，是受了佛老之学的影响。他反问说："孔颜之学……何曾只把这人欲做蛇蝎来治，必要与他一刀两段，千死千休？"[67]在原始儒家的文献中的确没有这样的证据。

在王夫之看来，"欲"除非到已滥的地步，否则，不仅是无害的，而且是有益的。他甚至把"欲"当作积极用世的杠

杆和动力，"吾惧夫薄于欲者之亦薄于理，薄于以身受天下者之薄于以身任天下也"[68]。这一观点最能击中程朱理学要害，程朱理学家天天讲"天理"，而不知人要求发展和创造的欲望也是"天理"。王夫之承认"人欲"的合理性，认为若人人获得欲望的满足，那便是"天理之大同"，他说："圣人有欲，其欲即天之理。天无欲，其理即人之欲。学者有理有欲，理尽则合人之欲，欲推即合天之理。于此可见：人欲之各得，即天理之大同；天理之大同，无人欲之或异。"[69]王夫之这种对理欲关系的认识，可以看作是中国思想史上的最高水平。

　　这里需要特别指出的是，王夫之讨论宋明理学的理气观和理欲观，主要体现在他的《读四书大全说》一书中，换言之，他是以明永乐年间胡广等人奉敕修纂的《四书大全》为批判靶子的。而《四书大全》是在朱熹的《四书章句集注》的基础上，汇综了宋元时期程朱派学者的观点。这部书因为撰作时间早于王阳明，当然不会涉及王阳明的思想。王夫之是清初人，他在批判程朱理学之时，也捎带对明中期的王阳明一并批判。王夫之《读四书大全说》一书，若从其理气观、理欲观等问题意识说，仍是宋明儒者的心性之学，但在立场观点上则与程朱理学及陆王心学相反。若从今日哲学的角度看，这是"气"本论对"理"本论和"心"本论的批判与清算。虽然这种批判与清算方式在其后的颜元、李塨、戴震那里仍有表现，但关于宋儒心性之学的问题意识本身已经逐渐为清儒所厌弃了，即许多清代儒者不再热衷诸如理气观、理欲观一类思辨式的讨论，转而回归汉唐的注疏考证之学了。

注释：

[1]〔清〕黄宗羲著，陈乃乾编：《黄梨洲文集》，北京：中华

书局，2009年，第477页。

[2]〔清〕黄宗羲著，陈垣校注：《日知录校注》卷七"夫子之言性与天道"条，合肥：安徽大学出版社，第384页。

[3]〔明〕王夫之：《薑斋词集》，《船山全书》第15册，长沙：岳麓书社，2011年，第717页。

[4] 20世纪50年代末，中华书局先后访知南京图书馆和上海图书馆分别藏有《陈乾初先生遗集》的抄本，于是以这两个抄本为依据，于60年代初整理出《陈确集》，但直到1979年这部书稿才得以正式出版。《大学辨》收在《陈确集》中，它是反映陈确经学思想的最具代表性的著作。

[5][24][43][50][60]〔宋〕黎靖德编，王星贤点校：《朱子语类》，北京：中华书局，1986年，第258，265—266，2，1，207页。

[6]〔明〕刘宗周著，吴光主编：《刘宗周全集》第2册，杭州：浙江古籍出版社，2012年，第574页。

[7][8][13][14][15][16][17][18][19][20][21][26][27][28][29][30][31][32][33]〔明〕陈确：《陈确集》，北京：中华书局，1979年，第559，558，558，553，557，560，588，588，586，554，554，560，561—562，554，557，558，559，425，461页。

[9] 我们认为，虽然关于《大学》作者与孔门的关系已无从考证，然就《大学》本文而言，无论如何，是反映原始儒家思想的一篇重要文献。《大学》讲："自天子以至于庶人，壹是皆以修身为本，其本乱而末治者否矣。"《大学》以修身作为齐家、治国、平天下的前提条件，对于整饬吏治有良性的教育作用。因此，在《大学》是否圣经的问题上，我们并不附和陈确的看法。在我们看来，从宋代到清初，学人所演绎的这一段经典尊黜的历史，其过程如何，原因何在，这个问题更加值得我们关注。作为学术史

研究者，探讨其中的是非曲直，不能只就《大学》本文论其是非，而应连同变化发展了的社会历史环境一起讨论，这样才能得到中肯的认识。

［10］［41］［42］［59］〔宋〕程颢、程颐著，王孝鱼点校:《二程集》，北京：中华书局，2004 年，第 18，132，1030，144 页。

［11］［23］〔宋〕朱熹:《四书章句集注》，北京：中华书局，1983 年，第 4，3 页。

［12］〔宋〕朱熹撰，朱杰人、严佐之、刘永翔主编:《朱子全书（修订本）》第 6 册，上海：上海古籍出版社；合肥：安徽教育出版社，2002 年，第 514 页。

［22］〔宋〕杨时:《题萧欲仁＜大学＞篇后》，载曾枣庄主编:《宋代序跋全编》，济南：齐鲁书社，2015 年，第 3326 页。

［25］转引自〔清〕朱彝尊著，林庆彰等编审，汪嘉玲等点校:《点校补正经义考》第 5 册，台北:"中央研究院"中国文哲研究所筹备处，1997 年，第 316 页。

［34］〔明〕高攀龙:《高子遗书》卷九上，《尊闻录序》，《景印文渊阁四库全书》第 1292 册，台北：商务印书馆，第 551 页。

［35］［36］［37］［38］［39］［40］〔明〕王夫之:《尚书引义》，《船山全书》第 2 册，第 311，312，312—313，313，314，314 页。

［44］［51］［52］〔宋〕朱熹撰，朱杰人、严佐之、刘永翔主编:《朱子全书（修订本）》第 20-25 册《晦庵先生朱文公全集》，第 2755—2756，2764，2146 页。

［45］［61］〔明〕王守仁著，王晓昕、赵平略点校:《王文成公全书》，北京：中华书局，2015 年，第 190，34 页。

［46］〔宋〕张载著，章锡琛点校:《张载集》，北京：中华书局，1978 年，第 8—9 页。

［47］［48］［53］［54］［55］［56］［57］［58］［66］［67］［69］

〔明〕王夫之:《读四书大全说》,《船山全书》第 6 册,第 1109,1055,991,1057,1052,1115,549,716,911,673,639 页。

[49]〔明〕王夫之:《思问录内篇》,《船山全书》第 12 册,第 419 页。

[62]〔清〕黄宗羲著,沈芝盈点校:《明儒学案》,北京:中华书局,2008 年,第 198 页。

[63][64]〔宋〕陆九渊著,钟哲点校:《陆九渊集》,北京:中华书局,1980 年,第 463,395 页。

[65]〔明〕王夫之:《周易外传》,《船山全书》第 1 册,第 882 页。

[68]〔明〕王夫之:《诗广传》,《船山全书》第 3 册,第 374 页。

第四十七章
顾炎武解经的"决疑"特点

明清考据学约有三期，第一期以明中叶的杨慎、梅鷟等人为代表，其考据学特点有刻意"求博"的特点，实事求是之意则嫌不足。第二期以清初的顾炎武、阎若璩为代表，其考据学由"求博"转向"求真"，说经之风亦由"虚辨"变为"实证"。第三期以乾嘉时期的惠栋、戴震、阮元等人为代表，使经典考据学达于鼎盛阶段，其考据学成绩蔚为大观，令人艳羡。此一时期学者沿流溯源，多以顾炎武为清代考据学之祖。四库馆臣称："国初称学有根柢者，以炎武为最。"[1]顾炎武治学务真求实、考据精审，称得上清初学术第一人。

顾炎武（1613—1682），出生于苏州昆山县之花蒲村，原名绛，字宁人，号亭林。明亡后，更名炎武。顾炎武广涉经学、史学、方志、地理、音韵、文字、金石考古、诗词、散文，一生留下几十种学术著作，其中尤以《日知录》和《音学五书》最负盛名。《四库全书总目》卷一一九"日知录"条称："炎武学有本原，博赡而能通贯，每一事必详其始末，参以证佐，而后笔之于书，故引据浩繁，而抵牾者少，非如杨慎、焦竑诸人，偶然涉猎，得一义之异同，知其一而不知其二。"[2]

纵观儒家经典诠释的历史，从趋同方面说，剿袭雷同，陈陈相因，比比皆是；而从趋异方面说，标新立异，各骋己见，历代皆有。而能从众多经典诠释著作中分别同异、判分优劣，非深入底里、识见高卓之学术大家不能。顾炎武就是这样的学术大家。

在经典诠释的方式上，顾炎武没有选择重新作一部经注，而是对经典诠释中的疑点、难点作"决疑"的工作。这种"决疑"有一个特点，即它不像明代考据学家那样堆砌材料，以多为胜，而是选择关键性的主证和佐证，能证明其观点即可。这一点在其《日知录》的解经部分有突出的表现。下面就顾炎武在易学、春秋学、诗经学三个侧面的"决疑"成绩略作介绍。在笔者看来，顾炎武在易学、春秋学方面的"决疑"工作值得肯定，而在诗经学方面的"决疑"尚待商榷。

第一节　对于易学的"决疑"

顾炎武曾说："昔之说《易》者，无虑数千百家，如仆之孤陋，而所见及写录唐宋人之书亦有十数家，有明之人之书不与焉。然未见有过于《程传》者。"[3]顾氏指出，历史上说《易》之书不下数千种，事实上这些书的大部分在学术的演进中已被历史淘汰。顾炎武说他只看过唐宋人《易》著十数家，当然这一定是最具代表性的易学著作。依他的判断，其中最好的易学著作是程颐的《周易程氏传》（或称《伊川易传》）。因而从这个意义上说，顾炎武属于易学两大派中的义理学一派。顾氏肯定了王弼开创《周易》义理学一派的功绩，但《周易》义理学一派的最高成就则非《程传》莫属，正如他所说："王弼之注虽涉于玄虚，然已一扫易学之榛芜，而开之大路矣。不有程子，大义何由而明乎？"[4]由此可见顾炎武的易学立场。顾炎武正是从这一学术立场出发来研究《周易》的。下面我们选择几条他在易学方面的"决疑"例证。

（一）重卦不始于文王

在易学史上有一个重要的问题，究竟谁是重卦（六十四卦）的创始者？因为只有有了六十四卦的形式，易卦才算是正式成立，因而确定重卦（六十四卦）的创始人就显得非常重要。按通常的说法，伏羲作八卦，文王作六十四卦。然而仔细考究，历史上关于文王重卦的认识实际是一种模糊影响之谈。首先是《周易·系辞下传》说："《易》之兴也，当殷之末世，周之盛德邪？当文王与纣之事邪？"这本是推度猜测之辞。而司马迁（约前145—?）在《史记·周本纪》中说："西伯盖即位五十年，其囚羑里，盖益《易》之八卦为六十四卦。"[5]唐张守节《史记正义》说："太史公言'盖'者，乃疑辞也。"[6]这是说司马迁也不敢肯定周文王确曾重卦。至班固《汉书·艺文志》则坐实文王重卦之说，他说："殷、周之际，纣在上位，逆天暴物，文王以诸侯顺命而行道，天人之占可得而效，于是重《易》六爻，作上、下篇。"[7]

但这一说法与其他古籍文献有矛盾。在西汉景帝、武帝之际，河间献王刘德从民间征得一批古书，其中有一部书叫《周官》，至王莽时，因刘歆奏请，《周官》被列入学官，并更名为《周礼》。《周礼·春官·太卜》称："太卜……掌三《易》之法：一曰《连山》，二曰《归藏》，三曰《周易》。其经卦皆八，其别皆六十有四。"东汉末大儒郑玄《易赞》及《易论》说："夏曰《连山》，殷曰《归藏》，周曰《周易》。"这清楚说明，夏代的《连山》和殷代的《归藏》都已经是六十四卦的形式。由于后人不太相信《周礼》一书，只把郑玄所说的"夏曰《连山》，殷曰《归藏》"的说法当作一种传说，因而仍相信司马迁、班固的说法，将六十四卦的发明权归于周文王。对此，顾炎武说：

太卜掌三《易》之法，其经卦皆八，其别皆六十
有四。考之《左传·襄公九年》，穆姜迁于东宫，筮之，
遇《艮》之《随》。姜曰："是于《周易》曰：随，元亨
利贞，无咎。"独言"是于《周易》"，则知夏、商皆有
此卦，而重八卦为六十四者，不始于文王矣。[8]

顾炎武先引了《周礼·春官·太卜》的话，又引《左传》
的材料作佐证。《左传·襄公九年》记载了穆姜的一次占筮过
程，当时占得本卦为《艮》卦，之卦为《随》卦，解释时杂用
夏、商、周三《易》之法，当时史官用《连山》《归藏》解释
皆为"不利"，故改用《周易》解释。这个例子说明，至少在
春秋时期是存在《连山》《归藏》《周易》三《易》之法的，由
此可以间接证明，夏、商二代已经有了六十四卦的形式。顾炎
武的考证应该说是正确的。但直到现代张政烺先生对甲骨文、
金文中"奇字"——数字卦的破译，证明由六爻所组成的数字
卦已见于殷季的陶器、卜甲、彝器等器物，由此彻底推翻了
"文王重卦"的成说。由此可见顾炎武考据学上的真知灼见。

（二）"已日"

《周易·革》卦卦辞"革，已日乃孚"云云，南宋以前学
者多读"已"为已经之"已"，如胡瑗《周易口义》卷八所说：
"'已日乃孚'者，已日，则事已成之日。孚，信也。夫愚民
知久陷于涂炭，虽圣人兴起，亦未知圣人之所为，犹恐未免于
难。故须圣人丁宁诰戒，使民审知，然后改正朔、易服色、殊
徽号、制作礼乐，一新民之耳目，使天下之人皆出孚信于上，
故即日不孚，至于已日乃孚。"[9]按胡瑗的解释，"革，已日
乃孚"直译的意思是：改革，只有已经成功之日愚民才会相
信。其意是说，当改革之始，愚民不相信改革的好处，改革成

功之后，愚民得到改革带来的好处，才相信并拥护改革。这就把人民说成了群盲，改革之初可以完全不考虑他们赞成与否，改革者利用执掌的权力硬干就行。这样一种解释有可能误导今后的改革者。

顾炎武提出了另外一种诠释意见。他认为"巳日"应读为"己日"，他说：

> "革，己日乃孚。""六二，己日乃革之。"朱子发读为戊己之"己"。天地之化，过中则变，日中则昃，月盈则食，故《易》之所贵者中，十干则戊己为中。至于己，则过中而将变之时矣，故受之以庚。庚者，更也。天下之事当过中而将变之时，然后革而人信之矣。古人有以"己"为变改之义者，《仪礼·少牢馈食礼》"日用丁己"注："内事用柔日，必丁己者，取其令名，自丁宁，自变改，皆为谨敬。"而《汉书·律历志》亦谓"理纪于己，敛更于庚"是也。[10]

顾炎武首先援引了南宋朱震的意见，朱震于《汉上易传》卷八说："先儒读作已事之'已'。当读作戊己之'己'。十日至庚而更，更，革也。"[11]中国古代用天干、地支的组合来纪年和纪日。天干数是：甲、乙、丙、丁、戊、己、庚、辛、壬、癸。其中"己"是第六位数，超过了中间数，如同"日中则昃"，过中就面临变改，"己"之后为"庚"，"庚"与"更"谐音，并有变更之意。按照顾炎武的意见，"革，己日乃孚"直译的意思是：改革之事，只有到了该变革的时机去进行，人民才会相信。这样解释就没有将人民视为群盲的意思了。

对于这两种解释，我们不能说哪一种更符合《周易》作者的原意，但我们可以判断哪一种解释更为合理。改革当然要掌握好时机，要得到人民的支持。如果改革不考虑时机，把人民当作群盲，只凭执政者凭借权力硬干，其弊害有可能是非常之大的。在这个意义上，我们赞成朱震、顾炎武的解释。

（三）"鸿渐于陆"

《周易·渐》卦九三爻辞："鸿渐于陆。"上九爻辞也是"鸿渐于陆"，其意是鸿雁由水之涯飞向高平的陆地。这两爻爻辞相同，鸿雁为什么要两次飞向高平的陆地呢？很难理解。[12]北宋胡瑗《周易口义》认为"陆"字应是"逵"字形近而误。[13]"逵"指云间的路。胡瑗的观点得到了程颐[14]、朱熹[15]、郑刚中[16]等人的赞同。学者已经发现，《周易》卦爻辞多为韵文，因而朱熹从音韵学的角度进一步肯定说："今以韵读之，良是。"[17]即认为《周易·渐》卦改字后的上九爻辞"鸿渐于逵，其羽可用为仪"中的"逵"与"仪"为叶音。其后，范谔昌[18]、吴澄[19]、季本[20]等人径直将经文改作了"逵"。顾炎武为清代古音韵学的"开山之祖"，他指出：

> "上九，鸿渐于陆，其羽可用为仪，吉。"安定胡氏改"陆"为"逵"。朱子从之，谓合韵，非也。《诗》"仪"字凡十见，皆音牛何反，不得与"逵"为叶。而云路亦非可翔之地，仍当作"陆"为是。[21]

"仪"从繁体"儀"看，是从"我"之字，按古韵当读"俄"，所以顾炎武说"不得与'逵'为叶"。其后李光地著《周易折中》接受了顾炎武的意见，指出上九爻辞："陆字与九三重，故先儒改作逵字以叶韵，然逵、仪（儀）古韵实非叶也。意者'陆'乃'阿'字之误。阿，大陵也，进于陵则阿矣。'仪'古读'俄'，正与阿叶。《诗》云'菁菁者莪，在彼中阿，既见君子，乐且有仪。'"[22]李光地在顾炎武研究的基础上提出了一种新说，虽然看似非常合理，但涉及擅改经文的问题，这在经典的解读上则是一个更大、更原则的问题。顾炎武没有走到这一步，显然他是考虑到了这个更大、更原则的问题。

单从上述例证看，顾炎武对于《周易》的研究似乎只停留在对疑难问题的"决疑"上，而缺乏整体宏观的看法。其实不然，顾炎武也有对《周易》的宏观见解，这种见解甚至是"发人所未发"的，但他同样并非以鸿篇大论的形式来讲述，而只是提出了一些简短的说法。《论语》载孔子之语说："《诗》三百，一言以蔽之曰'思无邪'。"北宋范祖禹对《礼经》概括说："经礼三百，曲礼三千，亦可以一言蔽之曰'毋不敬'。"[23]顾炎武则对《易经》概括说："《易》六十四卦三百八十四爻，一言以蔽之曰'不恒其德，或承之羞'。"[24]这是把《周易》当作了"演德""修德"之书。

第二节　对于春秋学的"决疑"

（一）《鲁春秋》原来是怎样的

自孟子首言"孔子作《春秋》"之后，两千余年间史家无异说。但孔子根据什么修撰《春秋》一书，大约有两说：

1. 孔子据《鲁春秋》而修《春秋》。《孟子》说："晋之《乘》、楚之《梼杌》、鲁之《春秋》，一也。其事则齐桓、晋文，其文则史。孔子曰：'其义则丘窃取之矣。'"另据《左传·昭公二年》："晋侯使韩宣子来聘……观书于太史氏，见《易象》与《鲁春秋》。"《穀梁传》作者综合其意说："鲁政虽陵迟，而典刑犹存，史策所录不失常法，其文献之实足征，故孔子因而修之，事仍本史，而辞有损益，所以成详略之例，起褒贬之意。"此一说法得到《春秋》文本的支持，《春秋》以鲁十二公纪年，凡书鲁国皆书"我"，《春秋》显然是根据鲁史修撰的。

2. 孔子据"百二十国宝书"而修《春秋》。这一说法起源于汉代纬书，如《感精符》《考异邮》《说题辞》等，俱有其文，因而《公羊传》取其说以用之，称"昔孔子受端门之命，制《春秋》之义，使子夏等十四人求周史记，得百二十国宝书"[25]，言孔子并非独据《鲁春秋》而修《春秋》。"百二十国宝书"之说来自《纬书》，其可信度不高，后世学者多不将其书作为证据。

宋代刘敞评判两种说法，以为："孔子本据鲁史而作鲁史，所书有详有略，孔子止考核是非、加褒贬而已，非必有百二十国宝书也。"[26]此说得到后世治《春秋》学者的认同。如朱熹说：《春秋》，鲁史记之名，孔子因而笔削之，始于鲁隐公之元年，实平王之四十九年也。"[27]但问题在于，鲁之《春秋》原来是一部怎样的书？顾炎武对此作了思考和探讨，他说：

> （鲁之）《春秋》不始于隐公。晋韩宣子聘鲁，"观书于太史氏，见《易象》与《鲁春秋》，曰：'周礼尽在鲁矣。吾乃今知周公之德与周之所以王也。'"（《左传·昭公二年》）盖必起自伯禽之封，以洎于中世，当周之盛，朝觐、会同、征伐之事皆在焉，故曰"周礼"。而成之者，古之良史也。（孟子虽言"《诗》亡然后《春秋》作"，然不应伯禽至孝公三百五十年全无纪载。）自隐公以下，世道衰微，史失其官，于是孔子惧而修之。自惠公以上之文无所改焉。所谓"述而不作"者也。自

隐公以下则孔子以己意修之，所谓"作《春秋》"也。
然则自惠公以上之《春秋》，固夫子所善而从之者也，
惜乎其书之不存也。[28]

顾炎武根据《左传·昭公二年》的记载，从韩宣子赞叹
"吾乃今知周公之德与周之所以王也"一句话，判断《鲁春
秋》应有记载西周盛世"朝觐、会同、征伐"等史实。况且，
既然这是一部鲁史，那就应该还有鲁国开国之君伯禽至鲁惠公
三百五十年的历史。顾炎武推断，孔子当时对这段历史记载
完全认同，"善而从之"，未加修改。而自鲁隐公以下十二公
二百四十二年的历史，因为世道衰微，人伦失范，因而才通过
修史寄寓自己的价值评判。遗憾的是，原本《鲁春秋》后来全
部失传了，其具体内容究竟如何，人们已经无从得知了。

（二）在"春王正月"解释上的大突破

《春秋公羊传》解释《春秋》经文"春王正月"，认为是
孔子改鲁史旧文的"特笔"，《春秋》先言"王"而后言"正
月"，意在尊大周王的"一统"。公羊学遂于《春秋》"春王正
月"四字引申出孔子主张"大一统"的"微言大义"。但"春
王正月"四字是孔子特笔，还是鲁史旧文呢？顾炎武的回答是
鲁史旧文，他引用宋代董逌《广川书跋》和明代李梦阳《空同
集》的材料论述说：

《广川书跋》载《晋姜鼎铭》曰"惟王十月乙亥"，
而论之曰："圣人作《春秋》，于岁首则书'王'，说者谓
'谨始以正端'，今晋人作鼎而曰'王十月'，是当时诸
侯皆以尊'王正'为法，不独鲁也。"李梦阳言："今人
往往有得秦权者，亦有'王正月'字，以是观之，《春

秋》'王正月'必鲁史本文也。"言"王"者,所以别于夏、殷,并无他义。刘原父以"王"之一字为圣人新意,非也。[29]

　　董逌认为,春秋时期的晋国鼎器铭文上已有"王十月"字样,由此推论当时诸侯在历法上皆是尊王正朔的,并非只是鲁国如此。李梦阳也说,出土的春秋战国时期的秦权上也有"王正月"字样,由此认为《春秋》"王正月"必是鲁史旧文。顾炎武因而得出结论说,当时各诸侯国之所以要在所行正朔上加一"王"字,是要区别于夏历和殷历,并无其他意义。后世公羊家以及刘敞等人认为是孔子的"特笔"或"新意"是不对的。原来,公羊家认为是孔子特加"王"字于"正月"之上,以尊大周王朝之一统。董逌、李梦阳、顾炎武等人依靠地下出土的考古材料证明,这完全是一种穿凿附会。

　　进而,顾炎武引用唐代赵匡之语,解释春秋时期各诸侯国对所禀正朔为什么要强调"王正月",他说:

　　　　赵伯循曰:"天子常以今年冬,班明年正朔于诸侯,诸侯受之,每月奉月朔甲子以告于庙,所谓禀正朔也。故曰'王正月'。"[30]

　　最后,顾炎武又回归到经典诠释的优劣上来,他认为《左传》在解释"元年春王正月"六字时,只在"正月"前加了一个"周"字,就已经完全解释清楚了。他说:

　　　　《左氏传》曰:"元年,春,王周正月。"此古人解经之善,后人辨之,累数百千言而未明者,《传》以一字尽之矣。[31]

由此说来，公羊家所发挥的“大一统”之义，不过是借《春秋》以立新说，并非《春秋》经的原意，自然也不是孔子的微言大义。

（三）关于“五伯”之说

《孟子》指出，《春秋》一书，“其事则齐桓、晋文”。这是说，春秋时期的历史是以齐桓公、晋文公为主轴的。推而广之，则是以“五伯”（或称“五霸”）为主轴的。经典文献中言及“五伯”有两处，然皆语焉不详：

一是《左传·成公二年》齐人国佐说：“五伯之霸也，勤而抚之，以役王命。”杜预注：“夏伯昆吾，商伯大彭、豕韦，周伯齐桓、晋文。”[32]这是说夏、商、周三代能列入“伯”的行列中的有昆吾、大彭、豕韦、齐桓公、晋文公五人。这是三代之“五伯”。对此，史家皆无异议。应劭《风俗通义》卷一有《五伯》条，其中解释“三代五伯”为何是这五人时说：“夏后太康娱于耽乐，不循民事，诸侯僭差。于是昆吾氏乃为盟主，诛不从命，以尊王室。及殷之衰也，大彭氏、豕韦氏复续其绪，所谓王道废而霸业兴者也。齐桓九合一匡，率成王室，责强楚之罪，复菁茅之贡；晋文为践土之会，修朝聘之礼，纳襄克带，翼戴天子。孔子称‘民到于今受其赐’。”[33]

二是《孟子》所说：“五霸者，三王之罪人也。”《孟子》并未明说“五霸”指哪五人，赵岐注：“五霸者，大国秉直道以率诸侯，齐桓、晋文、秦缪、宋襄、楚庄是也。”而应劭对于后三人列入“五伯”皆不同意，他说：“至于三国，（孔子）既无叹誉一言，而缪公受郑甘言，置戍而去；违黄发之计，而遇殽之败；杀贤臣百里奚，以子车氏为殉，《诗·黄鸟》之所为作，故谥曰‘缪’。襄公不度德量力，慕名而不综实，六鹢五石，先著其异，覆军残身，终为僇笑。庄王僭号，自下摩上，观兵京师，问鼎轻重，恃强肆忿，几亡宋国，易子析骸，厥祸亦巨。皆无兴微继绝、尊事王室之功。世之纪事者，不详察其本末，至书于竹帛，同之伯功，或误后生。"[34]

《白虎通义》卷上关于"春秋五霸"列出两说，一说与赵岐之说相同，另一说则去"宋襄公"而增"吴王阖闾"。[35]

而淮南王刘安以及司马迁等人认为，"五霸"中应有"越王勾践"。如刘安《淮南子》卷十一谓勾践"胜夫差于五湖，南面而霸天下，泗上十二诸侯皆率九夷以朝"[36]。司马迁《史记·货殖列传》谓，越王勾践"遂报强吴，观兵中国，称号五霸"[37]。又《史记·越王勾践世家》谓"勾践已平吴，乃以兵北渡淮，与齐、晋诸侯会于徐州，致贡于周。周元王使人赐勾践胙，命为'伯'。……是时，越兵横行于江淮东，诸侯毕贺，号称'霸王'"[38]。又"太史公曰：……勾践苦身焦思，终灭强吴，北观兵中国，以尊周室，号称霸王，勾践可不谓贤哉！"[39]这些记载表明，越王勾践曾被周天子正式册命为'伯'，因而是当之无愧的"五伯"之一。并且，刘安（前179—前122）、司马迁（约前145—？）皆在赵岐（约108—201）之前，两人所言更具权威性。由此可见，"春秋五霸"之中，越王勾践是必不可少的。

叙述至此，我们来看顾炎武关于"五伯"的意见，其《日知录》卷四《五伯》说：

> "五伯"之称有二：有三代之"五伯"，有春秋之"五伯"。《左氏·成公二年》齐国佐曰："五伯之霸也，勤而抚之，以役王命。"杜元凯云："夏伯昆吾，商伯大彭、豕韦，周伯齐桓、晋文。"《孟子》："五霸者，三王之罪人也。"赵台卿注："齐桓、晋文、秦缪、宋襄、楚

庄。"二说不同。[40]……若孟子所称"五伯",而以桓公为盛,则止就东周以后言之。……然赵氏以宋襄并列,亦未为允。宋襄求霸不成,伤于泓以卒,未尝霸也。[41]

《史记》言"越王勾践遂报强吴,观兵中国,称号'五伯'。"子长在台卿之前,所闻异辞。(《越世家》言:"周元王使人赐勾践胙,命为伯。"又言:"越兵横行于江淮东,诸侯毕贺,号称'霸王'。"《淮南子》亦言:"越王勾践胜夫差于五湖,南面而霸天下,泗上十二诸侯皆朝之。)然则言三代之"五伯",当如杜氏之说;言春秋之"五伯",当列勾践而去宋襄。《荀子》以桓、文及楚庄、阖闾、勾践为"五伯",(江都易王问越王勾践,董仲舒对以"五伯",是当时以勾践为五伯之数。)斯得之矣。[42]

顾炎武《日知录》准确地概述了历史上关于"五伯"的讨论,他不同意赵岐的"五伯"说,依据《史记》去宋襄公而增越王勾践,又据《荀子》去秦缪公而增吴王阖闾。最后的意见是完全赞同《荀子》的意见,即"春秋之五霸"应该是齐桓公、晋文公、楚庄王、吴王阖闾、越王勾践五人。

第三节　对于诗经学的再探讨

(一)《诗经》如何分部

传统意见认为,《诗经》分为三大部分:十五国风(《周南》《召南》包括在内)、雅(小雅、大雅)、颂(周颂、鲁颂、商颂)。这本来不是一个问题,但宋代程大昌作《诗论》十七篇,专门论述《诗经》原本分为南、雅、颂三大部分,而无

"国风"之名。他提出《周南》《召南》之"南",不是表示地域和方位,而是乐名。邶、鄘以下十三国诗不入乐,只称其国名,不称"国风"。这种说法颇具震撼性。

顾炎武并不同意程大昌的意见,但无疑受了程大昌的巨大影响,他提出"四诗"说,认为《诗经》可分南、豳、雅、颂四个主要部分,另附十二国风。他说:

> 《周南》《召南》,南也,非风也。《豳》谓之豳诗,亦谓之雅,亦谓之颂(据《周礼·籥》篇),而非风也。南、豳、雅、颂为"四诗",而列国之《风》附焉。此诗之本序也。(宋程大昌《诗论》谓无"国风"之目,然《礼记·王制》言"命大师陈《诗》以观民风",即谓自邶至曹十二国为"风"无害。)[43]

这是将传统的十五国风分为三个部分,《周南》《召南》单独为一类,视为"南"体,《豳》为一类,视为"豳"体。《周南》《召南》和《豳》诗被特别区分出来是因为这些诗与文王、周公的"王化"有关,与其他十二国诗不应等同视之。其余十二国诗,未被"王化",虽不入流,但仍可称为《国风》。这是在传统意见与程大昌新说之外,又另立一说。

这种意见能站得住吗?上海博物馆藏战国楚竹书《孔子诗论》说:"《颂》,重德也,多言后,其乐安而迟,其歌绅而荔,其思深而远,至矣!《大夏(雅)》,盛德也,多言□□□□□□□□(二)□□,【〖 〗矣!《小夏(雅)》,〖 〗德】也,多言难而怨怼者也,衰矣!小矣!《邦风》,其内(人)物也博,观人俗焉,大金(验)材(在)焉。其言文,其声善。"[44]明确将《诗经》分颂、大雅、小雅、邦风四种,支持了传统意见,这就足以证明无论是程大昌还是顾炎武的

《诗经》分部新说都是不对的。

（二）关于《诗经》诸篇的"入乐"问题

《诗经》诸篇是否皆可入乐，历史上约有两种意见。一种意见认为，《诗经》三百篇皆可入乐，证据大约有三：一是《左传·襄公二十九年》记载吴公子季札来访问鲁国，"请观于周乐，使工为之歌《周南》《召南》……为之歌《邶》《鄘》《卫》……为之歌《齐》，曰：'美哉泱泱乎，大风也哉！表东海者其大公乎！'……为之歌《秦》，曰：'此之谓夏声，夫能夏则大，大之至也，其周之旧乎！'……"如此之类，乐工将传统意义的十五国风依序歌唱了一遍。《左传》记此事甚详，一言"观乐"，再言"工歌"。季札次第品评，既论其声，又论其义。如"美哉泱泱乎，大风也哉"显然是评论乐器演奏之声。由此证明十五国风都是可以入乐的。二是《墨子》一书记载："诵诗三百，弦诗三百，歌诗三百，舞诗三百。"说明《诗三百》诗篇皆可诵、可弦、可歌、可舞。三是司马迁《史记·孔子世家》："三百五篇，孔子皆弦歌之，以求合《韶》《武》雅颂之音。"[45]有此三项证据，可知《诗经》三百篇皆堪入乐。正因为如此，自先秦乃至唐孔颖达《毛诗注疏》、宋朱熹《诗集传》并未提出《诗经》诸篇"入乐""不入乐"的问题。而首先提出这个问题的是南宋时期的程大昌。

程大昌认为："邶、鄘、卫、王、郑、齐、魏、唐、秦、陈、桧、曹、豳，此十三国者，诗皆可采，而声不入乐。"[46]程大昌当然也见过季札观乐的材料，但按他的理解，那只是乐工清唱，并无乐器伴奏，所以说"不入乐"。从上面我们的论述可见，程大昌的意见显然是偏颇的。但程大昌还是影响了清代的顾炎武。

顾炎武《日知录》卷三有一篇短文，名叫《诗有入乐不入乐之分》，其中说：

> 夫二《南》也；《豳》之《七月》也；《小雅》正十六篇；《大雅》正十八篇；《颂》也，《诗》之入乐者也。
> 《邶》以下十二国之附于二《南》之后，而谓之"风"；《鸱鸮》以下六篇之附于《豳》，而亦谓之"豳"；《六月》以下五十八篇之附于《小雅》。《民劳》以下十三篇之附于《大雅》，而谓之"变雅"，《诗》之不入乐者也。[47]

顾炎武受到程大昌的影响，但又对程氏的意见有所修正。他具体指出《诗经》中哪些诗篇是入乐的，哪些诗篇是不入乐的。按他的意见，《诗经》中"入乐"的诗作有：《周南》《召南》的全部；《豳》诗中的《七月》一篇；《小雅》的正雅十六篇；《大雅》的正雅十八篇；《颂》之全部。《诗经》中"不入乐"的诗作有：《邶风》以下十二国风，《豳风》除《七月》一篇之外的六篇；《小雅·六月》以下五十八篇，前人所谓"变雅"者；《大雅·民劳》以下十三篇，前人所谓"变雅"者。

《诗经》是中国古代最早的诗歌总集，它本是文学作品，但汉以后的儒者对《诗经》的解释过分政治化和道德化，提出《诗经》有"正风""正雅"和"变风""变雅"之分，认为"正风""正雅"是反映"王道化成"的诗作，"变风""变雅"是反映政教失范的诗作，如《毛诗·大序》所说："至于王道衰，礼仪废，政教失，国异政，家殊俗，而变风、变雅作矣。"[48]汉儒虽有"正风""正雅"和"变风""变雅"之说，但并没有将之作为划分"入乐""不入乐"的标准。顾炎武则将它作为"入乐""不入乐"的标准了。

顾炎武似乎偷换了概念，他所谓的"入乐""不入乐"特指"宗庙燕享"之乐，而不是说"不入乐"的诗篇不能歌唱演奏。所以他又援引孔颖达《毛诗注疏》之文："变者（变风变雅），虽亦播于乐，或无算之节所用，或随事类而歌，又在制礼之后，乐不常用。"[49]然后说："今按：以变雅而播之于乐，如卫献公使太师歌《巧言》之卒章是也。"[50]又引《乐记》："子夏对魏文侯曰：'郑音好滥淫志，宋音燕女溺志，卫音趋数烦志，齐音敖辟乔志，此四者皆淫于色而害于德，是以祭祀弗用也。'"[51]又引朱熹之语说："二《南》正风，房中之乐也，乡乐也。二《雅》之正雅，朝廷之乐也。商、周之《颂》，宗庙之乐也。至变雅则衰周卿士之作，以言时政之得失。而邶、鄘以下则太师所陈，以观民风者耳，非宗庙燕享之所用也。"[52]

在我们看来，前人认为《诗经》三百零五篇皆可"弦歌"，因而也就无人提出《诗经》诸篇"入乐""不入乐"一类问题，而最多讨论哪些诗篇用于"宗庙燕享"的礼仪上，哪些篇不用于"宗庙燕享"的礼仪上。"入乐""不入乐"是一个全称判断，凡可"弦歌"之诗即属"入乐"。而"宗庙燕享"之乐是特称判断，专指朝廷正规礼仪所用的音乐。顾炎武在特称判断上讲"入乐""不入乐"，似有以偏概全之嫌。

前引《孔子诗论》说："《邦风》，其内（入）物也博，观人俗焉，大验在焉。其言文，其声善。"所谓"其声善"，"声"指乐声，"善"是对《邦风》(《国风》)类诗篇乐声的肯定和褒扬。因而似不应以"不入乐"三字来概括《邦风》一类诗篇。

（三）孔子不删淫诗

《诗经》三百零五篇，其中有涉及淫逸之事的诗篇，自先秦以来，人皆知之，如赵文子不满意伯有赋《鹑之贲贲》说："床笫之言不逾阈，况在野乎！非使人之所得闻也。"（《左传·襄公二十七年》）凡此类作品，汉儒皆认为是诗人"刺淫"之作。然而宋代朱熹却认为《诗经》中的许多淫诗是当事人所自作，因而是有意"宣淫"之诗。元代马端临不同意朱熹的观点，他说：史称孔子曾经删诗，若这些诗是"淫诗"，"夫子犹存之，则不知所删何等一篇也？"[53]顾炎武《日知录》卷三有《孔子删诗》一篇，像是对马端临的回答。他说：

> 孔子删诗，所以存列国之风也，有善有不善，兼而存之，犹古之太师陈诗以观民风，而季札听之以知其国之兴衰，正以二者之并陈，故可以观，可以听。世非二帝，时非上古，固不能使四方之风有贞而无淫，有治而无乱也。文王之化，被于南国，而北鄘杀伐之声，文王不能化也。使其诗尚存而入夫子之删，必将存南音以系文王之风，存北音以系纣之风，而不容于没，一也。是以《桑中》之篇、《溱洧》之作，夫子不删，志淫风也。……选其辞，比其音，去其烦且滥者，此夫子之所谓删也。后之拘儒不达此旨，乃谓淫奔之作不当录于圣人之经。[54]

依顾炎武的意见，孔子当年所删之诗是"烦且滥者"，即烦琐和粗制滥造的诗，与是贞诗或淫诗无关。因为通过贞诗和淫诗的对比，正好可以观察民风民俗，以及国之治乱兴衰。顾炎武认为，孔子不会只存贞诗而去淫诗，只有后之"拘儒"才会这样做。顾炎武的见解与汉儒的美刺说略相接近。自汉至清，男女婚恋一直奉行"父母之命、媒妁之言"以及"男女授受不亲"的道德观念，男女自由恋爱被视为"淫行"，这个观念不变，对于诗经学的研究就很难有大的突破。正是由于这个原因，千百年来诗经学很少有大的创获。

注释：

［1］［2］〔清〕永瑢等撰：《四库全书总目》，北京：中华书局，1965 年，第 235，1029 页。

［3］〔清〕顾炎武著，华忱之点校：《与友人论易书》，《顾亭林诗文集》卷三，北京：中华书局，1983 年，第 42 页。

［4］［8］［10］［21］［24］［28］［29］［30］［31］［40］［41］［42］［43］［47］［49］［50］［51］［52］［54］〔清〕顾炎武著，陈垣校注：《日知录校注》，合肥：安徽大学出版社，2007 年，第 8，2，26，30，53，159，167，168，168，223，223—224，224，116，115，115，115，115，115—116，117 页。

［5］［6］〔汉〕司马迁：《史记》，北京：中华书局，1982 年，第 119，119 页。

［7］〔汉〕班固：《汉书》，北京：中华书局，1962 年，第 1704 页。

［9］［13］〔宋〕胡瑗撰，〔宋〕倪天隐述：《周易口义》，《景印文渊阁四库全书》第 8 册，台北：商务印书馆，1986 年，第 384，403 页。

［11］〔宋〕朱震：《汉上易传》，上海：上海古籍出版社，1989 年，第 169 页下。

［12］清初黄宗炎《周易象辞》解释说：鸿雁飞南飞北，飞了个来回，第一回由北往南，第二回由南往北，所以用了两次"陆"字。这当然是一种很巧妙的解释，不过在北宋时还没有类似的说法。

［14］〔宋〕程颢、程颐著，王孝鱼点校：《二程集》，北京：中

华书局，2004 年，第 977 页。

　　［15］［17］〔宋〕朱熹著，廖名春点校：《周易本义》，北京：中华书局，2009 年，第 191，191 页。

　　［16］〔宋〕郑刚中：《周易窥余》卷十三，《景印文渊阁四库全书》第 11 册，第 560 页。

　　［18］见〔清〕王太岳，王燕绪等辑："《御撰周易折中》卷七"条，《钦定四库全书考证》卷三，北京：书目文献出版社，1991 年，第 80 页。

　　［19］〔元〕吴澄：《易纂言》，上海：上海古籍出版社，1990 年，第 81 页。

　　［20］〔明〕季本：《易学四同》卷二，《续修四库全书》第 6 册，上海：上海古籍出版社，2002 年，第 234 页。

　　［22］〔清〕李光地：《周易折中》，成都：巴蜀书社，2006 年，第 277 页。

　　［23］转引自〔清〕王梓材，冯云濠编撰；沈芝盈，梁运华点校：《宋元学案补遗》，北京：中华书局，2012 年，第 1531 页。

　　［25］〔汉〕何休注，〔唐〕徐彦疏：《春秋公羊传注疏》，〔清〕阮元校刻：《十三经注疏》，北京：中华书局，2009 年，第 4763 页。

　　［26］转引自《春秋公羊传注疏·原目考证》，《影印文渊阁四库全书》第 145 册，第 14 页。

　　［27］〔宋〕朱熹：《四书章句集注》，北京：中华书局，1983 年，第 295 页。

　　［32］〔晋〕杜预注，〔唐〕孔颖达等正义：《春秋左传正义》，〔清〕阮元校刻：《十三经注疏》，第 4115 页。

　　［33］［34］〔汉〕应劭著，王利器点校：《风俗通义校注》，北京：中华书局，1981 年，第 19，19 页。

　　［35］〔汉〕班固：《白虎通义》，载朱维铮主编：《中国经学史

基本丛书》，上海：上海书店出版社，2012 年，第 283 页。

［36］〔汉〕刘文典撰，冯逸、乔华点校：《淮南鸿烈集解》，北京：中华书局，1989 年，第 355 页。

［37］［38］［39］［45］〔汉〕司马迁：《史记》，北京：中华书局，1982 年，第 3256，1746，1756，1936 页。

［44］引自姜广辉：《古〈诗序〉复原方案（修正本）》，载姜广辉主编：《中国哲学》第 24 辑《经学今诠三编》，沈阳：辽宁教育出版社，2002 年，第 177 页。

［46］〔宋〕程大昌著，刘尚荣校证：《考古编·续考古编》，北京：中华书局，2008 年，第 12 页。

［48］〔汉〕毛公传，郑玄笺，〔唐〕孔颖达等正义：《毛诗正义》：〔清〕阮元校刻：《十三经注疏》，第 566 页。

［53］〔元〕马端临著：《文献通考·经籍考五》，北京：中华书局，2011 年，第 5304 页。

第四十八章
阎若璩与《古文尚书》辨伪

儒家的经典诠释方法，由宋明发展至清代，逐步发生了一种典范的转换，即由重视哲学义理的阐释转向重视历史文献的考证。经学一向是价值判断高于事实判断，但在此时，学者越来越强调历史事实本身的价值，由是，经学逐步蜕化为史学，变成一种客观化的研究对象。一些朴学家把"实事求是"作为学问人生的信仰，为达此信仰，不惜破除对儒家经典的神圣信仰。阎若璩的《尚书古文疏证》就是一个突出的范例。

阎若璩（1636—1704），字百诗，号潜邱（一作潜丘）。其先山西太原人，世代业盐，侨居江苏淮安府山阳县。若璩幼年，资性若钝，兼有口吃，读书百遍犹未熟，然仍勤勉不息。年十五，冬夜苦读，心忽开朗，自是颖悟异常，读书过目不忘，凡九经、诸史、注疏、百家之说，皆能暗诵。尤长于考证，遇有疑义，反复穷究，往往发先儒所未发。其著作有《尚书古文疏证》[1]《毛朱诗说》《四书释地》《孟子生卒年月考》《潜邱札记》等。

四库馆臣称阎若璩："博极群书，又精于考证。百年以来，自顾炎武以外，罕能与之抗衡者。"[2]乾嘉时期之学者述及清初考据学也往往以顾、阎并提。[3]而阎若璩的名气是与《尚书古文疏证》一书紧密联系在一起的。

阎若璩将今孔传本《古文尚书》二十五篇断为伪书，被许多学者视为考据学的巅峰之作。钱大昕(1728—1804)《阎先生若璩传》称：阎若璩"年二十，读《尚书》，至古文二十五篇，即疑其伪，沉潜三十余年，乃尽得其症结所在"[4]。阎若璩之后，学界对《尚书古文疏证》的论断大多持认同的态度，梁启超(1873—1929)称此书"委实是不朽之作"[5]，"阎若璩之所以伟大，在其《尚书古文疏证》也"[6]。

第一节　关于《古文尚书》考辨的三个阶段

自南宋至清中期，关于《古文尚书》的考辨可以分为初级、中级、高级三个阶段：初级阶段是宋元时期，以吴棫（约1100—1154）、朱熹(1130—1200)、吴澄(1249—1333)为代表。中级阶段是明中期，以梅鷟为代表。梅鷟生卒年不详，正德八年（1513）举人，与杨慎、黄佐为同时代人。高级阶段是清初中期，以阎若璩、惠栋（1697—1758）、程廷祚(1691—1767)为代表。下面分别论之：

1.《古文尚书》考辨的初级阶段只是停留在一种笼统的怀疑，并未作具体的辨伪搜证工作。怀疑的理由主要集中于以下两点：

第一，从文气上说，伏生《今文尚书》难读，而东晋梅赜（生卒年不详）所献《古文尚书》易读，吴棫首发其难说："安国所增多之书……皆文从字顺，非若伏生之书诘曲聱牙。"[7]朱熹也说："孔壁所出《尚书》……皆平易，伏生所传皆难读，如何伏生偏记得难底，至于易底，全记不得？此不可晓。"[8]这是怀疑今孔传本《古文尚书》二十五篇经文，同时也怀疑据说是孔安国作的《大序》："先汉文章重厚有力量，今《大序》

格致极轻，疑是晋、宋间文章。况《孔书》至东晋方出，前此诸儒皆不曾见，可疑之甚。"[9]从文气上怀疑，偏重主观感觉，一般人不易把握。

第二，从事理上说，晚出之《书》千百年间竟如此完整，无一字讹舛，令人难以置信。朱熹说："某尝疑孔安国《书》是假书，……岂有千百年前人说底话，收拾于灰烬屋壁中与口传之余，更无一字讹舛？"[10]朱熹对《古文尚书》二十五篇的怀疑影响了后世学者，元代吴澄《书纂言》也表达了类似的观点。

2.《古文尚书》考辨的中级阶段，以明代梅鷟的《尚书谱》和《尚书考异》两书为代表，其特点是主观建构《古文尚书》二十五篇的作伪过程。对一部已经流传上千年并曾被学者完全接受认同的经典，要找到确凿的证据证明它是伪书，这原本不是一件容易的事。明代梅鷟遍读晋以前文献，以求发现造伪者的痕迹，结果发现这些文献中有许多与今孔传本《古文尚书》内容雷同的资料，他遂认为这是后者抄辑前者的证据，由此而有《尚书谱》和《尚书考异》两部考辨著作。然而正如笔者先前的文章所说：

> 若从中立的立场来看，梅鷟考辨《古文尚书》二十五篇，字字寻其出处，其考辨之成绩，足可证明《古文尚书》二十五篇与秦、汉诸传记文献确有蹈袭雷同之处。但问题在于，究竟是《古文尚书》二十五篇抄袭了秦、汉诸传记文献呢？还是秦、汉诸传记文献蹈袭了《古文尚书》二十五篇呢？若能确定《古文尚书》二十五篇果后世造伪，则梅鷟已得其赃证矣。然而这个前提恰恰是需要证明的。而今虽然"赃证"在手，吾人却无法判定究竟"谁抄谁"。此犹两人皆声称是原创者，而互指抄袭，不能仅以两文相同部分为证据，而须能证

明究竟谁为在先的原创者，而谁为其后的蹈袭者。考辨
《古文尚书》的难点也正在于此。而只有有了这方面的
根据，才称得上是有价值的证据。[11]

客观地说，梅鷟的搜证工作本身是有意义的，问题在于他
未能确立一个正确的逻辑基点（如后来阎若璩所说的"根柢"）
去解释它们。梅鷟《尚书谱》甚至认为，东晋梅赜所献《古文
尚书》为"假孔安国之伪书"，西汉孔壁《古文尚书》为"真
孔安国之伪书"。他提出西汉孔安国本人精心伪造了所谓"孔
壁《古文尚书》"，蒙骗了司马迁（约前145—约前87）、刘
向（约前77—前6）、刘歆（? —前23）、班固(32—92)诸大儒。
笔者以为，历史学本是一门不断建构和修复"信史"的学问，
如司马迁《史记》、班固《汉书》等史书在千百年间已经确立
了其"信史"的地位，梅鷟试图去摧毁其"信史"地位，实际
是"搬起石头砸自己的脚"，这使他的一些有价值的搜证工作
也不免受到连累。

3.《古文尚书》考辨的高级阶段以清代阎若璩的《尚书古
文疏证》、惠栋的《古文尚书考》、程廷祚的《晚书订疑》为代
表，其特点是注意寻找《古文尚书》辨伪的根柢、要领和关键
点。将逻辑基点（"根柢"）与辨伪举证（"枝节"）二者结合起
来加以考察。三人中，尤以阎若璩功绩最大。我们将在下面
讨论。

第二节　考辨《古文尚书》的"关键处"

阎若璩《潜邱札记》卷六称"《尚书古文疏证》得大关键
处"[12]，他是如何"得大关键处"的，以及此"关键处"的

意义是什么，这是值得我们讨论的。

阎若璩在《尚书古文疏证》第八卷第一一三条中说：

> 天下事由根柢而之枝节也易，由枝节而返根柢也难。窃以考据之学亦尔。予之辨伪古文，吃紧在孔壁原有真古文，为《舜典》《汩作》《九共》等二十四篇，非张霸伪撰。孔安国以下、马郑以上，传习尽在于是。《大禹谟》《五子之歌》等二十五篇，则晚出魏、晋间假托安国之名者。此根柢也。得此根柢在手，然后以攻二十五篇，其文理之疏脱、依傍之分明，节节皆迎刃而解矣。不然，仅以子史诸书仰攻圣经，人岂有信之哉？[13]

这段话可以说是阎若璩《尚书古文疏证》的精义所在，也是阎若璩数十年考辨《古文尚书》的智慧结晶，这一观念的成立使得《古文尚书》的考辨取得了决定性的胜利。为什么这样说呢？

从对孔传本《古文尚书》的许多辨伪举证的具体实例看，虽然辨伪者声称从中发现了作伪者的明显“破绽”，但证真者也总会找到一些辩驳的理由。这种情况往往使《古文尚书》考辨陷入一种纠缠“枝节”、混战一场的困境。阎若璩在《古文尚书》考辨的长期实践中逐渐意识到，要摆脱这种困境，获得历史的真相，那就要首先在从汉至唐的纷繁史传资料中梳理出一条大线索，找到《古文尚书》考辨的关键所在。

在阎氏看来，第一步，考辨《古文尚书》要先对史料分类。他区分出了两大类：一类是东汉以前的材料，如《史记》《汉书》《后汉书》《汉纪》《论衡》等，这些材料之间虽然可能相互有矛盾，但基本指向一个历史叙述脉络：孔壁《古文尚书》十六篇，此时只有这一部《古文尚书》。另一类是晋以后的文献，如陆德明（约 550—630）《经典释文》、颜师古（581—645）《汉书注》、孔颖达（574—648）《尚书正义》《隋书·经籍志》（孔颖达曾参修）等，这些材料也有一个基本的历史叙述脉络：以梅赜所献《古文尚书》二十五篇为主轴，因为此时已有了两部不同的《古文尚书》。唐人因受梅赜所献《古文尚书》大序的影响，认定梅赜所献《古文尚书》二十五篇为真，并以此视角去解释两汉的资料。阎若璩看到了这两种历史叙述脉络的相互对峙，即两汉文献所载孔壁《古文尚书》十六篇与东晋梅赜所献《古文尚书》二十五篇孰真孰伪的对峙。两汉文献在述说孔壁《古文尚书》十六篇之"真"，晋以后文献则倾向于述说梅赜所献《古文尚书》二十五篇之"真"。

第二步，便是对这两类史料分别作出价值评估。这迫使学者在《古文尚书》的考辨上表明自己的底线在哪里。在理解文献和认知历史上，史学家不可以抱着"怀疑一切"的观念，如果一切文献都不值得相信，那便失去了历史研究的基础，也不会建构所谓"历史学"。但在面对某些历史事件的矛盾重重的文献记载，哪些内容展现出历史的合理性，相对比较可信，可以作为探究历史真相的学术"根柢"或逻辑基点呢？具体而言，两汉文献与晋以后文献在《古文尚书》考辨上是否具有同等价值？

到目前为止，我们关于《古文尚书》的考辨基本是文献的考证，因而考证的基础便是文献的甄别和采信的原则问题。那么，究竟什么样的文献记载较为可信呢？笔者以为至少可有以下四项原则：

第一，亲见性原则。文献记载是作者对亲见、亲历所作的"实录"，还是根据传闻所作的转述。这就像法庭判案一样，见证人的证词与传闻证人的证词在证据效力方面是不一样的。

第二，时代先后原则。假如都不是亲见者，所述皆据传闻，则时代在先的传闻较时代更后的传闻证据效力更大些，因为就一般而言，传闻愈久愈失其真。

第三，作者权威性原则。就一般而言，权威的作者与非权威的作者相比，前者的证据效力更高，因为所谓"权威"，是在以往的岁月中，人们已经无数次印证了他有关记述的可信度。

第四，记述一致性原则。如果在一个大致相同的时代，不同作者从其自身的认知条件出发，而不是人云亦云地去述说同一件事，那一致性较高的记述，证据的效力也就较高。

这些原则虽然并不具有绝对的真理性，但具有相对的合理性。正因为如此，考证学家乃至一般历史学家都把它当作历史研究和文献考证的一般通则或者"默证"。阎若璩的聪明也在于，当他在《古文尚书》考辨上注意区分两汉文献与晋以后文献之时，他实际上已经最大可能地运用了上述"四项原则"作为"默证"。因为两汉文献所载孔壁《古文尚书》十六篇与东晋梅赜所献《古文尚书》二十五篇相比较，前者显然在"四项原则"上占尽了优势。而读者一经被指明，也很容易接受和认同阎若璩的立场和观点。为此，阎若璩特别强调"由根柢而之枝节"的思想方法的重要性。

学者研究阎若璩《尚书古文疏证》，多会引到他谈论"由根柢而之枝节"这段话，却不能正确理解和诠释它的深刻意义。下面我们再来一一加以分析：

1."吃紧在孔壁原有真《古文》"，凭什么有此立论？因为这是司马迁、刘向、刘歆、班固众口一词认定的。司马迁为太史令，是国家最高史官，曾亲"向孔安国问故"，因而实录其事于《史记》中[14]；刘向、刘歆、班固皆曾为秘府藏书的最高管理者，亲见其书，后班固修《汉书》，复载其事于《汉书》

中^[15]。《史记》和《汉书》所记此事有可信度吗？我们应该承认，历史有"本来的历史"和"书写的历史"的分别，"本来的历史"永远地过去了，它需要"书写的历史"来重建。虽然"书写的历史"不等于"本来的历史"，然而从古至今的历史，我们主要还是依靠"书写的历史"来了解。"书写的历史"有好坏之分，如果司马迁《史记》和班固《汉书》的千年"良史"品牌也不值得信任的话，那还有什么文献资料不能怀疑，历史上还会有什么可以称得上是"信史"，我们还有什么必要侈谈历史呢？所以，"吃紧在孔壁原有真《古文》"一句，实是建立在对司马迁《史记》和班固《汉书》等汉代文献信任的基础上的。在这里没有退路，后退就会陷入历史怀疑主义的泥沼中。所以阎若璩特别强调"予之辨伪《古文》，吃紧在孔壁原有真《古文》"。

2.（真《古文》）"为《舜典》《汩作》《九共》等二十四篇，非张霸伪撰"。孔壁真《古文尚书》从篇数而言，是二十四篇，如将《九共》九篇合作一篇为十六篇，根据孔颖达所引郑玄(127—200)注《书序》，其具体篇目是：

> 一、《舜典》；二、《汩作》；三、《九共》九篇；四、《大禹谟》；五、《弃稷》；六、《五子之歌》；七、《胤征》；八、《汤诰》；九、《咸有一德》；十、《典宝》；十一、《伊训》；十二、《肆命》；十三、《原命》；十四、《武成》；十五、《旅獒》；十六、《冏命》。^[16]

孔颖达以东晋梅赜所献《古文尚书》二十五篇（篇名见后）为真孔壁《古文尚书》，而以郑玄所称之二十四篇为西汉"张霸之徒"所撰的伪《古文》。在这里，阎若璩强调"《舜典》《汩作》《九共》等二十四篇，非张霸伪撰"。按班固《汉书·儒林传》记述，西汉成帝（前33—前7年在位）时，张霸曾伪造《尚书百两篇》献于朝廷，汉成帝命人以中秘所藏《尚书》（当系孔安国家所献）校之，结果当下便被识破。由此可见，张霸《尚书百两篇》与孔壁《古文尚书》十六篇完全是两码事。这里，孔颖达颇有故意混淆历史事实之嫌。因此在承认"孔壁原有真《古文》"的同时，必须同时承认孔壁真《古文》就是"《舜典》《汩作》《九共》等二十四篇"，因而必须清除孔颖达带给《古文尚书》考辨的错误影响。

3. "孔安国以下、马郑以上，传习尽在于是"，这意味什么？意味着孔壁《古文尚书》从西汉的孔安国到东汉末的马融、郑玄有一个前后衔接的传承谱系，由此可以确证郑玄所称之"《舜典》《汩作》《九共》等二十四篇"亦即孔安国所传孔壁《古文尚书》十六篇。这个谱系真的存在吗？根据《汉书·儒林传》，孔安国《古文尚书》的传授谱系是这样的：孔安国—都尉朝—庸谭—胡常（字少子）—徐敖—王璜（字平中）、涂恽（字子真）—桑钦（字君长）。再据《后汉书》卷三十六《贾逵传》，孔安国《古文尚书》的传授谱系可以续写如下：刘歆、涂恽—贾徽—贾逵。这里，贾逵（30—101）是孔壁《古文尚书》的重要传人之一，同时他又曾为同郡杜林（？—47）所得漆书《古文尚书》作训，贾逵既肯为之作训，杜林所得漆书《古文尚书》必为真《古文尚书》无疑。而马融、郑玄也皆曾为杜林所得漆书《古文尚书》作注。我们这里所着重讨论的是从孔安国到马融、郑玄传承谱系的绵延不断。在此期间，传习孔壁《古文尚书》的学者当然不止这些。真孔壁《古文尚书》可能亡佚于西晋永嘉之乱。

4. "《大禹谟》《五子之歌》等二十五篇，则晚出魏晋间假托安国之名者"，魏晋间晚出《古文尚书》二十五篇的篇目是：

一、《大禹谟》；二、《五子之歌》；三、《胤征》；四、《仲虺之诰》；五、《汤诰》；六、《伊训》；七、《太甲上》；八、《太甲中》；九、《太甲下》；十、《咸有一德》；十一、《说命上》；十二、《说命中》；十三、《说命下》；十四、《泰誓上》；十五、《泰誓中》；十六、《泰誓下》；十七、《武成》；十八、《旅獒》；十九、《微子之命》；二十、《蔡仲之命》；二十一、《周官》；二十二、《君陈》；二十三、《毕命》；二十四、《君牙》；二十五、《冏命》。[17]

魏晋间晚出《古文尚书》不仅与郑玄所称之《古文尚书》篇数不合，篇名也不同，即使篇名相同的，内容也不相同。两种不同的《古文尚书》都称来自孔壁，而两者不可能皆真。阎若璩称真《古文尚书》"为《舜典》《汩作》《九共》等二十四篇"，为什么此种为真？因为它自孔安国至马融、郑玄传承有序，并且司马迁、刘向、刘歆、班固诸位大学者亲历其事，亲见其书，这就好比一幅名画、一件古董传承有序，并经过几位超级权威的专家鉴定过一样，而真品之样板一旦确定，则赝品便相形见绌了。

阎若璩将以上考辨思路，称之为"根柢"，笔者称之为"逻辑基点"。这正是《古文尚书》考辨的关键点所在。阎若璩指出，得此"根柢"在手，也就等于立于不败之地。在这个基点上，再去攻二十五篇之伪，"其文理之疏脱、依傍之分明，节节皆迎刃而解矣"。这也就是由"根柢"到"枝节"。所谓"枝节"，是指具体的"辨伪举证"，亦即"其文理之疏脱、依傍之分明"等造伪痕迹。正是在这一点上，阎若璩显示了比梅鷟的高明之处。梅鷟遍读晋以前子史诸书，一一举证《古文尚书》与之蹈袭雷同之处，并用以攻驳《古文尚书》

之伪。正如阎若璩所说："仅以子史诸书仰攻圣经，人岂有信之哉？"

今日有学者把两部《古文尚书》孰真孰伪的争论当作一场"法律面前人人平等"的判案，呼吁要预设"无罪推定"的原则，不要预设"有罪推定"的原则。其实这种类比在这里并不适合，因为两汉文献与晋以后文献在《古文尚书》考辨上的资料价值本来就不是"平等"的。如果要做类比的话，笔者更愿意将这比作是文物鉴定。为孔壁《古文尚书》十六篇做鉴定的有司马迁、班固这样学术界公认的"良史"，有刘向、刘歆、班固这样的中央王朝"秘府"藏书的直接管理者，这些人不仅是学术权威，而且是直接的见证者。他们几乎一致的关于孔壁《古文尚书》特征的描述，无异出具了一份文物鉴定书！有了这份鉴定书，使得孔壁《古文尚书》十六篇不致因其在后世失传，便失去它在《古文尚书》真伪考辨上的"真品样板"的地位，而为后来的"赝品"冒名顶替或取而代之。

第三节　关于《古文尚书》二十五篇的辨伪举证

下面我们对阎若璩关于《古文尚书》二十五篇的辨伪（即他所谓的"枝节"）举两个例子：

1. 今孔传本《古文尚书》二十五篇中有《大禹谟》一篇，其中的"人心惟危，道心惟微，惟精惟一，允执厥中"十六字，被后世理学家作为圣人传心之奥，称之为"道统心传"，阎若璩认为这是抄撮《荀子·解蔽篇》所引《道经》"人心之危，道心之微，危微之幾"以及《论语·尧曰》篇"允执其中"之语而成。有人会说：为什么不可以理解为这是《荀子》

引用《大禹谟》之文？阎若璩回答：《荀子》凡引用《尚书》或称书名，或称篇名，而此处却称《道经》，可见这一引文原出古《道经》。由此可见，并非《荀子》引用《尚书》，而是作伪者抄撮《荀子》此文。他说：

> 此盖纯袭用《荀子》，而世举未之察也。《荀子·解蔽篇》"昔者舜之治天下也"云云，"故《道经》曰：人心之危，道心之微，危微之幾，唯明君子而后能知之"。此篇前又有"精于道""一于道"之语，遂隐括为四字，复续以《论语》"允执厥中"以成十六字。伪古文盖如此。或曰：安知非《荀子》引用《大禹谟》之文邪？余曰：合《荀子》前后篇读之，引"无有作好"四句，则冠以"《书》曰"，引"维齐非齐"一句，则冠以"《书》曰"，以及他所引《书》者十皆然。甚至引"弘覆乎天，若德裕乃身"，则明冠以《康诰》，引"独夫纣"，则明冠以《泰誓》，以及《仲虺之诰》亦然。岂独引《大禹谟》而辄改目为"《道经》"邪？予是以知"人心之危，道心之微"必真出古《道经》，而伪古文盖袭用，初非其能造语精密至此极也。[18]

证真派并不同意阎若璩的辨伪举证和分析，他们不把《道经》看作不同于《尚书》的另一部书，而把它解释为"有道之经"，所指即是《尚书》。辨伪派不同意这种理解，理由是：《荀子》为什么其他处引《尚书》不称"有道之经"，唯独此处称"有道之经"？而既称"有道之经"，为什么又把"人心惟危，道心惟微，惟精惟一，允执厥中"这样精辟凝练的话改得面目全非？两相比较，我们认为阎若璩这条辨伪举证是有证据效力的，证真派的反驳是不能成立的。[19]

2.《论语·为政》记载："或谓孔子曰：'子奚不为政？'子曰：《书》云："孝乎惟孝，友于兄弟，施于有政。"'是亦为政，奚其为为政？"有人问孔子，（像您这样有德有才的人）为什么不去从政呢？言下之意只有做官居位才算从政。孔子引《尚书》之语回答：有孝亲美德、对兄弟友善，能行此二者，就是从政之道，不必做官居位才是从政。而今孔传本《古文尚书·君陈》中则作："王若曰：君陈，惟尔令德孝恭，惟孝友于兄弟，克施有政。"这便产生这样一个问题：《论语·为政》中孔子所引《尚书》的话只有"惟孝，友于兄弟，施于有政"十字是《尚书》原话，前面"孝乎"二字是孔子的感叹语。可是，哪有孔子说了"《书》云"之后又自己发感叹的呢？这显然是说不通的。那就还有一种可能，就是伪造《古文尚书·君陈》的人抄撮《论语·为政》所引《尚书》之语，以为"孝乎惟孝"句法不通，而只截取其中十字。但正是从作伪者的理解的局限中，暴露了伪作的"破绽"。阎若璩指出：

> 《书》有句读，本宜如是，而一旦为晚出《古文》所割裂，遂改以从之者，《论语》《书》云：'孝乎惟孝，友于兄弟，施于有政'"三句是也。何晏《集解》引汉包咸注云："'孝乎惟孝'，美大孝之辞。"是以《书》云"为一句，"孝乎惟孝"为一句，"友于兄弟"为一句。《晋书》夏侯湛《昆弟诰》："古人有言：'孝乎惟孝，友于兄弟。'"潘岳《闲居赋序》："'孝乎惟孝，友于兄弟'，此亦拙者之为政也。"是其证也。伪作《君陈》篇者竟将"孝乎"二字读属上，为孔子之言。历览载籍所引《诗》《书》之文，从无此等句法。然则载籍中亦有"孝乎惟孝"句法耶？余曰：有之。《仲尼燕居》子贡曰："敢问将何以为此中者也？"子曰："礼乎礼，夫礼所以

制中也。"礼乎礼"非此等句法耶？伪作古文者不又于句读间现露一破绽耶？[20]

阎若璩指出，"孝乎惟孝"一语并非不可理解，何晏（约190—249）《论语集解》引汉儒包咸（前6—65）注，以"孝乎惟孝"为"美大孝之辞"，又举出历史上许多名人都曾引用《论语》此句，他们并未认为不可理解。最后《礼记·仲尼燕居》中有"礼乎礼"的文例，证明古文中确有此等句法。应该说，阎若璩的整个论证推理过程是很严密的。我们认为阎若璩辨伪举证是有证据效力的。

以上所举是阎若璩关于今孔传本《古文尚书》辨伪举证（即他所谓的"枝节"）中证据效力较大的例子，这样的例子在《尚书古文疏证》中还可举一些。我们认为，将阎若璩关于"根柢"考证与"枝节"考证两者结合起来看，他关于今孔传本《古文尚书》为伪作的论断是有很强的说服力的。

阎若璩"由根柢而之枝节"的考辨思路，征服了同时代的大学者。阎若璩曾将他的考辨成果寄给前辈学者黄宗羲，他的远见卓识博得了黄宗羲的赞赏，黄宗羲感叹说："当两汉时，安国之《尚书》虽不立学官（平帝时暂立），未尝不私自流通。逮永嘉之乱而亡，梅赜作伪《书》，冒以安国之名。则是梅赜始伪。顾后人并以疑汉之安国，其可乎！可以解史传连环之结矣。"[21]

第四节 阎氏定的"铁案"还能再翻过来吗？

胡适（1891—1962）曾说：阎若璩《尚书古文疏证》一书"定了伪《古文尚书》的铁案"[22]。问题是，阎若璩所定"铁案"还能被推翻吗？这就需要对孔颖达以来的《古文尚书》证真派的观点加以认真倾听，并作出分析和判断。

如上所述，阎若璩提出的"根柢"说，实际是把经学研究引到历史研究上来，争辩双方必须面对《史记》《汉书》《后汉书》《汉纪》等权威史书的记载进行答辩。而争论的问题是两汉史书所载之《古文尚书》十六篇与东晋梅赜所献之《古文尚书》二十五篇何以会篇数、篇名以及内容不同，两者是一是二？如果是一，如何解释？如果是二，孰真孰伪？双方所掌握的资料是同样的，关键是谁的解释更具合理性和有效性。而这实际也是《古文尚书》辨伪派与证真派生死较量的主战场。

其实，这个问题很早就已经摆在学者面前了，只是当时学术界重经学而轻史学，经学问题大多在经师的圈子中讨论，经学之外的子史之学一般不受重视。孔颖达等唐代儒者正是在这种背景下认同了今孔传本《古文尚书》大序的观点。孔颖达《尚书正义》于《尧典》篇题下加注疏说：

> 壁内所得孔为《传》者，凡五十八篇，为四十六卷。三十三篇与郑注同，二十五篇增多郑注也。其二十五篇者……（篇名略）但孔君所传，值巫蛊不行以终，前汉诸儒知孔本有五十八篇，不见孔传，遂有张霸之徒于郑注之外，伪造《尚书》凡二十四篇，以足郑注三十四篇为五十八篇，其数虽与孔同，其篇有异。……增益二十四篇者，则郑注《书序》……（篇名略），以此二十四为十六卷，以《九共》九篇共卷，除八篇，故为十六。……《艺文志》又云："孔安国者，孔子后也，悉得其书，以古文又多十六篇。"篇即卷也。即是伪书二十四篇也。刘向作《别录》、班固作《艺文志》并云

此言，不见孔传也。[23]

作为一代大儒，孔颖达有一个很好的品格，就是他在陈述自己的观点时，并不湮没反方的证据。在两汉史书有关《古文尚书》十六篇的记述之外，孔颖达提到了郑玄注《书序》中讲出的《古文尚书》十六篇的具体篇名。孔颖达明确认为，两汉史书所载之《古文尚书》十六篇与东晋所献之《古文尚书》二十五篇是两种不同的书，其中一真一伪。孔颖达认为，真者即是今孔传本《古文尚书》，因献于朝廷后，值巫蛊不行，所以汉代诸儒皆不曾得见。伪者是郑玄注《书序》所言之《古文尚书》二十四篇，是"张霸之徒"伪造的。这二十四篇中，"《九共》九篇共卷，除八篇，故为十六"，亦即两汉史书所称之《古文尚书》十六篇（实即十六卷，因为"篇即卷也"）。在孔颖达看来，刘向《别录》、班固《艺文志》等文献所讲的《古文尚书》十六篇，实际是"张霸之徒"所造的二十四篇伪书，他们并不曾见真《古文尚书》。

孔颖达的解释有很多牵强之处，后世关于《古文尚书》的争讼也基本由此而起。这不仅使辨伪派捉到把柄，且在证真派看来，也颇不合理。这里我们引述清代重要的证真派学者张崇兰的意见，来看孔颖达的解释如何牵强不合事理。张崇兰说：

> 《正义》此文，意涉模糊，故语多罅辘，诸家攻古文之案，实结胎于此。夫谓汉儒不见古文，以言马（融）、郑（玄）可也。刘向亲典秘书，曾据以校三家经文，班固于显宗时领其职，作《艺文志》，知其所多篇数。谓之"不见"可乎？且伪书本据郑注篇数造以足之，安得谓西汉诸儒所见即此。孔冲远之意，特以班《志》

多十六篇，与孔传增多二十五篇之数不合，故谓其"不见"，以曲为弥缝，不知适示人以隙也，使后世不信西汉诸儒不见古文之语，因不信此二十四篇为伪书，而即据刘向、班固所见即此二十四篇之说，以为攻东晋古文切证。毁经非圣，实由《正义》一言之误。[24]

孔颖达提出，孔传本《古文尚书》献上朝廷后，汉代诸儒皆不曾见。张崇兰认为，这是不能令人信服的，刘向亲典秘府之书，班固为兰台令史，也曾领其职。他们理所当然地能看到秘府所藏的《古文尚书》。但他们所见的并不是郑玄注《书序》所说的《古文尚书》二十四篇，而是孔传增多的《古文尚书》二十五篇。如果说刘向、班固所见的郑注《书序》所说的那二十四篇，就正好倒持太阿，为辨伪者提供依据。

的确如此。如果没有孔颖达上面这段话以及其中透露的郑注《书序》十六篇的具体篇名，那也就翻不出《古文尚书》辨伪的惊天大案。孔颖达在这里似乎扮演了"线人"的角色，以致后世有人说孔颖达是第一个怀疑今孔传本《古文尚书》是伪书的人，只是碍于朝廷功令，不便明说。[25]事实上，在清初阎若璩"根柢"说的强大攻势下，证真派已经意识到，如果将孔传增多古文二十五篇之数与汉代多种文献记载的古文十六篇之数对立起来，那今孔传本《古文尚书》将处于十分不利的境地，因为大多数读者会相信汉代文献记载的真实性，承认它的权威性，于是毛奇龄著《古文尚书冤词》，起而与阎若璩等辨伪派对峙。他的解释手法颇为迂回曲折。首先，他认为《孔传》增多《古文尚书》二十五篇之数，是可以与汉代文献记载的《古文尚书》十六篇之数相合的。两者是一，而非二。

因为桓谭（约前23—56）《新论》曾说："《古文尚书》旧有四十五卷，为十八篇。"[26]这个记载与《古文尚书》四十六卷、五十八篇的通常说法不合。学者会认为原文有脱误。毛奇龄将"四十五卷"径直改作"四十六卷"，但认为"为十八篇"并不误。[27]"为十八篇"是从四十六卷中将伏生书三十三篇除去，所剩之二十五篇，再并合为十八篇（篇即是卷）。并合的原则是"同序同卷"，根据这个原则，《古文尚书》二十五篇中，《太甲》三篇一序，《说命》三篇一序，《泰誓》三篇一序，共去六篇。而《咸有一德》小序只有"伊尹作《咸有一德》"一句，不能算作序，因而《咸有一德》篇当附《太甲》篇内，又除去一篇，所以为"十八篇"。毛奇龄说：

> 又有称十八篇者，五十八篇既以一序为一篇，作四十六卷矣。兹又除伏《书》三十三篇，但以孔壁二十五篇就序分之，《太甲》《悦命》《泰誓》九篇共三序，应去六篇。"伊尹作《咸有一德》"，以无序语，不成序，当附《太甲》篇内。……又去一篇。凡二十五篇共去七篇，为十八篇。[28]

毛奇龄列出这十八篇篇目是：

> 十八篇：《大禹谟》《五子之歌》《胤征》《仲虺之诰》《汤诰》《伊训》《太甲》《咸有一德》《说命》《泰誓》《武成》《旅獒》《微子之命》《蔡仲之命》《周官》《君陈》《毕命》《君牙》《冏命》。[29]

但两汉史书《古文尚书》增多十六篇，并非十八篇。两个数字还是不相合。毛奇龄解释说，在《古文尚书》的系统中，《大禹谟》与《皋陶谟》《益稷》同序，《皋陶谟》《益稷》两篇因与伏生书基本相同而分出，且《皋陶谟》领序，一序不能两出，《大禹谟》无序，不算一篇。毛奇龄还认为，伏生书中曾有《泰誓》篇，后学者疑《泰誓》为伪书而除去。因此孔传本《古文尚书》的《泰誓》不能算作增多之数，又去一篇。简言之，即在上述十八篇中去除《大禹谟》《泰誓》两篇，所以为"十六篇"。

这个算法的牵强之处，一是篇卷不分，把前人所说的"篇"，随意解释为"卷"。二是无序不当一篇，不合情理，《咸有一德》不当一篇，合之于《太甲》篇，其文尚在；《大禹谟》因序被移走，不算一篇，全无挂搭处。三是从二十五篇到十六篇，纯为毛氏的随意推算，并无任何历史文献的依据。第四，也是最重要的一点，毛奇龄忘记了小序分配在各篇冠于篇首，是后世注疏家们所为；早期的《尚书》篇章是根本不冠小序的，因此也就不曾有过"同序同卷"的情况。

毛奇龄还进一步提出，《古文尚书》自汉代发现以来并没有失传过，东晋梅赜所献不过是孔安国为这部《古文尚书》所作的《传》，并非《古文尚书》经文。对此，他对《隋书·经籍志》的相关论述重新作了解读：

> 《隋（书）·经籍志》云……晋世秘府所存有《古文尚书》经文（谓古文之经文内府尚存），今无有"传"者（但无传注之人），及永嘉之乱，欧阳、大小夏侯《尚书》并亡（皆今文之"传"，今已俱亡），济南伏生之"传"（即《尚书大传》），唯刘向父子所著《五行传》（即《五行传记》），是其本法，而又多乖戾（是今文无"传"矣），至东晋豫章内史梅赜始得安国之"传"奏之（至是始上古文之"传"，是梅赜所上者《孔传》，非经文也。乃不善读书者共言梅赜上伪古文经，冤哉！请世间人各

开眼观之）。[30]

按通常的理解，《隋书·经籍志》云："晋世秘府所存有《古文尚书》经文，今无有传者。"是《古文尚书》经文曾藏于晋世秘府，后来失传。毛奇龄将"今无有传者"的"传"解释为"传注"，而不是"流传"。《隋书·经籍志》此段论述有欠分明，容易使人在理解上产生歧义。毛奇龄据此得出"梅赜所上者《孔传》，非经文也"的结论。但即便如此，《隋书·经籍志》因是唐人所编，孔颖达也曾参与其事，所以它的证据效力也是有限的。正如《四库全书总目》所评论："奇龄舍《史记》《汉书》不据，而据唐人之误说，岂长孙无忌等所见反确于司马迁、班固、刘歆乎？"[31]

对于阎、毛关于《古文尚书》真伪的争讼，四库馆臣最后评判说："至若璩乃引经据古，一一陈其矛盾之故，古文之伪乃大明。……毛奇龄作《古文尚书冤词》，百计相轧，终不能以强辞夺正理，则有据之言先立于不可败也。"[32]阎若璩关于《古文尚书》的辨伪，至此成为"定谳"。长时期以来，阎若璩的考证成就为学人所歆羡。今孔传本《古文尚书》被称为"伪《古文尚书》"，几成"铁案"。后来反驳阎若璩辨伪观点的仍不乏其人，而较有分量的著作有张崇兰的《古文尚书私议》和洪良品的《古文尚书辨惑》等，但他们在回应阎若璩的"根柢"说上，基本承袭毛奇龄的上述说法，没有向前推进一步，因而对阎若璩的"定谳"并未有所撼动。

注释：

[1] 阎若璩之子阎咏曾解释《尚书古文疏证》书名的含义：首曰"尚书"，尊经也；次曰"古文"，传疑也。"疏证"二字乃摘

取《汉书·儒林传》"同门梁邱贺疏通证明之"之语。颜师古注："疏通，犹言分别也；证明，明其伪也。"历史上也有学者称此书为《古文尚书疏证》，盖由传习之误。（参见阎咏：《尚书古文疏证后序》，载〔清〕阎若璩撰：黄怀信、吕翊欣校点：《尚书古文疏证》，上海：上海古籍出版社，2010 年，第 4—5 页。）

〔2〕〔31〕〔32〕〔清〕永瑢等撰：《四库全书总目》，北京：中华书局，1965 年，第 304—305，102，101 页。

〔3〕如章学诚说："生乎今世，因闻宁人、百诗之风，上溯古今作述，有以心知其意。"（参见〔清〕章学诚著，仓修良编注：《文史通义新编新注》，北京：商务印书馆，2017 年。第 128 页。）又凌廷堪说："自宋以来为考核之学者所著书，以洪野处《容斋笔记》、王深宁《困学纪闻》为最。……迨至国朝，兹学渐盛，而昆山顾氏《日知录》、太原阎氏《潜邱札记》，由此其选也。"（见〔清〕凌廷堪著，王文锦点校：《榷经斋札记·序》，《校礼堂文集》卷二十七，北京：中华书局，1998 年，第 255 页。）

〔4〕〔清〕钱大昕著，陈文和主编：《潜研堂文集》，《嘉定钱大昕全集（增订本）》第 9 册，南京：凤凰出版社，2016 年，第 599 页。

〔5〕梁启超：《古文真伪及其年代》，《饮冰室合集·专集》第 24 册，北京：中华书局，2015 年，第 85 页。

〔6〕梁启超著，朱维铮导读：《清代学术概论》，上海：上海古籍出版社，1998 年，第 13 页。

〔7〕转引自〔明〕胡广等撰：《书经大全·原序》，《景印文渊阁四库全书》第 63 册，台北：商务印书馆，1986 年，第 195—196 页。

〔8〕〔9〕〔10〕〔宋〕黎靖德编，王星贤点校：《朱子语类》，北京：中华书局，1986 年，第 1978，1985，1985 页。

〔11〕姜广辉：《梅鷟〈尚书考异〉考辨方法的检讨》，《历史研

究》，2007 年第 5 期，第 109 页。

［12］〔清〕阎若璩撰，吴玉搢编：《潜邱札记》，《景印文渊阁四库全书》第 859 册，第 558 页。

［13］［18］［20］［21］［27］［28］［29］［30］〔清〕阎若璩撰，黄怀信、吕翊欣校点：《尚书古文疏证（附：古文尚书冤词)》，第 601，122，38，2，761，761，762，775 页。

［14］司马迁《史记·儒林列传》："孔氏有《古文尚书》，而安国以今文读之，因以起其家，逸书得十余篇，盖《尚书》滋多于是矣。"（参见〔汉〕司马迁：《史记·儒林列传》，北京：中华书局，1982 年，第 3125 页。）笔者按：是时《今文尚书》二家已立学官，安国得《古文尚书》，以今文读之，则三家之外又多一版本。"起其家"犹言"名其家"，而非立学官，亦非自其家起出，后两者皆非事实。又按："逸书"一词于此首见。此处"逸"字之意，非不可见者。既得"逸书"，自可见之。所谓"逸书"，是相对文帝时伏生二十九篇而言。以是官学所立二十九篇之外，皆谓之"逸书"。又按：太史公前言伏《书》二十九篇，其数甚确定。此言"逸书得十余篇"，其数则不确定，非其数之难数也。盖此时孔氏之《书》甫出，尚在整理之中，不能确言"逸书"之数。至刘向、刘歆、班固时，则确知"逸书"多十六篇。

［15］《汉书·艺文志》载："刘向以中古文校欧阳、大小夏侯三家经文，《酒诰》脱简一，《召诰》脱简二，率简二十五字者，脱亦二十五字；简二十二字者，脱亦二十二字。文字异者七百有余，脱字数十。"（参见〔汉〕班固：《汉书·艺文志》，北京：中华书局，1962 年，第 1706 页。）笔者按：此处之"中古文"是指中秘所藏《古文尚书》，当即孔安国家所献者。刘向用以校伏生二十九篇今文经。《酒诰》《召诰》是其显例，非此两篇外，其他篇全无脱误。由对刘向所见各篇每简字数的描述看，可证刘向亲见《古文尚书》之事。而刘歆、班固能亲见《古文尚书》亦从而可知矣。

[16][23]〔汉〕孔安国传,〔唐〕孔颖达等正义:《尚书正义》,见〔清〕阮元校刻:《十三经注疏》,北京:中华书局,2009 年,第241,247 页。

[17]参看陈国庆编:《汉书艺文志注释汇编》,北京:中华书局,1983 年,第 24—25 页。

[19]阮元《揅经室续三集》卷三《荀子引道经解》谓:"考'道经'者,黄老古说也。此等古说,周、汉之间尚多存者。"(参见〔清〕阮元著,邓经元点校:《揅经室集》,北京:中华书局,1993 年,第1059 页。)

[22]胡适著,欧阳哲生编:《治学的方法与材料》,《胡适文集》(四),北京:北京大学出版社,1998 年,第 105 页。

[24]〔清〕张崇兰:《古文尚书私议》上,北京:北京出版社,2000 年,第 10 页。

[25]清人丁晏(1794—1875)云:"潜邱谓疑古文自吴才老、朱子始,实则唐人《正义》已有微辞,读《注疏》者忽焉不察耳。颖达受诏作《疏》,推崇孔氏,不得不然。"(参见〔清〕丁晏:《尚书余论》,上海:上海古籍出版社,1996 年,第 22 页。)另陈澧(1810—1882)也说:"孔《疏》于伪古文运动剿袭古经传之迹已指出之矣。孔《传》之伪,孔《疏》亦似知之。"(〔清〕陈澧著,杨志刚编校:《东塾读书记》,上海,中西书局,2012 年,第 75 页。)

[26]〔汉〕桓谭著,朱谦之校辑:《新辑本桓谭新论》,北京:中华书局,2009 年,第 38 页。

第四十九章

儒道分野：胡渭对图书易学的批判

汉唐易学，有象数与义理两大派。象数派以孟喜、郑玄、虞翻等人为代表；义理派以王弼、韩康伯为代表。学者或批评王弼、韩康伯易学染于老庄道家之学，反而认为汉代象数易学"去古为远"，部分保留了周世太卜之遗法。至宋代，于象数派中又加入另一支派——图书易学，图书易学以刘牧的《河图》《洛书》、周敦颐的《太极图》、邵雍的《先天图》为代表。南宋初的朱震明确说明，此三图总体传于五代末的道士陈抟。[1] 但当时学者并不认为图书易学就是道家之学，而认为是上古圣人的真传，通过道士（或隐士）秘相传授以至宋世。南宋的大学者朱熹就是这样认为的。

然而元明以降，特别是到了清初，学者间慢慢凝聚了一种共识，即认为所谓图书易学，与上古圣人并无关系，而是由汉代魏伯阳《周易参同契》衍生出来的道家内丹学。道家内丹学属于养生之学，本与《周易》没有关系，魏伯阳用《周易》的理论模式对之加以包装，后世修炼内丹的道家人物，又用易图形式进一步对之加以提炼、概括，因而产生了图书易学。清初学者中先有黄宗羲（1610—1695）的《易学象数论》、黄宗炎（1616—1686）的《图学辨惑》、毛奇龄（1623—1716）的《河图洛书原舛编》《太极图说遗议》等书对宋代的图书易学加以批判，至胡渭《易图明辨》出，则集诸家之大成。

胡渭 (1633—1714)，字朏明，浙江德清人。他年十二而孤，虽然生活困顿颠沛，仍好学不辍。年十五时为县诸生，其后进入太学，潜心儒家经典，后来成为学问博洽的大学者，学者尊为"儒宗"。康熙皇帝南巡，曾御书"耆年笃学"四字赐之。胡渭著有《禹贡锥指》二十卷、《洪范正论》五卷、《大学翼真》七卷、《易图明辨》十卷。《易图明辨》是其易学方面的代表作，也是清代考辨宋儒图书之学的集大成著作。四库馆臣对胡渭的《易图明辨》评价说："毛奇龄作《图书原舛编》，黄宗羲作《易学象数论》，黄宗炎作《图书辨惑》，争之尤力。然皆各据所见，抵其罅隙，尚未能穷溯本末，一一抉所自来。渭此书……皆引据旧文，互相参证，以箝依托者之口，使学者知图书之说虽言之有故，执之成理，乃修炼、术数二家旁分易学之支流，而非作《易》之根柢，视所作《禹贡锥指》，尤为有功于经学矣。"[2] 四库馆臣的评论，可注意者有如下两点：一是说此书"皆引据旧文，互相参证，以箝依托者之口"，这是说此书所言并非胡渭一己之见，而是通过"引据旧文"以增加说服力；二是说易图之学，其实质是"修炼、术数二家旁分易学之支流"，并非如朱熹等人所说是"作《易》之根柢"。近代梁启超也说："渭之此书，以《易》还诸羲、文、周、孔，以图还诸陈、邵，并不为过情之抨击，而宋学已受'致命伤'。"[3]

以前关于易学流派是否属于正统的判断，只要指出对方有道家思想的证据，那便等于宣判对方为异端，无须多言。胡渭《易图明辨》的好处在于，他并不是简单指出宋代图书易学属于道家之学，而是具体指出它属于道家内丹养生之学，而道家内丹养生之学自有其价值和意义。他提出：以修炼内丹养生为宗旨的图书易学，与文王、周公、孔子以来的圣人之易，"离之则双美，合之则两伤"。这一立场便使得他对图书易学的批判较时贤高出一筹。

第一节　道家内丹养生易学的形成及其原理

南宋孝宗曾说："以佛治心，以道养生，以儒治国。"[4]道家对中国文化的一个重要贡献就是摸索了一套养生之道。养生之道的一个重要方法，就是修炼内气。

修炼内气的方法，最早可以上溯于道家《老子》，《老子》第十章有云："载营魄抱一，能无离乎？专气致柔，能婴儿乎？"《老子》此语说出了炼气方法的核心，而在后世则发展出一套复杂而专门的道家内丹养生术。内丹养生术的祖师当推东汉的魏伯阳。

魏伯阳（约100—170），名翱，字伯阳，会稽上虞（今属浙江）人，东汉著名的炼丹理论家。魏伯阳其人未见于正史，其所著《周易参同契·自叙》称："会稽鄙夫，幽谷朽生，挟怀朴素，不乐权荣，栖迟僻陋，忽略利名，执守恬淡，希时安宁，晏然闲居，乃撰斯文。"[5]而葛洪《神仙传》所称"魏伯阳……本高门之子，而性好道术，不肯仕宦，闲居养性，时人莫知之"[6]，应是由《周易参同契·自叙》之文演绎而来。

魏伯阳所著《周易参同契》，是用《周易》和道家《老子》的思想来阐释炼丹理论。朱熹曾说："参，杂也；同，通也；契，合也。谓与《周易》理通而义合也。……莫不托《易》象而论之，故名《周易参同契》云。"[7]《周易参同契》六千余字，全用诗赋韵文，隐晦难通。之所以如此，或许如魏伯阳所说"写情著竹帛，又恐泄天符"[8]。关于此书的性质，学者认识不一，或认为纯讲外丹之术，或认为纯讲内丹之术，或认为两者兼而有之。不过，此书《自叙》称："引内养性，黄老自然，含德之厚，归根返元。近在我心，不离己身，抱一毋舍，可以长存。"[9]其书《养性立命章》称："人所秉躯，体本一无。元精云布，因炁托初。阴阳为度，魂魄所居。阳神日魂，阴神月魄。魂之与魄，互为室宅。"[10]其书《炼己立基章》说："内以养己，安静虚无。原本隐明，内照形躯。闭塞其兑，筑固灵株。三光陆沉，温养子珠，视之不见，近而易求。黄中渐通理，润泽达肌肤。"[11]其书《关键三宝章》说："寝寐神相抱，觉悟候存亡。颜容浸以润，骨节益坚强。排却众阴邪，然后立正阳。修之不辍体，庶气云雨行。淫淫若春泽，液液象解冰。从头流达足，究竟复上升。"[12]凡此之类，皆属内丹之术，应无疑义。

魏伯阳《周易参同契》只提到"还丹""金丹"，并未有外丹、内丹之分。所谓"丹"，原指用铅和汞等矿物为原料，在鼎炉中烧炼成红色的丸状物，道家人物认为服食它可以长生不死，羽化成仙。这种"丹"被后世称作"外丹"。所以唐《通幽诀》说："药能固形，外丹也。"[13]相对"外丹"而言，又有所谓"内丹"，即想象人腹中有鼎炉，以精气为药，修炼而成。所以唐《通幽诀》又说："气能存生，内丹也。"[14]由于魏伯阳《周易参同契》系统论述了炼丹理论，后世奉之为"万古丹经王"。

晚唐五代，钟离权、吕洞宾、彭晓、刘海蟾、陈抟、张无梦等人从魏伯阳的《周易参同契》一书发展出内丹学一系，并深深影响了宋代思想界。关于《周易参同契》，历来注家很多，著名者有五代后蜀彭晓《周易参同契分章通真义》、南宋朱熹（化名空同道士邹欣）《周易参同契考异》、宋末元初俞琰《周易参同契发挥》等，均收入《正统道藏·太玄部》。

内丹术虽说有一套复杂而专门的学问，但其方法甚为简易。内丹术的基本功法就是《老子》说的"载营魄抱一"，"营"即"魂"。所以"营魄抱一"就是"魂魄抱一"，而"魂魄抱一"就是神气合一。人的意想就是"神"，意想呼吸之气入丹田的过程，就是"魂魄抱一"。修炼内气的功法本来并不神奇，但被层层包装，因而神秘化了。"魂魄抱一"，魂于五脏为"心"，于两仪为阳，于五行为火，于八卦为"离"，比喻为人即"婴儿"，比喻为动物即"龙"，比喻为外丹即"汞"等。"魄"于五脏为肾，于两仪为阴，于五行为水，于八卦为"坎"，比喻为人即"姹女"，比喻为动物即"虎"，比喻为外丹即"铅"等。所以朱熹一针见血地指出：

> 《老子》云"载营魄"，是以魂守魄。……养生家说尽千言万语，说龙说虎，说铅说汞，说坎说离，其术止是如此而已。故云："载魄抱魂，能勿离乎？专气致柔，能如婴儿乎？"今之道家，只是驰骛于外，安识所谓"载魄守一，能勿离乎！"[15]

胡渭也曾指出，内丹养生之学，说起来甚为神秘，其方法甚为简易。他说：

> 内炼之道，至简至易，唯欲降心火入于丹田耳。丹田在脐之后，肾之前，正居腹中。丹家讳言心肾，谓心肾非坎离，盖指呼吸为坎离。殊不思呼吸乃坎离之用，心肾乃坎离之体。人之一身，心为之主，故独居中；肾为之基，故独居下。丹家不言心肾，而言身心，身即腹也，肾在其中矣，岂可舍肾哉？肾属水，心属火，火入水中，则水火交媾，如晦朔之间，日月之合璧。[16]

养生家将人体脐下一寸三分的位置称为"丹田"（或称"下丹田""气海""灵谷""天根"等），设想对着此位置的腹内"前三后七"处有鼎炉。内炼开始称为"起火"或"进火"，修炼者摒除杂念后，舌尖轻抵上腭，将呼吸调至柔匀、深长、细缓的状态，每一次吸气时意想吸入下丹田。上下相顾，心息相依，不即不离，不久满口生津，然后分三口徐徐咽下，意想注入鼎炉，称为"入药"。如此修炼，时间久了，便可打通任督二脉，乃至全身经络，使气血通畅，达到精满、气足、神旺。按照内丹学理论，内气修炼要通过"炼己筑基、炼精化炁、炼炁化神、炼神还虚、炼虚合道"几个阶段。

道家内丹养生术对于调节身心、强身健体而言，应有积极的意义。至于其中所包含的所谓"修道成仙"的神秘而夸诞成分，则可姑妄听之。

第二节　胡渭对周敦颐《太极图》的解析与评论

宋代理学开山周敦颐有《太极图》和《太极图说》，以最简明的方式阐释了儒家的宇宙生成论，被朱熹等理学家奉为圭臬。其《太极图》及《太极图说》如下：

> 无极而太极，太极动而生阳，动极而静，静而生阴，静极复动，一动一静，互为其根。分阴分阳，两仪立焉。阳变阴合而生水、火、木、金、土。五气顺布，四时行焉。五行，一阴阳也；阴阳，一太极也；太极，本无极也。五行之生也，各一其性。无极之真，二五之精，妙合而凝。"乾道成男，坤道成女"，二气交感，化

太极图

生万物。万物生生，而变化无穷焉。惟人也，得其秀而
最灵。形既生矣，神发知矣，五性感动而善恶分，万事
出矣。圣人定之以中正仁义（圣人之道，仁义中正而已矣）而
主静（无欲故静）立人极焉。故"圣人与天地合其德，日
月合其明，四时合其序，鬼神合其吉凶"。君子修之吉，
小人悖之凶，故曰："立天之道，曰阴与阳；立地之道，
曰柔与刚；立人之道，曰仁与义；又曰："原始反终，故
知死生之说。"大哉《易》也，斯其至矣。[17]

　　在宋代，虽然朱震曾指出，周敦颐的《太极图》与刘牧的
《河图》《洛书》、邵雍的《先天图》同传自五代时的道士陈抟，
但学者认为这些图来自上古圣人，与道家学术未必有关系，道
士或隐士只是民间的秘传者。然而到了清代，学者发现这些图

并非传自上古，而是由魏伯阳《周易参同契》衍生或改造出来的。证据比较确凿的是毛奇龄的揭示：周敦颐的《太极图》是对魏伯阳《周易参同契》中《坎离匡廓》与《三五至精》两图的吸收和改造。

魏伯阳《周易参同契·大易总叙章》开篇即说："乾坤者，易之门户，众卦之父母。坎离匡廓，运毂正轴。"[18] 其《流珠金华章》则说："三五与一，天地至精，可以口诀，难以书传。"[19] 魏伯阳《周易参同契》原本应该没有图，但这些话具有图画的性质。按毛奇龄的说法，五代时道士彭晓的注本中原有许多图，其中就有《坎离匡廓图》与《三五至精图》。后来朱熹依据彭晓本再注《周易参同契》时删去了彭本所有的图。而后世再出之彭晓注本也删去了原有的图。胡渭引述毛奇龄《太极图说遗议》称：

> 《参同契》诸图自朱子注后，则学者多删之。徐氏注本已亡，他本庞杂不足据，惟彭本有《水火匡廓图》《三五至精图》《斗建子午图》《将指天罡图》《昏见图》《晨见图》《九宫八卦图》《八卦纳甲图》《含元播精三五归一图》，然或并《至精》《归一》图，或并《斗建》《将指》图，故或九，或七。今藏书家与道家多有之。以其书本丹灶家"抽坎填离"之术，故隋、唐《志》以其书入道家类。[20]

胡渭引述毛奇龄论《水火匡廓图》说：

> 《水火匡廓图》者，以章首有"坎离匡廓，运毂正轴"二语，所云水火，即坎离也。丹家以坎离为用，故轮而象之，又名《水火二用图》，则又取"天地者，乾

坤之象；坎离者，乾坤之用"二语。盖其图正作《坎》《离》二卦，而运为一轴。[21]

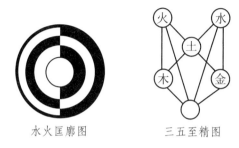

水火匡廓图　　　　　　三五至精图

胡渭引述毛奇龄论《三五至精图》说：

《三五至精图》者，取"三五与一，天地至精"语，而分五行为三五：中央土，一五也，天五生土也。左火与木共一五也，地二生火，天三生木也，右水与金又共一五也，天一生水，地四生金也，一四，亦五也。故其为生序，则水承坎下，火承离下。其为行序，则金盛为水，木盛为火，而合而复归于一元也。则此一"〇"者，三五之合，非二五之合；三五之精，非二五之精。盖丹家水火必还一元，故其后复有"含元播精，三五归一"之语。[22]

以上论述，需要指出者有两点：

第一，毛奇龄称《周易参同契》五代彭晓注本，"藏书家与道家多有之"，但我们今天并未发现一部。虽然不能验证其说，我们也不敢断言毛氏此说为杜撰或造假。问题的关键并不在这里，而在于：无论魏伯阳《周易参同契》原本是否有图，其中"坎离匡廓，运毂正轴"和"三五与一，天地至精"的话，可以画出《坎离匡廓图》与《三五至精图》，是没有问题的。所以其书无图也等于有图。因此，《周易参同契》彭晓注本是否有图的问题也就变得不甚重要了。这个问题至少说明，周敦颐的《太极图》并非凭空创造，至少是吸收了《坎离匡廓》与《三五至精》的图式，并对之加以改造完成的。

第二，毛奇龄在论述中似乎有意无意地混淆了道家《坎离匡廓图》《三五至精图》与周敦颐《太极图》的不同性质。道家《坎离匡廓图》与《三五至精图》属于内丹养生理论，周敦颐《太极图》即使吸收、采用了《坎离匡廓图》与《三五至精图》的图式，但已经对它们进行了彻底的理论改造，将之用以说明宇宙生成的原理。周敦颐虽然吸收了《三五至精图》的图式，但其《太极图说》对图的解释并不能吻合。《三五至精图》中明明是"三五"，周敦颐《太极图说》却说"二五之精，妙合而凝"，所以毛奇龄特别指出，是"三五之合，非二五之合；三五之精，非二五之精"。

如上所说，周敦颐《太极图》的用意在于说明宇宙生成的原理。在这个意义上，即使承认周敦颐《太极图》采用了道家《坎离匡廓图》与《三五至精图》的图式，也并不损害周敦颐《太极图》的伟大意义。

胡渭《易图明辨》在援引毛奇龄《太极图说遗议》上述材料后，作了如下按语：

> 三轮肖《坎》《离》二卦五行，即天地之生数。然伯阳专心修炼，特借此以明作丹之意，初非为《易》而设。……或曰陈抟传穆修，穆修传周子；或曰周子所自作，而道家窃之以入《藏》。疑不能明，存而弗论云。[23]

当时有人提出周敦颐《太极图》源自道家《周易参同契》，也有人加以反驳，认为道家窃取周敦颐《太极图》，创造诸图，后来被入于《道藏》。胡渭作调和之论，以为"疑不能明，存而弗论"。

其实，问题是比较清楚的，既然魏伯阳《周易参同契》有"坎离匡廓，运毂正轴"和"三五与一，天地至精"一类话，而这些话可以毫无疑问地画出《坎离匡廓图》与《三五至精图》，那周敦颐或直接或间接地吸收了魏伯阳《周易参同契》的思想，应该是肯定的。

与毛奇龄同时，黄宗炎撰《图学辨惑》，其中有一题名为《太极图说辨》的六千余字的长文，专辨周敦颐《太极图》之非。黄宗炎具体论证周敦颐的《太极图》本自道家的《无极图》：

> 此图本名《无极图》，陈图南刻于华山石壁。列此名位，创自河上公，魏伯阳得之以著《参同契》，钟离权得之以授吕洞宾，洞宾后与图南同隐华山，因以授陈。[24]

在黄宗炎看来，自河上公至陈抟一脉相传，有一个与周敦颐《太极图》一样的图，只是图的总名与各部分的名称与《太极图》皆不相同。黄宗炎说：

> 就其图而述之。其最下一〇名为"玄牝之门"，"玄牝"即"谷神"也。"牝"者，窍也；"谷"者，虚也。"玄"与"神"皆莫可指测之谓。在老庄而言，谓玄妙神化，即是此虚无而为万有之原。在修炼之家以"玄牝""谷神"为人身命门两肾空隙之处，气之所由以生，是为祖气。凡人五官百骸之运用知觉，皆根于此。于是提其祖气上升

为稍上一〇名为"炼精化气，炼气化神"。……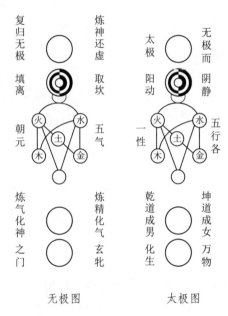名为
"五气朝元"。……其上之◉名为"取坎填离"，乃成圣胎。
又使复还于无始，而为最上之一〇名为"炼神还虚，复
归无极"，而功用至矣。盖始于得窍，次于炼己，次于和
合，次于得药，终于脱胎，成仙真求长生之秘术也。[25]

无极图　　　　　　　太极图

这是《无极图》各部分的原有名称。《无极图》所示为丹
家修炼内丹的过程和阶段，自下往上，所谓"逆则成丹"。周
敦颐的《太极图》所示为宇宙生化的过程和阶段，是由上往
下，所谓"顺而生人"。黄宗炎具体解释周敦颐是如何将《无
极图》各部分的名称加以更改的：

方士之诀："逆则成丹。"茂叔之意，以为"顺而生
人"。太虚无有，有必本无，是为最上〇，乃更"炼神

还虚，复归无极"之名，曰"无极而太极"。太虚之中，脉络分辨，指之为"理"，是为次◎，乃更"取坎填离"之名曰"阳动阴静"。气生于理，落为气质之性，是为又次之⚡，乃更"五气朝元"之名曰"五行各一性"。

理气既具，而形质呈，得其全灵者为人，人有男女，是为又次〇，乃更"炼精化气，炼气化神"之名曰"乾道成男，坤道成女"。得其偏者蠢者为万物，是为最下之〇，乃更"玄牝之门"为"化生万物"。[26]

黄宗炎提出，《无极图》，其图自下而上，最初一级称"玄牝之门"；第二级称"炼精化气，炼气化神"；第三级称"五气朝元"；第四级称"取坎填离"；最上一级称"炼神还虚，复归无极"。此图所示方士修炼之术的过程和阶段，符合内丹术理论。他又说周敦颐改造其图为《太极图》，自上而下，最初一级称"无极而太极"；第二级称"阳动阴静"；第三级称"五行各一性"；第四级称"乾道成男，坤道成女"；最后一级称"化生万物"。这当然也符合周敦颐《太极图》的实际。这一对比，明白显示了周敦颐《太极图》与内丹术可能有因缘关系。

但问题在于，黄宗炎虽然对《无极图》与《太极图》的构成解说得头头是道。但他断言《太极图》者，创于河上公，传自陈图南，名为《无极图》"以及陈抟"刻于华山石壁"云云，皆不明注其资料之来源与出处，后人无法从文献与考古上加以证实。其言虽甚警辟，却有凭臆杜撰之嫌。或许由于这个缘故，胡渭《易图明辨》并木采用黄宗炎的说法。

第三节　胡渭对邵雍《先天图》的解析与评论

　　这一节我们来了解邵雍《先天图》与魏伯阳《周易参同契》的关系，以及清儒对它的解析与批判。其实，《周易》本无所谓《先天图》，因为《周易·乾·文言传》有"先天而天弗违，后天而奉天时"的话，北宋邵雍遂称通行的《周易》为"文王《易》"，亦即"后天《易》"，认为在"文王《易》"之前，还有"伏羲《易》"亦即"先天《易》"。于是根据他的理论画出《伏羲四图》，亦称《先天四图》。其中有个小圆图叫《伏羲八卦方位图》，也叫《先天八卦方位图》。这个《伏羲（先天）八卦方位图》与《文王（后天）八卦方位图》不同。邵雍的先天八卦小圆图，改变了通行的《周易》八卦方位图，见下图：

文王后天八卦方位图　　　　伏羲先天八卦方位图

　　清初吴乔著《他石录》，其中外篇有《儒辨》一文批评邵雍说："六经多被混乱，尤甚者《易》。《易》中尤甚者《先天八卦》。夫卦之方位，《帝出乎震章》八方有明文。《天地定位章》不言八方，盖谓有天上地下之《否》，而亦有地上天下之《泰》，八卦相荡而成六十四卦也。'逆数'者，卜筮而前知吉凶也。'先天'之文，见于《乾》卦，'先'读去声，非邵子之所谓也。"[27]邵雍为什么要提出这个新的八卦方位图呢？清儒认为是受了魏伯阳《周易参同契》丹学理论的影响。

《周易参同契·乾坤设位章》说："天地设位，而易行乎其中。天地者，乾坤之象也；设位者，列阴阳配合之位也；《易》谓坎离，坎离者，乾坤二用。二用无爻位，周流行六虚，往来既不定，上下亦无常。"[28]

邵雍说："乾坤定上下之位，离坎列左右之门，天地之所阖辟，日月之所出入，是以春夏秋冬、晦朔弦望、昼夜长短、行度盈缩莫不由乎此矣。"[29]

朱熹曾发现邵雍《先天图》与魏伯阳的《周易参同契》有因缘关系，他说："《先天图》直是精微，不起于康节。希夷以前元有，只是秘而不传。次第是方士辈所相传授底。《参同契》中亦有些意思相似。"[30]《周易参同契》所言，究竟有什么意思，朱熹并未详说，而由清儒胡渭等人道出。胡渭说：

> 乾南坤北、离东坎西之图，朱子虽知其出于《参同契》，而不欲尽言。……昆山吴先辈乔著《他石录》，其外篇《儒辨》曰："……愚尝得张平叔《悟真篇》之传于方外士，其意与邵子之《图》适合，离东者，移火于木位，'东三南二同成五'也。坎西者，移水于金位，'北一西将四共之'也，乾南坤北者，移坎之中实以填离之中虚，而成金丹，'三家相见结婴儿'也。巽居西南坤位，以长女合老阴，'黄婆'也。艮居西北乾位，以少男合老阳，'筑基'也。兑居东南巽位，以少女合长女，隐寓三七于其中，'鼎器'也。震居东北艮位，以长男合少男，隐寓二八于其中，药物也。其于数往知来，遥寓'顺则成人逆则仙'也。……考亭（朱熹）于丹道有所见，是以手注魏伯阳之《参同契》，见邵子之《图》，欣然会心，入之《本义》。而不计丹道可以倚《易》，《易》不

> 为丹道作矣。《本义》之混滥者多矣，以《天地定位章》
> 为第一。"[31]

在吴乔看来，邵雍的《先天八卦方位图》无异于内丹修炼的示意图。即艮位表"筑基"，兑位表"鼎器"，震位表"药物"，巽位表"黄婆"（指意念）。张伯端《悟真篇》炼丹歌诀说："三五一都三个字，古今明者实然稀。东三南二同成五，北一西方四共之。戊己自居生数五，三家相见结婴儿。婴儿是一含真炁，十月胎圆入圣基。"[32]又说："学仙须是学天仙，惟有金丹最的端。二物会时情性合，五行全处虎龙蟠。本因戊己为媒娉，遂使夫妻镇合欢。只候功成朝北阙，九霞光里驾祥鸾。"[33]八卦之中隐寓五行金、木、水、火、土，"离东者，移火于木位"，是说先天八卦中的《离（火）》卦占据着东方（木）的位置，火与木为一家，所指为"元神"。"坎西者，移水于金位"，是说先天八卦中的《坎（水）》卦占据着西方（金）的位置，水与金为一家，所指为"元气"。"乾南坤北者，移坎之中实以填离之中虚"，是指"元神"与"元气"的结合（"夫妻镇合欢"），其中中央"戊己之土"（喻意念）为"媒聘""黄婆"以沟通"元神"与"元气"的结合。

依胡渭的见解，圣人易学表现在：文王处忧患而作《易》，孔子学《易》而"无大过"，除此之外便非儒家之《易》。他说："渭按：'丹道可以倚《易》，《易》不为丹道作。'又云：'《易》道无所不包，而离于文王处忧患、孔子无大过，即非吾儒之易。'此真千古格言。"

邵雍《先天四图》中，还有一个《六十四卦圆图方图》，其图如下：

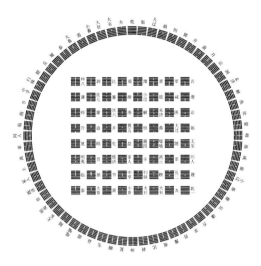

伏羲六十四卦方位图（即圆图方图）

邵雍《皇极经世·观物外篇》说："夫《易》根于《乾》《坤》，而生于《姤》《复》。盖刚交柔而为《复》，柔交刚而为《姤》。自兹而无穷矣。"[34] 邵伯温则说："先君云：《乾》《坤》，大父母也，故能生八卦；《复》《姤》小父母也，故能生六十四卦。"[35] 在《伏羲六十四卦圆图》中，《姤》卦在午位，《复》卦在子位。午为日之"中"，子为夜之"中"。在《方图》中，自上而下，以《坤》卦为始，以《乾》卦为终。《姤》为第三十二卦，《复》卦为第三十三卦。《姤》《复》两卦为六十四卦之"中"。

邵雍《击壤集》有诗曰："耳目聪明男子身，洪钧赋与不为贫。因探月窟方知物，未蹑天根岂识人？乾遇巽时观月窟，地逢雷处见天根。天根月窟闲来往，三十六宫都是春。"[36]

何谓"天根""月窟"？黄宗羲《周易象数论》指出："康节因《先天图》而创为'天根''月窟'，即《参同契》'乾坤门户牝牡'之论也。故以八卦言者，指《坤》《震》二卦之间为天根，以其为一阳所生之处也。指《乾》《巽》二卦之间为月窟，以其为一阴所生之处也。……以六十四卦言者，朱子曰：

1179

'天根月窟，指《复》《姤》二卦。'有以十二辟卦言者，十一月为天根，五月为月窟。"[37]关于"三十六宫"，黄宗羲指出，约有六说，其中朱熹之说最具代表性。"卦之不易者有八（《乾》《坤》《坎》《离》《颐》《中孚》《大过》《小过》），反易者二十八，合之为三十六。"[38]即是说，六十四卦中，卦形有两两相反者，如《乾》与《坤》之类，为八卦；有一卦卦形颠倒为另一卦者，共有二十八卦。加在一起，共有三十六种卦形，因而称之为"三十六宫"。"三十六宫都是春"，谓和气周流乎一身，所以胡渭引述俞琰之语说："三十六宫不在纸上，而在吾身中矣。"[39]

胡渭指出："三十六宫，朱子之义较长。盖人身之天根在尾闾，月窟在泥丸（两眉间印堂穴），修炼之法，夜子以心神注气海，谓之生药。子后则自尾闾进火以达于泥丸；午中则自泥丸还元以讫于尾闾。从《复》《姤》用功而诸卦皆到，上下往来，终而复始，和气满腔，盎然流溢。故曰'三十六宫都是春'也。邵子虽不事修炼，而其理固已洞彻，丹家秘宝和盘托出矣。"[40]有人问：为什么邵雍通晓丹道之理，却又不事修炼呢？胡渭提出了自己的看法：

> 或问："邵子既知此理，何不事修炼？"曰："修炼亦是苦功，颇妨人作乐。邵子襟怀疏放，得蒙庄逍遥之趣，可以养生，可以尽年，无所待于修炼，故知而不为。其诗曰：'不佞禅伯，不谀方士。'自是真实语，非因与二程游，而有所掩饰也。[41]

胡渭又引黄宗炎之语，批评朱熹作《周易》，将邵雍《先天图》置于卷首，不能严分儒道。黄宗炎说："图南（陈抟）本黄冠师，此图不过仙家养生之所寓，故牵节候以配合，毫无义理。再三传而尧夫受之，指为性天窟宅，千古不发之精蕴尽在此图。

《本义》崇而奉焉，证是羲皇心传，置夫大《易》之首。……且曲为之说曰：‘此图失自秦火，流于方外，自相授受，不入人间。’"[42]最后，胡渭对邵雍、朱熹皆作了公允的评论：

> 　　按：邵子之学源出希夷，实老庄之宗派，但希夷一言一动，无非神仙面目。而邵子则不尚虚谈，不立异行，不落禅机，不溺丹道，粹然儒者气象。故二程乐与之游，然观其平日所论，微有不满于邵子者，曰"放旷"，曰"偏驳"，曰"无礼不恭"，曰"空中楼阁"，曰"儒术未见所得"，曰"其说之流有弊"，瑕瑜不相掩，亦未可谓推尊之至也。及其为《墓志》则谓得之穆、李者，特因其材之所宜，以为入道之门户，则固以象数为一家之学矣。虽云自得者多，不止穆、李之所传，然终不离乎象数。易道之大，无所不包，执一家之学，而以为伏羲之精意全在于此，岂理也哉！朱子于先天方位，得养生之要；于加一倍法，见数学之精。笃信季通，意固有在，吾何敢轻议？但不当列诸经首以为伏羲之易耳。……故吾以为：邵子之易与圣人之易，离之则双美，合之则两伤。学者不可以不审也。[43]

这就是说，胡渭将邵雍的先天易学归入道家内丹养生之学，而不视之为儒家正宗易学，提出了分判两家之学"离之则双美，合之则两伤"的原则。

第四节　胡渭对《河图》《洛书》的评论

《河图》《洛书》来自上古传说，它们被说成上天启示人间智慧的一种祥瑞和宝物，《周易·系辞》说："河出图，洛出书，圣人则之。"《论语·子罕》篇记载孔子之言说："凤鸟不至，河不出图，吾已矣夫！"然而，关于《河图》《洛书》究竟是什么样子，众说纷纭，莫衷一是。其中以朱熹、蔡元定所定《河图》《洛书》最为典型，其图如下：

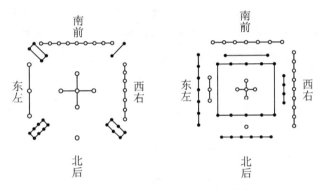

朱熹、蔡元定所定《河图》（右图）《洛书》（左图）

从朱熹、蔡元定所定之《河图》看，其外圈东左数八（木）、南前数七（火）、西右数九（金）、北后数六（水）。而魏伯阳《周易参同契》说："九还，七返，八归，六居。"[44]又说："金水合处，木火为侣，四者浑沌，列为龙虎。"[45]根据魏伯阳《周易参同契》的说法，可以画出《八七九六图》和《木火金水图》如下：

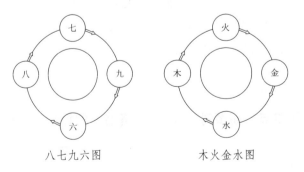

八七九六图　　　　　　木火金水图

宋末元初的道教学者俞琰在《周易参同契发挥》卷中对此解释说：

> 六、七、八、九，即水、火、木、金也。以卦言，为坎、离、震、兑；以方言，为东、西、南、北；以宿言，为虚、房、星、昴，以象言，为龟、蛇、龙、虎；以时言，为春、夏、秋、冬；以辰言，为子、午、卯、酉，皆是物也。夫九日还、七日返、八日归，同一旨意，而六独日居者，北方坎位，乃真铅所居之本乡也。真铅居此，则九金、八木、七火三方之正气，如辐之辏毂，如水之朝宗，皆聚于此也。[46]

这就是说，《周易参同契》虽然用了许多“隐语譬喻”之辞，说到底是要将呼吸的正气入丁炼药的丹鼎之中。

《八七九六图》与《木火金水图》两图，似乎同朱熹、蔡元定所定《河图》并无密切联系。然而这两图或许与世传的关朗《河图》相类，而关朗《河图》或许正是后世所绘《河图》的雏形。

关朗是北魏时期的著名易学家，据说曾著有《关氏易传》。朱熹在《易学启蒙》中说：“关子明云：河图之文，七前六后，八左九右。”[47]这样看来，关朗《河图》便与魏伯阳《周易参同契》有关“八七九六”的说法合拍了。但朱熹又认为《关氏易传》乃是北宋阮逸所伪托，并非关朗所作。朱熹的怀疑是有根据的。北宋时期苏门六君子之一的陈师道曾说：“世传王（通）氏《元经》、薛（收）氏《传》、关子明《易传》《李卫公问对》，皆阮逸所著。逸以草示苏明允，而子瞻言之。”[48]但魏伯阳《周易参同契》是道家炼丹之术，已如上言。阮逸伪造《关氏易传》乃是暗袭魏伯阳《周易参同契》“八七九六”

的说法。为此，胡渭援引俞琰《易外别传》批评说：

> 六七八九，乃水火木金之成数。木数八属东，火
> 数七属南，木自东而升，则与火为侣于南矣。金数九属
> 西，水数六属北，金自西而降，则与水合处于北矣。丹
> 家有所谓"赤龙""黑虎"者，东方苍龙七宿运而之南，
> 则为赤龙，西方白虎七宿运而之北，则为黑虎。无非譬
> 喻身中之呼吸。究而言之，何龙虎之有？何金水木火
> 之有？何七八九六之有？皆譬喻耳。或疑九七八言还、
> 返、归，六独言居，得无异乎？曰六居北不动，三方之
> 还、返、归，皆聚于北，故言居也。[49]

胡渭又援引朱彝尊《徐氏四易序》说："《河图》《洛
书》自秦汉以来，未有能言其状者，至五季而始出，何可遽
信？"[50]这意思是说，五代以来关于《河图》《洛书》的种
种说法，只应以无稽之谈来对待。学者若以易学视之，只能
说明其不懂易学。

最后，胡渭综合顾炎武、黄宗羲两家之论，以孔子《易
传》、王弼《周易注》、程颐《周易程氏传》为易学正宗，
而以陈抟、邵雍等图书易为道家之易，以为朱熹不应将道
家之易冠于其《周易本义》之首。他说："亭林、黎洲之论，
大有造于《易》学，故殿之篇末，以告天下之习非而不悟
者。"[51]

注释：

[1] 朱震《汉上易传·表》称："濮上陈抟以《先天图》传种
放，放传穆修，修传李之才，之才传邵雍。放以《河图》《洛书》

传李溉，溉传许坚，坚传范谔昌，谔昌传刘牧。修以《太极图》传周敦颐。"（参见〔宋〕朱震：《汉上易传》，上海：上海古籍出版社，1989年，第5页。）

〔2〕〔清〕永瑢等撰：《四库全书总目》，北京：中华书局，1965，第40页。

〔3〕梁启超著，朱维铮导读：《清代学术概论》，上海：上海古籍出版社，1998年，第15页。

〔4〕转引自〔南宋〕李心传著，徐规点校：《建炎以来朝野杂记》，北京：中华书局，2000年，第544页。

〔5〕〔8〕〔9〕〔10〕〔11〕〔12〕〔18〕〔19〕〔28〕〔44〕〔45〕任法融著：《周易参同契释义》（修订版），北京：东方出版社，2012年，第205，101，205—206，141，70—71，151—152，38—40，158，49，144，170页。

〔6〕〔晋〕葛洪著，胡守为校释：《神仙传校释》，北京：中华书局，2010年，第63页。

〔7〕〔宋〕朱熹著：《周易参同契考异》，天津：天津古籍出版社，1988年，第1—2页。

〔13〕〔14〕〔唐〕佚名：《通幽诀》，载李一氓编《道藏》第19册，天津：天津古籍出版社，1988年，第155，155页。

〔15〕〔30〕〔宋〕黎靖德编，王星贤点校：《朱子语类》，北京：中华书局，1986年，第2259，1617页。

〔16〕〔20〕〔21〕〔22〕〔23〕〔27〕〔31〕〔35〕〔39〕〔40〕〔41〕〔42〕〔43〕〔49〕〔50〕〔51〕〔清〕胡渭著，郑万耕点校：《易图明辨》，北京：中华书局，2008年，第177，54—55，64，66，66—67，149，149，160，162，163—164，164，161，235—236，59，130，263页。

〔17〕〔宋〕周敦颐著，陈克明点校：《周敦颐集》，北京：中华

书局，1990 年，第 1—8 页。

〔24〕〔25〕〔26〕〔清〕黄宗炎《图学辨惑》,《景印文渊阁四库全书》第 40 册，台北：商务印书馆，1986 年，第 751，715，752 页。

〔29〕〔34〕〔36〕〔宋〕邵雍：《邵雍集》，北京：中华书局，2010 年，第 112，135，435 页。

〔32〕〔33〕〔宋〕张伯端著，〔清〕董德宁等注，史平点校：《悟真篇三家注》，北京：华夏出版社，1989 年，第 17，7 页。

〔37〕〔38〕〔清〕黄宗羲著，郑万耕点校：《易学象数论（外二种）》，北京：中华书局，2010 年，第 30—31，31 页。

〔46〕〔后蜀〕彭晓等撰：《周易参同契古注集成》，上海：上海古籍出版社，1990 年，第 182 页。

〔47〕〔宋〕朱熹著，朱杰人、严佐之、刘永翔主编：《朱子全书（修订本）》第 1 册《易学启蒙》，上海：上海古籍出版社；合肥：安徽教育出版社，2002 年，第 211 页。

〔48〕〔宋〕陈师道撰，李伟国点校：《后山谈丛》，北京：中华书局，2007 年，第 36 页。

第五十章
乾嘉考据学形成的历史原因

就清代学术发展的主线而言，能贯通清代学术全程并称得上清代学术特色的，那便是"考据之学"，故我们可以称之为"清代考据学"，若往前再加上明中叶以后的考据学，我们也可以称为"明清考据学"。

考据之学或考证之学，其所谓"证"、所谓"据"，一般是指文献证据。"考"的意思是考核、考察。因此考据学从字面意义上说，是考核文献证据。考据学作为一种独立的学术形态，它的确立需要有一定的文献条件。《论语·八佾》载孔子之语说："夏礼吾能言之，杞不足征也；殷礼吾能言之，宋不足征也。文献不足故也，足则吾能征之矣。"孔子的意思是说，即使在夏、商的后代杞国和宋国那里，已无关于夏、商之礼的文献证据。而无征不信，缺少文献证据便不足以言考证之学。西汉经学注重师法、家法，不同师法、家法之间不能相通，经师信守一家之言，不采他说，故无须考证之学。考据之学的前提是广泛收集证据，但并不以罗列证据为满足，而要求知识的真确性。东汉郑玄解经，打破今、古文经学的壁垒，综汇各家经说，加以比较，并收集古代社会的礼制证据作为客观参证，以定取舍。故郑玄可以说是儒家经典考据学的鼻祖。宋代虽说是讲理学的时代，但也出现了优秀的考据学著作，如洪迈的《容斋随笔》、王应麟的《困学纪闻》等。但偶然、个别出现的考据学著作不足以影响一代学术风气，更谈不上形成考据学的思潮。

作为影响时代风气的考据之学兴起于明中叶，以后持续发展，至清乾隆时期遂形成蔚为大观的考据学繁盛景象。

第一节　关于"乾嘉考据学"的成因问题

20 世纪，学术界关于清代学术有一个热门的话题，就是"乾嘉考据学"的成因问题。之所以用"乾嘉考据学"的提法，是因为当时大部分学者对清初，特别是对明代考据学的了解很少，还不能将明中叶以来的考据学看成一个连续不间断的发展脉络。所以，我们似乎不应该问"乾嘉考据学"或"清代考据学"的成因问题，因为乾嘉考据学不过是清初考据学的延续和发展，清代考据学不过是明代考据学的延续和发展。而应该问：明中期以杨慎、梅鷟等人为代表的考据学是如何兴起的？

但是，如果我们把"乾嘉考据学"理解为一个时代主流学术的代名词，而与先秦子学、两汉经学、魏晋玄学、隋唐佛学、宋明理学等相并列的话，那"乾嘉考据学"就可以从广义上来理解，将它上溯于清初乃至明中叶，此正如宋明理学之远源可以上溯于唐代的韩愈、李翱一样。所以，对于"乾嘉考据学"的成因问题我们仍然可继续讨论下去，不一定非要将它修改为"明清考据学"的成因问题来讨论。

我们探讨乾嘉考据学的成因，首先要确定研究的起点在哪里。这个问题实际上暗含着以下两层意思：一、考据学思潮发端的时间及其形成原因；二、考据学思潮何以在清中期（乾嘉时期）成为主流学术？以前的学者或在第一层意义上回答问题，或在第二层意义上回答问题，因而在问题的理解上，学者之间有错位的现象。

（一）考据学思潮发端的时间及其形成原因

以前学术界由于对明代考据学缺乏研究和了解，因此在寻找乾嘉考据学的发端时，一般是把清初的顾炎武作为清代考据学的先导。主此说者又认为，清初学术思想（包括顾炎武的学术思想）的主旋律是经世致用思想，当时的考据学与经世致用思想是有矛盾的，是不合拍的。乾嘉时期的学者买椟还珠，继承了清初学者顾炎武等人的考据学，却丢掉了他们的经世致用精神。

胡适曾说："人皆知汉学盛于清代，而很少人知道这个尊崇汉儒的运动在明朝中叶已很兴盛。"[1]嵇文甫说："杨升庵慎生当正嘉年间，最号博洽。所著《丹铅录》《谭苑醍醐》等数十种，虽疏舛伪妄，在所不免，然读书博古，崇尚考据之风，实从此启。"[2]台湾学者林庆彰也说："在中明心学和复古风潮笼罩中，用修之出现，无异一颗彗星。其挣脱宋学羁绊，倡复汉学运动，并开创数百年考据学风。"[3]又说："考据学大兴的原因，一定要追溯到明代中叶去，绝不是清代自身发展出来的。"[4]20世纪80年代初，林庆彰先生著《明代考据学研究》（台北：学生书局，1983年版），主要论述了明代考据学家杨慎、梅鷟、陈耀文、胡应麟、焦竑、陈第、周婴、方以智等人的学术思想。这部书有力地说明作为影响时代风气的考据之学，实际上发端于明中叶杨慎、梅鷟之时。此一时期的考据学代表人物由于种种原因，成为社会边缘性人物。这些人除梅鷟作专经的考证之外，大多自得其乐地进行杂考性的学术研究。当时阳明心学如日中天，学者看重心性哲学，牛毛茧丝无不辨析。从事杂考的学者因为缺乏"思想性"往往不被人们所关注。但其笔记、札记式的解经形式也许可以看作一种新的经学研究范式，虽然它不追求在整体意义上理解经典，但在对经典中某些重要的疑难问题的解释上，则体现出一种步步深入和寓精于博的特点，其中的许多札记和解释都像是一篇短小精悍的专题论文。

当学者开始把明中叶的杨慎、梅鷟作为明清考据学思潮的发端之后，不仅其时代比顾炎武之时大为提前了，同时也使得所谓"考据学的成因"问题变得相对单纯了，即不再过多地考虑政治因素的影响，而着重去探讨学术文化发展演变的内在规律和外在条件。

探讨明清考据学的成因，当首先认识中国传统学术发展的内在规律。中国汉代以后学术的发展是由儒家经学主导的。而经典诠释不外训诂和义理两条路，因而训诂之学（汉学）与义理之学（宋学）的交替发展便成为此后学术演进的内在规律。正如《四库全书总目·经学总论》所说："要其归宿，则不过汉学、宋学，两家互为胜负。"[5] 这种看似循环往复的学术发展形势展现了这样一个道理，当一种学术思潮走到尽头的时候，又可能回到起点，重走老路。就此点而言，颇合民间所说的"三十年河东，三十年河西"的道理。当初，宋代理学的开创者为了回应佛教、道教心性理论的挑战，摆落汉唐经传训诂之学，试图通过以义理解经的方式，重建儒家人文精神的信仰。其时，作为理学创始人之一的张载发出"为天地立心，为生民立命，为往圣继绝学，为万世开太平"[6] 的豪迈声音，相信只要重新发现古代圣人"性命之学"的绝对真理，便会为人类开出万世太平！在理学发展的鼎盛时期，学者对于汉唐儒者的训诂之学，"弃之如土梗"，几乎不屑一顾。以《古文尚书》为例，朱熹虽然怀疑其为东晋人的伪作，但并不鼓励学者对它认真加以考证。究其原因，一是担忧《书》中可疑诸

篇，若一齐不信，恐倒了六经"[7]。二是他在"义理之学"与
"考证之学"的比较中，认为考证之学是末流学问，甚至可能
与义理之学相抵触。[8]实际上，对专经的考证相对于杂考而
言，并不需要看许多僻书或秘本。就后世梅鷟的《尚书考异》
和阎若璩的《尚书古文疏证》而言，其引书之范围主要在魏晋
以前，多是常见书。这些书在宋元时代，一般学者都是可以看
到的。然而这样的考据学成果不出于宋元，而必待明清而后出
现，自是学术时尚使然。从宋代至明中叶学者群趋于心性义理
之学，人人试图去发现古代圣人"性命之学"的绝对真理，其
结果最终导致了"空谈误国"的弊害。明中叶以后，理学的弊
端已经逐渐显现。一些学者厌弃理学，遂自觉不自觉地回到汉
唐训诂考证之学的老路上来。虽然走的是老路，却又表现出与
汉唐训诂考证之学十分不同的特点，即此时考证学者的兴趣并
不局限于儒家经典，而是天地万象，无所不包，因而其考证文
章往往表现出五彩斑斓、引人入胜的特点。

当考察明代考据学家的治学经历时，会发现文献考证对于
他们似乎只是个人的雅好。但如果我们把明中叶考据学的兴起
原因仅仅归结为个人的雅好，这个看法又太表面化了。他们考
证的对象是儒学文献，而儒学文献所体现的文化积累有一种知
识的条理性和真确性的需求，这是考据学的意义所在，也是考
据学得以形成的深层原因和动力。

我们所说的"文化积累的条理性和真确性的需求"是长期
以来一直都存在的，不是到了明中叶以后才有的。大家知道，
汉代以后的文献，除开佛、道两家文献外，基本上皆属于儒家
文献，其总量每代激增，发展到明中期已经达到了异常庞大的
数量。而且中国传统学术颇不重知识的科学分类，西汉时司马
谈《论六家要指》批评儒学"博而寡要，劳而少功"[9]，其后
此弊端并没有得到很大的改观。而考据学家所做的工作就是从

庞杂的资料中梳理出他们认为有用或有趣的知识来。中国传统社会后期的考据学之所以特别发达，可以说主要是由传统文献的异常庞杂决定的。

考据学之成立，需要这样几个条件：

一是文献积累数量庞大，非常人所能遍阅索解，以此方见考证意义之重要。若文献存量甚少，稍加翻阅便可知道，又哪里用得着考据学？我们知道，自汉至明，中国文化经过一千五六百年的发展，文献的积累量已经非常大。

二是从事考证的学者能较方便见到相关的文献资料。明代杨慎因为曾做过经筵展书官，有机会阅读皇史宬藏书，这属于一个特例。对大多数考证学者而言，主要还是依靠当时民间的刻书和藏书事业。而明中叶以后考据学的兴起，正是与当时民间蓬勃兴起的刻书业和藏书业相一致的[10]。而这又是当时社会商品经济发展刺激起来的。除此之外，可以说并没有特别的政治方面的原因。

三是要成为考据学家，需要有博闻强记的天分，若读后忘前，读书再多，也难以发现其中的关联性。此外，考据学家还要有勤于搜考、锲而不舍的治学态度和较强的资料归纳和分析的逻辑思维能力，才能够实现对某些知识条理化和真确性追求的目标。

由上分析，考据学之所以在明中叶兴起，文化积累的知识真确性追求需要是其内在原因，而当时社会商品经济发展所带动的刻书业和藏书业发达是其外在条件。清初考据学与乾嘉考据学不过是明代考据学的延续和发展。

还需要补充说明的是，新学派的创始和新学风的开辟，不是一件偶然的事情。我们的意思是说，一种新学术思想体系的创立并不是其开创者胡乱摸索、盲目撞出的。这里，我们不妨将学者与商人作一类比，商人凭其职业的敏感，懂得向那商机无限的地方投资，以求得丰厚的回报。学者也自有其职业的敏感，当他立意要去发掘文化遗产的时候，也自然懂得哪里是知识的"富矿"，可以做出其"产品"——学问来。明清时期有那么多考据学家都在各自所选定的治学范围中做出骄人的成绩，也反过来证明这一座考证学的"富矿"有多么巨大！有了这样大的知识"富矿"，当然就会有人发掘。所以考据学的兴起是中国传统文化发展的一个必然的趋势。

放言及此，我们就清代考据学形成原因的问题，顺便检讨一下梁启超的"理学的反动说"和余英时的"内在理路说"。

1. 对梁启超"理学的反动说"的检讨

一种学术思潮被另一种学术思潮所取代，它表示一种什么意思呢？在我们看来，是后起学术思潮较先前的学术思潮具有异质的性质。如果不具有异质的性质，如明代之心学与宋元之理学虽然有所不同，但同属理学思潮的大范围，故只笼统标识为"宋明理学"，而不别立名目。而一旦标识了新的思潮的名目，那就意味先前的学术思潮已无发展的余地，已经开始走向它的反面。梁启超说清代考据学的形成是对"理学的反动"，说的正是这样一个道理。然而套用梁启超的概括方法，我们似乎也可以说：两汉经学是先秦子学的反动，魏晋玄学是两汉经学的反动，宋明理学是隋唐佛学的反动，晚清公羊学是乾嘉汉学的反动。如此之类，这只是一种现象描述，并没有解释一种思潮是如何转变到它的反面的。因而我们以为此种概括缺乏较强的解释效力。

2. 对余英时"内在理路说"的检讨

余英时较早摆脱就清代论清代和从"外缘"求成因的思想方法，他提出的"内在理路说"可以说是别开生面。余英时认为，明代"阳明以来儒学内部'性即理'（程、朱理学）与'心即理'（陆、王心学）的争论日趋激烈，尽管争论的两造都理直气壮，充满自信，但毕竟谁也不能说服谁。所以这场官司是不可能在哲学层次上得到结果的……心性官司的两造最后只剩下唯一的最高法院可以上诉，那便是儒学的原始经典"[11]。因此，"清学便不能是宋明儒学的反命题，而是近世儒学复兴中的第三个阶段。……清学正是在'尊德性'和'道问学'两派争执不决的情形下，儒学发展的必然归趋，即义理的是非取决于经典"[12]。这一观点影响甚大，学者一时纷纷引述。但今日重新检讨，有许多可以商榷之处。

学术的传承和发展有其自身的脉络，这可以说是"内在理路"。假如把"内在理路"作为研究学术史的一种方法和向度，那就要看是一种怎样的"内在理路"。而实际上，研究者在用"内在理路说"解释学术史的时候，最容易犯主观构造"内在理路"的错误。上面所引余英时的话中有相当大的主观构造成分。阳明以来儒学内部有争论是事实，但朱学与王学争论焦点是否"性即理"与"心即理"的问题，以及对此问题的争论真的那么"激烈"吗？即使如此，据我们的认知，理学中"性即理"与"心即理"一类观念，乃是宋明理学家受佛教禅宗思想影响才提出的，"儒学的原始经典"中并没有这种问题意识，也没有可以援引的类似的案例。因此理学中"性即理"与"心即理"的争论也不可能用"儒学的原始经典"来判决。如果能用"儒学的原始经典"解决问题，我们敢断言，无论朱熹还是王阳明，以他们对儒学经典文献的熟悉程度，在他们那个时代就已经解决了，并不需等待清儒来判决。事实上清儒也没有做这样的裁判官，他们大多数人并不屑于理学的议题。更主要的是，宋明理学与清学之间并非表现为一种"连续性"，或者说考证学并不是由理学内部的争论衍生出来的。只要研究一下明中叶以后的考据学家的学术经历，就会知道，他们基本上不是理学中人，他们的考证学内容也不是要解决朱、王之争的问题。或者我们可以说他们是当时主流学术——理学之外的边缘学术人物，清初大多数考据学家也是如此。

所以，我们以为余英时提出"内在理路说"是有意义的，但他关于"内在理路"的具体说法则属于主观的构造。若讲儒学发展的"内在理路"，就不能限于宋明理学的时段，而要从儒学发展的更长时段来考虑。在我们看来，儒家文化长期积累过程中所产生的知识条理性和真确性的需要，才是考据学得以形成的"内在理路"。

（二）考据学思潮何以在清中期（乾嘉时期）成为主流学术

如上所述，考据学思潮在明中叶已经兴起了，经清初迤逦而至清中期，其势转盛，亦属自然。但这里我们还要强调，虽然考据学有其内在发展的原因和动力，但能在乾嘉时期达到如日中天的地步，也靠强大的外力帮助。这个强大的外力是什么？就是清廷（主要是康、雍、乾三朝）统治方略的铁腕主导。学术界关于乾嘉考据学的成因提出过许多种观点，如："文字狱高压政策说""康乾盛世为主说""清廷笼络说"等，以这些观点解释考据学的形成原因有时代错位之嫌，因为如前所说，考据学思潮在明中叶就已经开始了。但以这些观点来解释考据学何以在乾嘉时期成为主流学术，则不失为有价值的见解。而在我们看来，所有类似的见解都可以归结为"清廷统治方略的铁腕主导"。

清朝前中期的皇帝自幼受过严格而全面的经筵教育，他们对中国传统文化都有深厚的学养，特别是康熙皇帝和乾隆皇帝的学术见地并不在当时的一流学者之下。但他们毕竟是清朝政权的代表者，他们以维护清政权的长期统治为第一义。清王朝建立初期，由于忙于军事平定和政权稳定，尚无暇顾及学术文化战线的思想统一工作；当康熙朝后期，国家大体安定，经济生产恢复，清廷统治者从此便开始有意识地直接主导学术文化的发展方向。

清初，大约有三类学者，第一类是具有明遗民意识的学者，明清鼎革这一重大的历史事件给予了他们强烈的刺激，他们痛定思痛，深感宋明理学空疏无用，由此在学术界掀起一股批判理学的思潮，其矛头所向，不仅仅是陆王心学，而是直指当时在思想界占统治地位的程朱理学。这一思潮的最大特点是反形上学，主张经世致用。这些学者对于新的清王朝大多采取不合作的态度，因此他们具有明遗民特征的思想也只能在民间传播。第二类学者对程朱理学的态度看上去较为温和，但其学术形式是新的考据学式的，他们对于宋明理学的理气心性一类议题兴趣较少，这一类学者对以后乾嘉时期的学术起了一种典范的效应。第三类学者则依然坚守理学矩矱，他们的学术思想可以说是宋明理学的延续。清初统治者对第三类学者基本上采取扶持的态度，因而在康熙朝有许多理学名臣；对第二类学者，即考据学者，亦时有奖励之词，如康熙御书"耆年笃学"赠胡渭即是其例；而对待第一类学者，鉴于天下初定，只要他们不持明确的反清态度，清廷也报以怀柔、容忍的态度。

康熙后期，天下大定，清廷有意识地加强了思想的控制，此时，那些早期的明遗民思想家已逐渐凋零，他们的经世致用思想也随之在思想界消歇，已不需清廷刻意压制。由于清廷此时实行限制讲学、打击"假道学"等政策，清代理学家也只能奉行前贤理念，不敢标新立异，自创新说。因此清廷虽然推崇理学，理学却日渐萎缩，不能自立。

更重要的是清廷此时采取两手政策，一手是通过"文字狱"的高压政策，严厉打击那些有反清意识的学者或触犯思想禁忌的人，其中有许多"冤假错案"，但清廷此举的目的就是要"杀鸡给猴看"，形成一种思想震慑的氛围：凡不听话者，皆是如此下场！晚清龚自珍有诗句"避席畏闻文字狱""万马齐喑究可哀"，正是当时触目惊心的文字狱严重扼杀了人民的创造性，形成了百十年来"万马齐喑"的局面。其后经学家皮锡瑞说："今日有益之事万不可为，耗有用之精神于此（指考据学），良可惜也。以此知乾嘉诸公专搬古董，亦实有不得已之苦衷，犹信陵君醇酒美人意。"[13]章太炎在其《学隐》一文中也指出清世文网周密，学者只好逃于训诂考证之中，"家有智慧，大凑于说经，亦以纾死，而其术近工眇踽善矣"。[14]若把考据学的形成原因归结为清廷"文字狱"的高压政策，是有问题的，因为考据学在清廷实行"文字狱"的高压政策之前已经形成了。但我们又必须承认，清廷实行"文字狱"的高压政策确实对后来考据学独盛起了相当大的作用。近年有学者认为，文字狱与考据学的兴盛没有什么必然联系，这种看法恐怕是矫枉过正了。[15]在我们看来，"文字狱"对学术文化的影响不能低估，更不能一笔抹杀。但我们也不必因此责难清代的考据学家，把他们看成避祸苟活的人物，把他们的学术看成是"畸形"的学术。

清廷的另一手政策，就是积极笼络汉族知识分子。满族贵族通过军事力量推翻了汉族政权明王朝，建立了清王朝。他们又是汉文化的倾慕者和积极学习者，并在一两代人之后，其优秀者的汉文化修养甚至驾汉人而上之。与此同时，清朝统治者尽量笼络和吸纳汉族优秀人才。起初清廷通过设博学宏词科、修《明史》延揽汉族文化人才，当时一些遗民思想家不愿意合作，其中如黄宗羲等人还有过清王朝很快会垮台的设想。（他作《明夷待访录》即以此为前提。）但清王朝逐步稳定大局后，又通过开三礼馆、四库馆等形式进一步延揽汉族文化人才，这一时期明遗民思想家多已去世，新一代的汉族知识分子在名义上已经是清王朝的子民，能参与中央王朝的大型文化工程，贡献他们的才智，已经成为他们人生的荣耀了。

应该说，清廷采取这两手政策来主导文化的发展是非常奏效的，台湾学者鲍国顺说："清人入关伊始，恩威并施，怀柔与高压政策，交相利用。前者如年年开科取士……后者如严禁士子集社讲学，批评时政，并屡兴文字狱，迫使读书人不敢轻论义理，于是群将其精神与力量，专趋典籍考证一途，一方面满足做学问的心愿，另一方面也可以避免政治上的无端迫害。"[16]鲍国顺先生的论述是符合实际的。

近年王俊义、黄爱平关于乾嘉考据学的成因提出"康乾盛世为主说"，认为"文字狱"的高压政策与考据学之间并无必然联系，而康、雍、乾时期政治上的稳定统一、统治者对学术文化的大力倡导才是乾嘉学术产生并蓬勃发展的根本原因。这里，有必要对这一观点谈谈我们的意见。首先，我们认为，清廷"文字狱"的高压政策虽然与考据学的产生并无必然联系，但与乾嘉时期考据学的兴盛是有一定关系的。这点已如上述。其次，我们承认，康、雍、乾时期政治上的稳定统一是考据学兴盛的必要条件，正如作者所说的那样："如无康乾盛世时期雄厚的物质基础，怎能编纂刻印《古今图书集成》《四库全书》等那样浩瀚的类书和丛书及各种通志、通典和通考？如无相对稳定的政治环境，乾嘉学者又怎能经年累月、怡然自得地'皓首穷经'？"[17]王、黄的观点滥觞于梁启超，梁氏曾说："乾嘉间考证学可以说是清代三百年文化的结晶体，合全国人的力量所构成，凡在社会秩序安宁、物力丰盛的时候，学问都从分析整理一路发展；乾嘉间考证学所以特别流行，也不外这种原则罢了。"[18]又说："经大乱后，社会比较的安宁，故人得有余裕以自厉于学。"[19]台湾学者鲍国顺也说："清自康熙、雍正以至乾隆，维持了一段长达一百三十四年的安定社会，也直接促成了考证学的发达。因为考证学重分析归纳，此一学问的形式，是需要在比较安定的环境中，方得以顺利进行。而且清代的考证学，主要是典籍的考证，考证典籍，必须仰赖良好的图书环境，而一个秩序安定、物力丰裕的社会，大有助于图书的刊刻、整理与传布。清代考证之学至乾嘉之际达于全盛，当非偶然。"[20] 考据学的兴盛的确需要政治上稳定统一的大环境，也需要经济繁荣所带来的物质基础。这是一个方面。此外，我们还可以补充的是，从中国思想文化发展的规律而言，乱世往往出思想家，而盛世往往出学问家，因为孔子早就说过："天下有道，则庶人不议。"盛世即是所谓"天下有道"之世，学者对于现实政治多是歌功颂德，而很少批评议论，他们所能做的也只能是无关现实社会实际的古董学问而已。从这些方面看，我们认为"康乾盛世说"有其合理性的因素，但我们并不认为这是考据学形成和兴盛的决定性因素，而只把它看作乾嘉时期考据学兴盛的必要条件。而关于这一点，也可纳入"清廷统治方略的铁腕主导"的大框架之内。

我们可以将以上论述，总结为以下三条：

第一，在汉以后汉学（训诂之学）、宋学（义理之学）交替发展的内在规律制约下，明中叶以后的学术发展开始回转到汉学的老路上，逐步形成一种考据学思潮。

第二，"文化积累的知识条理性和真确性的需求"，构成考据学思潮的深层动因。

第三，"清廷统治方略的铁腕主导"，排除了学术文化多元发展的可能性，由此而有乾嘉时期考据学"一花独放"的局面。

读者也许要问，既然"文化积累的知识条理性和真确性的需求"是考据学得以形成的深层原因，那清廷将学者引导到考据学中来，岂不是顺应了学术发展的内在规律了吗？是的，清廷的确做了因势利导的工作。但清廷的做法又有大大过头的地方：第一，正常的学术发展总是多元的，如清初学术尚是一种多元的发展，而清廷用其铁腕的两手政策逐步将学者引向考据学之途，就好像通过带头羊加驱赶的办法把一群羊赶进一个固定的围栏之中一样。章太炎称其统治术高明隐秘（"工眇踔善"），意亦在此。第二，经世致用本是儒学的基本精神，乾嘉考据学为考据而考据，完全脱离了现实社会生活的实际。由于这样两个特点，遂造成清中期"万马齐喑"的思想禁锢局面。

第二节　关于乾嘉时期的"学派"问题

康熙、雍正、乾隆三朝被称为"康乾盛世"，其中的康熙皇帝和乾隆皇帝，文治武功，彪炳史册。他们本人也颇以"内圣外王"自居。但"康乾盛世"之时，也正是清廷对人们的思想钳制最严的时期。在学术史上，关于学派的认定本不是件十分困难的事情。但说到乾嘉时期有什么"学派"，则显得相当勉强。其中的原因是什么？原因在于清廷防范学者借"讲学"以树"朋党"，因此在当时标新立异、创立"学派"，本是一件遭忌讳的事情。

按照我们的理解，学术史上的所谓"学派"，其意义并不简单是"一群学者"的意思，它一般须具备三个要件：一、有共同的学术宗旨；二、有共同的学术宗师；三、有学术传承（弟子、门人及私淑等）。具备了这三个要件，可以说具备了"学派"的充分条件。在这三个要件中，第一条——"学术宗旨"的要件是必不可少的，无明确的学术宗旨不足以成为学派。有的时候，几个人或若干人，虽然他们之间并无宗师与弟子的关系，只要他们有共同的学术宗旨，也可以"学派"称之。但这个"共同的学术宗旨"应该是他们自己有意识标举出来，并为当时的学术界所认可或认知。我们可以以这样的认识来看乾嘉时期的学派。

乾嘉时期，大宗师级的学者有三位，第一位是惠栋，因他是江苏吴县人，他所代表的学派被后世称为"吴派"。第二位是戴震，因他是皖南人，他所代表的学派被后世称为"皖派"。我们之所以强调这是"后世"的推许，是因为无论惠栋还是戴震，他们在世时都不敢把自己看作某某学派的宗师或领袖。第三位是庄存与，他曾做过皇子的老师，严格说来，他的学问并不是考证之学，但他可以说是晚清流行的春秋公羊学的先行者。虽然乾嘉时期大宗师级的学者有三位，但勉强而言，学派只有两个："吴派"和"皖派"。此在当时已为学者所普遍认同，如作为吴派学者的王鸣盛说："方今学者，断推两先生，惠君之治经求其古，戴君求其是，究之，舍古亦无以为是。"[21] 在这里我们看到，吴派的宗师是惠栋，其治学宗旨在"求古"；皖派的宗师是戴震，其治学宗旨在"求是"。

至于"常州学派"，虽其宗师庄存与同惠栋、戴震为同时代人，但常州学派经历了一个较长的酝酿、形成过程，其兴起之时已在乾嘉时期之后。其学派以阐扬春秋公羊学为主，是代乾嘉考据学而起的新的学术思潮，故不应以考据学视之。

学术界还有"扬州学派"的说法，被列入其中的有任大椿、汪中、王念孙、凌廷堪、焦循、阮元、王引之等人，这些人大多属于戴震门人或后学，当然弟子门人中在学术思想上有大的创新而能卓然自立，也可再创学派，如阳明学派中的泰州学派等即是其例。但在上述数人中，任大椿、汪中、王念孙属前辈学者；后四人过从较密，其中阮元官位名望最高，虽有领袖群伦的才具，但也并未别标宗风，他们的学术风格与戴震的皖派并没有明显的区分，只是这些学者同居扬州，使当时的扬州有一种较强的学术氛围而已。学术思想贵在独立创新，无大的独立创新，便不足以标宗立派。

对于乾嘉时期的学术，学术界有人笼统称之为"乾嘉学派"，以前梁启超也曾顺口如此讲，现在似乎已经成了约定俗成的概念。但严格说来，这是一个积非成是、未加理性反省的概念。"学派"常以学术宗师的姓氏、名号、郡望命名，如以姓氏命名的朱子学派，其宗师为朱熹；以名号命名的蕺山学派，其宗师为刘宗周；以郡望命名的常州学派，其宗师为庄存与等。（今日学者容易误解的是，以为以某位宗师郡望命名的学派涵盖了该地出生和居住的一切学者。这是不正确的看法。）如果我们笼统地称"乾嘉学派"，那乾嘉学派的学术宗师具体是谁呢？其次，讲"学派"和讲"学风"不同，讲"学风"可以虚一些，讲"学派"就要落实到具体的人。历史上曾有以时代标学术风尚者，如说"正始之音"，可以解释为"正始学风"，而不解释为"正始学派"。学术史上，即使对一时代的主流学术，一般也不以时代称之，如对魏晋玄学不称"魏晋学派"。对宋明理学不称"宋明学派"，盖任何一时代，虽然可能有其占主流地位的学术，但也总有其对立面的学术。譬如乾嘉时期，虽然许多学者从事考证之学，但也有一些学者如彭绍升、姚鼐、方东树、章学诚等人，并不认同当时的考据风习，甚至对考证之学加以批判，他们也生活在乾嘉时期，是否也以"乾嘉学派"称之呢？如前所说，常州学派的创始人庄存与也生活在乾隆时期，年龄还稍长于戴震，是否也以"乾嘉学派"称之呢？所以我们的看法是，我们可以说"乾嘉学术""乾嘉汉学""乾嘉学风"，或加以限定而称"乾嘉考据学派"等，如笼统地说"乾嘉学派"便欠科学的严谨性，与称"魏晋学派""宋明学派"一样不通。

第三节　明清考据学的四个发展阶段

（一）明清考据学的发生期

如上所述，考据学思潮的发端可以由清中期上溯于清初，甚至可以上溯于明中期。明代考据学成就之大者，有杨慎、梅鷟、陈耀文、胡应麟、焦竑、陈第、周婴、方以智等人。这一时期的考据学以杂考与专经考证为主，前者以杨慎的《丹铅余录》等著作为代表，后者以梅鷟的《尚书考异》为代表。明代考据学与清代考据学之关系，从逻辑上说有两种可能性：一、从明代中期到清代乾嘉时期的考据学，是一个连续发展的思潮；二、它只是各时段偶然出现的一个个孤立事件，而不是一个连续发展的思潮，乾嘉考据学与其前的考据学毫无瓜葛。我们认为，清代考据学与明代考据学是一脉相承的。我们以明中叶的杨慎、陈第等为例，在文字学和训诂学方面，杨慎认为《说文解字》《尔雅》二书可通行百世，这一见解为清代考据学家所认同，在音韵学方面，杨慎作《古音丛目》《古音略例》《转注古音略》等，陈第作《毛诗古音考》《屈宋古音义》等，虽昧于古韵分部之说，然考订多精，开启了清代顾、江、戴、孔、段、王考订古韵之先河，顾炎武就曾言其所著《唐韵正》是以杨慎《转注古音略》为蓝本。杨慎的《丹铅余录》的杂考类著作形式也深刻影响了清代的考据学家。

为此，我们将明代考据学看作明清考据学的第一期，即发生期。

（二）明清考据学的发展期

清初考据学，绍承明代而又有了更大的发展和进步，产生了如顾炎武、黄宗羲、黄宗炎、毛奇龄、顾祖禹、朱彝尊、胡渭、阎若璩、姚际恒、江永等考据学大家，其中很多人的学问绝不下于其后乾嘉时期的学者。这一时期的考据学仍以杂考与专经考证为主，前者以顾炎武的《日知录》等著作为代表，后者以阎若璩的《尚书古文疏证》和胡渭的《易图明辨》为代表。清初考据学基本上是延续明代考据学的路数发展的，只是清初学术主流是批判理学（或"经世致用"思潮），他们的学术也服从于这个学术主流。从某种意义上说，明清鼎革所引发的批判理学思潮（或"经世致用"思潮）反而是一种特例和"偶然事件"，掩盖了明中叶以来循序渐进发展的考据之学。而我们以前关于明末清初的学术思想研究，更多地关注此一时期的"经世致用"思想、"反理学"思想、"早期启蒙"思想等，而对此一时期考据学的成就和特点，没有给予足够的关注。但从考据学的发展角度而言，清初的批判理学思潮并不意味学术焦点的转移，它对长期占据学术主流地位的宋明理学所进行的批判和清算，在客观上，也为考据学的进一步发展扫清了道路。

为此，我们将清初考据学看作明清考据学的第二期，即发展期。

（三）明清考据学的鼎盛期

至清中期，或称乾嘉时期，清初的那些带有明遗民特征的学者和思想家陆续去世，由他们所掀起的批判理学思潮（或"经世致用"思潮）自然退潮，而原来已经在潜滋暗长的考据之学迅速壮大。此一时期考据学大家辈出，而惠栋、戴震为领军人物。戴震曾说："诵《尧典》数行至'乃命羲和'，不知恒星七政所以运行，则掩卷不能卒业。诵《周南》《召南》，自《关雎》而往，不知古音，徒强以协韵，则龃龉失读。诵《古礼经》，先《士冠礼》，不知古者宫室、衣服等制，则迷于其方，莫辨其用。不知古今地名沿革，则《禹贡》《职方》失其处所。不知少广、旁要，则《考工》之器不能因文而推其制。不知鸟兽虫鱼草木之状类名号，则比兴之意乖。"[22]意思是说，要真正读懂经书，先须有天文、地理、算学、音韵、礼制、博物等方面的知识准备，否则便没有解经的资格。可能是受戴震此一观念的影响，乾嘉时期考证之学最突出的成就首先是在音韵学、文字学、训诂学、天算学等方面，其次则在史学、子学方面；而关于经学的考证，虽然在《周易》、三《礼》、《孟子》、《尚书》等方面已有很好的成绩，但对儒家经书进行全面、系统的注疏任务并未在乾嘉时期展开和完成，而有待清后期考据学者来进行这一工作。乾嘉时期的著名考据学家，除惠栋、戴震外，尚有秦蕙田、卢文弨、江声、王鸣盛、赵翼、钱大昕、毕沅、翁方纲、金榜、段玉裁、桂馥、孙希旦、任大椿、崔述、邵晋涵、汪中、王念孙、洪亮吉、孔广森、孙星衍、朱彬、凌廷堪、郝懿行、张惠言、江藩、严可均、焦循、阮元、王引之、陈寿祺等人。

为此，我们将乾嘉考据学看作明清考据学的第三期，即鼎盛期。

（四）明清考据学的延烧期

清后期，春秋公羊学思潮逐渐成为学术界的主流，其代表人物有刘逢禄、宋翔凤、龚自珍、魏源、朱次琦、陈立、皮锡瑞、廖平、康有为、谭嗣同、梁启超等人。这些人的能量和社会影响都很大，但在人数上未必比当时的考据学者多。此一时期承乾嘉学术之余绪，又涌现出一大批优秀的考据学家，而考据学的成就首先集中在对儒家经书的全面、系统的注疏方面，其次在文字学方面也有很大的发展，特别是晚清甲骨文的发现，孙诒让、罗振玉、王国维等人成了甲骨学的奠基人。此外，这一时期在古书辑佚方面也有很大的成绩。除上面提到的几人外，这一时期著名的考据学家还有胡培翚、马瑞辰、王筠、陈奂、朱骏声、刘文淇、黄式三、黄以周、刘宝楠、丁晏、马国翰、陈乔枞、邵懿辰、陈澧、钟文烝、俞樾、王闿运、吴大澂、王先谦、江有诰、缪荃孙、皮锡瑞、崔适、章太炎、刘师培等人。

为此，我们将清后期的考据学看作明清考据学的第四期，即延烧期。

注释:

［1］胡适:《胡适文存》，台北:台北远东图书公司，1979 年，第 70 页。

［2］嵇文甫:《晚明思想史论》，北京:东方出版社，1996 年，第 145 页。

［3］林庆彰:《明代考据学研究》，台北:学生书局，1986 年，第 47 页。

［4］周美华:《乾嘉学者之义理学座谈会——乾嘉学术研究的展望》，载《中国文哲研究通讯》十一卷第 3 期。台北:台湾"中央研究院"中国文哲研究所，2001 年，第 279 页。

［5］〔清〕永瑢等撰:《四库全书总目》，北京:中华书局，1965 年，第 1 页。

［6］〔宋〕张载著，章锡琛点校:《张载集》，北京:中华书局，1978 年，第 396 页。

［7］〔宋〕黎靖德编，王星贤点校:《朱子语类》，北京:中华书局，1986 年，第 2052 页。

［8］如朱熹说:"读书玩理外，考证又是一种工夫。所得无几，而费力不少。"（参见〔宋〕朱熹撰，朱杰人、严佐之、刘永翔主编:《朱子全

书（修订本）》第23册《晦庵先生朱文公文集》，上海：上海古籍出版社；合肥：安徽教育出版社，2002年，第2538页。）朱熹还说："若论为学，则考证已是末流。"（《朱子全书（修订本）》第23册，第2838页。）另，朱熹亦曾认为："恃为考证，而昧于至理"。（《朱子全书（修订本）》第24册，第3574页。）

［9］〔汉〕司马谈：《论六家要指》，见〔汉〕司马迁：《史记》，北京：中华书局，1982年，第3289页。

［10］漆永祥所著《乾嘉考据学研究》是近年同类著作中最有深度的一部力作，其书探讨乾嘉考据学成因的篇幅有七十四页之多，所论乾嘉考据学形成原因颇为全面。但浅见以为，所列原因过多，也许会掩盖或冲淡主要因素的作用。如其书第一章第二节《古籍错讹炽盛与学术文化日趋繁荣之间的矛盾》开头说："考据学是对传世古文献的考据，其学赖以兴盛的条件在于必须有大量的古籍传世。"此论可谓先得我心。但接下去又说："且在这些古籍错讹日盛的情况下才成为一种客观要求，乾嘉时期的客观情势正复如此。"对于后面的论述，笔者便不敢苟同了。古籍校勘只是考据学的一个方面，而考据学的功用并不局限于此，并且它也不构成考据学形成的主要动因。就考据学的主要功用而言，还是求得史实与知识的真确。今天，我们所见到的明清考据学著作基本属于此类。（上述所引漆先生的观点见漆永祥：《乾嘉考据学研究》，北京：中国社会科学出版社，1998年，第19页。）

［11］余英时：《清代学术思想史重要观念通释》，《中国思想传统的现代诠释》，台北：联经出版事业公司，1987年，第412页。

［12］余英时：《从宋明儒学的发展论清代思想史——宋明儒学中智识主义的传统》，《历史与思想》，台北：联经出版事业公司，1976年，第105—106页。

［13］见〔清〕皮锡瑞著：《师伏堂日记》，戊戌年十月廿九日。

［14］章太炎：《检论》卷四《清儒》，《章太炎全集》第3册，

上海：上海人民出版社，2018 年，第 482 页。"工眇踔善"出自裴骃《史记集解》卷五十六《陈丞相世家》。此处谓清廷文化统治策略"高明而隐秘"。

[15] 漆永祥所著《乾嘉考据学研究》第二章第三节《禁书与文字狱》一面对清代禁书与文字狱的严重情况作了较详细的分析，一面又提出禁书与文字狱盛行，并未能阻止清人著述传世之风气，亦未涉及高层知识分子和学界名流；认为乾嘉考据学的兴盛，与禁书和文字狱并无直接的因果关系。此一观点的论证是不能令人信服的。因为在清廷长期实行的专制主义文化政策下，那些高层知识分子和学界名流已经懂得了生存之道和游戏规则，什么能说能写，什么不能说不能写，他们已了然于胸。考据学一类著述当然可以传世，这并不意味当时学者有学术的自由。学者们心知肚明，只要那种有"干碍违禁"思想内容的著述问世，便可能带来杀身灭门的惨祸。晚清国事日蹙，文网渐疏，龚自珍方敢有"避席畏闻文字狱"的诗句，而在乾隆文网周密的时期，恐怕没有人敢作这样的诗句。（参见漆永祥：《乾嘉考据学研究》，第 63-81 页。）

[16][20] 鲍国顺：《清代学术思想的时代意义》，《清代学术思想论集》，高雄：高雄复文出版社，2002 年，第 24，25 页。

[17] 王俊义，黄爱平：《清代学术与文化》，沈阳：辽宁教育出版社，1993 年，第 373 页。

[18] 梁启超著，夏晓虹、陆胤校：《中国近三百年学术史》，北京：商务印书馆，2011 年，第 28 页。

[19] 梁启超著，朱维铮导读：《清代学术概论》，上海：上海古籍出版社，1998 年，第 27 页。

[21][22]〔清〕戴震撰，杨应芹、许伟奇主编：《戴震全书（修订本）》第 7，6 册，合肥：黄山书社，2010 年，第 10，369 页。

第五十一章
惠栋吴派的经学方法论

　　儒家经典诠释虽然看似守旧，其实也是随着时代发展而更新的。在这种发展与更新的过程中，由于新的权威诠释成为官方经学，旧有的许多经注犹如大浪淘沙一般，逐渐被淘汰，甚至完全被人遗忘。在我们看来，虽然这种淘汰总体上符合优胜劣汰的性质，但也不排除其中有去真存伪的情况。但无论是哪种情况，一种中断了两千年传承、几乎完全被人们遗忘或无视的历史文化，一旦重新被人发现，都会引起人们极大的兴趣，就像发现了前人窖藏的宝贝一样，发现者也因此赢得人们格外的尊敬和艳羡。清代中叶的惠栋，就是这样一位学者。

　　惠栋有两个重大发现，一是他寻绎出久已失传的汉代各家易学的主旨和方法，因而写成《易汉学》一书；二是他发现了流传千余年的东晋梅赜所献《古文尚书》为伪书，虽然在他之前的梅鷟、阎若璩等已经有书在先，但因为此两种书皆流传不广，惠栋开始并未看到而基本独立完成了他的辨伪考证，当他后来发现了阎若璩的《尚书古文疏证》后，又补入了阎氏的考辨，从而完成《古文尚书考》一书。

　　自汉代以后，有成百上千的经学著作问世，以致后人无法悉数遍览，即使偶或翻阅，也难以概述其主旨要点。而能引起学者普遍关注者，必是那些石破天惊、出人意表的作品。惠栋的《易汉学》和《古文尚书考》即属于这样的著作，因而在当世惠栋便赢得了学者的推尊而成为学界领袖。

惠栋的《易汉学》，顾名思义，是讲汉代的易学。但惠栋在讲汉代易学时，同时宣传这样一种思想：汉儒去古未远，师法相承，最得圣人经典本意，由此而形成"惟汉近真""惟汉是信"的经典诠释理念和方法。至其后学，便取其意而高扬"汉学"的旗帜，以与宋学对垒。学术史称乾嘉学术为"乾嘉汉学"，盖亦导源于此。又因惠栋郡望是江苏吴县，后人便把他作为吴派经学的开派宗师。

惠栋获得学界领袖和吴派宗师的殊荣并不是偶然的。惠栋出生于一个书香世家，四世传经。其曾祖惠有声，字朴庵，明代贡生，以九经教授乡里。朴庵先生曾据李鼎祚《周易集解》梳理汉易源流，其书稿于"天崇之际，遭乱散佚"[1]，他只好将其易说口授其子惠周惕。

惠周惕为惠栋祖父，字元龙，一字砚谿，擅长古文诗词。砚谿先生曾于自家庭前植一株红豆树，生意盎然，自赋红豆词十首，四方名士过访，和诗者达二百余人，成为一时盛事。砚谿先生因自号红豆主人，乡人称之为"老红豆先生"。清康熙三十年（1691）惠周惕考中进士，由庶吉士改授直隶密云知县，后卒于任所。其著作有《易传问》《春秋问》《三礼问》《诗说》《砚谿诗文集》等。

惠栋父亲惠士奇（1671—1741），字天牧，一字仲孺，晚号半农居士。乡人称为"红豆先生"。他曾题红豆山房楹联云"六经尊服、郑，百行法程、朱"[2]，并且"博通六艺九经、诸子，及《史》《汉》《三国志》，皆能暗诵。尝与名流宴集，座中有难之者：'闻君熟于《史》《汉》，试为诵《封禅书》。'先生朗诵终篇，不遗一字，众皆惊服"[3]。康熙四十八年（1709）考中进士，授编修。康熙五十九年（1720），督学广东，兴学授经，作育英才，颇得士心。其经学方面的著作有《易说》《春秋说》《礼说》《大学说》等。

惠栋（1697—1758），字定宇，号松崖，乡人称"小红豆先生"。他幼承庭训，笃志向学，日夜诵读，凡经史诸子、稗官杂说及释道二藏，无不遍览。惠栋二十岁时补为元和学县博士弟子。后因举业受挫而转向汉唐经学的研究。他对《尚书》、《诗经》、三《礼》、《春秋》、《论语》、《尔雅》等儒家经典都作了详尽的考证和阐述。尤其对汉代经注表现出异常的热情，不遗余力搜辑汉儒经说，并以弘扬汉儒经注之学为己任。乾嘉时期涌现了许多硕师鸿儒，而首标"汉学"、开汉学风气之先的则为惠栋。惠栋的主要经学著作有：《易汉学》《周易述》《易例》《古文尚书考》《惠氏春秋左传补注》《九经古义》等。

第一节　重新强调汉儒家法

家法和师法是汉代经学的重要特征。但自宋儒以己意说经，发明经书义理，数百年后，学者早已将汉儒家法、师法的概念置于脑后。惠栋标榜"汉学"，家法和师法的概念被重新提出，并特别加以强调。家法、师法在经典诠释中具有重要的意义，此正如惠栋吴派后学江藩《经解入门·说经必先明家法》一文所说，研究经学必先明家法与师法，由此"可以见经学之衍别，可以知授受之异同，可以知众儒之实据，可以存古义于相承"[4]。

关于汉儒的家法和师法，学者有不同的说解，长期以来影响较大的是皮锡瑞的说法，他说：

> 前汉重师法，后汉重家法。先有师法，而后能成一

家之言。师法者，溯其源；家法者，衍其流也。师法、家法所以分者，如《易》有施、孟、梁丘之学，是师法；施家有张、彭之学，孟有翟、孟、白之学，梁丘有士孙、邓、衡之学，是家法。家法从师法分出，而施、孟、梁丘之师法又从田王孙一师分出者也。……然师法别出家法，而家法又各分颛家。[5]

此说之要点在于，师法、家法有一种概念的前后关系和包含关系。先有师法，家法是从师法中衍生分化出来的。但近年《中国哲学》第二十五辑《经学今诠四编》载有叶国良《师法家法与守学改学》一文，该文提出一种新的说解。叶先生提出，重视师法、家法并非始于汉代，早在先秦时期就已如此。讲师法、家法之现象也并非儒家尤非今文经学所独有。而所谓"家法"是从横的角度（学说不同）说的，"师法"是从纵的角度（师弟授受）说的。汉人使用"家"字，范围极为广泛：指儒、道、名、法之不同，可以用"家"字；指儒家各经也用"家"，如《汉书·儒林传》有"易家""公羊家"之称；指一经之不同先师也用"家"，如同书《儒林传》言《易》有"施家"、《鲁诗》有"张家"之名；指同一师承的不同支派也用"家"，如《后汉书·儒林传》谓张玄"少习《颜氏春秋》，兼通数家法"。总之，由大范围到小范围，为了表示有别，都可以称"家"。因此，"家法"一词与"师法"一词相通，是不足怪的。[6]叶先生这一说解表明，"师法"与"家法"两个概念并不是一种简单的概念的衍生和包含关系。

最近林庆彰先生提出：我们如果做一种比较全面的检索的话，"师法"这个词大都出现在西汉，有一小部分出现在东汉。"家法"这个词是从来不在西汉出现的。这反映了一个什么样的事实呢？就是说，"师法"和"家法"所指的其实是一件事情，都是传经的老师所留下的种种说法和规范。只不过西汉的时候是比较接近最先传这一经的老师，所以称为"师法"。到了东汉以后，因为分家越来越多，所以各家老师的说法就称为"家法"。也就是说，西汉的人比较喜欢用"师法"这两个字，到东汉的时候因为情况慢慢改变，所以用的是"家法"这两个字，不然，为什么"家法"这两个字在《汉书》里从未出现呢？

对于"师法""家法"的解释，皮锡瑞、叶国良、林庆彰三先生说法有所不同，我们应该有所厘清。如林庆彰先生所说，"师法"一词最早出现于西汉，并通行于东汉。"家法"一词只是到了东汉才出现，西汉时还没有这个概念。而"师法"和"家法"都是指"传经的老师所留下的种种说法和规范"。林先生的意见基本是正确的。我们理解，"师法""家法"概念其意略同于"师说"，但其中有强调治经的凡例与方法问题，这些内容往往不写在纸上，有"密授""真传"的意味。

叶国良先生的说法也有一部分合于史实之处，即起码在东汉时，"家法"一词的用法范围比较广泛。我们通常所理解的"家法"，是指在儒家某一经典下"同一师承的不同支派"。但在东汉，儒家不同经典之间，学者各自名家，治《诗》者称"诗家"，治《礼》者称"礼家"，这也属于"家法"之别。叶先生的问题在于，他在讨论"家法"时，暗中将"家法"概念换成了"家"的概念，这就扩大了讨论的范围。

皮锡瑞所说总体上也并不错，但稍过绝对。如说"前汉重师法，后汉重家法"。这不是重什么不重什么的问题，而是当时的一种习惯，两者本质是一个意思，重家法就是重师法，譬如一个儒生当然要对他的直接授业经师表示尊重，这是家法，同时也是师法。他如果越过本师只对本派的开派宗师表示尊敬，对本师不尊敬，不仅本师不高兴，也不会为当时的社会习俗所认同。至于皮氏说"师法别出家法，而家法又各分颛家"，

在东汉，似乎并没有人对"师法""家法"的意义作如此严格的界定。

以上我们讨论了"师法""家法"概念的意义。现在我们来看清代的惠栋是如何重新强调汉儒家法，又是如何贯通诸家家法的。

梁启超曾批评惠栋的《周易述》说："定宇还有一个大毛病，是不知家法。同为汉儒，而传受渊源不同，彼此矛盾的地方便不少。定宇统而名之曰'汉学'，好象汉人只有此学，又好象汉人个个都是此学，这便大错了。定宇说的不过东汉末年郑康成、荀慈明、虞仲翔等几个人之学，顶多可以代表一两派，而且各人所代表的派也不能相通。惠氏凡汉皆好的主张，只怕汉儒里头先自打起架来，他已无法和解了。"[7] 梁启超治学凭着灵气，动发议论，其实惠栋四世传经，明汉代经学家法、师法，正是惠栋经学的一大特色。卢见曾《周易述序》便说："盖先生经学得之半农先生士奇，半农得之砚谿先生周惕，砚谿得之朴庵先生有声，历世讲求，始得家法，亦云艰矣。"[8] 惠栋亦尝自谓：

> 自先曾王父朴庵公以古义训子弟，至栋四世咸通汉学，以汉犹近古，去圣未远故也。《诗》《礼》：毛、郑；《公羊》：何休。传注具存。《尚书》《左传》：伪孔氏全采马（融）、王（肃），杜元凯根本贾（逵）、服（虔）。唯《周易》一经，汉学全非。十五年前曾取资州李氏（李鼎祚）《易解》反复研求，恍然悟洁静精微之旨，子游《礼运》、子思《中庸》，纯是易理，乃知师法家传，渊源有自。[9]

惠栋作《九经古义》，这是惠栋述其家学的一部经学著作，其《九经古义序》称："余家四世传经，咸通古义。……顾念诸儿尚幼，日久失其读，有不殖将落之忧。因述家学，作《九经古义》一书，吾子孙其世传之。"[10]《四库全书总目》解释此书书名之意说：

> 是编所解，凡《周易》《尚书》《毛诗》《周礼》《仪礼》《礼记》《左传》《公羊》《穀梁》《论语》十经。其《左传》六卷，后更名曰《补注》，刊版别行，故惟存其九。曰"古义"者，汉儒专门训诂之学，得以考见于今者也。[11]

惠栋在《九经古义序》中特别强调汉代经学"家法"的重要性，他说：

> 汉人通经有家法，故有五经师。训诂之学，皆师所口授，其后乃著竹帛。所以汉经师之说立于学官，与经并行。五经出于屋壁，多古字古言，非经师不能辨，经之义存乎训，识字审音，乃知其义，是故古训不可改也，经师不可废也。[12]

这里，惠栋指明了汉儒治经重家法、师法的意义。这涉及如何了解圣贤经典本意的问题。圣贤经典本意是通过弟子传经，开始阶段是代代口耳相传，而后才书于竹帛，有了经典训诂文本，此类经典训诂文本"与经并行"，这不是说，汉代经师训诂之书与经书有同等地位，而是说经学元典非有此经师训诂之书不能得其本意。因为五经文字多"古字古言"，当时文字多用假借字，假借字可能有多种歧义的理解，一字之差，谬以千里。这种情况，只有古来代代相传的经师口说可以分辨，

因此说"古训不可改也，经师不可废也"。《四库全书总目》阐述惠栋此一思想说：

> 古者漆书竹简，传写为艰。师弟相传，多由口授，往往同音异字，辗转多岐。又六体孳生，形声渐备，毫厘辨别，后世乃详。古人字数无多，多相假借，沿流承袭，遂开通用一门。谈经者不考其源，每以近代之形声究古书之义旨，穿凿附会，多起于斯。故士生唐宋以后而操管摛文，动作奇字，则生今反古。……至于读古人之书，则当先通古人之字。庶明其文句，而义理可以渐求。[13]

应该说，惠栋的说法是很有说服力的，五经文字"多古字古言，非经师不能辨"，问题在于，即使在汉代，说经者不止一家，此经师作一说，彼经师又作一说，究竟哪位经师真正反映圣贤经典的本意呢？惠栋的做法是先梳理清楚汉儒各家家法，然后再试图贯通汉儒各家家法，从中寻绎正确的解释，这也正是西哲伽达默尔所说的"视域的融合"。

第二节 《易汉学》的方法论

惠氏四世通经，遍通群经，而于易学（特别是汉代易学）尤为重视。惠栋曾祖据李鼎祚《周易集解》梳理汉易源流之举，犹如埋下一粒种子，到惠栋这一代终于开花结果了。

任何一门学问，首先在于搜集资料，研究汉代易学当然也不例外。汉代易学著作大多遗佚，只有唐代李鼎祚的《周易集解》于汉代各家易注有较多引录，所以李鼎祚的《周易集解》

便成为梳理汉易的最基本资料。除此之外，其他传世文献也有一些零星的引录。问题在于，如何将这些资料全面汇集，并根据汇集的资料寻绎出汉代各家易学的大致路数来。

惠栋的《易汉学》即是梳理汉儒各家家法的著作，其书列汉代孟喜、虞翻、京房、郑玄、荀爽五家之易，所集每家资料加上论述的字数不过数千字，然已可明各家易学的大致路数。《四库全书总目》评论此书说：

> 《易汉学》八卷，国朝惠栋撰。是编乃追考汉儒易
> 学，掇拾绪论，以见大凡。凡《孟长卿易》二卷；《虞仲
> 翔易》一卷；《京君明易》二卷（《干宝易》附见）；《郑康
> 成易》一卷；《荀慈明易》一卷。其末一卷则栋发明汉易
> 之理，以辨正河图洛书、先天太极之学。
>
> 其以虞翻次孟喜者，以翻《别传》自称"五世传
> 《孟氏易》"；以郑玄次京房者，以《后汉书》称"玄通
> 《京氏易》"也；荀爽别为一卷，则《费氏易》之流派
> 矣。……费氏学自陈元、郑众、马融、郑玄以下递传以
> 至王弼，是为今本，然《汉书》称直长于卦筮，无章
> 句，徒以《彖》、《象》、《系辞》、十篇《文言》（按：原
> 书此四字或抄倒，当连上文为"《文言》十篇"）解说上
> 下经。……与孟、京两家体例较异，合是三派，汉学之
> 占法，亦约略尽此矣。夫《易》本为卜筮作，而汉儒多
> 参以占候，未必尽合周、孔之法，然其时去古未远，要
> 必有所受之。栋采辑遗闻，钩稽考证，使学者得略见汉
> 儒之门径，于《易》亦不为无功矣。[14]

惠栋胪述汉代孟喜、虞翻、京房、郑玄、荀爽五家易学。家法流衍，不相混淆。依四库馆臣的看法，汉代象数易学可以

大略分为三个流派：一派孟喜、虞翻等人；一派京房、郑玄（郑玄兼传费氏易）等人；一派费直、荀爽等人。此六人中，惠栋胪述了除费直之外的五家易说。之所以不列费直，大概是因为他没有自己独到的易学理论。

惠栋又著有《周易述》一书，这部书可以说是贯通汉代易学各家师法的著作，《四库全书总目》评论此书说：

> 其书主发挥汉儒之学，以荀爽、虞翻为主，而参以郑玄、宋咸、干宝诸家之说，融会其义，自为注而自疏之。[15]

汉代经师各守家法、师法，士子无所适从。东汉经师逐渐冲破家法、师法的藩篱。其中郑玄遍采诸家以注群经，不仅在当时被奉为"经神"，也成为中国经学史上最重要的经学家之一。而惠栋也继承了郑玄的经学传统。他的《周易述》即力图贯通汉易诸家之说。兹举惠栋《周易述》注疏《乾》卦之例：

《乾》卦卦辞："乾，元亨利贞。"惠栋注曰：

> 元，始；亨，通；利，和；贞，正也。乾，初为道本，故曰"元"。息至二升坤五，乾坤交，故"亨"。乾六爻，二、四、上匪正，坤六爻，初、三、五匪正，"乾道变化，各正性命，保合太和，乃利贞。"《传》曰："利贞，刚柔正而位当也。"[16]

惠栋所作注，乃取虞翻"旁通"之说。《周易·文言传》解释《乾》卦说："六爻发挥，旁通情也。"虞翻据此创旁通之说以解《易》。他提出，两个卦画完全相反的卦，其爻与爻之间可以变通。变通的理想目标是成为《既济》卦，因为在六十四卦中，唯有《既济》卦是"各正性命""刚柔正而位当也"。譬如，《乾》卦六爻之中，二爻、四爻、上爻皆是阳爻而居阴位。反之，《坤》卦六爻之中，初爻、三爻、五爻皆是阴爻而居阳位，皆属不正。因为《乾》《坤》两卦有旁通关系，可以按照需要相互变通，则两卦皆可成为《既济》卦。其术语即谓之"既济定"。因此惠栋又为其《易》注作疏说：

> 乾、坤交通，故亨。经凡言亨者，皆谓乾、坤交也。乾六爻，二、四、上匪正，坤六爻，初、三、五匪正，虞翻义也。二、四、上，以阳居阴；初、三、五，以阴居阳，故皆不正。乾变坤化，六爻皆正，故"各正性命"……乾、坤合德，六爻和会，故"保合太和"。正即贞，和即利，故乃"利贞"。《传》曰"利贞，刚柔正而位当也"者，《既济·象传》文。六爻皆正，故"刚柔正而位当"。经凡言"利贞"者，皆爻当位，或变之正，或刚柔相易。经惟《既济》一卦六爻正而得位，故云"刚柔正而位当"。乾用九，坤用六，成既济定。《中庸》所谓"致中和，天地位焉，万物育焉"是也，此圣人作《易》之事也。[17]

这是惠栋取虞翻《易》说的例子。我们再来看另一个例子，《乾》卦九二爻辞："九二，见龙在田，利见大人。"惠栋注曰：

> 坤为"田"，"大人"谓天子，二升坤五，下体离，离为"见"，故曰"见龙在田"，群阴应之，故曰"利见大人"。[18]

惠栋所作注，乃取荀爽"乾升坤降"之说。唐李鼎祚《周易集解》卷一"见龙在田"条下说："荀爽曰：'见'者，见居其位；'田'谓坤也。二当升坤五，故曰'见龙在田'。"[19]惠栋《易汉学》卷七《荀慈明易》"乾升坤降"条说："荀慈明论《易》，以阳在二者，当上升坤五为君，阴在五者当降居乾二为臣。盖乾升坤为坎，坤降乾为离，成既济定，则六爻得位。……《乾·象》所谓'各正性命，保合太和'，利贞之道也。"[20]荀爽"乾升坤降"的意思是：《乾》卦九二升而居于《坤》卦六五爻位，则《坤》卦的外卦成为一个三爻的《坎》卦，《坤》卦六五降而居于《乾》卦九二爻位，则《乾》卦的内卦成为一个三爻的《离》卦，则两个经卦组合，就成为了上坎下离的《既济》卦。因此惠栋又为其《易》注作疏说：

> 此荀爽义也。与坤旁通，坤土称田，《释言》曰："土，田也。"《太玄》曰："触地而田之。"故曰"坤为田也。"许慎《五经异义》曰："《易》孟、京说'有君人五号：帝，天称也；王，美行（按：行，原文误作"称"。）也；天子，爵号，三也；大君者，与上行异，四也；大人者，圣明德备，五也。'其说本《乾凿度》，是"大人"与"天子"同在五号之中，故云"大人谓天子"。王肃谓："圣人在位之目。"义亦同也。九二阳不正，故当升坤五，五降二，体离。《说卦》曰："相见乎离。"故"离为见"。二升坤田，故"见龙在田"，坤群阴应之，故"利见大人"也。[21]

这是惠栋取荀爽《易》说的例子。在他所作的注和疏中，将《周易·乾》卦九二爻辞"见龙在田，利见大人"中的"见""田""大人"作了较为周延的解释。而关于《乾》

卦九二爻辞，郑玄的解释是这样的："九二，见龙在田。二于三才为地道，地上即田，故称'田'也。九二利见九五之大人。"郑玄以"三才"中的"地道"解释《乾》卦九二爻辞中的"田"字，以二爻与五爻"相应"说解释《乾》卦九二"利见大人"，解释得很简洁，也很周延。但惠栋认为此条荀爽解释得更好，故取荀爽之说。但在《乾》卦九三中，他认为郑玄的解释更好，故取郑玄之说。

《乾》卦九三爻辞"九三，君子终日乾乾……"，惠栋注曰：

> 三于三才为人道，有乾德，而在人道，君子之象。[22]

这一句完全是引用《周易郑康成注》中的话，惠栋为其作疏说：

> 此郑玄义也。五爻皆有龙象，三独称君子者，以易有三才，三于三才为人道。《文言》曰："君子行此四德者，故曰：'乾，元亨利贞。'"是君子为有"乾德，而在人道"者。经凡言"君子"，皆谓九三也。[23]

郑玄解释《乾》卦九三爻辞"君子终日乾乾"，不过随卦生义。在《周易》经文中，符合"三于三才为人道"而言及"君子"一词的，尚有《大壮》卦九三、《夬》卦九三、《谦》卦九三和《屯》卦六三。惠栋称"经凡言'君子，皆谓九三"，则不合实际。如《小畜》卦上九"君子征凶"、《谦》卦初六、《观》卦初六"君子吝'、《明夷》卦初九"君子于行"、《解》卦六五"君子维有解"等皆不符合其例，不知惠栋为何而作此语？

惠栋在其《周易述》中也吸取了孟喜、京房等人的易说，如他在解释《屯》卦卦名时说："坎宫二世卦，消息内卦十一月，外卦十二月。"[24] 所谓"坎宫二世卦"，是指京房易学中的"八宫卦"说，即以八经卦自相重叠的六画卦称为"八宫"，其顺序是，《乾》《震》《坎》《艮》《坤》《离》《巽》《兑》。每一宫卦各含七卦，七卦按各自所处的位置称为一世、二世、三世、四世、五世、游魂、归魂，从而确立六十四卦的排列秩序，按照这样一种排列秩序，《屯》卦所处为"坎宫二世卦"，这说明惠栋取自京房之易。然而所谓"消息内卦十一月，外卦十二月"，即指孟喜的"卦气"说。孟喜以《复》《临》《泰》《大壮》《夬》《乾》《姤》《遯》《否》《观》《剥》《坤》为"十二辟卦"，分主自子至亥的十二月辰。此外如释《蒙》《需》《讼》《师》《小畜》《履》《泰》《否》《同人》《大有》等卦名时，惠栋也都依京房、孟喜的解释。

由上例可知，惠栋的易学研究虽然有严格的家法、师法的分疏，但阐发己说时，并未专主一家，而是力图贯通各家家法，熔为一炉。惠栋说："汉人传《易》，各有源流。余尝撰《易汉学》七卷，其说略备。识得汉易源流，乃可用汉学解经，否则如朱汉上（按：谓南宋朱震）之《易传》，毛西河（按：谓清毛奇龄）之《仲氏易》，鲜不为识者所笑。"[25] 这里特别需要指出的是，惠栋是在明晰汉易各家家法的基础上所做的贯通工作，是其知"家法"却又熔诸家为一炉。

王昶《惠先生墓志铭》称惠栋"于《易》理尤精，著《易汉学》七卷、《周易述》二十卷。凡郑君之爻辰、虞翻之纳甲、荀谞之升降、京房之世应飞伏暨六日七分世轨之说，悉为疏通证明。由李氏之《集解》以及其余，而汉代易学粲然"[26]。这一评价极为中肯。

惠栋对汉代易学的研究，成为他力倡复归汉代经学的一个突破口。诚如他在《易汉学序》中所说："六经定于孔子，毁于秦，传于汉。汉学之亡久矣，独《诗》《礼》二经犹存毛、郑两家。《春秋》为杜氏所乱，《尚书》为伪孔氏所乱，《易经》为王氏所乱。杜氏虽有更定，大较同于贾、服；伪孔氏则杂采马、王之说，汉学虽亡而未尽亡也。惟王辅嗣以假象说《易》，根本黄老，而汉经师之义荡然无复有存者矣。"[27]

惠栋对汉代易学的研究取得了独步一时的成就，这也使得他有了傲视前修时贤的资本。这一点我们从他对清初经学的评价上可以看出，如他认为，顾炎武"博极群书"而独不通易学；毛奇龄的《仲氏易》是"非汉非宋，皆思而不学者也"[28]；甚至宋代易学家朱震的《汉上易传》也是"颇嫌辞费，亦不能尽通汉学经师之故也"[29]。

惠栋对汉代易学的研究成为清代经学研究的一个成功典范，具有转变当时学风与确立 18 世纪经学研究方向的意义。乾嘉之际，汉学研究之所以蔚然成风，在一定程度上是受惠栋经学思想的带动与影响。所以钱穆称惠栋："吴学实为急进，为趋新，先走一步，带有革命之气度。"[30]

而惠栋的易学研究之所以能取得骄人的成就，其关键点乃在对于汉儒家法、师法的重视。惠栋此一经学思想赢得了乾嘉学者的共鸣。钱大昕表示："训诂必依汉儒，以其去古未远，家法相承。"[31]王鸣盛也说："汉人说经必守家法，亦云师法。自唐贞观撰诸经义疏，而家法亡。宋元丰以新经义取士，而汉学殊绝。今好古之儒皆知崇注疏矣，然注疏惟《诗》、三《礼》及《公羊传》犹是汉人家法，他经注则出于魏晋人，未为醇备。"[32]而江藩《经师经义目录》称："盖《易》自王辅嗣、韩康伯之书行，二千余年，无人发明汉时师说。及东吴惠氏起而导其源，疏其流，于是三圣之《易》昌明于世，岂非千秋复旦哉！"[33]

第三节 《古文尚书考》的方法论

明中叶兴起的考证辨伪方法，使得经学研究拓展了新的广阔的空间，也使得经学由一种思想信仰体系逐渐转变为一种学术客体。在此期间关于经学的大大小小的考证不计其数，而最具指标性意义和最能展现考证实力的则是关于《古文尚书》的辨伪考证。明清时期关于《古文尚书》的辨伪著作最具代表性的有四种：一、梅鷟的《尚书考异》；二、阎若璩的《尚书古文疏证》；三、惠栋的《古文尚书考》；四、程廷祚的《晚书订疑》。这里我们主要讨论的是惠栋的《古文尚书考》的特点和价值。

关于《古文尚书》的考辨，我们可以借用以前经常说的"立场、观点、方法"三个概念来澄清一些观念问题。首先，这是关于历史真实性的探究，在研究之前，我们不应预设立场，先入为主地认定《古文尚书》是真还是伪。其次，在研究的过程中，我们一定会形成这样那样的观点，观点的形成也许不像数学题那样是被"证明"出来的，但它至少合乎历史的情理和逻辑，并且在研究的全过程中是要被反复检验的。最后，也是最重要的是方法的问题。方法有时并不具有普遍性的意义，反而可能是"一把钥匙开一把锁"，关键是要了解要解决的问题的症结所在。因此，在《古文尚书》考辨这一特定的问题上，"立场、观点、方法"三者中，顺序刚好要倒过来，即方法—观点—立场的顺序。

《古文尚书》考辨的症结在哪里呢？是首先要解决的方法论问题。这个看上去很简单的问题，在明清学者那里摸索了数十百年才逐渐认识清楚。说到底，它包括了这样几个问题：
一是分疏历史上出现的几种《古文尚书》，包括西汉时期孔壁
《古文尚书》十六篇、民间出现的《泰誓》、张霸《尚书百两
篇》，以及东晋梅赜所献《古文尚书》。比较它们的篇数与篇
目，排出它们的传承谱系，弄清它们的来历。而判断它们的真
伪，最后则落实在对汉代诸大儒如孔安国、司马迁、刘向、刘
歆、班固、贾逵、许慎、郑玄等人的学术品格的信任与否上，
由此而建立《古文尚书》考辨的逻辑基点。

　　但即使经历了同样的研究程序，学者所产生的看法和观
点也可能各不相同。如梅鷟认为历史上只有伏生《今文尚书》
二十九篇为真，而各种《古文尚书》全都是伪造的。这样一
来，司马迁、刘向、刘歆、班固所亲见而纪实的记载也不可
信，那历史文献又有哪些是可信的呢？这显然是不合情理的。
梅鷟虽然花了许多考证工夫，但因预设立场，并从此立场出发
作无根据的推断，因而被学者批评为"武断"。阎若璩对司马
迁、刘向、刘歆、班固、贾逵、许慎、郑玄等人的学术品格
给予了足够的尊重，认为他们所记叙的《古文尚书》十六篇
为真，认为梅赜所献之《古文尚书》二十五篇与孔壁《古文尚
书》十六篇篇数、篇目不合，且来历不明，从而认定其为伪，
在《古文尚书》考辨上确立了正确的逻辑基点。其所著《尚书
古文疏证》对所运用的文献资料有较深入、透彻的分析，这是
其考证之学的突出优点。但其著作的内容相当庞杂，模糊了
《古文尚书》考辨的焦点，又是一个严重的缺陷。

　　在《古文尚书》考辨上，惠栋所持的逻辑基点与阎若璩是
基本一致的。不同点在于，阎若璩受汉代大儒马融的影响，认
为西汉时期民间出现的《泰誓》为伪篇，惠栋则认为此篇不
伪。惠栋说：

阎氏云"伪《太誓》无《孟子》诸书所引用",是指谓西汉之《太誓》也。案：西汉之《太誓》博士习之，孔壁所出与之符同，是孔子所定之旧文也。自东晋别有伪《太誓》三篇，唐宋以来诸人反以西汉之《太誓》为伪。阎氏既知东晋之《太誓》是伪作，何并疑西汉之《太誓》亦伪邪?[34]

关于《古文尚书》的考辨，可以分成两个层面：一是考辨方法的层面；二是作伪举证的层面。两者比较，以第一层面更为重要。惠栋《古文尚书考》也正是这样一种理路，其书分上下两卷，卷上是从方法论意义上确立《古文尚书》考辨的逻辑基点；卷下则依《古文尚书》的顺序指出作伪之处。沈懋德《古文尚书考跋》说："松厓先生是编，首述孔（安国）氏《古文》五十八篇，次列郑（玄）氏逸《书》二十四篇，次辨孔（颖达）氏《正义》三十三篇，次及梅氏增多二十五篇，末又即二十五篇之文疏证之。后之论真《古文》者，可以无遗憾矣。"[35]跋中"末又即二十五篇之文疏证之"是指关于《古文尚书》作伪举证，此前所述则在于确立《古文尚书》考辨的逻辑基点。在明清时期梅鷟、阎若璩、惠栋、程廷祚四人关于《古文尚书》辨伪的著作中，以惠栋的《古文尚书考》篇幅最小，而理路最为清晰。

伪《古文尚书》的流传有一个过程，但真正达到官学的崇隆地位则自孔颖达的《尚书正义》始。孔颖达《尚书正义》将孔壁《古文尚书》十六篇（以《九共》九篇故又称二十四篇）作为"张霸之徒"的伪造。惠栋指出，此《古文尚书》十六篇乃是真《古文尚书》，并非张霸所伪造。东晋梅赜所献《古文尚书》二十五篇才是伪书；吴棫、朱熹、陈振孙、吴澄、赵孟頫等人皆能辨梅赜所献《古文尚书》之伪，却不知孔壁《古文尚书》十六篇（或称二十四篇）为真。而此点乃是关系确立《古文尚书》考辨的逻辑基点的大问题。惠栋说：

> 《正义》曰："前汉诸儒，知孔本有五十八篇，不见《孔传》，遂有张霸之徒于《郑注》之外伪造《尚书》凡二十四篇，以足《郑注》三十四篇，为五十八篇。"
>
> 案：霸所撰《百两篇》，无伪造二十四篇之说。二十四篇之文（《九共》同卷，实十六篇），刘歆、班固皆以为孔安国所得逸《书》，非张霸《书》也。自东晋二十五篇之文出，始以二十四篇为伪《书》。信所疑而疑所信，后儒所以不能无辨也。（梅氏伪《书》，吴才老、朱晦庵、陈直斋、吴草庐、赵子昂皆能辨之，但不知郑氏二十四篇为孔氏真《古文》耳。）[36]

我们可以这样认为，晋代伪造《古文尚书》的人其学识应该是一流的。但既是造伪，就必定有照应不到之处，从而留下破绽。后世辨伪者要能慧眼如炬，照察这些破绽。在《古文尚书考》卷上中，惠栋也摘出一些他所认为的有力证据，作为他确立逻辑基点的主要理据。今举数例：

1.《今文尚书·康诰》中有"天乃大命文王殪戎殷"之语，"殪戎殷"三字是翦灭大邦殷的意思。而《礼记·中庸》有"武王缵大王、王季、文王之绪，壹戎衣而有天下"之语。按照惠栋的解释，《礼记·中庸》之"壹戎衣"就是《尚书·康诰》中的"殪戎殷"之意，"殪戎殷"为周之雅言，"壹戎衣"乃齐之方言，《古文尚书》造伪者不知此乃据方言误书，而按照《中庸》此语的字面意思理解为"一着戎衣而天下大定"，于是造《武成篇》时将其抄作"壹戎衣，天下大定"。惠栋考证说：

《礼记·中庸》曰:"壹戎衣。""壹"读为"殪";"戎",大也;"衣"读为"殷"。言周殪灭大殷也。康成注云:"齐人言'殷'声如'衣'。虞、夏、商、周,氏者多矣!今姓有衣者,殷之胄欤?"高诱《吕览注》云:"今兖州谓'殷'氏皆曰'衣'。"……是则《中庸》之"壹戎衣",即《康诰》之"殪戎殷"也。梅氏不知"衣"即"殷"字。而于《武成篇》仍用《中庸》之语,云:"壹戎衣,天下大定。"斯为赘矣。(《国语》引《太誓》曰:"戎商必克"。"戎商"即"戎衣"也。)[37]

2. 伪《古文尚书》二十五篇有一个明显的特点,即凡古书所引《尚书》之文注家指为"逸《书》"者,皆搜采无遗,缀辑于伪《古文尚书》之中。《左传·襄公二十五年》有"《书》云:'慎始而敬终,终以不困'"之文,这里所谓的《书》,并不是《尚书》,而是指今之所谓《逸周书》,大概战国时人也笼统称此书为《书》。而杜预注《左传》的体例,凡是《左传》引伏生《今文尚书》二十九篇之外者,皆注曰"逸《书》";引《逸周书》之文者,则注曰"《周书》"。对于《左传》这条材料,杜预依例当注"《周书》",意谓此引文出于《逸周书》。但杜氏偶然失察,没有注意到《逸周书·常训》有"慎微以始而敬终,乃不困"之文,与之略同。因而误注曰"逸《书》"。所以伪《古文尚书》作者也将它当作《尚书》逸文缀辑于伪《古文尚书·蔡仲之命》中,并模拟《尚书》文法,将它改为:"慎厥初,惟厥终,终以不困。"我们来看惠栋的考证:

杜氏预注《左传》,凡引《书》在二十九篇之外者,曰"逸《书》";见《逸周书》者,则云"《周书》"。惟《襄二十五年传》"《书》云:'慎始而敬终,终以不困'",

此《周书·常训》篇文也。杜氏偶不照而云"逸《书》",梅氏遂采入《蔡仲之命》,云:"慎厥初,惟厥终,终以不困。"意自谓二十九篇之外逸《书》也。徐幹《中论》云:"《书》云:'慎始而敬终,终以不困。'"盖《逸周书》汉人皆见之。[38]

3.惠栋的《古文尚书考》也多吸收其他学者考辨《古文尚书》的学术成果,如他援引朱彝尊之言说:

　　成王之命蔡仲,"王若曰:'胡,无若尔考之违王命也。'"见于《春秋左氏传》。而梅赜《书》增益其文云:"率乃祖文王之遗训。"异哉!斯言也。《盘庚》曰:"古我先王暨乃祖乃父。"又曰:"我先后绥乃祖乃父。"此诰臣民之辞则然。若武王命康叔则曰:"惟乃丕显考文王。"又曰:"乃穆考文王。"周公告成王则曰:"承保乃文祖受命民,越乃光烈考武王。"若是其庄重也。而成王命仲曰:"率乃祖文王。"乃祖者,伊谁之祖与?吾不能不疑于《蔡仲之命》也。[39]

周武王死后,成王尚幼,周公摄政,而管叔、蔡叔发动叛乱。周公东征平叛,惩办首恶,蔡叔受到了严厉的制裁。蔡叔之子蔡仲名胡,有贤德,周公用为卿士。蔡叔死后,成王即封蔡仲为蔡侯,《左传·定公四年》载成王命书云:"王曰:胡!无若尔考之违王命也。"意思是说,你以后不要像你的父亲那样违抗王命。然而《古文尚书·蔡仲之命》的作伪者将其语增益为:"乃后率乃祖文王之彝训,无若尔考之违王命。"这样就有问题了。因为周人法天尊祖,尤其对伟大的文王、武王,后世子孙每当提及他们时,往往要加上许多敬辞。如《今文尚书·康诰》载武王命康叔之语曰："惟乃丕显考文王。"由此可见周人对父祖之崇敬。《古文尚书·蔡仲之命》"率乃祖文王"之语便没有这样的敬语。文王不只是蔡仲的祖父，也是成王的祖父。在成王命蔡仲的重要命书中是不应该有此草简之文的。《古文尚书》的作伪者惯于模拟《今文尚书》文气，但这一次模拟错了，他所模拟的是《盘庚》"古我先王暨乃祖乃父"之语，这是商王盘庚诰臣民之语，"乃祖乃父"，是指臣民们的父祖。若周王室提及自己的父祖便不这样说。这样伪《古文尚书·蔡仲之命》便露出了破绽。

4. 惠栋又引顾炎武《日知录》、刘勰《文心雕龙》等考证成果，认为儒家五经中，"相"并不作为官名，而伪《古文尚书·说命》却称傅说"爰立作相"。《论语》以前，"论"字皆作"纶"解读，并无"论议"之义，而伪《古文尚书·周官》则有"论道经邦"之语。凡此之类，皆属《古文尚书》作伪的破绽。惠栋说：

> 顾氏炎武谓"相"之名不见于经。而《说命》有"爰立作相"之文。(《外传》止云："升以为公"。《墨子》亦云："傅说……庸筑乎傅岩。武丁得之，举以为三公。"无作相之事。)刘氏勰谓："《论语》以前，经无'论'字。"而《周官》有"论道经邦"之语。(阎若璩注《困学纪闻》云："若璩案：'论道经邦'乃本《考工记》，或坐而论道来。"栋案：六经"论"字皆读为"伦"。《易·屯·象》"君子以经论。"《诗·大雅》："於论鼓钟。"《王制》："必即天论。"《中庸》："经论天下之大经"是也。《公食大夫礼》注云："今(按：原文误作古)文伦，或作论。")皆梅氏之漏义也。[40]

考据学是一门重视文献证据的学问。对于明清时期的学者而言，古代文献浩如烟海，因而考据学家之间的学术交流，无形中就有一种相互竞争的关系，即看谁读书多，看谁识见高。而那些勤于文献考证、发人所未发的学者，自然为人所敬服。我们来看惠栋的两条考证材料：

1. 史称唐玄宗不喜古文，天宝三载诏集贤学士卫包改古文从今文。按，唐代的"古文"概念，是指汉代的隶书经文，即汉代的"今文"。而汉代的"古文"是指以篆籀字体为特征的先秦古文字，所以卫包改古文为今文，实际上是将汉代隶体改为唐代通用的楷书字体，即学者所说的俗书。后世学者考辨《古文尚书》，见有俗字，往往推测为唐卫包定今文时所改。如《古文尚书》有《泰誓》一篇，宋晁说之《儒言》解释其篇名说："《尚书·泰誓》作'大'，开元间学士卫包受诏成《今文尚书》，乃始作'泰'。或以交泰为说，真燕书哉！"王应麟《困学纪闻》卷二亦引晁氏之说立言："《泰誓》，古文作《大誓》，孔氏注：'大会以誓众。'晁氏曰：'开元间卫包定今文，始作泰。或以交泰为说，真燕书哉！'（注：或说谓新经以'泰'为否泰之'泰'，纣时上下不交，天下无邦，武王大会诸侯往伐，以倾纣之否。非经意也。）"

惠栋考证说：

> 顾彪《古文尚书义疏》云："泰者，大之极也，犹如天子、诸侯之子曰'大子'、天子之卿曰'大宰'，此会中之大，故称'泰誓'。"彪，字仲文，隋炀帝时为秘书学士。当时已改为"泰"，非始于卫包。（自注：《繁阳令杨君碑》："大夫人"字始作"泰"，知"大"与"泰"异文始于后汉。）[41]

2.《古文尚书·大禹谟》"惟影响"之"影"，依古字当作
"景"，学者亦推测为唐卫包定今文时所改。惠栋《九经古义》
卷三谓：

> 《大禹谟》："惟影响。"依字当作"景向"。刘向奏云
> "神明之应，应若景向"是也。（元）邹季友（字晋昭）
> 曰："'影'古文作'景'，葛洪始加彡。此天宝三载卫包
> 改古文以今文时所易也。"
> 栋案：高诱《淮南子注》曰："景，古影字。"诱，
> 汉末人。当时已有作景旁彡者，非始于葛洪。《字苑》
> 景旁从彡，已见《颜氏家训》，亦非卫包所改。[42]

由上述两则考证实例可见惠栋超迈前人的学识。

但惠栋的考证之学也有明显的局限，这个局限与他唯古是
信、唯汉是从的思想方法有直接的关系，即他过分相信汉儒的
经注之学，而全然不信宋儒的经注之学。其实宋儒经注之学
中也有可取之处。举例而言，《礼记·檀弓》有如下一段文字：
"人喜则斯陶，陶斯咏，咏斯犹，犹斯舞，舞斯愠，愠斯戚，
戚斯叹，叹斯辟，辟斯踊。"郑玄注谓："陶，郁陶也。咏，讴
也。猷，当为摇，声之误也，摇谓身动摇也。秦人'犹''摇'
声相近。（舞），手舞之。愠，犹怒也。戚，愤恚，叹，吟息。
辟，拊心。踊，跃。"北宋刘敞《七经小传》提出，此段文字
中"舞斯愠"一句不合情理，推测"中间有遗文"，因而揣摩
文气，尝试补苴其文。惠栋引述刘敞之语，然后加以批评，
他说：

> 《七经小传》云："案：人舞宜乐，不宜更愠。又

不当渐至辟、踊。此中间有遗文矣。盖本曰:'人喜则斯陶,陶斯咏,咏斯犹,犹斯舞,舞斯蹈矣。人悲则斯愠,愠斯戚,戚斯叹,叹斯辟,辟斯踊矣。'自喜而下五变而至蹈,自悲而下亦五变而至踊,所谓孺子慕者也。"

栋谓:刘氏之说是也,而以为中间有遗文者非。盖衍文也。案古本《礼记》无"舞斯愠"及注"愠犹怒也"七字。故陆氏《释文》云:"此喜怒哀乐相对,本或于此句上有'舞斯愠'一句并注,皆衍文。"喜则陶"以下叙乐之节也。"愠斯戚"以下叙哀之节也。文自相配,不须增入"人悲则斯愠"五字。古文文简而意备,非若后世之繁重也。《释文》具在,何不以取正之而为是臆说耶?(何嗣〔按:本字当为"胤"〕曰:"乐终则愠起",则其误已始于六朝。陆氏所据,当是晋、宋古本。)[43]

惠栋又引《尔疋(雅)》云:"繇,喜也。"郭璞曰:"'咏斯犹',犹,繇也。古今字耳。"[44]

上引《礼记·檀弓》之文,其原始文本应该是一个什么样子,自汉代郑玄以来,学者议论纷发,各抒己见,由此形成学术史上的一段公案。有趣的是,1998年《郭店楚墓竹简》出版,其中《性自命出》一篇有一段简文,略同于上引《礼记·檀弓》之文。综合彭浩、裘锡圭、彭林、庞朴诸人的释读,其文当如下:"喜斯慆,慆斯奋,奋思咏,咏斯犹,犹斯舞,舞,喜之终也。愠斯忧,忧斯戚,戚斯叹,叹斯辟,辟斯踊。踊,愠之终也。"[45]以此比较诸家之说,北宋刘敞《七经小传》庶几近之。惠栋排斥宋儒之说,唯汉唐经学是从,致有此失。

第四节　乾嘉时期吴派、皖派方法论比较

惠栋以复兴汉学为职志，其学术研究的范围主要集中在汉代经学，并且他对宋儒经学心存鄙薄，惠栋评论汉儒治经与宋儒治经的不同特点说："汉有经师，宋无经师。汉儒浅而有本，宋儒深而无本。有师与无师之异，浅者勿轻疑，深者勿轻信，此后学之责。"[46]因而以惠栋为代表的吴派学风有一种信而好古、唯汉是从的取向。

而后起的以戴震为代表的皖派则以"求是"为宗旨，这一宗旨是从戴震自己口中说出的。有一次王鸣盛与戴震闲聊，问及戴震与惠栋治学有何区别："间与东原从容语：'子之学与定宇（惠栋）何如？'东原曰：'不同。定宇求古，吾求是。'嘻！东原虽自命'不同'，究之，求古即所以求是，舍古无是者也。"[47]王鸣盛是惠栋吴派学者，他于戴震病逝多年后记此往事，颇为不屑。

由于惠栋、戴震年代相接，戴震本人对惠栋又极其尊重，因而戴震生前并未对惠栋提出直接的批评。直接批评惠栋吴派治学方法的是戴震的后学。如焦循说：

> 学者述孔子而持汉人之言，唯汉是求，而不求其是，于是拘于传注，往往扞格于经文，是所述者，汉儒也，非孔子也。而究之汉人之言亦晦而不能明，则亦第持其言而未通其义也，则亦未足为述也。[48]

王引之在给焦循的复信中也说：

> 惠定宇先生考古虽勤，而识不高，心不细，见异于今者则从之，大都不论是非。……来书言之，足使株守

汉学而不求是者，爽然自失。[49]

吴、皖两派互不服气，但有一点认知是相同的，即吴派的治学方法可以用"求古"来概括，皖派的治学方法可以用"求是"来概括。这里有一个"求古"与"求是"孰是孰非的问题。惠栋吴派"求古"的"古"，实际是指汉代，如惠派学者钱大昕说："诂训必依汉儒，以其去古未远，家法相承，七十子之大义犹有存者，异于后人之不知而作也。"[50]既然要"求古"，为什么不直承先秦之"古"，以叩圣人之学，而只求到汉儒之"古"？这里隐含的意思是说"圣人本意不可知"，宋儒直从先秦入手，求圣人之意，其实只是其臆见。而汉儒与宋儒相比，"去古未远，家法相承"，因而最接近圣人本意。这是惠栋吴派的治学逻辑。而王鸣盛所说的"求古即所以求是"，当视所研究的对象而定，有时有合理性，有时未必有合理性。比如，在考辨伪《古文尚书》问题上，惠栋所求马融、郑玄的《古文尚书》，既是汉儒之"古"，同时也是《古文尚书》之"真"。然而在考证郑玄易学问题上，则又有所区别。虽然惠栋所求既是汉易之"古"，也是郑玄之"真"，但郑玄对《周易》的解释，是否因为"去古未远"，就更接近《周易》本意呢？那又未必。因而从追求《周易》本意的意义来说，惠栋只停留在汉易的解释上，那显然是不能服学者之心的。

戴震明言自己的治学方法不同于惠栋，是对自家学问充满自信的。他称自家学问是"求是"，这个"是"，含有本质、规律、真理之意。即他不满足于对古代历史事实的发现与重现，而要追问隐藏在历史事实背后的本质、规律，乃至真理是什么。如他最为著名的《孟子字义疏证》一书所要探讨的，不仅仅是《孟子》一书的本意是什么，而是要通过此一探讨来追究人间的真理是什么，他认识到人间的真理在于人民性，因而发出"人死于法，犹有怜之者，死于理，其谁怜之"[51]的呐喊。在这个意义上，戴震皖派的"求是"方法是高于惠栋吴派的治学方法的。

注释：

[1][16][17][18][20][21][22][23][24][27]〔清〕惠栋著，郑万耕点校：《周易述》，北京：中华书局，2007年，第513，3，4，4，621，5—6，4，6，12，513页。

[2][3][33]〔清〕江藩著，钟哲整理：《国朝汉学师承记》，北京：中华书局，1983年，第154，19—20，137页。

[4]〔清〕江藩编著，方国瑜点校：《经解入门》，天津：天津市古籍书店，1932年，第127页。

[5]〔清〕皮锡瑞著，周予同注释：《经学历史》，北京：中华书局，1959年，第136—137页。

[6]叶国良：《师法家法与守学改学——汉代经学史的一个侧面考察》，载姜广辉主编：《经学今诠四编》，沈阳：辽宁教育出版社，2004年，第34—39页。

[7]梁启超著，夏晓虹、陆胤校：《中国近三百年学术史》，北京：商务印书馆，2011年，第218页。

[8]〔清〕卢见曾：《〈周易述〉序》，《周易述》卷首，乾隆壬午二十七年德州卢氏刻《雅雨堂丛书》本。

[9]〔清〕惠栋：《上制军尹元长先生书》，《松崖文钞》卷二，清《聚学轩丛书》本。

[10][12][41][42][43][44]〔清〕惠栋：《九经古义》，上海：商务印书馆，1937年，第1，1，37，31，120，120页。

[11][13][14][15]〔清〕永瑢等撰：《四库全书总目》，北京：中华书局，1965年，第277，277，44，44页。

［19］〔唐〕李鼎祚著，王丰先点校：《周易集解》，北京：中华书局，2016 年，第 7 页。

［25］［29］［46］〔清〕惠栋：《九曜斋笔记》卷二，清《聚学轩丛书》本。

［26］王昶：《惠先生墓志铭》，载〔清〕钱仪吉纂录：《碑传集》第 11 册，台北：明文书局，第 3985 页。

［28］徐珂编纂：《惠定宇论近代经学》，《清稗类钞》第 8 册，北京：中华书局，2010 年，第 3816 页。

［30］钱穆：《中国近三百年学术史》，北京：商务印书馆，1997 年，第 354 页。

［31］［50］〔清〕钱大昕著，陈文和主编：《潜研堂文集》，《嘉定钱大昕全集（增订本）》第 9 册，北京：中华书局，南京：凤凰出版社，2016 年，第 365，365 页。

［32］［47］〔清〕王鸣盛著，陈文和主编：《嘉定王鸣盛全集》第 11 册，北京：中华书局，2010 年，第 572—573，280 页。

［34］［35］［36］［37］［38］［39］［40］〔清〕惠栋：《古文尚书考》，《昭代丛书》本。

［45］参见姜广辉主编：《郭店楚简研究》，沈阳：辽宁教育出版社，1999 年。

［48］〔清〕焦循著，陈居渊主编：《雕菰集卷七·述难四》，《雕菰楼文学七种》，南京：凤凰出版社，2018 年，第 172 页。

［49］〔清〕王引之：《与焦里堂先生书》，《王文简公文集》卷四，民国十四年（1925）《高邮王氏遗书》刊本。

［51］〔清〕戴震著，何文光整理：《孟子字义疏证》，北京：中华书局，1982 年，第 10 页。

第五十二章

戴震的治学经验与对《孟子》的重新诠释

戴震可以说是清代乾嘉时期的学术奇人，他对中国古代一些专门之学的独有造诣惊艳了学林，受到当时及后世学者的特别推崇和尊重。他所著《孟子字义疏证》在中国思想史上占有辉煌的一页。这就给我们提出了两个值得探索的问题：一、戴震治学成功的原因是什么；二、《孟子字义疏证》的思想价值是什么。本章拟就这两个问题作一探索。

第一节　戴震治学成功原因略探

中国历史上有这样几位人物，如诸葛亮、陆九渊、王阳明、戴震、王国维等都只活了五十多岁，而学问、事功卓著，成了惊天动地的人物。人们为他们的成就而叹服，为他们的中年夭折而惋惜。《论语·子罕》篇载孔子之言说："后生可畏，焉知来者之不如今也。四十五十而无闻焉，斯亦不足畏也已。"依孔子之言，五十岁上下应该是成就事业的年龄。

这里，我们要专门研究戴震，他只活了五十四岁，但他的学问、见识，足可震古烁今。研究他的生平阅历、治学方法，以及学术成就，总结其成功原因，对今人治学或许不无裨益。

戴震（1724—1777），字东原，徽州休宁隆阜（今属安徽黄山屯溪）人。休宁县地处皖南山区，地方看似闭塞，但人们的活动连通四方。此地出产茶叶，人民为衣食之计，多向外发展，如戴震所说，此地"商贾东西，行营于外""虽为贾者，咸近士风"[1]。此地属徽商之区，也是徽州文化的发祥地之一。戴震在三十三岁之前，主要生活在这里。

（一）"非常儿"

依段玉裁《戴东原先生年谱》（以下简称《年谱》），戴震童年是一个既反常又超常的孩子。反常的是，他到了十岁才会说话；超常的是，他有超强的记忆能力。十岁会说话这一年，家里送他到老师那里读书，"就傅读书，过目成诵，日数千言不肯休"[2]。段玉裁是朴学家，他所记载的应是事实。

《年谱》又说，戴震于"前人所合集《十三经注疏》，能全举其辞"[3]。戴震后来对段玉裁说："余于疏不能尽记，经、注则无不能倍（背）诵也。"[4]明清时代的考据学家都有博闻强识的特点。在当时的条件下，要想成为一个出色的考据学家，具有超强记忆力是必不可少的条件。应该说戴震是具有这种天分的。

戴震从小就有很强的怀疑精神，《年谱》又记载此年戴震与塾师的一段对话：

> （塾师）授《大学章句》，至"右经一章"以下，（戴震）问塾师："此何以知为孔子之言而曾子述之？又何以知为曾子之意而门人记之？"师应之曰："此朱文公所说。"即问："朱文公何时人？"曰："宋朝人。""孔子、曾子何时人？"曰："周朝人。""周朝、宋朝相去几何时

矣？"曰："几二千年矣。""然则朱文公何以知然？"师
无以应，曰："此非常儿也。"[5]

《年谱》又写道："先生十六七以前，凡读书，每一字必求
其义。塾师略举传注训诂语之，意每不释。塾师因取近代字书
及汉许氏《说文解字》授之，先生大好之，三年尽得其节目。
又取《尔雅》《方言》及汉儒传注之存于今者，参伍考究。一
字之义，必本六书，贯群经以为定诂，由是尽通。"[6]心理学
告诉我们：人的一生中，记忆力最好的时期是 13 岁以前，13
至 20 岁时期记忆力也相当不错。在这两个阶段记忆的东西会
终生不忘。而认字识字恰好又是少年时期的主要学习任务。这
是就一般人而言的。戴震具有超越常人的记忆力，少年时对
《说文解字》《尔雅》《方言》的文字训诂知识产生强烈兴趣，
这使他认字识字的广度和深度迥高于一般少年。明代杨慎曾
说："汉唐以下，解经率用《说文》《尔雅》，……二书可通行百
世。"[7]这是杨慎一生治学的经验体会。少年戴震当时可能还
没有这种体会。但他从小对文字训诂知识的学习和掌握，为他
日后的经学研究打下了坚实的基础。

（二）文化氛围与师友交游

戴震十八岁时作塾师，一边教学童，一边自学读书。这期
间他因家贫，曾两次受聘于富商汪梧凤家做塾师，教导他的两
个儿子。汪梧凤爱好学问，在家中建"不疏园"，购求大量图
书藏于其中，并招徕学者免费寓居读书，因而常有名流学者到
这里寓居或造访。戴震在这里结识了程瑶田等人。戴震的学生
汪灼说："先生名成于征聘，而学之成原于两馆余家。"[8]这是
说，戴震在不疏园一边教书，一边读书。由于不疏园具有图书
馆的性质，戴震于此可以博览群书，并与来访学人相互交流，

所以他的读书也就带有学问研究的性质。而凡大学问的成就，若没有大量图书可供观览，没有经常的学术交流，就不免会"孤陋而寡闻"。

戴震所生活的徽州是朱熹祖籍地。南宋以后由于朱子学的影响，徽州文化有了长足的进步。歙县为纪念朱熹建有紫阳书院，常有名儒硕学会聚于此。在这里戴震遇到了大学者江永，并拜江永为师。江永（1681—1762）隐居读书，一生未仕。他精于礼学、音韵学和天文历算等专门之学，这些知识在当时几乎皆是绝学。而戴震有关礼学、音韵学和天文历算等专门之学的成就，当得之于江永的指导，此亦难得之际遇。其后他又游学于京师、江宁、宁波、扬州、太原等商业与文化发达地区，结识了纪昀、朱筠、惠栋、王鸣盛、钱大昕等著名学者。由于以上这些名师的引导和与其交游的机遇，加之戴震本人超强的学习能力，使戴震迅速成长为一位出色的学者。

（三）"具知民生隐曲"与学术独立精神

戴震并非一味蛰居书斋的学者，他自幼因家贫，为生计所迫，经常奔走于东西南北。章太炎曾说："（戴震）自幼为贾贩，转运千里，复具知民生隐曲。"[9]正因为徽州是朱子祖籍地，所以此地受程朱理学影响至深且巨。理学家程颐反对寡妇再嫁，曾说："饿死事极小，失节事极大。"[10]据《休宁县志》所载：仅休宁一县，从清初至道光年间，就有节妇、烈妇两千余人。今日人们旅游至歙县一带，也可看到不少巍峨的贞节牌坊。戴震后来激愤地批判宋明理学，与他的亲身经历有直接的关系。

戴震个性率直，愤世嫉俗。在学术上经常批评董仲舒、韩愈、二程、朱熹等先贤，"自许孟子后之一人"[11]。这在我们今天看来，可以视为一种人格独立和学术独立精神，但在当时则被一些学者视为"私心胜气""无忌惮"之人。章学诚于戴震为晚辈，他曾经写信给邵晋涵，批评戴震文虽谨严，口多腾说，无所忌惮：

> 独至戴氏，而笔著之书与口腾之说，或如龙蛇，或如水火，不类出于一人，将使后人何所准也！吾辈辨论学术，当有关于世道，私心胜气，何以取后世之平？戴氏笔之于书，惟辟宋儒践履之言谬尔，其他说理之文，则多精深谨严，发前人所未发，何可诬也！至腾之于口，则丑詈程、朱，诋侮董、韩，自许孟子后之一人，可谓无忌惮矣！[12]

戴震本人的确有学问、有思想，他不服于董仲舒、韩愈、二程、朱熹，盖亦有由。其学术水准足以列于诸贤之间，其中学术的是非优劣或应由后人评说。不过，戴震如此露才扬己、好为人先，免不了为人诟病。戴震虽然有此个性，但在当时仍有许多学者对其学术极为推崇。李详《愧生丛录》卷二说："戴东原先生穷走京师，因钱少詹游扬之言，其名始著。而戴乃云：'当代学者，吾以晓徵为第二人。'钱学之博，非戴君所可望，少詹且甘之。为作《戴先生传》附于潜邱、定宇、慎修诸先生后。"[13] 戴震认为钱大昕学问为"当代第二"，俨然自居第一，而钱大昕不仅不以为忤，反而甘受其言，是钱大昕亦衷心佩服戴震，以为能做"当代第二"已是荣耀。戴震所说虽然符合实际，然从儒家"温良恭俭让"的传统而言，戴震似欠缺"谦谦君子"的风范。

从另一方面说，戴震敢于睥睨千古，也是对自己学问有充分自信的表现，这种自信使他在学问上有一种勇于攀登的精神，不达于峰顶绝不肯罢休。从某种意义上说，这种性格也成

为他治学成功的原因。

（四）治学方法的优越

《四库全书·经部总叙》说："自汉京以后垂二千年儒者沿波，学凡六变。……要其归宿，则不过汉学、宋学两家互为胜负。夫汉学具有根柢，讲学者以浅陋轻之，不足服汉儒也；宋学具有精微，读书者以空疏薄之，亦不足服宋儒也。消融门户之见而各取所长，则私心祛而公理出，公理出而经义明矣。"[14] 这段论述精到而公允。戴震治学方法的优越恰在于汉学、宋学各取所长。

1. 擅长汉学的治学方法

戴震早年曾下功夫研究中国古代的训诂学、音韵学、天算学（包括天文、历法、算学）、礼制、历史地理学、工程学、博物学等，并在这许多方面得到当时大学者江永的真传。在这个过程中，戴震一直摸索、思考、总结汉学的治学方法。在他看来，汉学家都精通许多专门之学，这些专门之学是理解经典的必不可少的工具性知识。他说：

> 仆自少时家贫，不获亲师，闻圣人之中有孔子者，定六经示后之人，求其一经，启而读之，茫茫然无觉。寻思之久，计于心曰："经之至者道也，所以明道者其词也，所以成词者字也。由字以通其词，由词以通其道，必有渐。"求所谓字，考诸篆书，得许氏《说文解字》，三年知其节目，渐睹古圣人制作本始。又疑许氏于故训未能尽，从友人假《十三经注疏》读之，则知一字之义，当贯群经、本六书，然后为定。
>
> 至若经之难明，尚有若干事。诵《尧典》数行至"乃命羲和"，不知恒星七政所以运行，则掩卷不能卒

业。诵《周南》《召南》，自《关雎》而往，不知古音，徒强以协韵，则龃龉失读。诵《古礼经》，先《士冠礼》，不知古者宫室、衣服等制，则迷于其方，莫辨其用。不知古今地名沿革，则《禹贡》职方失其处所。不知少广、旁要，则《考工》之器不能因文而推其制。不知鸟兽虫鱼草木之状类名号，则比兴之意乖。[15]

宋学家解经，只需贯通经典义理即可。汉学家则不然，为了彻底读懂经典文献，需要懂得许多专门之学，如有关上古时期的文字训诂、音韵、天文、历法、算学、礼制、地名沿革、工程学、博物学等。而每一专门学问非数年不能通晓。当戴震提出这一治学方法时，便把宋学家震慑住了。年轻的章学诚虽然不是宋学家，但当他第一次听到戴震的治学主张时，便感觉到一种巨大的震撼力。他说：

> 独怪休宁戴东原振臂而呼曰："今之学者，毋论学问文章，先坐不曾识字。"仆骇其说，就而问之，则曰："予弗能究先天后天、《河》《洛》精蕴，即不敢读'元亨利贞'。弗能知星躔岁差，天象地表，即不敢读'钦若敬授'。弗能辨声音律吕，古今韵法，即不敢读'关关雎鸠'。弗能考三统正朔、《周官》典礼，即不敢读'春王正月'。"仆重愧其言……我辈于四书一经，正乃未尝开卷卒业，可为惭惕，可为寒心！[16]

章学诚对戴震人品颇有微词，但对于他的学问和治学方法，却有一种敬畏之心。盖戴震此言，不仅是对当时宋学家的当头棒喝，也是对当时学风的一种针砭。因为当时许多专门之学已成"绝学"，当《四库全书》开始整理之时，就有许多文献无人能读懂。戴震应诏入馆专门整理此类文献，因而备受朝野尊重。

2. 同时精通宋学的治学方法

另一方面，戴震并非只专精汉学，他对宋学也颇精通，并且一直在摸索、思考、总结宋学的治学方法。在他看来，程朱理学的立场和观点虽不足取，但他们的理论思维方式则可学习和借鉴。因为一些自然界、社会、人生的根本问题，并不是汉学家的考证之学所能解决的，它需要上升到"道"的高度，即从哲学的视域来思考和总结。他说：

> 余于训诂、声韵、天象、地理四者，如肩舆之隶也；余所明道，则乘舆之大人也，当世号为通人，仅堪与余舆隶通寒温耳。[17]

在面对当时猬兴蜂起的考据之学时，戴震把自己所擅长的训诂学、音韵学、天文学和地理学比喻成抬轿子的四个轿夫，将自己所明之"道"比喻成轿中主人。认为当世即使"号为通人"的大学问家，不仅无资格与其轿中主人对话，甚至没有与轿夫深谈的资本，最多只能寒暄几句而已。他的这一治学方法与豪气，又把当时的所谓汉学家震慑住了。因为当时的汉学家只懂得某一方面的专门知识，不像戴震那样具有关于古代全方位的专门知识。更主要的是，他们严重缺乏哲学思辨能力，不能将学问上升到"道"的层次。因而当戴震《论性》《原善》《孟子字义疏证》等著述问世时，当时的学者多不能知其价值，正如章学诚所描述的："时人方贵博雅考订，见其训诂名物有合时好，以为戴之绝诣在此。及戴著《论性》《原善》诸篇，于天人理气，实有发前人所未发者，时人则谓空说义理，可以无作，是固不知戴学者矣。"[18]

综上所述，戴震治学的成功有其个人天赋的因素，有师友交流促进的因素，有了解社会、同情人民的因素，有学术独立精神的因素，也有治学方法优越的因素。总结其治学成功的原因，对后世学人从事学问研究当有所启迪和帮助。

第二节　《孟子字义疏证》的思想价值

戴震《孟子字义疏证》之定名，是经过多方考虑的。首先，阎若璩之子阎咏曾解释《尚书古文疏证》书名的含义：首曰"尚书"，尊经也。[19]同理，戴震《孟子字义疏证》首曰"孟子"，也是"尊经"的意思。

其次，"字义"二字取自陈淳《北溪字义》，这里所说的"字义"犹如今人所说的哲学概念和范畴，《北溪字义》共列出"命""性""心""情""道""理"等二十六个概念和范畴，并从理学的角度予以概括和论述。戴震所说的"字义"取义相同，只是所列出的概念和范畴与陈淳《北溪字义》既有相同者也有不同者，而其观点则是批判和清算理学家后加给这些概念和范畴的理学意义，并试图阐释和恢复《孟子》的本来意义。

再次，"疏证"二字取自阎若璩的《尚书古文疏证》。阎书"疏证"二字乃摘取《汉书·儒林传》"同门梁丘贺疏通证明之"之语，颜师古注："疏通，犹言分别也；证明，明其伪也。"[20]戴震也选用"疏证"二字，一是因为"疏证"体可以不受经典文本的限制，可畅所欲言、自由发挥；二是也意在证明理学家对"理""道""性""心"等概念的解释谬误。

《孟子字义疏证》初稿题名"绪言"，从书名可知，此书只是要讲戴震自己的观点。次稿题名"孟子私淑录"。"私淑"二字首见于《孟子·离娄下》："予未得为孔子徒也，予私淑诸人也。"赵岐注说:"淑,善也。我私善之于贤人耳,盖恨其不得学于大圣人也。"[21]意谓未得亲身受其教诲而宗仰其人。戴震改以"孟子私淑录"名其书,是说此书所言不是自己一家之言,而是以孟子之是非为是非。这种改变说明戴震已在有意"包装"自己。进而他又将此书更名为"孟子字义疏证",则意在彰显此书的学术严谨性。因为戴震曾标举自己的治经方法是"由字以通其词,由词以通其道"。必须先明"字义",然后才能明白"孟子之道"的真意。这是戴震对自己观点的进一步"包装"说明。

但是我们如果真的认为戴震是用"由字以通其词,由词以通其道"的方法来解释《孟子》,那便被他的"包装"迷惑了。正如冯友兰先生所说,研究哲学史,有"照着讲"和"接着讲"两种方法。从戴震《孟子字义疏证》一书来看,戴震对《孟子》文本显然是"接着讲",而非"照着讲"的。正如学者所已经揭示的,《孟子字义疏证》一书所引述的材料,大多来自《性理大全》一书,[22]并对其中程朱理学的观点加以批判和清算。《孟子字义疏证》一书原本应该是与王夫之《读四书大全说》一类的书,只是经过他的精心"包装"之后,呈现为一种"考证"形态的著作。所以我们在研究戴震《孟子字义疏证》一书时,不必太拘泥于他的"考证"式的论证,而是要一下抓住戴震的思想实质,揭示他真正想要表达什么,以及其思想的价值所在。

(一)解构程朱理学的哲学体系

人类社会自诞生之日起,就面对这样的问题:人类应该怎样有秩序的生活?人类未来的命运应该是怎样的?统治者和政治家以其权力和能力来维护社会共同体的有序运转;宗教家和哲学家则充当"导师"的角色,以他们各自的方式来解释世界，辅助政治家们来维护社会共同体的有序运转。宗教家于现实世界之外创造出一个个神学世界，使人们产生对"神"的信仰，并按"神"的旨意办事，于是"神"所认可的道德观念便成为人们的道德理念。哲学家对世界的解释有所不同，他们发明出许多抽象的概念，用这些概念来解释世界。哲学家于现实世界之外创造出一个个概念性世界，使人们对其中至高无上的概念（例如道家的"道"、理学家的"天理"、心学家的"本心""良知"）产生信仰，并按其哲学主张办事，于是这种哲学所认可的道德观念便成为了人们的道德理念。而当哲学家的思想对现实世界具有强大宰制力，构成对人们的思想束缚之时，那后起的哲学家对其批判也就开始了。

中国自清代之后，思想界都面临着类似的境况。戴震当时所面对的是居于思想统治地位的程朱理学对人们社会生活的宰制。因而对于程朱理学的解构，也就成了有清一代思想家的历史任务。戴震可以说是程朱理学的真正解构者和终结者。

在程朱理学中，"理"或"天理"是世界的本体。其实，物质世界及其规律所呈现给人们的现象世界（包括人的精神现象）就是世界本身。这个世界之后并不存在一个所谓的"本体"。程朱理学的谬误就在于，把"理"或"天理"概念当作"本体"，当作了支配现象世界的影子世界。朱熹曾说："若理，则只是个洁净空阔底世界，无形迹。"[23]这个"洁净空阔底世界"不过如禅宗所说的"流连光景"而已。正因为如此，戴震反复讥讽程朱将"理"实体化和本体化，视之"如有物焉"。戴震指出，"理"并不是一种独立存在，它只是"物"的某种表现状态。他说：

> 理者，察之而几微，必区以别之名也，是故谓之分理；在物之质，曰肌理，曰腠理，曰文理；得其分，则

有条而不紊，谓之条理。[24]

"理"就其表现于人而言，有表现为身体方面的生理现象，如"肌理""腠理"以及"脉理"等；也有表现为道德思想方面的精神现象，如伦理、义理。但这种伦理或义理并非"如有物焉，得于天而具于心"。在戴震看来，人们所常说的伦理或义理，其本质不过是公众所认可的合理的"情"。戴震说：

> 理也者，情之不爽失也；未有情不得而理得者也。凡有所施于人，反躬而静思之："人以此施于我，能受之乎？"凡有所责于人，反躬而静思之："人以此责于我，能尽之乎？"以我絜之人，则理明。天理云者，言乎自然之分理也；自然之分理，以我之情絜人之情，而无不得其平是也。[25]
>
> 在己与人皆谓之情，无过情、无不及情之谓理。[26]
>
> 心之所同然始谓之理，谓之义；则未至于同然，存乎其人之意见，非理也，非义也。凡一人以为然，天下万世皆曰"是不可易也"，此之谓同然。……自非圣人，鲜能无蔽；有蔽之深，有蔽之浅者。人莫患乎蔽而自智，任其意见，执之为理义。吾惧求理义者以意见当之，孰知民受其祸之所终极也哉！[27]

在戴震看来，讨论"理"的基础是"情"，公众认可的"情"便是"理"。少数不合乎人情的主张，无论表面看上去多么"高尚"，但那只是"意见"，不是"理"。戴震所说的情，是指普通大众的好恶，是人们普遍接受的心理和价值取向。这也就是说，天下人共同的好恶才是"理"，少数人的好恶只能算是"意见"。而宋明理学家所谓的"理"，不过是代表少数尊者、贵者、长者的"意见"。反过来说，那些尊者、长者、贵者正是利用程朱理学所谓的"理"来扼杀卑者、幼者、贱者的合理要求的。戴震说：

> 尊者以理责卑，长者以理责幼，贵者以理责贱，虽失，谓之顺；卑者、幼者、贱者以理争之，虽得，谓之逆……人死于法，犹有怜之者；死于理，其谁怜之![28]

戴震还用"情"来解释传统的理、欲关系问题，他说：

> 天理者，节其欲而不穷人欲也。是故欲不可穷，非不可有；有而节之，使无过情、无不及情，可谓之非天理乎?[29]

据此，他批判当权者对人民基本生活需求竟置之不顾，批评理学家"存天理，灭人欲"的主张，完全无视"民之饥寒愁怨、饮食男女、常情隐曲之感"。他说：

> 今既截然分理、欲为二，治己以不出于欲为理，治人亦必以不出于欲为理，举凡民之饥寒愁怨、饮食男女、常情隐曲之感，咸视为人欲之甚轻者矣。轻其所轻，乃曰"吾重天理也，公义也"，言虽美，而用之治人，则祸其人。……古之言理也，就人之情欲求之，使之无疵之为理；今之言理也，离人之情欲求之，使之忍而不顾之为理。此理欲之辨，适以穷天下之人尽转移为欺伪之人，为祸何可胜言也哉![30]

戴震揭露了"治人"者以"理"杀人的思想本质，反映了人民大众的心声。他将程朱理学之"理"视为尊者、长者、贵者的"意见"，视为一种杀人的理论。这在当时来说可谓洞见。二程、朱熹所创造的"天理"论，是以哲学的观念世界来宰制活生生的现实世界。这样的哲学体系被清算和解构是必然的，但这并不意味着二程、朱熹创说之本意便有"杀人"之动机。对二程、朱熹而言，这样立论有欠平恕和公允。但有一点是可以肯定的，正如笔者前面所说，哲学家充当人类"导师"的角色，以他们各自的方式来解释世界，辅助政治家来维护社会共同体的有序运转。他们的哲学为统治者所利用，是顺理成章的。这也就提醒哲学家在建立某种哲学体系时，务必反思自己创说的动机，立言不可不慎也。

（二）认同孟子思想的灵魂——"人民性"

从中国古代思想史看，孟子的重民思想是最为鲜明的，他明确提出"保民而王""民之为道也，有恒产者有恒心""民为贵，社稷次之，君为轻""说大人，则藐之，勿视其巍巍然"等观念，其"民贵君轻"观念跃然纸上。用现代的语言说，孟子思想的灵魂是"人民性"。这一思想与汉代董仲舒"屈民以伸君"以及唐代韩愈的"臣罪当诛兮，天王圣明"的观念，有着天壤之别。

宋儒虽然号称"尊孟"，但对孟子的"民贵君轻"思想讳莫如深，只知架空演绎其心性理论。千载之下，能继承孟子"民贵君轻"思想的，只有清代黄宗羲、戴震两人而已。

戴震继承孟子思想是具有根本性的。所谓"根本性"，是他抓住了孟子"民贵君轻"的本质，把它与"道"联系在一起，从而建立起一种新的阐释"斯民道义之心"的"道"的哲学。

　　自孔子、老子以来，思想家所谓的"道"皆有某种神秘感，如孔子说"朝闻道，夕死可矣"，老子说"道之为物，惟恍惟惚"。但戴震所讲的"道"则非常明确，他认为圣贤的心志与天地之心相协调，凝结在六经之中，那就是"斯民道义之心"，简言之，即"道"。六经所谓"道"不过如此。为此，戴震在《古经解钩沉序》中说：

> 六经者，道义之宗，而神明之府也。古圣哲往矣，其心志与天地之心协而为斯民道义之心，是之谓道。[31]

　　将"斯民道义之心"升华为"道"，这是戴震的一个发明。这一发明的意义在于，这是要建立一种不同于以往精英哲学的全新哲学，即倡导人民性的哲学。但有了这种人民性的哲学并不意味要将以前的一切精英哲学都扫地出门。

　　中国几千年的文化可以说是一种精英文化，这种精英文化大多数时候是随着"王权政治"起舞的。先秦诸子百家，乃至后世的绝大多数思想家都在向帝王兜售自家的学说，所谓"学成文武艺，货与帝王家"。而精英阶层参与王道政治有时并不就是负面的，如恩格斯所说："在这种普遍的混乱状态中，王权是进步的因素，这一点是十分清楚的。王权在混乱中代表着秩序，代表着正在形成的民族而与分裂成叛乱的各附庸国的状态对抗。在封建主义表层下形成着的一切革命因素都倾向王权，正像王权倾向它们一样。"[32]这一经典论述表明，王权作为历史存在本有其合理性，其合理性在于王权代表国家的统一和政治的秩序，国家的统一和政治的秩序所形成的社会稳定归根结底是有利于人民的生产和生活的。而民族和国家的分裂、政治社会的混乱所引发的战争和社会动荡，最终将使无数民众流离失所，遭受巨大的生命与财产的损失。在这个意义上，思想家们对王权的维护也有其合理性。问题在于，思想家要让统治者知道"天之生民，非为君也；天之立君，以为民也"（《荀子·大略》）。只有在这个意义上，王权才有历史进步性。王者如果利用强权压迫人民，那就可能带来被推翻的命运。戴震对于尊者、长者、贵者"以理杀人"的批判，其原因就在于宋代以降，君权太重，人民不堪重负，常常揭竿起义。从这个意义来说，戴震提醒执政者爱护民力，保护人民，其意也是要维护政治的安定和社会的稳定，并非在号召人民起义。

（三）建立"生生不已"的新哲学体系

《周易·系辞上》说："生生之谓易。"《系辞下》又说："天地之大德曰生，圣人之大宝曰位，何以守位曰仁，何以聚人曰财。理财正辞，禁民为非，曰义。"

《系辞传》这两段话要言不烦，却道尽了天地间的大道理。可惜后世学者于此发挥不多。其大道理之一在于，提出"生生之谓易""天地之大德曰生"，即宇宙间的"生生之道"。用今日的哲学术语说，这是一种过程哲学。但中国自魏晋以后，特别是宋明时期流行的是本体哲学。宇宙的"本体"到底是什么？是理，是气，还是心？哲学家们永远争论不清。这种争论最后只变成一种空泛的谈资，于世无益。

其大道理之二在于，提出"圣人之大宝曰位"，在一个社会共同体中，君位至关重要。但要守住君位，君主要做到两条：第一对人民实行仁政；第二要聚集人才，而聚集人才的要点在于要有俸禄。理财有道，政令有理，禁民为非，勿使行恶，这就是社会正义。《易传》在这里并没有像后世学者那样故作清高，避不谈"财"，也没有将仁义等德目本体化，因而更觉《易传》道理朴素有味。戴震有鉴于此，建立起他的"生生"哲学。戴震在《孟子字义疏证·道》中说：

> 在天地，则气化流行，生生不息，是谓道；在人
> 物，则凡生生所有事，亦如气化之不可已，是谓道。[33]

"道"统括天地、人生，它不是一个实体，既不是精神实体，也不是物质实体，它只是过程。"在天地，则气化流行，生生不息"，这是一个过程，这里没有刻意说"气"是什么实体，而是说"气化"的过程。自然界是一个过程，社会人生也是一个过程。戴震又论证儒家所说的"仁""礼""义"等皆由此"生生之道"演生出来;《孟子》所说的"命""性""才"等也由此"生生之道"演生出来。他说：

> 自人道溯之天道，自人之德性溯之天德，则气化
> 流行，生生不息，仁也。由其生生，有自然之条理，观
> 于条理之秩然有序，可以知礼矣，观于条理之截然不可
> 乱，可以知义矣。[34]
> 气化生人生物，据其限于所分而言谓之"命"，据
> 其为人物之本始而言谓之"性"，据其体质而言谓之
> "才"。……孟子所谓性，所谓才，皆言乎气禀而已矣。
> 其禀受之全，则性也；其体质之全，则才也。[35]

但为了避免同其他许多哲学家一样，将哲学体系变成一个抽象的观念世界，戴震特别强调人的"血气心知"，这"血气心知"包括人的声色臭味的欲望、喜怒哀乐的情感，以及对君臣、父子、夫妇、昆弟、朋友伦理义务的认知等。所有这些都不是观念世界，而是一个活生生的现实世界。戴震说：

人生而后有欲，有情，有知，三者，血气心知之自然也。……有是身，故有声色臭味之欲；有是身，而君臣、父子、夫妇、昆弟、朋友之伦具，故有喜怒哀乐之情。惟有欲有情而又有知，然后欲得遂也，情得达也。天下之事，使欲之得遂，情之得达，斯已矣。[36]

天下之事就这么简单："使欲之得遂，情之得达。"如此而已，岂有他哉！戴震由此建构了一个易知易行的"生生之道"的哲学体系。这个哲学体系是由生活世界、经验世界、情感世界得出的。所以戴震哲学是一种现实世界的民众哲学，不是脱离现实、脱离民众的哲学。

第三节　余论

戴震的学术成就可以从两方面说：一方面是有关考据学的学问及治学方法，在这一方面，戴震可以说是"领袖群英"。比如他在古音韵学、天算学（包括天文、历法、算学）、礼制、工程学等方面，皆有卓越的成绩。正因为如此，戴震的学风颇为学者所推重。

另一方面是有关哲学的学问。乾嘉时期，宋明时期的理学、心学被人轻视，以为是"心性空谈"，不仅宋明理学家、心学家的观点不再被人特别看重，就连关乎宋学那种"理气心性"的理论思维和讨论方式也为学者所厌弃。就在这一文化背景下，戴震撰写了《论性》《原善》《孟子字义疏证》等论著。戴震在给段玉裁的信中说："仆生平论述最大者，为《孟子字义疏证》一书，此正人心之要。"[37]

以现在的眼光看，戴震有关考据学的成就及其治学方法，只可用于古代文献的整理和研究，就其所掌握的天算学等科学知识而言，在今天看来也早已过时了。但戴震《孟子字义疏证》中所提出的有关社会、人生的哲学观念，对于现在和未来仍有重要的指导意义。由于宋明理学在中国流行达六七百年之久，它对中国人的思想影响至深且巨，戴震此书对于清算和消除宋明理学的影响绰绰有余。戴震所提出的"生生"哲学，虽然尚嫌粗浅，但它有可能为未来人生哲学的建构提供一个可以信赖的基础。戴震说"《孟子字义疏证》一书，此正人心之要"，信不虚也。

注释：

［1］［15］［24］［25］［26］［27］［28］［29］［30］［31］［33］［34］［35］［36］［37］〔清〕戴震撰，杨应芹、许伟奇主编：《戴震全书（修订本）》第6册，合肥：黄山书社，2010年，第438，368—369，149，150，151，151，159，160，215，375，197，203，193—194，195，533页。

［2］［3］［4］［5］［6］［8］〔清〕戴震撰，杨应芹、许伟奇主编：《戴震全书（修订本）》第7册，第133，134，134，133，134，44页。

［7］〔明〕杨慎：《丹铅续录》，上海：商务印书馆，1936年，第101页。

［9］章太炎：《释戴》，载陈平原编校：《中国现代学术经典·章太炎卷》，石家庄：河北教育出版社，1996年，第562页。

［10］〔宋〕程颢、程颐著，王孝鱼点校：《二程集》，北京：中华书局，2004年，第301页。

［11］［12］［16］［17］［18］〔清〕章学诚著，仓修良编注：《文史通义新编新注》，北京：商务印书馆，2017年，第685，

685，801，132，132 页。

［13］〔清〕李详著:《愧生丛录》卷二，南京：江苏古籍出版社，2000 年。

［14］〔清〕永瑢等撰:《四库全书总目》，北京：中华书局，1965，第 1 页。

［19］见〔清〕阎咏:《尚书古文疏证后序》，载〔清〕阎若璩撰，黄怀信、吕翊欣校点:《尚书古文疏证》，上海：上海古籍出版社，2010 年，第 5 页。

［20］〔汉〕班固:《汉书》，北京：中华书局，1962 年，第3599 页。

［21］〔汉〕赵岐注，〔宋〕孙奭疏:《孟子注疏》:〔清〕阮元校刻:《十三经注疏》，北京：中华书局，2009 年，第 5933 页。

［22］参见谋子:《〈孟子字义疏证〉与〈绪言〉〈孟子私淑录〉的易稿关系》，《陕西师范大学学报（哲学社会科学版）》，2003 年第 5 期，第 64 页。

［23］〔宋〕黎靖德编，王星贤点校:《朱子语类》，北京：中华书局，1986 年，第 3 页。

［32］〔德〕恩格斯:《论封建制度的瓦解和民族国家的产生》，《马克思恩格斯全集》第 21 卷，北京：人民出版社，1965 年，第453 页。

第五十三章
章学诚"六经皆史"论批判

章学诚是一位以"六经皆史"命题享誉后世的学人。虽然类似"六经皆史"的观念由来已久，但只有到了章学诚这里，才使得这一观念被作为一种学术宗旨和理论核心来对待。并且，章学诚正好赶上经学逐渐衰亡的时代，他的"六经皆史"命题便被后世新派人物所利用，成为反对经学运动的一面旗帜，也因而章学诚的学术思想被后世学界所称道，几乎较少遇到负面的批评。章学诚以史学立足，以史学理论名家，人们盛赞其富有历史性的精神，却忽视其理论体系隐蔽的非历史性的一面，因而往往暗中其害而不知。换言之，章学诚"六经皆史"的命题，虽然可以作为一种思想武器，使学人从经学中获得精神解放，但它无形中也成为悄悄瓦解人们精神信仰的毒剂。

章学诚（1738—1801），浙江会稽（今浙江绍兴）人，字实斋，号少岩。他出身于书香世家，其学问成就的取得有其家学的渊源，其祖父章如璋"惇行隐德，望于乡党，尤嗜史学"[1]。其父章镳，乾隆七年（1742）中进士，后任湖北应城知县，为官清廉正直，后辞官以教书为生。章学诚自言："二十岁以前，性绝驽滞，读书日不过三二百言，犹不能久识。"[2]他二十岁以后对读书发生兴趣，博览群书，而于史部之书情有独钟，似曾夙习。"纵览群书，于经训未见领会，而史部之书，乍接于目，便似夙所攻习然者，其中利病得失，随口能举，举而辄当。"[3]章学诚四十一岁时考中进士，但他并未走选官的道路，而是究心他所热爱的史学研究。他曾将学问之道分为"比次之学""考索之学""独断之学"三种，而他本人的治学方法应属于"独断之学"。他以一种戛戛独造的方式，穷年累月研求，进行文史理论的创造和建构，最后撰成《文史通义》一书。顾名思义，其书主要以讨论文学和史学问题为主，但其书以《易教》《书教》《诗教》开篇，对以往的经学提出了一些挑战性的问题，引起当时经学家的反感。所以他五十九岁时在《上朱中堂世叔书》中辩解说："近刻数篇呈诲，题似说经，而文实论史。议者颇讥小子攻史而强说经，以为有意争衡，此不足辨也。"[4]他所辩解的是：此数篇"题似说经"之文，乃在于论史，而非论经，即申明自己无意冒犯经学界。其辩解的用意显然是要避免可能来自经学界的批评和反击，并争取得到当时政界、学界的有力人物——朱珪的同情和支持。而其后章学诚暴得大名的正是此数篇文章，而其主要观点却很少遭到当时及后人著文批评。然仔细研读，其书之观点正应商榷与讨论，此本章之所以作也。

第一节　"六经皆史"观念由来已久

"六经皆史"观念由来已久，自汉代以来，表述类似观念者代有其人，吉林大学古籍研究所赵彦昌先生《"六经皆史"源流考论》[5]一文指出，如汉人刘向、刘歆，唐人王通、陆鲁望，宋人刘恕、王应麟，元人郝经、刘因，明人宋濂、王阳明、潘府、何良俊、王世贞、李贽、胡应麟，清人顾炎武、袁枚等皆有类似"六经皆史"的观念和言论。经过笔者核实、分析,以为至少从元代开始学术界就已经有了比较明确的"六经皆史"的思想,今从赵文中摘录引文如下:

(一)元人郝经(1223—1275)在其论著《经史论》中提出:"古无经史之分。孔子定六经,而经之名始立,未始有史之分也。……至马迁父子为《史记》,而经史始分矣。其后遂有经学,有史学,学者始二矣。"[6]

(二)元人刘因(1249—1293)说:"古无经史之分,《诗》《书》《春秋》皆史也。因圣人删定笔削,立大经大典,即为经也。史之兴自汉氏始。"[7]

(三)明人潘府(1454—1526)说:"五经皆史也,《易》之史,奥;《书》之史,实;《诗》之史,婉;《礼》之史,详;《春秋》之史,严。其义则一而已矣。"[8]

(四)明人王阳明(1472—1528)说:"以事言谓之史,以道言谓之经,事即道,道即事,《春秋》亦经,五经亦史,《易》是包羲氏之史;《书》是尧舜以下史;《礼》《乐》是三代史。"又说:"五经亦只是史,史所以明善恶、示训诫。善可为训者,特存其迹以示法;恶可为戒者,存其戒而削其事以杜奸。"[9]

(五)明人何良俊(1506—1573)说:"史之与经,上古原无所分。……孔子修书,取之为经,则谓之经。即太史公作《史记》,取之以为五帝三王纪,则又谓之史,何尝有定名邪?"[10]

(六)明人王世贞(1526—1590)说:"天地间无非史而已。……六经,史之言理者也。"[11]

(七)明人李贽(1527—1602)说:"经、史一物也。史而不经,则为秽史矣,何以垂戒鉴乎?经而不史,则为说白话矣，何以彰事实乎？故《春秋》一经，春秋一时之史也。《诗经》《书经》，二帝三王以来之史也。……故谓六经皆史可也。"[12]

（八）清人顾炎武（1613—1682）道："孟子曰：'其文则史。'不独《春秋》也，虽六经皆然。"[13]

（九）清人袁枚（1716—1798）说："刘道原（笔者注：谓宋刘恕）曰：'历代史出于《春秋》，刘歆《七略》、王俭《七志》皆以《史》《汉》附《春秋》而已。阮孝绪《七录》，才将经、史分类，不知古有史而无经。《尚书》《春秋》皆史也。《诗》《易》者，先王所传之言；礼者，先王所立之法，皆史也。……'六经'之名，始于庄子，'经解'之名，始于戴圣。"[14]

由上述可知，类似"六经皆史"的观念早已有之，上引诸条材料中，李贽甚至直接讲出"六经皆史"四字，故"六经皆史"观念绝非章学诚的创获。我们将此一观念归之章学诚，本身就是一个历史的误会。

既然在章学诚之前，有那么多人提到类似"六经皆史"的观念，而"六经皆史"观念并未流行，这是为什么？笼统言之，是因为古人认为，这种观念不值得特别重视。具体而言，有如下理由：

第一，六经皆曾是史，这是事实，意谓六经的道理是经过历史实践考验的。

第二，"六经皆史"并不意味六经当下还是"史"，六经当下就是"经"，不可与其他史学文献相等同。原因在于孔子鉴于春秋时期"礼崩乐坏"，出于救世之目的，为社会重建人伦道德规范，因而取先前六种之史"删定笔削，立大经大典"。而一经圣人确立为经典，此六种之史便由史升格为"经"。并非一切史书都可以成为经，六经的主要特点不是"史"，而是"史之言理者"。

第三，在承认六经为"经"的前提下，提出六经同时具有"史"的品格。意谓六经所言不是空洞的道理，而是实在的道理。

第四，经典中内含"理"与"迹"的关系。六经所蕴含的人伦之"理"，作为华夏民族的核心价值观，是第一义。六经所记载的先王之"迹"，是第二义。经典之为经典，主要由第一义决定，不由第二义决定。

世界上许多古老民族都有其神圣的经典，这种神圣经典承载其民族的核心价值观，因而为全民族的人所尊奉和守护。但一些民族的经典属于宗教神学的性质，譬如基督教的《圣经》开篇所讲的上帝创造世界的神话，并不具有"史"的性质。如果套用中国古人"六经皆史"的观念，说《圣经》皆史，那就未必恰当。而且西方文化也不会提出类似"经"与"史"的关系问题。但这并不妨碍基督教的《圣经》成为西方文化的经典。这可以从侧面证明经典之为经典，以是否承载其民族核心价值观为必要的条件，至于是否具有"史"的性质则未必构成必要的条件。

应该说，中国古人的"六经皆史"观念有其特殊性。中华民族是一个特别重视历史的民族，又是特别尊重祖先的民族，因而记载祖先生存智慧和价值理想的几部最早的文献，被圣人孔子删修加工，便成了全民族信奉的神圣经典。正因为中国古代经典是在历史文献的基础上加工而成的，所以，中国文化自然形成了一个"经"与"史"的关系问题。

圣人对历史文献的加工过程，就是从先王的言行事迹中提炼出可以作为全民族核心价值观的"义理"或"道理"。这便有一个"理"与"迹"的关系问题。元儒郝经说：

"经"者，万世常行之典，非圣人莫能作。"史"即记人君言动之一书耳，"经"恶可并？虽然经、史而既分矣，圣人不作，不可复合也。……若乃治经而不治史，则知理而不知迹，治史而不治经，则知迹而不知理，苟能一之，则无害于分也。[15]

郝经正确解释了经与史的关系。"经"由几部历史文献提炼、升华而成，它高于一般之史，因而不能将它与一般史书相提并论。在郝经看来，经与史的关系，犹如"理"与"迹"的关系。"理"与"迹"相得益彰，"理"离开"迹"，便是脱离实际的空理；"迹"离开"理"，便是远离现实的陈迹。因而讲"六经皆史"，乃在于告诫经学家不能空言义理，也在于告诫史学家不能死抱陈迹。所以，"六经皆史"观念，既强调"经"之所讲为常道常理，也强调"经"之所记为实事实迹。只讲常理，不讲实迹，固然不可；反过来，只讲实迹，不讲常理，也不可以。

由上述理由可知，当承认六经首先是经，"六经皆史"的观念才有其恰当的意义。脱离六经首先是经的前提，孤立地宣扬"六经皆史"的观念，就会偏离经学的正轨，将经降低到史的地位。正是由于这个原因，前代学者并不孤立地标榜"六经皆史"。

以上所论，可以作为我们研究章学诚"六经皆史"论的理论参照系。章学诚讲"六经皆史也。……六经皆先王之政典也"[16]，六经曾是"先王之政典"，这是事实，但这只是先王之陈迹。单讲先王之陈迹并没有意义，因为"先王之政典"未必适合当下之社会。

章学诚忽略了更为重要的事实，那就是，曾是"先王之政典"的六种史录，被后来的圣人孔子删修加工，成为了经典。

这也就是说，章学诚故意忽略了六经的"第一义"性质，而夸大了六经的"第二义"特点。与元儒郝经等人相比，不免以偏概全，喧宾夺主。

第二节 章学诚"六经皆史"的理论逻辑

如前所述，"六经皆史"的观念并不是章学诚的创获。前贤所称"六经皆史"，是在承认六经首先是"经"的前提下，提出六经同时具有史实的品格。章学诚的"六经皆史"有其特殊的意义，他在反对后儒"空理"的借口下，主张回归官师合一、政教合一的三代政治。其实质是要解构后世所形成的经学，而要建构一种唯"史"论的学术体系。事实上，文化的发展自有其历史内在的逻辑与合理性，章学诚质疑和否定三代以后的文化发展，本身就是一种非历史主义。

（一）对"经"字与"史"字的特殊理解

先谈对"经"字的理解。《孔丛子》卷中记虞卿之言说："经者，取其事常也，可常则为经矣。"清代著名古文字学家段玉裁《说文解字注》说："织之从（即"纵"）丝谓之经，必先有经而后有纬。是故三纲、五常、六艺谓之天地之常经。"[17]近世王国维说："经者，常也，谓可为后世常法者也。故诸子百家目其先师之书，亦谓之经。"[18]"经"名之立，取义于织机之有经纬，经线必先挂于织机之上，纬线方可穿梭于其间以完成织布作业。于是"经"便有了优先和恒常的意义。"经"作为文献，意谓书籍之中最受尊崇的重要之书。在这个意义上，"经"是通名，各学派学者尊奉其先师之书，皆可谓之"经"。

章学诚则释"经"为"经纶"：

> 《易》曰："云雷屯，君子以经纶。"经纶之言，纲
> 纪世宙之谓也。郑氏注谓："论撰书礼乐，施政事。"经
> 之命名，所由昉乎？[19]
>
> 六经初不为尊称，义取"经纶"为世法耳。[20]

章学诚以"经纶"解"经"字。"经纶"的原意是"整理
丝绪"，引申义为治理国家，用章学诚的话说即"纲纪世宙"。
"经纶"实际是一个带有政治实践意义的动词，章学诚之所以
这样界定，意在批判后世"空言道理"。其用意虽然可取，其
所解却不准确。因为这个解释无法贯通后世诸子百家对"经"
字的认知。在别处，章学诚在论述各家经典时，便很难自圆其
说了。他是这样解释佛家、道家经典以及其他经典的：

> 佛老之书，本为一家之言，非有纲纪政事，其徒欲
> 尊其教，自以一家之言，尊之过于六经，无不可也。[21]

章学诚前面将"经"字解为"经纶"，即"纲纪世宙"，后
面又说佛经之经虽未"纲纪政事"而称经，亦"无不可"，这
不是自相矛盾吗？他又说：

> 他若陆氏《茶经》，张氏《棋经》，酒则有《甘露
> 经》，货则有《相贝经》，是乃以文为谐戏，本无当于著
> 录之指。[22]

茶业、棋业、酒业、商业等专业领域视《茶经》《棋经》
《甘露经》《相贝经》为经典，尊崇有加，毫无谐戏之意，更

不能说这些书连著录都称不上。

由此可见，章学诚将"经"解释为"经纶""纲纪世宙"，以为只有儒经才符合"经"字的正解，岂非要削他人之足，以适自家之履乎？

再谈对于"史"字的理解。章学诚所谓"六经皆史"之"史"，主要不是指后世经、史、子、集分部之史书一类，而是指《周官》一书中六官（天官、地官、春官、夏官、秋官、冬官的统称）下属之史的职掌，《周礼》宰夫八职，"六曰史，掌官契以赞治"。在章学诚看来，《易》《书》《诗》《礼》《乐》《春秋》六经来自西周六官所属史官掌管的书契。他说：

> 后世文字，必溯源于六艺。六艺非孔氏之书，乃《周官》之旧典也。《易》掌太卜，《书》藏外史，《礼》在宗伯，《乐》隶司乐，《诗》领于太师，《春秋》存乎国史。[23]

不仅如此，诸子百家乃至后世集部之书，其源头皆出于西周之"史"。这不过是汉代班固"诸子出于王官"论的翻版。如果说章学诚作追溯文化源头的"穷源"性研究，不能说他有多大的错误，但文化的形成与发展，既有源头，也有流衍。因为文化研究除了"穷源"性的研究之外，还有"竟委"性的研究，即研究文化传承演变的过程及其内在的合理性。章学诚并不是这样，他实际是质疑乃至否定了文化在后世的发展，而要人们回到三代之"史"。

（二）以三代"治教无二、官师合一"[24]为法

章学诚认为，三代以前，治与教不二，官与师为一。三代以后，治与教相分，官与师相分，师儒以"道"相号召，于是而有"空理""空文"。他说：

三代以前未尝以道名教，而道无不存者，无空理也；三代以前未尝以文为著作，而文为后世不可及者，无空言也。盖自官师治教分，而文字始有私门之著述，于是文章学问，乃与官司掌故为分途，而立教者可得离法而言道体矣。……学者崇奉六经，以谓圣人立言以垂教。不知三代盛时，各守专官之掌故，而非圣人有意作为文章也。[25]

三代之事，史料甚少。学者所略知者，仅西周之事。西周有所谓"王官之学"，不同职司的王官"各守专官之掌故"，此时以政治为教，以官吏为师。这是章学诚所最心仪者。三代之后，学术下私人，有师儒之传授，有私门之著述，因而有"空理""空言"的所谓"文章学问"，这是章学诚所以为大谬不然者。依章学诚的意见，文化、教育、学问皆不应有所发展，应该继续像"三代盛时"那样，"各守专官之掌故"。其实中国文化一直处在曲折进步、螺旋发展的过程中，章学诚津津乐道三代以前的政教合一、官师合一，实际是一种隐蔽的文化退化论。

进而章学诚说：

以吏为师，三代之旧法也。秦人之悖于古者，禁《诗》《书》而仅以法律为师耳。三代盛时，天下之学，无不以吏为师。《周官》三百六十，天人之学备矣。其守官举职而不坠天工者，皆天下之师资也。东周以还，君师政教不合于一，于是人之学术，不尽出于官司之典守。秦人以吏为师，始复古制，而人乃狃于所习，转以秦人为非耳。秦之悖于古者多矣，犹有合于古者，以吏为师也。[26]

依章学诚的意见，天下学术只应有官学，不应有私学，"只此一家，别无分店"。因而他极力推崇秦王朝"以吏为师"的文化专制主义政策。章学诚嘲讽李斯请焚《诗》《书》的建议，认为李斯不懂得《诗》《书》正是讲"以吏为师"的，他说："李斯请禁《诗》《书》，君子以谓愚之首也。……当代典章，官司掌故，未有不可通于《诗》《书》六艺之所垂。"[27]

学术的进步日新月异，随着学术向广度和深度的发展，必然有所分类与分工，传统文献最后分为经、史、子、集四大类，是中国学术发展的一个较为成熟的表现。在这四大类中，经学占据统领的地位，这并非由哪个个人的主观喜好来决定的，而是由无数学者所形成的共识决定的。这种分类形态千百年来并无异议。章学诚热衷史学研究，本无可厚非，但他将"史"作泛化的理解，不仅认为"六经皆史"，凡子部、集部之书皆作史书来理解，便陷入"唯史论"的泥沼中了，他说："愚之所见，以为盈天地间，凡涉著作之林，皆是史学。六经特圣人取此六种之史以垂训者耳。子集诸家，其源皆出于史。"[28]如果说，凌廷堪的理论学说带有"唯礼论"特色，章学诚的理论学说则带有"唯史论"特色。

正是受这种潜在的"唯史论"思想的支配，章学诚在宣传"六经皆史"观念时，无形中淡化、抹杀了"经"所承载之"道"，而专以"史""迹"来诠释它。章学诚说："若夫六经，皆先王得位行道，经纬世宙之迹，而非托于空言。故以夫子之圣，犹且述而不作。"[29]孔子"述而不作"，是只述先王"经纬世道之迹"，还是也述先王所以"经纬世道"之"理"，章学诚发此议论，具有批评宋明理学家"离事言理"的积极意义，但过分强调"先王之迹"，淡化了对"理"的阐述，则由一个极端又走向了另一个极端。

（三）"集大成者，为周公而非孔子"[30]

在经学史上，古文经学家尊周公，今文经学家尊孔子，本不足怪。章学诚并不是从古文经学的立场来评骘周公、孔子的。他所要做的是批判后世儒者空言垂教、坐而论道的学风，此意本非不好。但他做过了头，抨击西周之后兴起的民间教育和私学传授，而孔子正是民间教育和私学传授的宗师。章学诚看不到孔子突破官学，发展民间学术、教育对此后中国文化发展的巨大贡献，无视西周以后中国文化的发展成就，而主张回归西周时期的治教合一、君师合一，那就铸成了大错。其所论虽有批判儒者空言垂教、坐而论道的积极意义，但与这一大错相比，便显得无足轻重了。

章学诚并不敢公然贬低孔子，但他闪烁其词的论述是要抬周公而压孔子。章学诚首先通过讨论"集大成"问题来达成此目的，他论述周公"集大成"说：

> 自有天地而至唐、虞、夏、商，迹既多而穷变通久之理亦大备。周公以天纵生知之圣，而适当积古留传、道法大备之时，是以经纶制作，集千古之大成。……集大成者，周公所独也。[31]

章学诚论述了周公何以为"集大成"，并说"集大成者，周公所独也"。"集大成"的名号只应由周公担当，不容他人染指。但是孟子曾说"孔子之谓集大成"，章学诚又如何解释呢？章学诚说：

> 周公成文、武之德，适当帝全王备、殷因夏监，至于无可复加之际，故得藉为制作典章，而以周道集古圣

之成，斯乃所谓集大成也。孔子有德无位，即无从得制作之权，不得列于一成，安有大成可集乎？……孟子所谓"集大成"者，乃对伯夷、伊尹、柳下惠而言之也。[32]

章学诚所说的"制作"，是指制定国家的政典章法，孔子"有德无位"，无权参与制定国家的政典章法，因而不仅不是"集大成"，连"一成"也未集。孔子所集只是伯夷、伊尹、柳下惠等人的大成。其实，章学诚的解释似是而非，他在这里故意歪曲了孟子的原意，《孟子·万章下》说："伯夷，圣之清者也；伊尹，圣之任者也；柳下惠，圣之和者也；孔子，圣之时者也。孔子之谓集大成。"此语是说，伯夷、伊尹、柳下惠、孔子都体现了圣人的品格，但前三人只是体现圣人品格的某一方面，而孔子能适应时局变化，守经达权，具备圣人之全德。

章学诚虽然不用贬低孔子的词汇，但骨子里并不承认孔子的学问，认为孔子之为孔子，乃在于"学周公"，其一切学问，皆来自周公。他说：孔子"学周公而已矣。……非有学而孔子有所不至，周公既集群圣之成，则周公之外，更无所谓学也"[33]。在章学诚看来，即使要说孔子"集大成"，那也是学习周公的"集大成"，而成其为"集大成"。

尽管如此，周公与孔子还是有区别，区别在哪里？章学诚说："盖君师分而治教不能合于一，气数之出于天者也。周公集治统之成，而孔子明立教之极。……故隋唐以前，学校并祀周、孔，以周公为先圣，孔子为先师。盖言制作之为圣，而立教之为师。……然而治见实事，教则垂空言矣。……于是千圣之经纶，不足当儒生之坐论矣。"[34]后面这句，实际是章学诚最想说的话。在他看来，孔子乃是空言垂教、坐而论道的祖师。

章学诚关于"集大成"的观点是服从其"六经皆史也……

六经皆先王之政典也"的主题论述的，目的是要为周公争六经的"制作"权。章学诚认为，六经是先王之政典，由周公而定型，政教合一。孔子只是学周公者，"述而不作"，以之立教，由此政、教分离，此后遂有学术空言、私家著述。

但章学诚的论证太过笼统、粗略，其实六经中的若干内容，如《诗经》中的《小雅》《国风》的许多内容，《尚书》中的许多篇章，以及整个《春秋》经皆在周公之后，并且其中一些内容如《诗经》中的《节南山》《雨无正》等所揭露的是政治黑暗，并不是什么"先王之政典"。在笔者看来，章学诚为周公争六经的"制作"权，认为"六经皆先王之政典"的理论并不能成立。

汉以后学者大都认为，六经经孔子删修、整理、诠释，并作为教科书来传授，以传承和弘扬寄寓其中的伦常义理。华夏民族的核心价值观由此形成。这是主流学术的观点，章学诚逆主流学术而动，其标新立异的勇气虽然可嘉，其论证的理由则似是而非，失之无据。

第三节 "六经皆史"与"六史为经"的轻重颠倒

儒者之所以尊称《诗》《书》《礼》《乐》《易》《春秋》六种文献为"经"，乃是由于尊奉孔子为圣人，并相信此六种文献曾经孔子亲手删述整理，这正如《孟子》所说："王者之迹熄而《诗》亡，《诗》亡然后《春秋》作。晋之《乘》，楚之《梼杌》，鲁之《春秋》，一也。其事则齐桓、晋文，其文则'史'，孔子曰：'其义则丘窃取之矣。'"（《孟子·离娄下》）此处明确说《春秋》原本是"史"——"其文则史"，经过孔子删修，寄寓微言大义于其中，只是在这种意义上《春秋》才成为"经",因之顾炎武说:"孟子曰:'其文则史。'不独《春秋》也,虽六经皆然。"[35]在最初的意义上,《诗》《书》《礼》《乐》《易》《春秋》六种文献只是"史",不是"经",我们完全可以称之为"六史",而不称之为"六经","六经"是后世所称。因而对于孔子之前的历史而言,"六经皆史"是儒者皆知的事实陈述;但在孔子之后的两千余年中,"六经"绝不等同于一般之史,因而在此一时期,"六经皆史"并不是一个事实陈述。

这样看来,"六经皆史"最多只能说是一个片面的事实陈述。从这种意义上说,能说出"六经皆史"并不是深刻的,而能说出"六史为经",即《诗》《书》《礼》《乐》《易》《春秋》六种文献何以在后世两千年中被确立为"经",其中有什么外在的社会原因和内在的学理根据,这才是深刻的。

我们可以作一个这样的譬喻,某家族,其先世开了一个手工作坊,辛苦经营了许多世代后,其子孙中出了一个有大思维、大魄力的人,在前人手工作坊基础上组建了一个大公司,后代续有能人,使其事业发扬蹈厉,几度辉煌。而至其末世,其子孙不复有大思维、大魄力,只知蛰居斗室纸上谈兵,以致祖业家声日渐衰落。此时忽有一人站出来,批评不肖子孙只知纸上谈兵,不务实践,昌言我们的祖先是开"手工作坊"起家的。此种批评的意义在哪里呢?在于批评那些不肖子孙忽视了祖先艰苦创业的实践精神,而不在于真的要将此大公司再恢复到"手工作坊"的时代。当时有些人不愿意接受此种批评,以为说我们的大公司原本是个"手工作坊",颇有"揭老底"的味道。其实,无论对于批评者还是被批评者而言,皆不甚得要领,因为当时起衰振颓之方,应就其"大公司"的创立宗旨和现实发展出现的问题讨论,而不应讨论其原本是否为"手工作坊"。这种讨论在当时于事无补，到后来却成为他人攻击的把柄：此家族之所谓"大公司"原本不过是一个"手工作坊"而已。

我们对儒家经学的发生、发展的历史，以及章学诚标榜的"六经皆史"观念等，亦可作如是观。章学诚昌言"六经皆史"，其意义在于批评当时学者只知蛰居书斋对"六经"作纸上考订工夫，而不知"六经"所记录的原本是先辈的政治实践。他所谓"六经皆史"，其"史"的意义是一种实践的过程。但长期以来，儒学关于经、史、子、集的四部分类，"经"书实际已经具有最受尊崇的地位，这种"尊崇"真的毫无价值、毫无意义吗？如说"六经皆史"，便不合汉以后两千年的学术思想发展史，因为此时"六经"是被作为"经"看待的，而不是作为一般之"史"看待的。说"六经皆史"，便意味着要将"经"贬抑为"史"。"六经皆史"不是一个周延的概括，至少是有语病的，好比人类是由类人猿演变来的，天文学是由古代占星术演变来的，化学是由古代炼丹术演变来的，但我们不会说"人类皆猿""天文学皆是占星术""化学皆是炼丹术"这样一类话。

章学诚虽然也提到"六经"由"史"而演变为"经"，乃是"起于势之不得已"，但他并没有找到经典起源的真正的历史原因。在笔者看来，由经典和经典诠释所构成的经学现象，是世界上许多文明和民族所共有的历史现象。它是文明社会发展到一定历史时期的产物。在这一历史时期中，为了维护国家和社会的统一性，避免社会生活混乱失序，需要某种具有宰制性的权威思想，由此而有经典的产生。经典的权威性并不像过去学者所通常理解的那样，仅仅是统治阶级扶持和树立的结果，而是人类在进入文明社会的过程中必须接受社会教化、扬弃其自然性的需要。

章学诚当时还不能理解世界文明史上所发生的经典文化

现象，更不能从比较宗教学的意义来看待儒家经学。儒家经典与世界其他宗教经典相比，有一个很不相同的特点，那就是：宗教经典是一种神学体系，而儒家经典是依托于历史文献的人文体系。这些历史文献一旦被作为"经"，那便进入了一个特殊的领域，而不能以一般之"史"视之。经与史的重要区别在于："史之贵实"，史以保存历史真实为第一义；而"经之贵义"，即使是述史，其目的乃在"彰善瘅恶"。因而儒家经学的根本立场并不是传述历史，而是阐释价值理想与意义信仰。换言之，基于华夏民族的社会实践经验的核心价值，就是通过经典学习的方式一代一代真实地传承下去，因而经学的历史实际是价值理想与意义信仰阐释的历史。从本质上说，经典体现一定民族、一定社会共同体的价值观和生活方式。经典之为经典，在于它能适应社会，规范指导社会。明代李贽提出："经、史一物也。史而不经，则为秽史矣，何以垂戒鉴乎？经而不史，则为说白话矣，何以彰事实乎？……故谓六经皆史可也。"[36] 李贽的话极有见地，所谓"史"从来就不是纯客观的记述，那样便可能是一部彰显篡弑杀夺、淫乱污秽的历史，即"秽史"，而难以起到"垂戒鉴"的作用。但"经"若不以历史事件为载体，便成了"说白话"，发空议论。孔子深明此理，故他说："我欲载之空言，不如见之于行事（往事）之深切著明也。"孔子作为儒家创始人创教立言，不是空讲伦理道德，而是借助先前的文献，来阐发他的价值理念。因为在孔子看来，先圣先贤记载传承这些文献，并不是纯粹出于述史的目的，而是为了教育子孙后代。在孔子之前，《诗》《书》《礼》《乐》作为文化遗产流传，有述史的意义，同时更是教育世子的教材，而孔子更强化了其"教材"的意义，"因史制经"，托事明义，即将这些文献史料作为道德教化的"教材"，作为讨论价值和意义的母题，并依其价值取向对这些文献史料有所取舍修正，寓褒贬于其中，"史"因此而成为"经"。

综上所述，章学诚将"六经"还原于历史，虽然有其历史学的意义，但六经作为"经"传承两千余年，这也是历史。而在这两千余年的历史之中，经是作为"常道"和具有现实意义的价值准则世代传承的。如果六经只有其原初的历史意义，它是否会流传这样久远呢？另一方面，经学从本质上说是一种价值判断，一旦将它引入事实判断中，就可能带来负面的效应，即将经降为史，将经混同于一般的"史"，就有解构经典价值信仰体系的危险。

章学诚所处之时已进入经学的"末世"，所谓经学"末世"，不只有鉴于章学诚身后不过百年，儒家经学便被废除，也在说明儒家经学在当时最多只是作为一种知识的对象，而不是作为信仰的对象。章学诚高唱"六经皆史"理论，其本意在于批评当时儒者缺乏先王政治教化的实践精神，但他的"六经皆史"命题，完全可以作另外的理解和解读，即将"经"降低为"史"，甚至将六经之所以由"史"入"经"当作一种历史的误会。事实上，后来许多学者正是在这种意义上来理解和解读的。因而从经学的角度而言，"六经皆史"命题便成为一种"末世之音"。

第四节　"独断"论与历史退化论的思维方法

章学诚曾将学问之道分为"比次之学""考索之学""独断之学"三种。所谓"比次之学"，类似史料的搜集与排比，"考索之学"类似史事的辨析与求真，"独断之学"类似史论的提出与建构。他说："高明者多独断之学，沉潜者尚考索之功。……若夫比次之书，则掌故令史之孔目，薄书记注之成格，其原虽本柱下之所藏，其用止于备稽检而供采择，初无他奇也。"[37]章学诚本人的治学方法则属于"独断之学"。"独断之学"的说法很独特。但章学诚之所以标榜"独断"，似乎有意为自己建立一道"防火墙"，预防有人将"独断"作为一个短处来攻击他。

章学诚《文史通义》开篇即说："六经皆史也。古人不著书，古人未尝离事而言理，六经皆先王之政典也。"[38]此四语可以说是全书的宗旨。并且此四语差不多都属于事实判断，而章学诚的特点是将事实判断作为价值判断来处理，这样做实际是有问题的。关于"六经皆史"与"六经皆先王之政典"，前面已经讨论，兹不赘述。

"古人不著书"，这是事实判断。由于上古之时文字未发明或发明不久，以及书写工具的落后，更由于先民对世界事物认识的粗浅等原因，是不可能著书的。虽然先民身上体现着筚路蓝缕的实践精神，但"不著书"并不值得后人效法。虽然后世学人埋头著书有其弊端，但不应用"古人不著书"来反对后人著书。

"古人未尝离事而言理"，从就事而言事，就事而言理，到"离事而言理"，实际是理论思维发展的必然过程。中国古人正因为"未尝离事而言理"，导致中国人的抽象逻辑思维不够发达。这是因为中国古人的学问往往与政治绑在一起，缺乏相对独立性，"离事言理"会使朝廷政治务虚不务实，从而导致国贫兵弱。解决之道，当将学术与政治松绑，使政治不过于依赖学术，学术不过于依赖政治，则各得所益。章学诚所说的"古人未尝离事而言理"，其所谓"事"，主要是指政事，若如此，则势必会使学术与政治更紧密地绑在一起，学术便很难独立发展，抽象的理论思维更难向深度发展。

章学诚"独断"论的思维方式，在其他许多地方也有表现，如《易教中》说：

> 孔仲达曰："夫《易》者，变化之总名，改换之殊称。"先儒之释《易》义，未有明通若孔氏者也。得其说而进推之，《易》为王者改制之巨典，事与治历明时相表里，其义昭然若揭矣。……卦气之说，虽创于汉儒，而卦序卦位，则已具函其终始，则疑大挠未造甲子以前，羲农即以卦画为历象，所谓天人合于一也。……作《易》之与造历，同出一源，未可强分孰先孰后。[39]

唐儒孔颖达，字冲远，后人有误"冲"为"仲"，误"遠（远）"为"達（达）"者，章学诚失考，是其学远较乾嘉诸儒为粗率。至于他将治《易》与治历相混淆，说"疑大挠未造甲子以前，羲农即以卦画为历象"，不仅毫无史料根据，而且可能导人误入歧途。

汉儒孟喜提出"卦气"说，将《周易》与历法节气相配，提出"六日七分"之说，即将《周易》六十四卦除去坎、离、震、兑四正卦外，其余六十卦按卦值日，一卦值六日八十分之七。这是将当时实测的一年日数 365.25 日，用 60 相除所得出的 $6+7/80(6.0875)$ 日的精确数值。由于"六日七分"之说与历法相密合，所以，自汉灵帝时刘洪的《乾象历》以至元代耶律楚材的《庚午元历》，诸"历家多主六日七分之术以推卦气"。其中著名的唐代僧人一行造《大衍历》时，也借鉴了孟喜的"六日七分"的治历方法。但是，孟喜将《周易》与历法相配合也带来很大的副作用。首先，《周易》自是《周易》，历法自是历法，两者本不相干。由于"六日七分"作为周天数 60 等份的精确性，使后世学者误以为天文历法从《周易》而生，因而在天文历法的复杂计算中，加入了诸如《周易》"天地之数""大衍之数"等不相干数值加以运算，长期影响了天文历法的进步与发展。直至元代郭守敬等人的《授时历》于公元1281年颁行以后，天文历法学家才完全抛弃《周易》的参数。如今，章学诚再次将《周易》与历法相联系、混淆，那便不是历史的进步，而是历史的退步。

在谈到《周易》与佛教的关系时，章学诚再次运用了他的"独断"论的研判方法，他说：

> 佛氏之学，来自西域，……其所言与其文字，持之有故而言之成理者，殆较诸子百家为尤盛。反覆审之，而知其本原出于《易》教也。盖其所谓心性理道，名目有殊，推其义指，初不异于圣人之言。其异于圣人之言者，惟舍事物而别见有所谓道尔。[40]

印度佛教于东汉传入中土，佛教在印度自有其发生的源头，它是由印度婆罗门教衍生出来的。没有证据表明此前它"原出于《易》教"。章学诚作此类断语，从不加以考证，完全出于他自己所标榜的"独断"。关于此点，我们无须与之纠缠辩驳。至于他说的佛学"舍事物而别见有所谓道"，正是佛学理论思维高度发达的一个表现，虽然这种理论思维未必表现出世俗价值，但对于人们理论思维的提高，并非没有帮助。其实，现代学术分类的"哲学"正有"舍事物而别见有所谓道"的特点。若认为此一特点不可容忍，中国将永无哲学门类了。

章学诚在论及西周的学官制度时说：

> 《周官》三百六十，具天下之纤析矣，然法具于官，

而官守其书。观于六卿联事之义，而知古人之于典籍，不惮繁复周悉，以为记注之备也。即如六典之文，繁委如是，太宰掌之，小宰副之，司会、司书、太史又为各掌其贰，则六典之文，盖五倍其副贰，而存之于掌故焉。其他篇籍，亦当称是。是则一官失其守，一典出于水火之不虞，他司皆得借征于副策。斯非记注之成法，详于后世欤？汉至元成之间，典籍可谓备矣。然刘氏《七略》，虽溯六典之流别，亦已不能具其官；而律令藏于法曹，章程存于故府，朝仪守于太常者，不闻石渠天禄别储副贰，以备校司之讨论，可谓无成法矣。汉治最为近古，而荒略如此，又何怪乎后世之文章典故，杂乱而无序也哉？[41]

章学诚的立论全部建立在《周礼》这部书上，故对《周礼》一书推崇备至，反复称引；并且《周礼》一书所未言者，也常任意引申发挥。前人对《周礼》一书之真伪多有质疑，汉儒林（临）孝存称其为"末世渎乱不验之书"[42]，何休称其为"六国阴谋之书"[43]，清代四库馆臣亦称《周礼》"于诸经之中，其出最晚，其真伪亦纷如聚讼，不可缕举"[44]。即使此书为真书，其书中又何曾说过"《周官》三百六十……官守其书"，典籍记注"不惮繁复周悉"，收藏"多存副策"，有详而有序的"记注之成法"云云。这些完全是章学诚的空想。至称"汉治最为近古，而荒略如此，又何怪乎后世之文章典故，杂乱而无序"，这种对比，不仅是章学诚"独断"论方法的主观虚构，也是其退化之历史观在作怪。在《文史通义》一书中，其退化论的历史观多有表现，如他说：

六典亡而为《七略》，是官失其守也。《七略》亡而

为四部，是师失其传也。《周官》之籍富矣。保章天文，
职方地理，虞衡理物，巫祝交神，各守成书以布治法，
即各精其业以传学术，不特师氏、保氏所谓六艺、《诗》
《书》之文也。[45]

在我们看来，从西周文献到汉代刘歆《七略》之书籍分
类，再到晋荀勖《中经簿》四部分类，正是文化发展的反映和
表现。失去的文化典籍固然可惜，新增的汗牛充栋的典籍并不
是文化的退步，而是文化的发展，大可不必厚古而薄今。

第五节　结语

在中国思想史上，对于有些思想家，该揄扬者反而有意贬
抑，以致长期"无人喝彩"。这种情况的发生，或者由于该思
想家的著作长期湮没，或者由于后世学人的立场、视角之不
同，如历史上的曹操、王安石、赵鹏飞、王充耘、梅鷟、王夫
之、陈确、戴震等人，其身后皆曾有此遭遇。所幸这种现象在
近现代思想史研究中已经得到了很好的纠正。但其中也不能排
除另一种情况，由于对某人长期揄扬、喝彩，形成了一种思维
定势，忽视了其中本应批评的内容。在笔者看来，对于章学诚
"六经皆史"论就属于这种情况。近代以来，章学诚"六经皆
史"论被加上了夺目的光环，学人不愿、也不敢去批判它，以
致造成了"无人批判"的极端。本章之作，并不意味对章学诚
的学术思想作全盘否定，而是要对前面揄扬太过的情况有所矫
正，并希望通过在这种揄扬、矫正的反复据量中给予其恰当的
评价。

注释：

［1］〔清〕章学诚著，仓修良编：《刻〈太上感应篇〉书后》，《文史通义新编》，上海：上海古籍出版社，1993年，第460页。

［2］［3］［4］［16］［19］［20］［21］［22］［24］［25］［26］［27］［28］［29］［31］［32］［33］［37］［38］［39］［40］［41］［45］〔清〕章学诚著，仓修良编注：《文史通义新编新注》北京：商务印书馆，2017年，第824，824，760，1，76，87，87，81，100，271，271，272，722，2—3，95，96，96，256—257，1，12—13，17，20—21，914页。

［5］赵彦昌：《"六经皆史"源流考论》，《社会科学战线》，2004年第3期。

［6］［15］〔元〕郝经：《经史论》，《陵川集》卷十九，《景印文渊阁四库全书》第1192册，台北：商务印书馆，1986年，第208—209，209页。

［7］〔元〕刘因：《叙学》，《静修续集》卷三，《景印文渊阁四库全书》第1198册，第684页。

［8］〔明〕潘府：《南山素言》，载《说郛续》第四，清刻本。

［9］〔明〕王守仁著，王晓昕、赵平略点校：《王文成公全书》，北京：中华书局，2015年，第12—13页。

［10］〔明〕何良俊：《史一》，《四友斋丛说》卷五，北京：中华书局，1959年，第41页。

［11］〔明〕王世贞著，罗仲鼎校注：《艺苑卮言校注》，济南：齐鲁书社，1992年，第32页。

［12］［36］〔明〕李贽：《焚书·续焚书》，北京：中华书局，2009年，第214，214页。

［13］［35］〔清〕顾炎武著，陈垣校注：《日知录校注》，合肥：安徽大学出版社，2007年，第156，156页。

［14］〔清〕袁枚：《随园随笔》卷二十四《诗文著述类》"古有

史无经"条,《袁枚全集新编》第 7 册,杭州:浙江古籍出版社,2015 年,第 459—460 页。

[17]〔汉〕许慎撰,〔清〕段玉裁注:《说文解字注》,上海:上海古籍出版社,1988 年,第 644 页。

[18]王国维:《经学概论·总论》,《王国维文集》第 4 卷,北京:中国文史出版社,1997 年,第 88 页。

[23][30][34]〔清〕章学诚著,叶瑛校注:《文史通义校注》,北京:中华书局,1985 年,第 951,141,122—123 页。

[42][43]〔汉〕郑玄注,〔唐〕贾公彦疏:《周礼注疏》,〔清〕阮元校刻:《十三经注疏》,北京:中华书局,2009 年,第 1371,1371 页。

[44]〔清〕永瑢等撰:《四库全书总目》,北京:中华书局,1965 年,第 149 页。

第五十四章
清中后期的礼、理之辨
—— 以凌廷堪礼学为轴心

第一节　清中叶官方学术方向的转变

从清军入关（1644）到乾隆二十年（1755）前后，清王朝已经统治了一百多年，此时清王朝的官方学术思想开始有了转变，即由推崇程朱理学逐渐改变为推崇汉代经学，进而推崇上古礼学。朝廷如此，学林也是如此。我们不能说这是由统治者刻意主导学术所致，也不好说是由于学者旨趣影响了统治者，而毋宁说在清代学术的发展推移中，上下互动形成了清代学术的样态。

满族贵族从边陲之地入主中原，其原有的文化本来落后于中原汉族文化。清王朝建立之初，统治者深讳"华夷之辨"，为了便于统治，清廷努力使满族文化融入先进的汉族文化，乃至同化于汉族文化。在此之前，程朱理学一直在思想界居于统治地位，康熙皇帝遂顺势在全国范围内倡尊程朱理学，以使天下思想重新纳入专制王朝的轨度之中。在康熙皇帝的主导下，纂修《性理精义》，刊定《性理大全》《朱子全书》，印发全国，广为传布。康熙五十一年（1712）特命朱熹作为配祀，升孔庙十哲之列，并在朝廷优礼重用程朱学派的大臣。程朱理学由此获得一时之盛。这一政策一直延续到乾隆初期，乾隆五年

（1740）十月上谕：

> 有宋周、程、张、朱子，于天人性命大本大原之所在，与夫用功节目之详，得孔、孟之心传，而于理欲公私义利之界，辨之至明，循之则为君子，悖之则为小人。为国家者由之则治，失之则乱，实有裨于化民成俗，修己治人之要。……朕愿诸臣研精宋儒之书，以上溯六经之闳奥。[1]

由此条上谕可见，乾隆皇帝对程朱理学完全持尊崇的态度。可是，当我们接着阅读《清实录·高宗实录》，发现于此十四年后乾隆皇帝对程朱理学的态度开始发生变化。乾隆十九年（1754）四月殿试诏制说：

> 人无一日不在理道中，本无理道之可名。自宋诸儒出，于是有"道学"之称。然其时尊德性、道问学，已讥其分途；而标榜名目、随声附和者遂借以为立名之地，而大道愈晦。今欲使先圣先贤之微言大义，昭如日星，学者宜何所致力欤？……夫为政不在多言，顾力行何如耳。[2]

在这一段话中，乾隆批评宋代道学家将"尊德性"与"道问学"分为两截。"尊德性"与"道问学"本由《礼记·中庸》提出，指成圣之路应循着道德和学问并进的路子。但从宋代朱、陆之辨看，朱熹承认"今子静所说专是尊德性之事，而熹平日所论却是问学上多了"[3]。陆九渊反讥说："既不知尊德性，焉有所谓道问学？"[4]而所谓"标榜名目"，亦见于陆九渊对朱熹的批评："此道本日用常行。近日学者却把作一事，张大虚声，名过于实，起人不平之心，是以为'道学'之说者，必为人深排力诋。"[5]引用这些资料，并不是说乾隆皇帝是站在陆九渊的立场上，而在于说明将"尊德性"与"道问学"分途，以及标榜名目，已经是程朱学派之外的学者共识。

宋代程颐、朱熹等人兴起"道学"，依托当时兴起的书院掀起讲学之风，这些学者宣扬"道统"，试图以此来压制帝王的"治统"，并且常常自居"王者之师"来"正君之心"。宋明时期的皇帝对此多能涵容、接受。清代理学家试图接续这一传统，但遭到了清代统治者的残酷镇压。最典型的例子是尹嘉铨为其父尹会一请谥，并请将其父从祀孔庙，乾隆皇帝非但未答应，还将尹嘉铨处以斩绝，其罪名竟是"不以朋党为非，又袭讲学家自重之习。学孟子'为王者师'之说"[6]。此后，乾隆皇帝为了强化专制君权，刻意打压理学。

其实，从清初开始，顾炎武、傅山、毛奇龄、颜元、李塨等人就曾批判理学，但由于他们的学说只在私下传授，影响并不很大，而那时由于程朱理学曾得到统治者强有力的扶持，所以仍然稳稳居于学术的统治地位。自从乾隆皇帝开始厌恶、打压理学，那情况就有所不同了。

然而问题在于，一个流行了数百年的程朱理学思想体系，一旦被束之高阁，那应该以一种什么样的思想体系来取代它呢？学者一时建构不出像样的思想体系，无论在统治者那里，或是学者那里，都难免有某种深深的焦虑。

乾隆时期，朝廷通过建立三礼馆、四库馆试图对传统文化进行重新整理和诠释，引导学者在经学和礼学的研究上下功夫。乾隆皇帝登基时（1736）就曾明确表示说："五经乃政教之源，而《礼经》更切于人伦日用。"[7]十二年后（1748）又说："夫礼之所为，本于天，殽于地，达之人伦日用，行于君臣、父子、兄弟、夫妇、朋友之间，斯须不可去者。……故言

礼者，惟求其修道设教之由，以得夫礼之意而已。顾其教之不泯，道之所由传，未尝不赖于经。"[8]凌廷堪出生于乾隆二十年，那时及以后的学术氛围，就是积极开拓经学和礼学的研究。清代中后期的礼学研究就是在此一背景下形成的。

第二节　凌廷堪的礼学与礼、理之辨

凌廷堪（约1755—1809），字次仲。原籍安徽歙县，后随其父迁往江苏海州板浦（今江苏灌云县）定居。六岁时，父病故，家贫。少年以"佣书"为养，以笔耕成学，积久遂工于诗文，并开始研习经书，同仁劝阻他："是学甚难，不若诗文之易见长也。是学甚朴，不若诗文之华而悦俗也。"[9]凌廷堪不以为然。以为："未通一艺，而自命为文人，亦文人之羞也。"[10]二十八岁时客居京师，受翁方纲（1733—1818）赏识，劝以学时文，应科举。乾隆五十四年（1789）中举人，次年中进士，时年三十五岁，授安徽宁国府教授。卸任后，分别主讲扬州敬亭、徽州紫阳等书院。阮元出任浙江巡抚，聘他为塾师，不久病逝。

凌廷堪少困饥寒，益自淬励，勤苦向学，成为清代出类拔萃的学者。他于经史、诗文、乐律、天文、算学、训诂、校勘诸学皆堪称一流，而尤精通礼学，所著《礼经释例》十三卷，发凡起例，一以贯之，成为乾嘉时期礼学研究的代表作。又作《复礼》上、中、下三篇，提出唯礼至上的学术主张，为当时学者所推重，江藩曾以"一代礼宗"称誉之[11]。

（一）凌廷堪所著《礼经释例》

儒家有些经典，原文本身很难读，如《周易》《春秋》《仪礼》等经典便是如此。而一些经学家反复研读，通过研究其书"义例"的方式来寻找其中的规律性。所谓"义例"，就是著书的主旨和体例，而像《周易》《春秋》《仪礼》这些书只留下经文，不能确知其作者是谁，也未有说明其书主旨和体例的文字，学者遂经历若干年反复寻绎、排比的功夫，来为其书建立义例。一部经典总有其著书的义例，找到了其著书的义例，也就找到了研读和理解经典的锁匙和门径。道理虽是如此，但寻绎经书义例的工作极为艰难，因而成功者甚少。在《春秋》一经上，最为成功的应该是赵汸的《春秋属辞》，而在《仪礼》一经上，最为成功的则是凌廷堪的《礼经释例》。

《仪礼》一书，古称难读。唐代韩愈《读〈仪礼〉》说："余尝苦《仪礼》难读，又其行于今者盖寡，沿袭不同，复之无由，考于今，诚无所用之。"[12]这说明，《仪礼》一书至少在唐代人们已经不去研习了。南宋朱熹晚年著《仪礼经传通解》，以《仪礼》为本，而取大、小戴《礼记》及诸经史书言礼之文，分别类目，附之于下。朱熹曾自豪地说："前贤常患《仪礼》难读，以今观之，只是经不分章，记不随经，而注疏各为一书，故使读者不能遽晓。今定此本，尽去此诸弊，恨不得令韩文公见之也。"[13]其实，朱熹所做的工作只是汇聚材料、分类标目，并没有研究分析《仪礼》一书本身的义例。

《仪礼》是讲礼仪制度和程式的书。它关涉先秦时期的冠礼、婚礼、丧礼、祭礼、饮酒礼、射礼、燕享礼、聘礼、觐礼等，其中讲到当时各种礼器，以及种种礼节的程式，非常繁缛，后人"骤阅之，如治丝而棼"。在凌廷堪看来，《仪礼》之真正难读，在于读者不明其"经纬途径"，这个"经纬途径"就是义例。他说：

> 《仪礼》十七篇，礼之本经也。其节文威仪，委曲

繁重。骤阅之，如治丝而棼，细绎之，皆有经纬可分
也；乍睹之，如入山而迷；徐历之，皆有途径可跻也。
是故不得其经纬途径，虽上哲亦苦其难；苟其得之，中
材固可以勉而赴焉。经纬途径之谓何？例而已矣……
不会通其例一以贯之，只厌其胶葛重复而已耳，乌睹所
谓经纬途径者哉！[14]

然而在凌廷堪之先，江永和杭世骏也曾试图研寻《仪礼》
的义例，但都没有成功。凌廷堪在《礼经释例序》论述《礼经
释例》一书的编撰过程时，提到了江永和杭世骏，他说：

乾隆壬子（1792），乃删芜就简，仿杜氏之于《春
秋》，定为《礼经释例》。已而闻婺源江氏有《仪礼释
例》，又见杭氏《道古堂集》有《礼例序》，虑其雷同，
辍而弗作者经岁。后检《四库书存目》，载《仪礼释例》
一卷，《提要》云："江永撰。是书标目释例，实止《释
服》一类，寥寥数页，盖未成之书。"复考杭氏《礼例
序》，又似欲合《周礼》《仪礼》而为之者……然则江氏、
杭氏皆有志而未之逮也。[15]

凌廷堪所作《礼经释例》十三卷，"区为八类：曰通例，
上下二卷；曰饮食之例，上中下三卷；曰宾客之例，一卷；
曰射例，一卷；曰变例，一卷；曰祭例，上下二卷；曰器服
之例，上下二卷；曰杂例，一卷。共为卷十三"[16]。凌廷堪
将《仪礼》中的礼例，进行了全面的清理、归纳、会通，得
《仪礼》通例四十例，饮食例五十六例，宾客例十八例，射例
二十一例，祭例三十例，器服例四十例，杂例二十一例，共
二百四十六例。凌廷堪的工作，就是在不同的礼仪中去发现

那些相同的礼节，如"乡饮酒""乡射""燕礼""大射"等礼仪虽然各不相同，但是其为"献酢酬旅酬无算爵"之例则完全相通。又如聘礼、觐礼不同，但是其为"郊劳""执玉""行享""庭实"之例则相同。再如"特牲""馈食""少牢"诸礼不同，但是其中为"尸板""主人初献""主妇亚献""宾长三献""祭毕饮酒"之例也相同。此外如"乡射""大射"不同，但是其中为"司射""诱射""初射""不释获再射""释获饮不胜者、三射以乐节射饮不胜者"之例也相同。发现这些相同部分，并对之加以解释说明，那《仪礼》其余的部分也就容易读通了。所以钱大昕称誉《礼经释例》一书说，"尊制一出，学者得指南车矣"[17]。

（二）"舍礼无学""舍礼无教""舍礼无道"

中国数千年的学术发展史，大体表现出这样一种规律：衰世时期，人们忧患意识强烈，百家争鸣，各抒己见，因而多产生思想家；盛世时期，政治思想定于一尊，学者为了避祸，专心于纯粹学术，因而多产生学问家。凌廷堪所处之时代，正是历史上所称之"乾嘉盛世"，此一时期，的确产生了许多擅长考证的学问大家，但若论及思想的多样性和体系性，则乏善可陈。这种情况引起一些学者的焦虑，希望有所振作，力挽颓势。凌廷堪说：

> 近之学者，多知崇尚"汉学"，庶几古训复申，空言渐绌，是固然已。第目前侈谈康成，高言叔重者，皆风气使然。……浮慕之者，袭其名而忘其实，得其似而遗其真。读《易》未终，即谓王、韩可废；诵《诗》未竟，即以毛、郑为宗；《左氏》之句读未分，已言服虔胜杜预；《尚书》之篇次未悉，已云梅赜伪古文。甚至挟许

慎一编，置九经而不习，忆《说文》数字，改六籍而不疑。不明千古学术之源流，而但以讥弹宋儒为能事，所谓天下不见学术之异，其弊将有不可胜言者。[18]

凌廷堪并不是否定清代那些大学问家如顾炎武、阎若璩、惠栋等人的学术成就，而是批评当时学人随声附和、人云亦云的风气。而他所作的是驾汉、宋儒者而上之，试图恢复西周时期的礼乐文明，因而提出"舍礼无学""舍礼无教""舍礼无道"的主张。他说：

> 夫人之所受于天者，性也。性之所固有者，善也。所以复其善者，学也。所以贯其学者，礼也。是故圣人之道，一礼而已矣。……因父子之道而制为士冠之礼，因君臣之道而制为聘觐之礼，因夫妇之道而制为士昏之礼，因长幼之道而制为乡饮酒之礼，因朋友之道而制为士相见之礼。自元子以至于庶人，少而习焉，长而安焉。礼之外，别无所谓学也。[19]
>
> 圣人舍礼无以为教也。[20]
>
> 若舍礼而别求所谓道者，则杳渺而不可凭矣。……盖道无迹也，必缘礼而著见。[21]
>
> 夫舍礼而言道，则空无所附；舍礼而复性，则茫无所从。盖礼者，身心之矩则，即性道之所寄焉矣。[22]

凌廷堪不仅于五经中特别凸显礼经，并于所谓"三礼"之学中，只认同《仪礼》是礼经，不认同《周礼》和《礼记》是礼经，他说：

> 以《仪礼》一经，在汉与《易》《书》《诗》《春秋》

并列为五。《史记·儒林传》《汉书·艺文志》皆以此
书为礼经。后人不曰《礼经》，而曰《仪礼》者，犹之
《易》曰《周易》、《书》曰《尚书》也。若《周官》则
另为一书，《汉·志》附于礼家者，亦如《逸周书》附
于《书》，《战国策》附于《春秋》，非礼之本经也。至
于二戴氏之《记》，乃章句之余，杂记说礼之言，互相
引证，不但非礼之经，且与传注有间，盖犹《易》之有
《京房易传》，《书》之有《伏生大传》，《诗》之有《韩
诗外传》，《春秋》之有外传《国语》而已。……自范蔚
宗有"三礼"之称，而经传不分。后儒弇陋，束之不观，
六籍遂阙其二（《乐经》本亡），心窃惑焉。今拟区其门
类，为《礼经释例》一书。[23]

西周文化的核心是礼乐文明，凌廷堪所言有其道理，西周
以后，如果说中国文化的发展一直贯穿"礼"的思想也并无大
错。但凌廷堪上述类似"舍礼无学""舍礼无教""舍礼无道"
的言论，似乎给人一种印象：中国学问，一礼足矣，一部《仪
礼》足矣。这就陷入了狭隘主义，也难以服学人之心。其实，
中国之学问有极大的包容性，不仅包容了先秦诸子百家之学，
也包容了佛老之学，还包容了近代西方学术。正如钱穆先生所
批评的："次仲十年治礼，考核之精，固所擅场，然必装点门
户，以'复礼'为说，笼天下万世之学术，必使出于我之一
途，夫岂可得！"[24]凌廷堪的"舍礼无学""舍礼无教""舍
礼无道"的主张，或可概括为"唯礼主义"。这是当时学术界
思想贫瘠的表现，其时学者（包括凌廷堪）为此而焦虑，思有
所振作而耕耘之，而此时在这块贫瘠土地上却很难收获丰硕的
果实。

（三）礼、理之辨

"礼"的初义是祭祀神明的仪式，许慎《说文解字》解释说："礼，履也，所以事神致福也，从示，从豊。"段玉裁注："礼有五经，莫重于祭，故礼字从示。豊者，行礼之器。"[25]后来"礼"的意义引申、扩大，成为先秦时期一个极为重要的观念，几乎类似于现代人所说的文化、文明的概念。

而关于"理"的字义，《说文通训定声》解释说："治玉也，顺玉之文而剖析之。"[26]认为"理"字的本义是加工雕琢玉石。后来引申为关于事物的规律、社会的理论等，孟子说："理义之悦我心，犹刍豢之悦我口。"（《孟子·告子上》）《周易·说卦传》："穷理尽性，以至于命。"

这样看来，"礼"与"理"原本是不甚相关的两个字，但是古人习惯于以谐音的方式解字。因为"礼""理"二字谐音，所以古人尝试将两字联系起来加以训释，并在训释中不断引申其义。这种训释工作应该从先秦时期就已经开始了。

《礼记·乐记》说："礼也者，理之不可易者也。"《荀子·乐论》中也有同样的话。此语是说"礼"具有不可改易、天然合理的性质。《管子·心术》曰："礼者，因人之情，缘义之理，而为之节文者也。故礼者，谓有理也。理也者，明分以谕义之意也。故礼出乎义，义出乎理，理因乎宜者也。"这是说"礼"是依据人情和公义制定的，故"礼者，谓有理也"。要之，此时之"理"尚不构成独立的观念，而只是表示有合理性的意思。

到了宋代，程颢将"理"字作为最高的哲学概念，称"吾学虽有所受，'天理'二字却是自家体贴出来"[27]，宋代理学家为了建立以"理"（或称"天理"）为道德本体的思想体系，"理"也便成了"礼"的本体和根据。张载说："礼者，理也。须是学穷理，礼则所以行其义。知理则能制礼，然则礼出于理之后。"[28]二程说："视听言动，非理不为，即是礼。礼即是理也。"[29]朱熹说："礼即天之理也。"[30]又说："礼者，天理之节文，人事之仪则。"[31]按照张载、二程、朱熹等人的理解，"理"是在先者，"礼"（关于视听言动的行为规范）出于"理"，是根据"理"来制定的。一切人间伦理都在"天理"的笼罩中。这样一来，"理"统一切，"礼"从属于理。这就把"理"与"礼"的关系变成了主从关系。这种理解就把先秦的礼学加以理学化的解释了。这种理解的问题在于，一是把"理"绝对化，将本来关于事物之理的认识论问题作为本体论来处理了。表面上看似给礼学戴上了"天理"的桂冠，实际上使"礼"的原有的崇隆地位无形中降低了。二是理学家对"理气心性"等所谓本体问题的研究，花了过多的精力，因而忽视了"礼"的现实性和践履性。

　　这种情况遭到了清代学者的批判。李塨在《论语传注问》中指出："'理'字则圣经甚少，《中庸》'文理'与《孟子》'条理'同，言道秩然有条，犹玉有脉理……今乃以理代道，而置之两仪人物之前，则铸铁成错矣！"[32]乾隆时期的戴震认为："理者，察之而幾微，必区以别之名也，是故谓之分理；在物之质，曰肌理，曰腠理，曰文理；得其分，则有条而不紊，谓之条理。"[33]依李塨、戴震之意，"理"并不是一种本体性的存在，应该将这种所谓本体存在的"理"从学术体系中剥离出去。

　　凌廷堪的《复礼说下》索性将"礼""理"之辨归结为儒释之辨，以为儒者习言"礼"，而释氏习言"理"，因而在此篇中有许多过激的言论，如他说：

　　　　《论语》记孔子之言备矣，但恒言"礼"，未尝一言及"理"也。

夫《论语》，圣人之遗书也。说圣人之遗书，必欲舍其所恒言之礼，而事事附会于其所未言之理，是果圣人之意邪？后儒之学本出于释氏，故谓其言之弥近理而大乱真，不知圣学礼也，不云理也。[34]

《论语》言"礼"不言"理"，是一个事实。但先秦儒家文献如《周易》《孟子》《荀子》《礼记》等皆有言"理"之材料，不能以《论语》一书代替儒家全部文献。这种论述方式不免以偏概全。凌廷堪又说：

彼释氏者流，言心言性，极于幽深微眇。……圣人之道不如是也，其所以节心者，礼焉尔，不远寻夫天地之先也；其所以节性者，亦礼焉尔，不侈谈夫理气之辨也。[35]

这段话实际是对宋明理学的批判。先秦儒家以礼节心、以礼节性也是事实，这属于心性修养工夫问题。宋儒对之有所忽略，可以批评。但宋儒关于"天地之先""理气之辨"的讨论，关乎人们对世界本原的认识，这对于学术的发展是有重要意义的。若对此也加以抨击，就走向了另一个极端。可能凌廷堪《复礼说下》过于偏激，阮元在收凌廷堪著作入《学海堂经解》时，剔去了此篇。但凌廷堪这一思想是一贯的，在其著述的其他地方仍可看到，如其《好恶说下》也有相类似的思想，而且说得更为充分：

《论语》及《大学》皆未尝有"理"字，徒因释氏以理事为法界，遂援之而成此新义。是以宋儒论学，往往理事并称。其于《大学》说"明德"曰"以具众理而应万事",说"至善"曰"事理当然之极",说"格物"曰"穷至事物之理";于《中庸》说"道也者"曰"道者,日用事物当然之理"。其宗旨所在,自不能掩。又于《论语》说"知者"曰"达于事理",说"仁者"曰"安于义理"……无端于经文所未有者,尽援释氏以立帜。其他如"性即理也""天即理也",尤指不胜屈。故鄙儒遂误以"理学"为圣学也。[36]

这就直接点名批判"理学"了。在凌廷堪看来,宋儒关于理事概念的提出,以及理与事关系的理论,看似新义迭出,实际不过是佛学的改头换面。因此他进一步指出:"宋儒最喜言《学》《庸》……而归心释氏,脱口即理事并称,体用对举。不知先王制礼,皆所以节民之性,好恶其大焉者也,何必舍圣人之言而他求异学乎!"[37]所以,凌廷堪讲礼学,一定要剥离宋儒加在礼学之上的所谓本体之"理",使礼学恢复其现实性与践履性,成为"节民之性"的有效工具和手段。凌廷堪对宋儒的批判不免矫枉过正,他在论述中认为"礼"即一切,具有强烈的排他性,以致完全反对对"理"的概念的援引和使用。而"理"的概念的发明与运用,实际上对于中华民族理论思维的提高是有帮助的。如果中华民族理论思维只能停留在先秦时期儒家的水平,而不能吸收其他理论,那中华民族理论思维将如何发展呢?对此,钱穆先生评论说:

　　若谓其字来自释氏,即谓其学乃释氏之学,则"道"字见于《老》《庄》,儒家即不得言"道","理"字见于佛书,儒家即不得言"理"。治汉学者,欲专以一"礼"字代之,其事不可能。且宋学与释氏虽同言"理",同言"体",其为学精神途辙固非无辨。若必以

考核为义理，即以用字之同，证其学术之无异，排宋入释，夺儒归"礼"，如次仲所云云，乃亦仍有未得为定论者。[38]

其实，若细究之，先秦儒家也曾言"理"，如上引《礼记·乐记》的材料即讨论过"礼"与"理"的关系。凌廷堪只援引《论语》《大学》的材料，不无隐匿证据之嫌。况且天下公理，本非一家所独知，佛家所认识的理与事的关系，儒家也会有认识。世界甚大，若故步自封，岂非如蜗牛般蜷缩于介壳之中？

第三节　晚清黄式三、黄以周父子对凌廷堪的批评

一种学术如果有所偏颇，并影响于学术界，必有后起者矫正之，而矫正者也应是学殖深厚的学问家。凌廷堪对于理学乃至对"理"字的反感和决绝态度，便遭到了后来者的批评。批评者便是黄式三、黄以周父子。

黄式三（1789—1862），定海（今浙江舟山）紫微乡人，字薇香，号儆居。道光十二年（1832）贡生，平生以著述为乐，精研《论语》，著有《论语后案》，此书为论语学史上的重要著作。晚好礼学，著有《复礼说》《崇礼说》《约礼说》等。

黄以周（1828—1899），黄式三之子，字元同，号儆季，清同治九年(1870)举人，光绪十四年（1888）赐内阁中书衔。后任南菁书院讲席达十五年之久，撰有《礼书通故》，于《仪礼》《礼记》《周礼》中有疑义的名物制度加以辨析考证，成为研究三《礼》之学的重要文献，俞樾评价此书说："洵足究天人之奥，通古今之宜，视秦氏（蕙田）《五礼通考》博或不及，

精则过之。"[39]黄著为考证古代礼书名物制度之书，"究天人之奥，通古今之宜"云云，未免溢美。

清代自惠栋著《易汉学》，标榜"汉学"名目，汉学与宋学渐生门户之见，而至惠栋再传弟子江藩著《汉学师承记》《宋学渊源记》二书，汉学、宋学遂呈水火不容之势，凌廷堪的礼学正是汉学鼎盛时期的产物。汉学、宋学相互对峙的形势并没有持续下去。黄式三晚于凌廷堪三十余年，而此时学术思潮已开始转向汉宋调和，黄式三正是此一思潮的先导者，他说："经无汉、宋，曷为学分汉、宋也乎？自明季儒者疏于治经，急于讲学，喜标宗旨，始有汉学、宋学之分。"[40]黄式三将汉、宋学之分归咎于明末儒者"喜标宗旨"的习气，其实真正树立汉学、宋学门户的正是清代学者。黄式三又提出："士苟志学，何不取汉、宋之所长者兼法之也邪？"[41]其子黄以周也提出："祛汉学之琐碎而取其大，绝宋学之空虚而核诸实。"[42]

在试图重新沟通汉学、宋学的主导下，黄式三开始反省凌廷堪"舍礼无学"、完全排斥理学的思想，他说：

> 凌次仲教授《礼经释例》首以《复礼》上、中、下，其下篇云："仁不能舍礼但求诸理。"又云："求诸理，必至于师心。"又云："圣学，礼也，不云理也。"此因儒者舍礼言理，指心之微而难见者以为幽妙，有激而言，矫枉过正。甲午四月望后跋凌氏书已言之，但未详耳。阮刻凌书，径删下篇，不如驳而存之。[43]

在传统文化中，事物之"理"已经是一个常用词，其中包含条理、秩序、规律之意。研究客观事物的条理、秩序、规律，应是学者的本分和职能。若说求"理"，一定会"师心"

自用，那人们将永远不可能求得事物的客观规律；若说"圣学"不言"理"，那只限于《论语》《大学》等少数经典，其他儒家经典也还是言"理"的。黄式三批评凌廷堪"有激而言，矫枉过正"，当然是正确的。

进而，黄式三以及其子黄以周重新将"礼学"与"理学"联结起来，黄式三说："礼者，理也。古之所谓穷理者，即治礼之学也。"[44]黄以周说："圣门之学者，重约礼。礼者，理也。……古人论学，详言礼而略言理，礼即天理之秩然者也。……故考礼之学，即穷理之学。"[45]后来缪荃孙又将黄以周"考礼之学，即穷理之学"的意见概括为"礼学即是理学"。今日学者也以此语作为黄以周的礼学思想。不过，笔者认为，黄式三、黄以周、缪荃孙所论皆不甚周延，下面作一分析。

第一，"穷理"一语较早出现于《周易·说卦传》中："穷理尽性，以至于命。"孔颖达疏解"穷理"二字是"穷极万物深妙之理"[46]，并未作深入发挥。南宋朱熹作《格物致知补传》，其中说："所谓致知在格物者，言欲致吾之知，在即物而穷其理也。"[47]传统儒学有一套伦理学的系统理论，而无知识论的系统理论。朱熹哲学以"格物致知"为宗旨，开出了知识论向度的新学脉，他所谓的"格物穷理"，不仅包括伦理学意义上的"穷理"，更包括知识论意义上的"穷理"，所谓"一草一木，亦皆有理"[48]。因为朱熹讲的"格物穷理"在某种意义上与明末西方传来的科学追求目标比较接近，所以当时徐光启等人遂以"格物穷理之学"界定利玛窦等西方传教士带来的西方科学。[49]

但是，黄式三所讲的"穷理者，即治礼之学也"，只把"穷理"限制在"治礼之学"。黄以周反过来说"考礼之学，即穷理之学"，"考礼之学"固然可以包括在"穷理之学"之内，但"穷理之学"并不限于"考礼之学"，它还包括对天地万物之理的探索和追求。虽然黄式三、黄以周对凌廷堪绝对排斥理学乃至"理"字的观念有所驳正，但他们自己的理论见解也是有局限的。

第二，缪荃孙以"礼学即是理学"来概括黄以周的礼学思想，乃是套用清初顾炎武"经学，理学也"之语。顾炎武曾说："愚独以为'理学'之名，自宋人始有之。古之所谓理学，经学也，非数十年不能通也。……今之所谓理学，禅学也，不取之五经而但资之语录。"[50]关于这段话，学者有不同的理解和解释。依笔者之见，顾炎武所说的"理学"，是按字面意思理解为"讲道理的学问"，在他看来，古代儒家"讲道理的学问"即是经学，因为"经以载道"，经典承载着道理。而"今之所谓理学"，指的是宋元明清的"理学"，这种理学"不取之五经而但资之语录"，其实质是"禅学"。后人或将顾炎武的主张简单概括为"经学即理学"。必须说明，这句话并不是说汉唐的经学即是（或等于、通于）宋明理学，顾炎武并没有这个意思。黄以周本人了解顾炎武这段话，他说："经以载道，经学即是理学，经学外之理学为禅学，读《日知录》可会之。"[51]应该说，黄以周对顾炎武之语的理解是准确的。缪荃孙因而概括说："先生以经学为理学，即以礼学为理学。顾氏之训，至先生而始阐。"[52]黄以周自己并未提出"礼学即是理学"的论断。此一论断是缪荃孙加给黄以周的，不仅没有表彰黄以周，反而矮化了黄以周。

清代如王夫之、颜元、戴震等人的哲学思想是可以载之史册而无愧的，但他们在清代学者中属于少数。就清代大多数学者而言，学术性强而思想性差。清儒中，凌廷堪、黄式三、黄以周皆学问之大家。凌廷堪试图建立一种"唯礼主义"的思想体系，但其绝对排斥理学乃至"理"的观念，太过偏激，以致时人难以接受。黄式三、黄以周继起而矫正之，提出"穷理者，即治礼之学""考礼之学，即穷理之学"的理念，虽然重新将"礼"与"理"加以联通，但论断有欠周延。学术性强而思想性差，这或许是清代多数学者的宿命。

注释：

［1］中华书局影印：《清实录·高宗实录》（二），北京：中华书局，1986 年，第 876 页。

［2］中华书局影印：《清实录·高宗实录》（六），北京：中华书局，1986 年，第 988—989 页。

［3］［13］［31］〔宋〕朱熹撰，朱杰人、严佐之、刘永翔主编：《朱子全书（修订本）》第 23 册《晦庵朱文公先生文集》，上海：上海古籍出版社；合肥：安徽教育出版社，2002 年，第 2541，2550，2894 页。

［4］［5］〔宋〕陆九渊著，钟哲点校：《陆九渊集》，北京：中华书局，1980 年，第 400，437 页。

［6］转引自孟森：《明清史讲义》，北京：商务印书馆，2011 年，第 685 页。

［7］中华书局影印：《清实录·高宗实录》（一），北京：中华书局，1986 年，第 501 页。

［8］清乾隆十二年敕撰：《钦定皇朝文献通考》卷 214，《景印文渊阁四库全书》第 637 册，台北：商务印书馆，1986 年，第 58 页。

［9］［10］［11］［14］［15］［16］［17］［18］［19］［20］［21］［22］［23］［34］［35］［36］［37］〔清〕凌廷堪：《校礼堂文集》，北京：中华书局，1998 年，第 269，269，3，241—242，242—243，243，4，206，27，30，30，76，198，31—32，31，142，143 页。

[12]〔唐〕韩愈撰,〔宋〕魏仲举集注,郝润行、王东峰整理:《五百家注韩昌黎集》,北京:中华书局,2019 年,第 704 页。

[24][38]钱穆:《中国近三百年学术史》,北京:商务印书馆,1997 年,第 547—548,551—552 页。

[25]〔汉〕许慎撰,〔清〕段玉裁:《说文解字注》,上海:上海古籍出版社,1988 年,第 2 页。

[26]〔清〕朱骏声:《说文通训定声》,北京:中华书局,1984 年,第 190 页。

[27][29]〔宋〕程颢、程颐著,王孝鱼点校:《二程集》,北京:中华书局,2004 年,第 424,144 页。

[28]〔明〕胡广等:《性理大全书》卷六十六《治道一》,《景印文渊阁四库全书》第 711 册,第 443 页。

[30]〔宋〕朱熹撰,朱杰人、严佐之、刘永翔主编:《朱子全书（修订本）》第 6 册《四书或问》,第 799 页。

[32]徐世昌等编纂,沈芝盈、梁运华点校:《清儒学案》卷十三《恕谷学案》,北京:中华书局,2008 年,第 624 页。

[33]〔清〕戴震撰,杨应芹、许伟奇主编:《戴震全书（修订本）》第 6 册,合肥:黄山书社,2010 年,第 149 页。

[39]〔清〕俞樾:《礼书通故·序》,载黄以周:《礼书通故》,中华书局,2007 年,第 2 页。

[40][41][43]〔清〕黄式三著,程继红、张涅主编:《黄式三全集》第 5 册,上海:上海古籍出版社,2014 年,第 73-74,351,24 页。

[42][45][51]〔清〕黄以周著,詹亚园、韩伟表主编:《黄以周全集》第 10 册,上海:上海古籍出版社,2014 年,第 567,498—499,661 页。

[44]黄家岱:《嬹艺轩杂著》卷下《礼记笺正叙》,光绪二十一年刻本。

［46］〔魏〕王弼、〔晋〕韩康伯注，〔唐〕孔颖达等正义：《周易正义》，〔清〕阮元校刻：《十三经注疏》，北京：中华书局，2009年，第93页。

［47］〔宋〕朱熹：《四书章句集注》，北京：中华书局，1983年，第6页。

［48］〔宋〕黎靖德编，王星贤点校：《朱子语类》，北京：中华书局，1986年，第396页。

［49］徐光启《泰西水法序》称：泰西之教"其绪余更有一种格物穷理之学，凡世间世外、万事万物之理，叩之无不河悬响答，丝分理解；退而思之，穷年累月，愈见其说之必然而不可易也。"（参见朱维铮、李天刚主编：《徐光启全集》第5册，上海：上海古籍出版社，2010年，第290页。）

［50］〔清〕顾炎武：《亭林文集》卷三《与施愚山书》，《顾炎武全集》第21册，上海：上海古籍出版社，2011年，第109页。

［52］转引自杨峰，张伟著：《清代经学学术编年》，南京：凤凰出版社，2015年，第963页。

第五十五章
从全面批判到强势回潮

——清初至清中叶象数易学的发展脉络

　　清初皇帝喜好钦定和御纂经典的注本，形成了一批以"御撰""御纂""御注""御制"为名的经典文献，奠定了清代庙堂经学的基础。《周易》方面，有李光地奉敕主持编纂的《周易折中》，又名《御纂周易折中》，以折中程颐、朱熹两家易注为主，而偏主朱熹易学。朱熹易学兼容义理易学与北宋刘牧、邵雍等人的图书易学，而图书易学本质上属于象数易学。相反，民间则掀起一股以批判宋代图书易学为主、兼及批判朱熹易学的强大思潮，代表人物有黄宗羲、黄宗炎、顾炎武、毛奇龄、朱彝尊、胡渭等。最初引领这一思潮的是明末清初的黄宗羲，其《易学象数论》不仅率先批判宋儒以后的图书易学，更上溯汉代，将儒、道二家象数易学一一廓清。作者以"易学象数论"命名，隐喻对《周易》象数学体系的总结性批判。进入清中叶，汉学复兴，或极力推求恢复汉易，唯汉学是从；或进一步阐发，形成了所谓的汉学易的创新派。前者以张惠言为代表，后者以焦循为代表，使早已成为断港绝潢的汉代象数易学响起强势回潮的涛声。

　　清初至清中叶的易学研究，多以归纳总体发展趋势为重点，如朱伯崑就以"道学的终结和汉易的复兴"看待清代易学[1]，林忠军、张沛、赵中国等著《清代易学史》也对清代易学进行了大篇幅的呈现，林忠军等学者将清朝前期易学归纳为："清初宋学衰落与易学辨伪之学兴""清中期（乾嘉）汉易复兴和重建期。"[2]至于对黄宗羲、惠栋、张惠言、焦循等人易学成就的研究，更是不胜繁荣，成果斐然，但诸家研究多以个案的全面细致描述与呈现为主。故而，笔者拟立足于经学发展的历史，从经学价值的视角，以黄宗羲、惠栋、张惠言、焦循等清代著名象数易学研究者为代表，来呈现清初至清中叶象数易学由全面批判到强势回潮的发展脉络。

第一节　清初黄宗羲对象数易的清算与总结

《易学象数论》是黄宗羲全面批判和总结象数易学的代表作，也是他对《周易》象数学的一次清算。四库馆臣评价此书说：

> 前三卷论《河图》、《洛书》、《先天》、方位、纳甲、纳音、月建、卦气、卦变、互卦、筮法、占法，而附以所著之《原象》为内篇，皆象也。后三卷论《太玄》、《乾凿度》、《元包》、《潜虚》、《洞极》、《洪范》数、《皇极》数，以及《六壬》《太乙》《遁甲》，为外篇，皆数也。大旨谓圣人以象示人：有八卦之象、六爻之象、象形之象、爻位之象、反对之象、方位之象、互体之象，七者备而象穷矣。后儒之为伪象者：纳甲也，动爻也，卦变也，先天也，四者杂而七者晦矣。故是编崇七象而斥四象。而七者之中又必求其合于古，以辨象学之讹。又，《遁甲》《太乙》《六壬》三书，世谓之"三式"，皆主九宫以参详人事。是编以郑康成之"太乙行九宫法"

证《太乙》，以《吴越春秋》之占法、《国语》泠州鸠之
对证《六壬》，而云后世皆失其传，以订数学之失。其
持论皆有依据，盖宗羲究心象数，故一一洞晓其始末，
因而尽得其瑕疵，非但据理空谈不中窾要者比也。[3]

这是说黄宗羲并非笼统地谈论易学象数学，在他那里，象
是象，数是数。易学本来是讲"象"的，其论"象"包括七个
方面，即：八卦之象、六爻之象、象形之象、爻位之象、反
对之象、方位之象、互体之象。超出这个范围，如后儒所讲
的"纳甲""动爻""卦变""先天"等一卦变为他卦，以及踵
事增华、凭空增添的许多卦爻象，皆予以摒除。至于"数"的
方面，属于江湖术数类的六壬、太乙、遁甲之法，则考证其原
始起因，及古法失传，以为后世所言者皆妄诞失据。黄宗羲颇
具理性精神的象数易学研究，符合客观实际。需要提及的是，
他把"反对之象""方位之象""互体之象"明确纳入《易经》
"原象"中，表现出一定的宽容度和应有的准确性。因为，"反
对之象""方位之象""互体之象"原系《周易》经传所包蕴之
象，《周易》六十四卦除《乾》《坤》、《坎》《离》、《小过》《中
孚》、《大过》《颐》四组八卦外，其余五十六卦两两之间，互
为反对，此即孔颖达所说"非覆即变"之"覆"，亦即"反对
之象"。《说卦传》载："万物出乎震，震东方也。齐乎巽，巽
东南也……离也者，明也，万物皆相见，南方之卦也……乾，
西北之卦也……艮，东北之卦也"等，即"方位之象"。关于
"互体之象"，杜预《春秋经传集解》已言《左传》所记古占
筮已包含"互体之象"："《易》之为书，六爻皆有变象，又有
互体。"[4]

更有价值的是黄宗羲为《易学象数论》所写的《序》。此
《序》虽然字数不多，却高度概括了易学发展的历史脉络，表

明了他在象数学与义理学两派相争中的鲜明立场，所以此《序》至为重要，兹引述全文，并加以分析。黄宗羲《易学象数论·序》说：

> 夫《易》者，范围天地之书也，广大无所不备，故九流百家之学，俱可窜入焉。自九流百家借之以行其说，而于《易》之本意反晦矣。《汉（书）·儒林传》孔子六传至菑州田何，《易》道大兴。吾不知田何之说何如也。降而焦（赣）、京（房），世应、飞伏、动爻、互体、五行、纳甲之变，无不具者。吾读李鼎祚《易解》，一时诸儒之说，芜秽康庄，使观象玩占之理，尽入淫瞽方技之流，可不悲夫！有魏王辅嗣出而注《易》，得意忘象，得象忘言，日时岁月、五气相推，悉皆摈落，多所不关，庶几"潦水尽而寒潭清"矣。顾论者谓其以《老》《庄》解《易》。试读其《注》，简当而无浮义，何曾笼落（络）玄旨？故能远历于唐，发为《正义》。其廓清之功，不可泯也。然而魏伯阳之《参同契》，陈希夷之图书，远有端绪。世之好奇者卑王《注》之淡薄，未尝不以别传私之。逮伊川作《易传》，收其昆仑旁薄者，散之于六十四卦中，理到语精，《易》道于是而大定矣。其时康节上接种放、穆修、李之才之传，而创为《河图》"先天"之说，是亦不过一家之学耳。晦庵作《本义》，加之于开卷，读《易》者从之。后世颁之学官，初犹兼《易传》并行，久而止行《本义》。于是经生学士，信以为羲、文、周、孔其道不同，所谓象数者又语焉而不详，将夫子之"韦编三绝"者，直等之卖酱箍桶之徒，而易学之榛芜，盖仍如焦、京之时矣。自科举之学一定，世不敢复议，稍有出入其说者，即以穿

凿诬之。夫所谓穿凿者，必其与圣经不合者也。摘发传注之讹，复还经文之旧，不可谓之穿凿也。《河图》《洛书》，欧阳子言其怪妄之尤甚者，且与汉儒异趣，不特不见于经，亦是不见于传。先天之方位明与"出震""齐巽"之文相背，而晦翁反致疑于经文之卦位；生十六，生三十二，卦不成卦，爻不成爻。一切非经文所有，顾可谓之不穿凿乎？晦翁云："谈《易》者譬之烛笼，添得一条骨子，则障了一路光明。若能尽去其障，使之统体光明，岂不更好？"斯言是也，奈何添入康节之学，使之统体皆障乎？世儒过视象数，以为绝学，故为所欺。余一一疏通之，知其于《易》本了无干涉，而后反求之《程传》，或亦廓清之一端也。[5]

黄宗羲之后，四库馆臣也对易学发展史作了概括。后者应参照了黄宗羲的见解，但也抛弃或改变了黄宗羲的一些有价值的论断。所以要理解黄宗羲的《易学象数论·序》，最好将它与《四库全书·易类一》提要的相关内容对照来读，其文曰：

《易》之为书，推天道以明人事者也。《左传》所记诸占，盖犹太卜之遗法。汉儒言象数，去古未远也。一变而为京、焦，入于禨祥。再变而为陈、邵，务穷造化，《易》遂不切于民用。王弼尽黜象数，说以《老》《庄》。一变而胡瑗、程子，始阐明儒理。再变而李光、杨万里，又参证史事。《易》遂日启其论端。此两派六宗已互相攻驳。又易道广大，无所不包，旁及天文、地理、乐律、兵法、韵学、算术，以逮方外之炉火，皆可援《易》以为说，而好异者又援以入《易》，故《易》

说愈繁。[6]

相较而言，黄宗羲说："《汉（书）·儒林传》孔子六传至菑川田何，《易》道大兴。吾不知田何之说何如也。"对孔子至汉初田何的易学传承，因书阙有间，"存而不论"。四库馆臣则以简单的"汉儒言象数"一句概括，显然未能准确描述汉易之实情。皮锡瑞曾在《周易通论》第十节"论汉初说《易》皆主义理、切人事，不言阴阳、术数"[7]中充分论证了从孔子至田何，传承的仍是义理易。若此，黄宗羲对汉初易学"存而不论"，较四库馆臣为矜慎。

其次，黄宗羲说："降而焦、京，世应、飞伏、动爻、互体、五行、纳甲之变，无不具者。吾读李鼎祚《易解》，一时诸儒之说，芜秽康庄，使观象玩占之理，尽入淫瞽方技之流，可不悲夫！"在他看来，汉代象数学从焦赣、京房才开始，而非始于汉初。他对李鼎祚《周易集解》所集汉儒象数之学的资料评价亦低，认为是"芜秽康庄"，这是以义理易学为"康庄"大道，而以象数之学为影响"康庄"大道观瞻的"芜秽"之物，其鄙视之意甚为明显。相较而言，四库馆臣仅评焦赣、京房为代表的"禨祥宗"，而黄宗羲所评范围更广，几乎包括汉代以降的所有象数之学。

再次，黄宗羲用较多笔墨评述王弼、孔颖达一系的义理易学："有魏王辅嗣出而注《易》，得意忘象，得象忘言，日时岁月、五气相推，悉皆摈落，多所不关，庶几'潦水尽而寒潭清'矣。顾论者谓其以《老》《庄》解《易》。试读其《注》，简当而无浮义，何曾笼落玄旨？故能远历于唐，发为《正义》。其廓清之功，不可泯也。"四库馆臣对此只概括为"王弼尽黜象数，说以《老》《庄》"，将王弼视为《周易》义理派中的"老庄宗"，两者观点有所不同。黄宗羲认为王弼虽是魏晋玄学的代表，但其《周易注》"简当而无浮义"，未曾"笼落玄旨"。两相比较，黄宗羲的意见更准确。王弼《周易注》，以切近人事为主。全面发挥"玄旨"，当系东晋玄学家韩康伯补注《系辞传》《说卦传》《序卦传》《杂卦传》时增入，而四库馆臣将其一并归于王弼。

又次，黄宗羲笔中带有感情，当述及程颐易学时褒奖有加，称"逮伊川作《易传》，收其昆仑旁薄者，散之于六十四卦中，理到语精，《易》道于是而大定矣。"四库馆臣则认为，程颐易学乃是王弼易学的演进，"一变而胡瑗、程子，始阐明儒理"，将胡瑗、程颐师弟子之学概括为"儒理宗"。

宋代图书之学，黄宗羲认为是"康节（邵雍）上接种放、穆修、李之才之传，而创为《河图》'先天'之说，是亦不过一家之学耳"。四库馆臣则认为五代、北宋诸人的图书易学远有端绪，乃是汉代象数易学的变种，由焦赣、京房之学，"再变而为陈、邵，务穷造化"。

回到《易学象数论·序》开篇，黄宗羲说："夫《易》者，范围天地之书也，广大无所不备，故九流百家之学，俱可窜入焉。自九流百家借之以行其说，而于《易》之本意反晦矣。"而四库馆臣于"两派六宗"之外，也谈到"九流百家"易学："又易道广大，无所不包，旁及天文、地理、乐律、兵法、韵学、算术，以逮方外之炉火，皆可援《易》以为说，而好异者又援以入《易》，故《易》说愈繁。"两家都认为，易道广大，其中多有异说窜入。

最后，黄宗羲用了最大的篇幅批评朱熹将《周易》定义为"筮占之书"，卷首冠以《河图》《洛书》《先天图》等，使学者误入歧途，"将夫子之'韦编三绝'者，直等之卖酱簌桶之徒，而易学之榛芜，盖仍如焦、京之时矣"。元代复科举，《易经》考试是程颐《周易程氏传》与朱熹《周易本义》并用；到了明代，科举考试追求简便，专行朱熹《本义》，而《本义》所吸纳的邵雍等人的象数易学误导了后世学人。所以黄宗羲特别指出："世儒过视象数，以为绝学，故为所欺。"此话分量甚重。虽然四库馆臣也对易学的发展作了简明扼要的概括，但对官方易学的最大代表——朱熹易学，却故意忽略，这不能说没有受黄宗羲的影响。

综上所论，黄宗羲欲以《易学象数论》对象数易学进行彻底清算，并宣告其终结。同时，他明确指出，学《易》当以《周易程氏传》为正宗，即"反求之《程传》"。与黄宗羲同时的顾炎武，也对《周易程氏传》大加推崇，他说："昔之说《易》者，无虑数千百家，如仆之孤陋，而所见及写录唐宋人之书亦有十数家，有明之人之书不与焉。然未见有过于《程传》者。"[8]黄宗羲、顾炎武都认为程颐的《易传》是学习《周易》的最好注本，应为学《易》者的入门之书。

黄宗羲对象数易进行了系统的批判和清算，或已宣告象数易的终结。但后世惠栋、张惠言、焦循等重新研究汉易象数学，使散佚已久的汉代象数易再现与复活，让本已是断港绝潢的汉代象数易强势回潮。

第二节　张惠言对汉易象数学的推崇

清中叶后，学术思潮出现重要转折，即整体上从义理学向考据学转变、由宋明理学向汉代经学转变。自王弼以来《周易》义理派一路高歌猛进，至清中叶戛然而止，代之而起的是以惠栋、张惠言、焦循等人为代表的《周易》象数学派的兴起与发皇。

首先是清中期的惠栋，他从李鼎祚《周易集解》中辑出汉代易学家的资料，撰成《易汉学》，引领清代"汉学"的兴起。惠栋吸收、采用汉儒象数易学的方法，撰成其易学代表作——《周易述》。四库馆臣认为此书"掇拾散佚，未能备睹专门授受之全"[9]；皮锡瑞也认为惠栋"多采掇而少会通，犹未能成一家之言"[10]。

清代象数易学真正形成气候的代表是张惠言和焦循。所以皮锡瑞说："汉儒之书不传，自宋至今，能治专家之学如张惠言、通全经之学如焦循者，实不多觏，故后之学《易》者必自此二家始。"[11]张惠言主要从事汉易研究，其学以虞翻为主，兼修郑玄、荀爽之学，对汉代象数易学的旁通、卦变、乾坤升降、飞伏、纳甲、五行、卦气、互体诸说，皆有研究，然"其对虞氏义的阐发，在易学史和哲学史上皆无新的创见，其理论思维水平是比较浮浅的"[12]。张氏所论虞氏易义、消息等汉易象数内容，前贤所论已繁，故此处拟从其对汉魏易学家之评断，呈现其象数易学史观。

张惠言的易学见解，可以从其《周易郑荀义·序》来观察，此文首先批评了郑玄的"爻辰"说，其中写道：

> 昔者虙羲作十言之教，曰："乾、坤、震、巽、坎、离、艮、兑，消息。"郑氏赞《易》实述之……乾、坤六爻，上系二十八宿，依气而应，谓之"爻辰"。若此，则三百八十四爻，其象十二而止，殆犹溓（慊）焉，此又未得消息之用也。然其列贵贱之位，辨大小之序，正不易之论；经纶创制，吉凶损益，与《诗》《书》《礼》《乐》相表里，则诸儒未有及之者也。[13]

以上所引张惠言之论是说，圣人所创立的《周易》，八卦相错，数往知来，与时消长，以表天地间事物的万千变化。而郑玄的"爻辰"说只以《乾》《坤》两卦十二爻对应"十二星次""二十八宿"。《周易》三百八十四爻取象止于十二,"未得消息之用"。张惠言还指出,郑玄经学的主要成就在"三礼之学",他曾以"列贵贱之位,辨大小之序"的礼学思想来解《易》,为诸儒所不及。

张惠言接着评论荀爽易学说:

> 荀氏之说消息,以乾升坤降……阳常升而不降,阴常降而不升。……然其推乾坤之本,合于一元,云行雨施,阴阳和均,而天地成位,则章章乎可谓得《易》之大义者也。[14]

荀爽主"乾升坤降"说,惠栋已先言之。惠栋《易汉学》卷七《荀慈明易》首列"乾升坤降"一节,单看标题容易认为是单卦乾升和单卦坤降,其实并非如此,惠栋论述说:

> 荀慈明论《易》,以阳在二者当上升坤五为君,阴在五者当降居乾二为臣,盖乾升为坎,坤降为离,成既济定,则六爻得位。《乾·象》所谓"各正性命,保合太和",利贞之道也。[15]

王弼以降,义理派学人读《易》,只就一卦内解释其卦爻辞,一卦中各爻的位置和性质基本是不变的。有一些爻辞的意义不好理解,则世代义理学家不断贡献智慧,为之补苴罅漏。象数学家与此不同,他们把卦爻看作是动态的,不仅本卦之爻可以相互移动,本卦之爻也可与他卦之爻相互移动。以上面惠栋之言为例,他所分析的荀爽用例实际是在《乾》《坤》两卦中进行的,即《乾》卦中的二爻为阳爻,此阳爻不应当在二爻的位置上，而应在五爻的位置上，但《乾》卦五爻已经是阳爻，那怎么办？那就上升到《坤》卦五爻的位置为君。而《坤》卦的五爻是阴爻，不当居五爻的位置，于是降为《乾》卦的二爻为臣。这种"升""降"的结果，就在《坤》卦的上卦中产生了一个《坎》卦，而在《乾》卦的下卦中产生一个《离》卦，坎上离下而成一个六爻各得其位的新卦——《既济》卦，又称"既济定"。

荀爽的其他用例与此一致。如《乾》卦九二爻辞："见龙在田，利见大人。"象曰："见龙在田，德施普也。"此"德施普也"不好理解。荀爽注："'见'者，见居其位，'田'谓坤也，二当升坤五，故曰'见龙在田'。'大人'谓'天子'，见据尊位，临长群阴，德施于下，故曰'德施普也'。"[16] 为解释"德施普也"一句，将此卦之爻变成他卦之爻。当然此"变"非真变，而是虚拟的变，带有"隐性包含""穿插解释"的意味。这使得对《周易》的解释变得异常繁复。虽然荀爽的"乾升坤降"说偶或对《周易》卦爻辞有合理的解释，但仅凭此法解释《周易》所有卦爻辞以及彖辞、象辞，难免有许多牵合之处。

在张惠言看来，荀爽的"升降"说可能有许多不足，但他将《乾》《坤》二卦当作《周易》其余六十二卦升降变化的总根源，"合于一元，云行雨施，阴阳和均，而天地成位，则章章乎可谓得《易》之大义者也"。所谓合于"《易》之大义"，就是《系辞传》所说的："乾坤，其《易》之门邪？""乾坤，其《易》之蕴邪？"

张惠言接着又评论虞翻易学说：

虞氏考日月之行，以正乾元；原七九之气，以定六位；运始终之纪，以叙六十四卦；要变化之居，以明吉凶悔吝。六爻发挥旁通，乾元用九，则天下治，以则四

德。盖与荀同原，而闳大远矣。[17]

张氏此语，以虞翻对《周易·乾》卦的解释，提炼虞翻易学思想。虞翻曾提出："六十四卦，万有一千五百二十策，皆受始于乾。"[18]若此，明了《乾》卦的解释方法，也就知道如何说解六十四卦。《乾》卦纯阳，并无阴爻，但《乾》卦二、四、上爻失位，须"变而之正"，即皆变为阴爻，如此而成坎上离下的《既济》卦，或称"既济定"。坎为月，离为日。"乾元，立天之本"[19]，日月运行，成为立天之本。因为《乾》卦原本都是阳爻，初、三、五爻位正而不变，为"七"；二、四、上爻位不正须变，为"九"。因此，重新确定六位，即六画，其结果就是"既济定"。"六爻发挥旁通，乃成六十四卦"[20]，如同《系辞传》所说"原始反终，故知死生之说"，六十四卦可以穷尽天地万物终始死生之理。在千变万化中，"吉凶悔吝"自然会体现于其中。"六爻发挥旁通"是虞翻最主要的解《易》方法，所谓"旁通"，犹如来知德的"错卦"，即一卦六爻皆反，阳变阴，阴变阳，而成为另一卦，其终极目标，是"之正"而成"既济定"。六十四卦之中只有《既济》卦六位皆正。"六位皆正"就是"天下治"的标志。故此，《乾》卦才具"元亨利贞"四德。张惠言称赞其"盖与荀同原，而闳大远矣"，对虞氏旁通说给予高度赞誉。

张惠言评判郑玄、荀爽、虞翻的象数学后，顺便评论了义理派的王弼之学，他说：

> 王弼之说，多本郑氏，而弃其精微。后之学者习闻之，则以为费氏之义，如此而已。其盈虚消长之次，周流变动之用，不详于《系辞》《彖》《象》者，概以为不经。若观郑、荀所传，卦气、十二辰、八方之风、六

位、世应、爻互、卦变，莫不彰著。刘向有言：'《易》家皆祖田何，杨叔、丁将军大义略同。'岂不信哉！[21]

其意为：王弼放弃郑玄、荀爽象数易学的精微处，以致后世学者以为费氏易即如王弼易，乃至《系辞》《彖》《象》未曾详言的"消息""卦变"皆为荒诞不经，展现其对"消息""卦变"的认同。他认为，"郑、荀所传卦气、十二辰、八方之风、六位、世应、爻互、卦变"等方法，渊源有自，皆是田何一脉传下来的。显然，此为张氏完全站在汉易象数学的立场所作的评价。皮锡瑞不同意其观点，说："以卦气、十二辰之类亦祖田何，则未必然。孟、京以前，言《易》无有主卦气、十二辰之类者，不可以后人之说诬前人，而以《易》之别传为正传也。"[22]皮锡瑞所指张惠言的错误，颇中肯綮。

立足象数易学立场的张惠言，虽批评郑玄"爻辰说"，但对于荀爽、虞翻的象数方法则给予高度赞扬，赞荀爽消息说"得《易》之大义"，称虞翻旁通说又较荀爽"闳大远矣"，将汉易地位崇至极高。同时，他对王弼易学颇有微词。

第三节　焦循对《周易》象数方法的进一步推衍

张惠言之后，焦循进一步推阐汉易象数的方法，甚至认为"《周易》所言全指象数，与义理无关"[23]。此言将象数易学的地位推至巅峰，使义理易学无容身之地。梁启超《清代学术概论》说："清儒最善言《易》者，惟一焦循。其所著《易通释》《易图略》《易章句》，皆洁净精微。"[24]焦循在乾嘉汉学背景下享有盛誉，梁启超并非易学专家，此言有嫌铄于众口，随声附和，不思之甚！笔者对此不敢苟同。

焦循易学属于象数学，他不满王弼义理学的解《易》方法，对王弼易学有一个总体批判：

> 至局促于乘、承、比、应之中，颟顸于"得象忘言"之表。道消道长，既偏执于扶阳；贵少贵寡，遂漫推夫卦主。较量于居阴居阳，揣摹于上卦下卦。智虑不出乎六爻，时世谬拘于一卦。洵童稚之藐识，不足与言通变神化之用也。[25]

王弼解易，在本卦之内，通过上卦、下卦关系，爻与爻之间的乘、承、比、应关系，扶阳抑阴原则，当位居中分析以及卦主分析等来解释卦爻辞的含义，焦循讥讽他"智虑不出乎六爻，时世谬拘于一卦。洵童稚之藐识"，而他自己所推崇的象数学方法，一卦可通他卦，可"通变神化之用"。焦循《与朱椒堂兵部书》载：

> 《易》之道，大抵教人改过，即以寡天下之过。改过全在变通……圣人格致诚正、修齐治平，全于此'一以贯之'。则《易》所以名'易'也，《论语》《孟子》已质言之。而卦画之所之，其比例、齐同有似九数；其辞则指其所之，亦如勾股、割圆用甲乙丙丁子丑等字指其变动之迹。吉凶利害，视乎爻之所之。泥乎辞以求之，不啻泥甲乙丙丁子丑之义以索算数也。[26]

焦循以孔子"五十以学《易》，可以无大过"[27]为根据，认为"《易》之道，大抵教人改过，即以寡天下之过"，此观点可以成立。然而，他话锋一转，提出"改过全在变通"，以"变通"为宗旨，为其主张的各种"卦变"方法赋予合法性。

在焦循看来，《周易》中的卦画（即无字之《易》）所蕴藏天地间的道理，有如算数一样合乎规律，而卦爻辞的文字只如几何图形上所标示甲乙丙丁子丑一类符号。因此，不必拘泥于卦爻辞的符号意义，以致忽视《周易》卦画（即无字之《易》）中所蕴藏的天地至理。这种解《易》方式与义理派据卦爻辞以阐释《易》理的方法，显然大相径庭。

依焦循之见，《易经》诸卦，卦爻辞相同或相近，则必有"旁通"关系。其所谓"旁通"与三国时期的虞翻又不尽同，虞翻的"旁通"犹如后世来知德的"错卦"，即原卦六爻全变而成一新卦。焦循的"旁通"有两种：一是原卦中"旁通"，此类"旁通"类似于王弼易中的"正应"关系，只是王弼"正应"两爻不动，而焦循则要求"正应"两爻若"不当位"（即阳爻居阴位，阴爻居阳位）时可互换位置。焦循又将此法推广至本卦与他卦的关系，即另一种"旁通"。焦循在《易图略》中说："凡爻之已定者不动。其未定者，在本卦，初与四易，二与五易，三与上易，本卦无可易，则旁通于他卦，亦初通于四，二通于五，三通于上。"[28]"凡爻之已定者不动"，指当位之爻，阳爻当阳位，阴爻当阴位，保持原样不动。阳爻当阴位，阴爻当阳位，两者有"正应"关系者，则阴阳互换位置。在一卦之中如此，在两卦之间也如此。"旁通"互易的目的是要使不当位之爻变得当位。

本卦与他卦如何"旁通"，可以采用一个方法，就是先看《易经》中任意两卦中有无相同和相近的卦爻辞，然后去寻找两卦的"旁通"中介。比如《小畜》经文"密云不雨，自我西郊"，《小过》六五爻辞也有此语。两卦看似并无联系，但焦循以《豫》卦为旁通中介，即小畜 ䷈ 上九爻与豫 ䷏ 六三爻"旁通"，而成小过 ䷽。他以《小畜》二之《豫》五，以解"密"为"实"，之后又以《小畜》上之《豫》三而成《咸》，

《咸》无坎，即"无雨"。并以《小畜》二之《豫》五，上有兑，以释"西"和"郊"，以二者相交皆有我解"自我"。[29]至于《小过》六五爻辞"密云不雨，自我西郊"，则又以《中孚》为桥梁："《中孚》二之《小过》五，而后上之三。仍不异《小畜》二之《豫》五，而上之《豫》三也。"[30]在《易通释》中，焦循将二者同辞的解释进一步繁杂化，并没有认识到如此繁难的诠释路径对《周易》研读所造成的危害，还说："《小畜》'密云不雨，自我西郊'，其辞又见于《小过》六五。《小畜》上之《豫》三，则《豫》成《小过》……解者不知旁通之义，则一'密云不雨'之象，何以《小畜》与《小过》同辞？"[31]认为是"解者不知旁通之义"。为什么《小畜》卦与《小过》卦都有"密云不雨，自我西郊"之语？这一问题意识很好，但解决的难度很大，因为作者原意已难知晓，对此可以作出各种假设，并非只有"曲径通幽"式的"旁通"一条路。事实上，不用焦循"旁通"之法，仅从《小畜》卦、《小过》卦自身出发，或可解释得更好。因《小畜》上卦为巽，二、三、四爻互体为兑，巽为风，兑为泽。兑泽之气上行而为云，巽风吹使之离去，故曰"密云不雨"。兑方位在西，故曰"自我西郊"。《小过》二、三、四爻互体为巽，三、四、五爻互体为兑，故可作同样的解释。如此解释的好处是：第一，只在本卦中就可解释通，不必"旁通"他卦；第二，它可以圆满地解释"密云不雨，自我西郊"的含义，远较焦循所自诩的"旁通"法方便快捷。

焦循曾批评王弼解释《坤》卦上六爻辞有暗袭郑玄"爻辰"说之嫌。他说："解'龙战'，以《坤》上六为阳之地，固本爻辰之在巳。"[32]王弼解释《坤》卦上六爻辞"龙战于野，其血玄黄"说："阴之为道，卑顺不盈，乃全其美。盛而不已，固阳之地，阳所不堪，故战于野。"[33]《坤》卦上六本是阴位，而"龙"是阳的象征，为什么在《坤》卦上六这个阴位上会出现阳龙呢？王弼的解释是说，上六是《坤》卦的最高位，阴盛不已，物极必反。王弼说："盛而不已，固阳之地。""固阳之地"一句比较费解，其意大概如《礼记·月令》所说：季冬"行春令……国多固疾"[34]。盛阴行阳令，为阳所忌，"阳所不堪，故战于野"。王弼此解，除"固阳之地"一句容易使人误解外，总体上是不错的。而焦循恰恰抓住"固阳之地"一句批评王弼"解'龙战'，以《坤》上六为阳之地，固本爻辰之在巳"。郑玄解《坤》卦上六为"爻辰在巳"，巳为蛇，蛇为假龙。其实，王弼的解释与郑玄的"爻辰"说并不相同，焦循将两者拉扯在一起，好似"欲加之罪，何患无辞"。

焦循本人对《坤》卦上六爻辞又作何理解呢？焦循《易章句》解释"上六，龙战于野"说："谓乾上之坤三成谦也。谦三互震为龙，上之三为凶事，故战。野谓坤也。"又解释"其血玄黄"说："坎为血，震为玄黄。谦三互坎兼互震，故有此象。"[35]即对《坤》卦上六爻辞，不能通过《坤》卦本身来解释，而要通过卦变方法，将《坤》卦六三爻与《乾》卦上九爻"旁通"，变成《谦》卦 ䷎。《谦》卦卦爻辞并无可解释《坤》卦上六爻辞的内容，于是又通过《谦》卦三、四、五爻互体"震"，二、三、四爻互体"坎"的办法，将"震"解释为"龙"，将"坎"解释为"血"。这是典型的象数学解《易》方法。如果《坤》卦爻辞"龙战于野，其血玄黄"需要通过《谦》卦互体来解释，那此一爻辞为何不写在《谦》卦中，而要如此大费周章呢？这种迂曲而牵强附会的解释，显然不如王弼通过本卦来解释更为合理。

焦循在《易经》解释上有一大特点，就是大胆运用古代六书中的"假借"方法。焦循《易话》一书载有"韩氏易"一条，其中引述《韩诗外传》说：

《易》曰："困于石，据于蒺藜，入于其宫，不见其妻，凶。"此言困而不见（疾）据贤人者。昔者，秦穆公困于殽，疾据五羖大夫、蹇叔、公孙支而小霸；晋文公困于骊氏，疾据咎犯、赵衰、介子推而遂为君；越王勾践困于会稽，疾据范蠡、大夫种而霸南国；齐桓公困于长勺，疾据管仲、宁戚、隰朋而匡天下。此皆困而知疾据贤人者也。夫困而不知疾据贤人而不亡者，未尝有也。以"疾据贤人"解"据于蒺藜"，则借"蒺"为"疾"，由此可悟《易》辞之比例。《汉书·儒林传》称"韩婴亦以《易》授人，推《易》意而为之传"，于此可见其一端。[36]

《韩诗外传》对于《周易·困》卦六三爻辞中"据于蒺藜"一语的解释，不仅是别解，文理也不甚通。"蒺藜"本一名词，即使读"蒺"为"疾"，亦应是"据于疾藜"，而将"疾"字提到"据"字之前，就变成了"疾据于藜"。纵使"疾据"可以连读成词，那"于藜"又作何解释？况且在中国古代浩如烟海的文献中，几乎没有将"疾据"二字连读成词的，其文理不通显而易见，焦循却将此解奉为圭臬。焦循说："余于其以'疾'解'蒺'，悟得经文以假借为引申。如借'祗'为'底'，借'豚'为'遯'，借'豹'为'约'，借'鲋'为'附'，借'鹤'为'雀'，借'羊'为'祥'，借'袂'为'夬'，皆韩氏有以益我也。"[37]今于此段论述中抽取二例予以分析：

《大过》卦象辞"遯世无闷"，《中孚》卦卦辞"豚鱼吉"，焦循认为"豚"通"遯"，"豚鱼吉"可理解为"遯鱼吉"。不过，唐代许浑有诗句说："江豚吹浪夜还风。"[38]江豚绰号"风信"，能预知风向。《中孚》卦是讲孚信的，似将"豚鱼"解释为江豚更好。"豚"与"遯"虽然可以假借，但在解释具体卦爻辞时应视情况而定，不可滥用假借方法。

又，焦循《易通释》卷十说："《履》上九'视履考祥'，古'祥'字通作'羊'。考祥即考羊也。《履》二之《谦》五成《无妄》，能视能履，故云'视履'。上之三成《革》，《革》上兑，羊也，故云'考祥'。"[39]这是说，《履》九二爻不当位，与《谦》六五爻旁通互换，而成一新的《无妄》卦。《无妄》卦被视为"能视能履"（《无妄》卦爻辞中并无此义），所以《履》卦上九爻有"视履"二字。又，《履》卦上九爻与六三爻皆不当位，再次互换，而使原来的《履》卦 ䷉ 变成了《革》卦 ䷰，《革》上卦为兑，兑为羊，所以接着"视履"有"考祥"二字。这样写出来"视履考祥"或"视履考羊"，究竟有何义理，焦循未给予合理解释。

其实，《周易》六十四卦每一卦都有其主题，此主题由卦名标示[40]，每一卦的卦爻辞是围绕主题而设的，并非由旁通卦的卦象拼凑出来的。以《履》卦为例，"履"有"践履""履历"等义，"履"通"礼"，又有"礼仪"之义。马王堆汉墓帛书《周易》中的《履》卦即写为"礼"卦。其上九爻辞："视履，考祥，其旋元吉。"上九是《履》卦之终，可以视为个人一生履历的总结。"视履"，视其以往之所履，"考祥"，考其一生所做之善事。"其旋元吉"，旋，归也。谓其一生所履诚善，其归必获福报而大吉。正因如此，王弼《周易注》说："祸福之祥，生乎所履。处履之极，履道成矣，故可视履而考祥也。居极应说，高而不危，是其旋也，履道大成，故元吉也。"[41]王弼此解已然契合经传本旨，无需再以象数学蔓衍之法求其意。

又，焦循《易章句》解释《明夷》卦六五爻辞"箕子之明夷"说："'箕'，古'其'字。与《中孚》'其子和之'同义。"[42]其实明夷 ䷣ 离下坤上，离为明，坤为地。明入地中，社会政治黑暗，正是贤人君子明哲保身、韬光养晦之时，商纣王之时箕子装疯的故事，是一个非常恰当的注脚，且为历代易学家所认可。

　　焦循又举出唐陆龟蒙之诗："佳句成来谁不伏，神丹偷去亦须防。风前莫怪携诗薰，本是吴吟荡桨郎。"[43]这是一首双关诗，其中暗含伏神、防风、薰本等药名。温庭筠诗："井底点灯深烛伊，共郎长行莫围棋。玲珑骰子安红豆，入骨相思知不知。"[44]也是一首双关诗，借"烛"为"属"，借"围棋"为"违期"，"相思"为"红豆"之名，"长行"为"双陆"之名，以喻男之行、女之思。这些诗运用了隐喻、双关、拆合之法。在焦循看来，《易经》卦爻辞中也有运用此类方法的。如《咸》卦初六爻辞"咸其拇"，《解》卦九四爻辞"解而拇"。焦循说："虞氏虽作'拇'，而以艮为指，坤为母，相兼取义，此虞氏说《易》之精也。"[45]《解》卦 ䷬ 九四爻不当位。与初爻相互调换，而成一新卦——临 ䷒。《临》卦上坤为母，咸 ䷞下艮为手，合"手"与"母"而为"拇"。若《咸》卦初六爻辞"咸其拇"之"拇"作"手"与"母"的拆解，则六二爻辞"咸其腓"、九三爻辞"咸其股"、九五爻辞"咸其脢"则又当作何解？似此等处，焦循以为是"说易之精者"，则一部《周易》几成隐喻、双关、拆合之语。

　　应该指出，古文献常有用同音字通假的现象。如上海博物馆藏战国楚竹书《孔子诗论》中有"《天保》其得禄蔑疆矣，巽（逊）寡德故也"[46]。学者不知"巽"为"逊"的同音假借，而按其字形去猜测，将之训为"馔""撰"等，很难解通。《周易》文本中当然也不能排除有假借字在其中。但判断它是否假借字，必须将其置于整个文本语境中，不能因为某字与某字可以通假，便随意立说。《周易》文字简古，而要了解文义，必须将它放在卦名所标示的主题下来讨论，才不致使注解太过离谱。

1324

焦循在易学上的"创新"非常突出，但学者对其易学"创新"争议甚大，以致褒贬相差甚远。褒扬者如阮元赞其"石破天惊"[47]，王引之称其"凿破混沌"[48]。贬抑者如尚秉和，批评焦循等"求象不得，亦使卦再三变，以成其象"[49]。李镜池也说："例如号称博通的清代的焦循，写了三本《易》注，讲什么'旁通'，其实是东拉西扯，纠缠不清，支离破碎，把文从字顺的话，搞得句不成句，字不成义，不堪卒读。"[50]高亨更说："焦循《易学三书》素称绝作，而最为荒滥。"[51]

第四节　结语

清初以降，至于清中叶，以黄宗羲、张惠言、焦循为代表的清代易学家，勾勒了一幅别样的清代象数学发展演变图式。黄宗羲对汉宋象数易学、图书易学进行全面批判，可谓对象数易学进行了一次历史性总结。其所钩稽的易学发展演变史影响了四库馆臣撰写《四库全书总目·经部·易类·总序》时对易学发展的简明扼要总结。乾嘉以后，以惠栋、张惠言、焦循为代表的汉学家，全力恢复汉易，推衍与阐发，乃至进一步发展汉易象数学的内容及其易学诠释方法，引领汉易重新回归清代学术的中心阵地，使汉易的象数之学强势回潮。汉易象数之学在清代所经历的迥然有别的际遇，不得不令人反思《周易》象数与义理在易学诠释方面孰优孰劣的问题。黄宗羲基于义理解释的准确性，极力推崇王弼的《周易注》和程颐的《周易程氏传》，对于想掌握《周易》义理的学者自然很是恰切。而惠栋、张惠言、焦循基于恢复汉代象数易学的需要，全力推崇汉易象数之学，构筑了汉易象数学的坚固阵地，虽然在保存汉易象数学知识方面具有重大贡献，对于想了解汉易象数之学进而进一步研究的人亦是很好的门径。然而，焦循易学著作卷帙盈尺，大讲"旁通""假借"等解《易》方法，烦琐迂曲，牵强附会，枉费了一生研究易学的功夫，乃至被李镜池、高亨斥为"支离破碎""最为荒滥"。

就易学发展的大历史来说，《周易》自汉魏以降即已明确分化出象数易与义理易两派。李鼎祚《周易集解》曾说："郑则多参天象，王乃全释人事。"[52]李鼎祚将郑玄作为象数学派的代表，将王弼作为义理学派的代表，这是就唐代以前的情况说的。

从易学发展的历史长河看，义理易学为其主流。孔子所传的易学便是义理易学，直至汉初易学如淮南王刘安的《淮南子》、贾谊的《新书》、董仲舒的《春秋繁露》、刘向的《说苑》等所载之易说，都是义理易学。至曹魏时期的王弼则建构了一套较为完备的义理易学解释体系，此一体系至宋代胡瑗、程颐而达于顶峰，其价值在于通过对《周易》的系统解释，得到了对于自然、社会、人生的许多重要规律性的认识，由此大大提升了中国哲学的理论高度，而可以与西方哲学较论长短。

就象数学而言，汉代象数易学家将《周易》与当时天文、历法、音律等科学理论紧密联系在一起，但随着后来科学的发展，学者发现《周易》与天文、历法、音律等理论并无太多联系。宋代图书易学兴起，试图以某种易学图式作为解释世界造化的理论模式，其学说虽然精妙，然而清代学者发现这些解释乃是一些与道家有渊源的学者的奇思妙构，与原本的《周易》并无真实联系。《周易》象数派中此类探索虽然失败了，但仍有其探索的价值。因为人类在对世界认识的过程中，总有"试错"过程，即使失败，仍有其探索的价值和荣耀。

等而下之的是另一类象数学家，他们所探索的不是对世界、社会、人生的认识，而是对《周易》文本卦爻辞意义的解释，当他们对卦爻辞不能理解的时候，就创造出许多逸象，以及解释义例，如旁通、卦变、乾坤升降、飞伏等，这是一种"编花篮式"的解《易》方法，一卦之爻辞可以在不同卦中穿来插去进行解释，而完成整部《周易》卦爻辞的花篮编织，所编织的花篮看似漂亮，但只是一个空花篮，没有承载任何东西。这些象数学家试图解释某句爻辞为什么这么写，其所费工夫不可谓不大，但除了个别释例看似"有理"，大多数解释则显得扞格难通。以这种方式建构起来的易学思维体系，究竟有什么意义呢？且不说他讲得不对，即使讲对了，对于人们认识自然、社会、人生等并无多少益处，而只会浪费学者和读者的精力。所以，学习易学走对路子非常重要。否则，尽管有象数学的博大精深知识，那也仅是屠龙之术而已。清代张惠言、焦循的易学，即属此类。皮锡瑞所说"后之学《易》者，必自此二家（指张惠言、焦循）始"[53]，非笃论也。我们并不是完全否定张惠言与焦循易学的价值，他们的易学著作也值得少数专家去精心研究。但要认为张惠言、焦循二家易书为学《易》入门之津逮，那不免要引导后来学《易》者误入歧途，这是本章所作的主要动因。

注释：

[1] 详见朱伯崑：《易学哲学史》第四卷，北京：华夏出版社，1995 年。

[2] 林忠军：《清代易学演变及其哲学思考》，《社会科学战线》，2016 年第 12 期，第 11—20 页。

[3][6][9]〔清〕永瑢等撰：《四库全书总目》，北京：中华书局，1965 年，第 36，1，44 页。

[4]〔晋〕杜预：《左传》，上海：上海古籍出版社，2016 年，

第 116 页。

[5]〔清〕黄宗羲著，陈乃乾编：《黄梨洲文集》，北京：中华书局，1959 年，第 378—379 页。

[7][10][11][22][53]〔清〕皮锡瑞著，吴仰湘点校：《经学通论》，北京：中华书局，2017 年，第 23—25，48，62，32，62 页。

[8]李敖主编：《顾炎武集》，天津：天津古籍出版社，2016 年，第 38 页。

[12]朱伯崑：《易学哲学史》第四卷，第 318—319 页。

[13][14][17][21]〔清〕张惠言著，黄立新校点：《茗柯文编》，上海：上海古籍出版社，1984 年，第 40—41，41，41，41 页。

[15]〔清〕惠栋著，郑万耕点校：《周易述》，北京：中华书局，2007 年，第 621 页。

[16][18][52]〔唐〕李鼎祚著，王丰先点校：《周易集解》，北京：中华书局，2016 年，第 7—8，5，8 页。

[19]〔汉〕虞翻著，〔清〕李翊灼注，郑同校：《周易虞氏义笺订（上）》，北京：九州出版社，2015 年，第 3 页。

[20]〔清〕张惠言撰，陈京伟导读：《周易虞氏义·八卦消息成六十四卦第十六》，北京：华龄出版社，2019 年，第 310 页。

[23]廖名春、康学伟、梁韦弦：《周易研究史》，长沙：湖南出版社，1991 年，第 389 页。

[24]梁启超著，朱维铮导读：《清代学术概论》，上海：上海古籍出版社，1998 年，第 49 页。

[25][32]〔清〕焦循著，郭晓东、孙德彩校点：《雕菰楼经学九种（上）》，南京：凤凰出版社，2015 年，第 4，4 页。

[26]〔清〕焦循著，徐宇宏、骆红尔校点：《雕菰楼文学七种（上）》，南京：凤凰出版社，2018 年，第 299 页。

［27］〔魏〕何晏等注，〔宋〕邢昺疏：《论语注疏》，〔清〕阮元校刻：《十三经注疏》，北京：中华书局，2009 年，第 5392 页。

［28］［31］［36］［37］［45］［47］［48］〔清〕焦循著，陈居渊校点：《雕菰楼易学五种（下）》，南京：凤凰出版社，2012 年，第 848，850—851，1050—1051，1051，562，1117，1118 页。

［29］［30］［35］［39］［42］〔清〕焦循著，陈居渊校点：《雕菰楼易学五种（上）》，南京：凤凰出版社，2012 年，第 17，90，8，497，55 页。

［33］［41］〔魏〕王弼著，楼宇烈校释：《王弼集校释》，北京：中华书局，1980 年，第 228，274 页。

［34］〔汉〕郑玄注，〔唐〕孔颖达等正义：《礼记正义》，〔清〕阮元校刻：《十三经注疏》，第 1384 页。

［38］［43］［44］黄钧，龙华，张铁燕等校：《全唐诗（六）》，长沙：岳麓书社，1998 年，第 102，899，571 页。

［40］姜广辉：《〈周易〉卦名探源》，载《哲学研究》2010 年第 6 期。

［46］引自姜广辉：《古〈诗序〉复原方案（修正本）》，载姜广辉主编：《中国哲学》第 24 辑《经学今诠三编》，沈阳：辽宁教育出版社，2002 年，第 176 页。

［49］尚秉和：《焦氏易诂·凡例》，北京：光明日报出版社，2005 年，第 14 页。

［50］李镜池：《〈周易〉简论》，载华南师范大学中文系编：《春华秋实：华南师范大学中文系教师学术论文选》，广州：广东高等教育出版社，2000 年，第 46 页。

［51］高亨：《周易古今注·述例》，北京：中华书局，1984 年，第 11 页。

第五十六章
乾嘉汉学的殿军——阮元

侯外庐先生说："阮元不是一个哲学家，而是一个史料辨析者。"[1]中国古代有"哲人"的概念，而无"哲学"的概念，"哲学"概念是现代从西方引进的。但中国古代无其名而有其实，例如宋明理学家的思维方式便是一种哲学型思维，他们以此思维方式去解释儒家经典。在对待经典的解释上，南宋的陆九渊曾提出："六经注我，我注六经。"[2]"学苟知本，六经皆我注脚。"[3]陆九渊将"哲学家"的特点勾勒得极其鲜明：哲学家们为了建构自己的哲学体系，本质上都在采用"六经皆我注脚"的办法。陆九渊也许是一个较为极端的例子，即在被学者视为比较客观的朱熹那里，不也是从他的哲学思想出发去重新诠释经典吗？正因为每一位"哲学家"都有自己的一套哲学体系，所以他们每一次对经典的解释都可能带来一种新的曲解！

相比之下，清代大多数考据学家，包括阮元，其思维方式则是一种历史型思维。在我们看来，说阮元不是一个哲学家，并不意味阮元的学术思想中完全没有哲学，而是阮元自己乃至大多数清代学者不愿做宋明理学那样的哲学家，而宁愿做"史料辨析者"。今天，在多数人的观念中，哲学家是相当荣耀的称号，学者专家可以有许多，能称得上哲学家的却少之又少。

然而在那些注重史料根据的历史学家那里，哲学家一词便有些许贬义。因为在他们看来，所谓哲学家便是那些"空谈义理"，每个人都自说一套的人。其实，清代学者差不多就是这样看待宋明理学家的。

在清代乾嘉时期的学者中，阮元是一位典型的"学而优则仕"的人物，首先是他知识渊博，在经史、小学、天算、舆地、金石、校勘等方面均有极高造诣，可称得上"学优"；其次，他青年即中巍科，深得乾隆皇帝的赏识，其后在嘉庆、道光两朝出任封疆大吏，晚年入朝为大学士（名义宰相），可称得上"位优"；再次，他在任期间政绩突出、事功卓越，这且不表，即在教育文化的建树方面，数十年间，他先后创建诂经精舍、学海堂，培养出许多学术人才，并以其学识和行政资源，主持编纂《经籍纂诂》，组织校刻《十三经注疏》和《皇清经解》等，在相当程度上汇集了乾嘉汉学在校勘、训诂、解经等方面的成果，可称得上"绩优"。有此"三优"，阮元称得上乾嘉时期经典考据学的殿军。晚清学者李元度称其："名位著述足以弁冕群材，其力尤足提唱后学，若仪征相国，真其人哉！"[4]钱穆先生则称他为"清代经学名臣最后一重镇"[5]，所论甚当。

阮元（1764—1849）字伯元，号芸台，江苏仪征人[6]。清乾隆五十四年（1789）中进士，选庶吉士。次年散馆，取一等第一名，授翰林院编修。乾隆五十六年（1791）大考翰詹，复取一等第一名。乾隆召见后说："不意朕八旬外又得一人！"[7]阮元甫入仕，便得到乾隆皇帝的赏识和拔擢，可谓"天子门生"。以后又历仕嘉庆、道光朝，由翰林而出任浙、赣、豫巡抚和湖广、两广、云贵总督。在此期间嘉庆皇帝曾勉其"成一代伟人"[8]。晚年入朝为体仁阁大学士，加太子太保，晋太傅，位极人臣。七十五岁致仕。八十岁寿辰时，道光皇帝御书

"颐性延龄"匾额赐之,从此自号"怡性老人"。八十六岁卒,赐谥文达。咸丰皇帝御制碑文中有"儒宗""国器"之誉。

阮元个人的主要经学论著收录在他的《揅经室集》中。阮元《揅经室集·自序》称:"室名'揅经'者,余幼学以经为近也。余之说经,推明古训,实事求是而已,非敢立异也。"[9]"推明古训"是阮元的治学途径和方法,即通过汉儒训诂以求经典本义。"实事求是"是阮元的治学精神和态度,阮元的文集中对此曾反复加以强调。[10]

第一节　阮元的孝经学、论语学

清代考据学家重视经典的文字训诂,而很少作义理的发挥。职是之故,学术史家会认为清代学术缺乏"思想性"。然综合来看清代学术的发展,顾炎武主张"经学即理学",戴震由"以情絜情"言"理",凌廷堪提出"以礼代理",章学诚标举"六经皆史",至阮元又以"相人偶"论"仁"等,都反映出宋明理学思想对清儒的无形压力,以及他们为破除理学思想体系所做的种种努力。宋明理学以建构性命哲学体系的方式来体现其"思想性",清儒不想效法它,而是通过对经典文字的训诂来一点一滴地"榨取"思想,其为学之路亦可谓"行之惟艰"也。正因为考据学之方法质朴无华,因而考据学又被称为"朴学"。

阮元学问虽然广博,但他所重则在《孝经》《论语》,他说:"孔子之学,于何书见之最为醇备欤?则《孝经》《论语》是也。……周、秦以来子家各流皆不能及,而为万世之极则也。"[11]职此之故,本节主要讨论阮元的孝经学和论语学。

（一）《孝经》为众经之祖

在世界文化史上，许多文明和民族都有其经典文化。然在中国古代，经典文化起于何时、何人在中国学术史上一直是一个悬而未决的问题。阮元认为，中国古代经典文化始于孔子作《孝经》，且以"孝经"二字标题，为孔子自名。以后儒家诸经缀以"经"字，皆出于此。释、道二教名其经典，也袭取于此。阮元说：

> "孝经"二字标题，乃孔子所自名。故孔子曰："吾行在《孝经》。"《史记》："孔子以曾子为能通孝道，故授之业，作《孝经》。"《汉书·艺文志》曰："夫孝，天之经，地之义，民之行也。举大者言，故曰《孝经》。"据此诸古籍，知"经"之一字，始于此书。自此之后，五经、六经、七经、九经、十三经之名，皆出于此。释、道之名其书曰"经"，亦始袭取于此。[12]

在先秦，儒家重要文献《诗》《书》《礼》《乐》《易》《春秋》，皆未以"经"名，而唯独《孝经》以"经"名。司马迁《史记》说孔子作《孝经》，传授于曾子。因《论语》及其他先秦文献未有相应记载作为印证，且《孝经》中多处引"孔子曰"，所以治学术史的学者并不认为《孝经》的作者就是孔子。然《吕氏春秋》卷十六《先识览》说："《孝经》曰：'高而不危，所以长守贵也。满而不溢，所以长守富也。富贵不离其身，然后能保其社稷，而和其民人。'"所引内容出于《孝经·诸侯章第三》。《孝经》是先秦文献，当无疑义。阮元提出孔子作《孝经》，且自以"孝经"二字题其书，推论或许较为大胆。但因有《史记》等书的根据，也可自备一说。

阮元认为"孝道"是儒学的核心价值，如果说孔子学说的核心是仁学的话，那"孝道"便是核心的核心。汉代纬书中有孔子"志在《春秋》，行在《孝经》"之语。阮元认为孔子实有其语，并非汉人的杜撰和假托。他说：

> 《孝经纬》曰："孔子曰：'吾志在《春秋》，行在《孝经》。'此八字实为至圣之微言，实有传授，非纬书家所能撰托。"[13]

贾谊的千古名篇《过秦论》，曾总结秦王朝覆灭的教训是："仁义不施，而攻守之势异也。"阮元认为贾谊的认识还不到家。在他看来："秦祚不永，由于不仁，不仁本于不孝，故至于此也。贾谊知秦之不施仁义，而不知秦之本于不知《孝经》之道也。"[14]因为"不孝则不仁，不仁则犯上作乱，无父无君，天下乱，兆民危矣"[15]。阮元评论《论语》首篇，认为首章"学而时习之"三节概括了孔子生平学行的始末。他说："此章三节，皆孔子一生事实，为《史记·孔子世家》全篇之总论，故弟子论撰之时，以此冠之二十篇之首也。"[16]而《论语》首篇第二章则阐述了孔子仁学的根本，其文为："有子曰：……君子务本，本立而道生。孝弟（悌）也者，其为仁之本与！"孔子去世后，孔门众弟子因有子之言似孔子，而欲尊师之，因将有子此言列为《论语》首篇第二章。而阮元认为，人们原来认为有子所说的这四句话是孔子之语。他的根据是什么呢？首先，刘向《说苑·建本篇》引孔子曰："君子务本，本立而道生。"[17]同篇又载孔子曰："立体有义矣，而孝为本。"刘向在西汉领校秘书，所见传记百家古说甚多，因之，他所引孔子之语，定有所本。阮元又引《后汉书》卷九十四《延笃传》："笃乃论之曰：……夫仁人之有孝，犹四体之有心腹，枝叶之有本根也。圣人知之，故曰：'夫孝，天之经也，地之义也，人之行也。君子务本，本立而道生。孝弟也者，其为人之本与！'"[18]就文献而论，延笃所引圣人（即孔子）之言，前十四字载于《孝经》，已明标"子曰"，即为孔子之言。后十九字则见于《论语》首篇第二章有子之言，汉儒延笃认为是孔子之语。阮元由此认为，两汉旧说皆以此十九字为孔子之言。而这段话讲明了仁、孝二者的关系，即对于"仁"而言，"孝"是更根本的。

（二）重新理解《论语》之"仁"

在中国传统文化中，孔子是至高无上的圣人，孔子学说的核心是仁学思想。对此，人们多能言之。"仁"是美德，是全德，人亦多能言之。然而"仁"的本质意义是什么？千百年来，学界并无定诂。北宋时期，二程的弟子谢良佐将"仁"解释为"觉"，其反面"麻木不仁"就是"不觉"。然而佛教之"佛"亦训为"觉"，这不免有儒、释混同之嫌。南宋时期的朱熹在对此说予以严肃批评的同时，将"仁"定义为"心之德，爱之理"，并将"仁"看作心性之"本体"，与"天理"具有同等的地位。朱熹的解释得到后世的信从。但"心之德，爱之理"便是"仁"的正诂吗？在清儒阮元看来，宋儒无论将"仁"解释为"觉"也好，解释为"心之德，爱之理"也好，都仅将"仁"看作自生自长、孤立独存的东西，而他认为，"仁"虽有其内在性，但必须在人与他者的关系中来体现。譬如谷种，须种之方熟。他说："仁具于人心性，犹五谷之种，谷种须种之方熟，仁须为之方成。"[19]又说："凡仁，必于身所行者验之而始见，亦必有二人而仁乃见。若一人闭户斋居，瞑目静坐，虽有德、理在心，终不得指为圣门所谓之'仁'矣。"[20]

1. "仁"字的意义

阮元对《论语》中出现的"仁"字做过统计，《论语》中共有"仁"字一百零五个，分布于五十八章之中。但对"仁"字意义的直接解释，则须借重《论语》外的《大戴礼记·曾子制言》篇和《礼记·中庸》篇。他说：

> 元窃谓诠解"仁"字，不必烦称远引，但举《曾子制言》篇"人之相与也，譬如舟车然，相济达也。人非人不济，马非马不走，水非水不流。"及《中庸》篇"仁者，人也"郑康成注："读如'相人偶'之人。"数语足以明之矣。春秋时，孔门所谓"仁"也者，以此一人与彼一人相人偶，而尽其敬礼忠恕等事之谓也。[21]
>
> 古所谓"人耦"，犹言尔我亲爱之辞，独则无耦，耦则相亲。故其字（按：指"仁"字）从人二。[22]

《曾子制言》篇讲了这样一个道理：人们之间是一种相辅相成的关系，就像驷马之车一样，单是一匹马用力，车子不会跑起来，几匹马一齐用力，车子才会跑起来。又像水一样，一滴水不会流动，许多水汇集起来，才会流动。人们之间只有相互帮助才会成功。《中庸》中有"仁者，人也"之语，郑玄为之作注，指出此句中的"人"字，不应在通常意义上理解，而应"读如'相人偶'之人"。郑玄注经，多次使用"相人偶"一语，这是当时的俗语，人皆知之，因而郑玄并未对之再加解释。可是以后此语不再流行，后人已经不明其义了。[23] 南宋朱熹就曾写信给吕祖谦说："'相人偶'，此句不知出于何书？疏中亦不说破，幸以见告。"[24]

"人偶"又作"人耦"，据笔者推测，此词的来源可能与"耦耕"有关。从中国古代农业耕作史看，先民在发明牛耕技术之前，是实行"耦耕"的，耕必二耜相对，共发畎垄，因而必须二人并耕，左右起土，才能进行耕作。这种彼此合作、相互照应的搭伴关系，就叫"人耦"或"人偶"。后来礼家在解释礼仪的精义时，较多使用"相人偶"之语，如《仪礼·聘礼》："公揖，入，每门每曲揖。"郑玄注："每门辄揖者，以相人偶为敬也。"[25]当诸侯国君迎接别国重要宾客时，每入一门，都揖拜礼让，然后进入。郑玄解释说这种礼仪体现了"相人偶"的礼敬之意。

由上所论，"仁"体现为人与人的相互关系，既有"人非人不济"，即相互帮助之意，又有"尔我亲爱"，即相互爱护之意，亦有"以相人偶为敬"，即相互礼敬之意。

2. "仁"字的起源

阮元论"仁"字的起源说：

> "仁"字不见于虞夏、商《书》，及《诗》三《颂》、《易》卦爻辞之内，似周初有此言而尚无此字。其见于《毛诗》者，则始自《诗·国风》"洵美且仁"。再溯而上，则《小雅·四月》"先祖匪人，胡宁忍予？"此"匪人"，"人"字实是"仁"字……盖周初但写"人"字，周官礼后始造"仁"字也。[26]

周人已有"仁"的观念，当无疑义。《逸周书·武顺》篇云："卿不仁，无以集众。"[27]同书《文政》篇云："仁守以均。"[28]《大聚解》篇云："生无乏用，使（死）无传尸，此谓仁德。"[29]《官人》篇云："言忠行夷，争靡及私，……情忠而宽，貌庄而安，曰有仁者也。"[30]等等。后人以《逸周书》驳而不纯，以为有后人窜入文，因而不甚信据。阮元论"仁"的起源而不引《逸周书》，郭沫若甚至认为春秋以前绝无"仁"

字。[31]但前人已多有学者指出上引《逸周书》诸篇信为古书，如张大业《逸周书管笺序》说：《大聚解》《文政》等篇"醇雅渊懿，皆丰镐盛时之文"[32]。陈逢衡《逸周书补注叙略》谓：《大聚》等篇"为备荒而设，可见周家体恤民隐至意"。又谓：《武顺》等篇为兵法，亦是"周人手笔"[33]。姜士昌《汲冢周书序》谓：《大聚解》《官人》等篇"有非叔季之主、浅闻之士所能仿佛者。……其事则文、武、周公，其文辞则东周以后作者不逮也"[34]等。

3. 圣、仁、智的等次

阮元以为，《论语》中多讨论如何做上等之人，而上等之人又分为三等，即圣人、仁人和智人。在孔子思想学说中，"圣"是道德与智慧最高的境界，只有极少数的人才能达到。至于"仁"，则较"圣"降低一等。孔子之所以将"仁"作为其思想学说的核心观念，是因为在孔子看来，仁道是现实可行、人人皆可依循的，"我欲仁，斯仁至"，人只要付出努力，便可达到仁道的目标。阮元说：

> 孔子论人，以"圣"为第一，"仁"即次之。"仁"固甚难能矣，"圣""仁"二字孔子皆谦不敢当。子贡视"仁"过高，误入圣域。故孔子分别"圣"字，将"仁"字降一等，论之曰："所谓仁者，己之身欲立则亦立人，己之身欲达则亦达人。"所以必两人"相人偶"而"仁"始见也。[35]

> 又，"智"者，"仁"之次。《汉书·古今人表》叙论九等，列"智人"于"仁人"下。子张以"仁"推令尹子文及陈文子，孔子皆答以未"智"焉得"仁"，明乎必先"智"而后能"仁"也。……此可验"圣""仁""智"三者之次矣。[36]

阮元指出，在孔子宣扬仁学时，孔子的高足子贡已经对"仁"有所误解，即"视仁过高"，将"仁"等同于"圣"。这样，"仁"就成为一种难以企及的道德境界了。这里，阮元之意不在批评子贡，而在于批评魏晋玄学家和宋明理学家。魏晋以后，异端空虚玄妙之学盛行，至宋明之时，学者群趋于标新竞胜，更将"仁"等同于宇宙本体——"天理"，等同于一种圣人境界。如程颢《识仁篇》说："学者须先识仁，仁者浑然与物同体。……识得此理，以诚敬存之而已。……理有未得，故须穷索。存久自明，安待穷索？此道与物无对，大不足以名之。"[37] 宋明理学家"视仁过高"的认识错误，导致他们流为"虚悟远求"，不能就切近之事"为仁"，这便使孔子仁学成为一种玄虚的空谈。《论语·子张》载曾子之语："堂堂乎张也，难与并为仁矣。"阮元解释说："其曰'为仁'，可见仁必须为，非端坐静观即可曰仁也。曰'并为'，'并'即'相人偶'之说也。"[38] 在阮元看来，孔子之所以将"仁"降一等，就是"虑及后世言仁之务为高远"[39] 而预为防范。要"为仁"，并不难，只要肯帮助人、爱护人、礼敬人，就是"为仁"。由此可见，阮元论"仁"有反形上化、玄虚化的特点，此一认识对于宋明儒者的仁学理论而言，可谓切中其弊，使人警醒。

4. 再释"克己复礼为仁"

《论语·颜渊》篇载："颜渊问仁。子曰：'克己复礼为仁。一日克己复礼，天下归仁焉。为仁由己，而由人乎哉？'"对这一句的理解，关系对孔子仁学基本思想的理解。汉代扬雄将"克"字解释为"胜己之私之谓克"[40]，宋明理学家的解释也大体循此思路。如朱熹《论语集注》解释"克己复礼"说："克，胜也。己，谓身之私欲也。复，反也。礼者，天理之节文也。"[41] 这样就将"克己复礼"与"存天理，去人欲"的理学宗旨对接在一起了。从社会思潮来说，宋明理学家倡导"人欲净尽，天理流行"，企图建构一个精神世界的乌托邦。此思潮发展到明后期已经发生转化，走向它的反面，即学者们开始更多地重视现实的社会生活，承认人们私欲的合理性，从而反对理学家对《论语》"克己复礼为仁"章所作的解释，提出自己新的理解。阮元再释"克己复礼为仁"就是在这种背景下作出的，他说：

> 颜子"克己"，"己"字即自己之"己"，与下"为仁由己"相同，言能克己复礼，即可并人为仁。……仁虽由人而成，其实当自己始，若但知有己，不知有人，即不仁矣。……若以"克己"字解为私欲，则下文"为仁由己"之己，断不能再解为"私"，而由己不由人反诘辞气与上文不相属矣。[42]

阮元认为，《论语》此章中前言"克己复礼"，后言"为仁由己"，两"己"字是统一的，即皆作"自己"解。当然，儒者解经时也常会根据文义，对同一字在前后文中作不同的解释。阮元特别指出，在《论语》此章中，"为仁由己，而由人乎哉"是一反诘句，恰恰是对应"克己复礼"一句的。若后一句"为仁由己"作"自己"解，那前一句"克己复礼"之"己"也当作"自己"解。问题是，如果将"克己复礼"之"己"解作"自己"，那能否将"克己复礼"一语解释得更通顺呢？从汉人那里找根据，马融曾将"克己"解作"约身"，从近人那里寻印证，毛奇龄《四书改错》曾对"约身"说作了较详尽的发挥。阮元说：

> 毛西河检讨《四书改错》曰："马融以'约身'为'克己'，从来说如此。惟刘炫曰：'克者，胜也。'此

本扬子云'胜己之私之谓克'语。然'己'不是'私'，必从'己'字下添'之私'二字，原是不安。至程氏，直以'己'为'私'，称曰：'己，私致（欲）。'《集注》谓'身之私欲'，别以'己'上添'身'字，而专以'己'字属'私欲'。于是宋后字书皆注'己'作'私'，引《论语》'克己复礼'为证，则诬甚矣。毋论字义无此，即以本文言，现有'为仁由己'，'己'字在下，而一作'身'解，一作'私'解，其可通乎？……克者，约也，抑也。己者，自也。何尝有己身私欲重烦战胜之说？"[43]

阮元又援引友人凌廷堪对"克己复礼"的说解。凌氏曾通检《论语》全书，以为《论语》中使用"己"字时，多"人""己"对言，即使文中单独使用"己"字时，若作"私欲"解，也多不可通。因此"克己复礼"之"己"定然不作"私欲"解。阮元说：

凌次仲教授曰："即以《论语》'克己'章而论，下文云：'为仁由己，而由人乎哉！''人''己'对称，正是郑氏'相人偶'之说。若如《集注》所云，岂可曰'为仁由私欲乎'？再以《论语》全书而论，如'不患人之不己知''夫仁者，己欲立而立人，己欲达而达人''己所不欲，勿施于人''古之学者为己，今之学者为人''修己以安人''君子求诸己，小人求诸人'，皆'人''己'对称。此外之'己'字，如'无友不如己者''人洁己以进仁''以为己任''行己有耻''莫己知也''恭己正南面''以为厉己''以为谤己'，若作'私欲'解，则举不可通矣。马注以'克己'为'约身'，最得经意。"[44]

阮元通过援引毛奇龄和凌廷堪对"克己复礼"的说解，使其论证层层深入，他让人认识到这样一点，朱熹《论语集注》对"克己复礼"的解释并不符合《论语》本文原意，以此撼动"存天理，去人欲"的理学宗旨。而通过其《论语论仁论》，展示出一种新的解经方法，不是从思想家个人的哲学体系出发来解经，而是从经典文本出发，先通过归纳、绌绎的方法来弄清关键字义，然后再通过疏解经典文本来体会经典的真精神。

（三）重新理解《论语》之"一贯"

《论语·里仁》篇载孔子对曾子说："吾道一以贯之。"《论语》所载孔子这句话是非常重要的，它关系孔子之道的性质问题。北宋邢昺为何晏《论语集解》作疏说："贯，统也。孔子语曾子，言我所行之道，惟用一理以统天下万事之理也。"[45]南宋朱熹的《论语集注》以此为基础，所释义理更为精深。朱熹解释说："贯，通也。……至诚无息者，道之体也，万殊之所以一本也。万物各得其所者，道之用也，一本之所以万殊也。"[46]按照邢昺的理解，"一以贯之"之"一"是指统驭"天下万事之理"的那个"一理"，"贯"作统驭解。他把"一理"与"万理"解释为主从关系。按照朱熹的理解，"一以贯之"之"一"是指体现于品汇万殊中的那个本体之"道"，即"理一"，"贯"作通彻解。他把"一理"与"万理"解释为体用关系。而为了体认本体之道，朱熹进一步提出"一旦豁然贯通"说："一旦豁然贯通焉，则众物之表里精粗无不到，而吾心之全体大用无不明矣。"[47]宋儒的解释，影响十分深远，今人无论其旧学深浅，在运用"一以贯之"这个词时，大多不出宋儒的理解范围。

但清儒阮元曾对此理解提出质疑，他指出，"一以贯之"之"一"通于"壹"，解作"皆"。这是一个副词，不是数量词。"贯"作"行事"解。"吾道一以贯之"的意思是"吾道皆以行事为教"。阮元表明，他提出这一看法，不是一己之独见，而是根据大量的汉儒传注训诂资料做出的。他说：

> 《论语》"贯"字凡三见，曾子之"一贯"也，子贡之"一贯"也，闵子之言"仍旧贯"也。此三"贯"字，其训不应有异。元按：贯，行也，事也。（《尔雅》："贯，事也。"《广雅》："贯，行也。"《诗·硕鼠》："三岁贯女。"《周礼·职方》："使同贯利。"《论语·先进》："仍旧贯。"传、注皆训为"事"。《汉书·谷永传》云："以次贯行。"《后汉·光武十五王传》云："奉承贯行。"皆行事之义。）三者皆当训为"行事"也。孔子呼曾子告之曰："吾道一以贯之。"此言孔子之道皆于行事见之，非徒以文学为教也。"一"与"壹"同，（"一"与"壹"通，经史中并训为"专"，又并训为"皆"。《后汉·冯绲传》《淮南·说山训》《管子·心术篇》皆训"一"为"专"。《大戴·卫将军》《荀子·劝学》《（荀子·）臣道》《后汉书·顺帝纪》皆训"一"为"皆"。……至于"一""壹"二字通用之处，经史中不可胜举矣。）壹以贯之，犹言壹是皆以行事为教也。[48]

阮元批评朱熹"一旦豁然贯通"之说迹近禅宗。他说：

> 若云贤者因圣人一呼之下，即一旦豁然贯通焉，此似禅家顿宗冬寒见桶底脱大悟之旨，而非圣贤行事之道也。……故以"行事"训"贯"，则圣贤之道归于儒。以"通彻"训"贯"，则圣贤之道近于禅矣。[49]

孔子所讲的"吾道一以贯之"，容易从本体哲学的角度作出解释，阮元却极力反对这样做，他反复强调"孔子之道皆于行事见之"，就在于他从根本上反对本体哲学，他认为此种哲学方法近于参禅，而倡导一种实践的哲学。这是阮元一向的思想主张，他在《诂经精舍策问》中陈述其思想主张说："考列国时，孔、曾、游、夏诸圣贤及各国君卿大夫之德行名言，载在《三传》《国语》《孝经》《论语》者，皆为处世接物之庸行，非如禅家遁于虚无也。"[50]阮元复于《大学格物说》一文中指出："圣贤之道，无非实践。孔子曰：'吾道一以贯之。'贯者，行事也。即与'格物'同道也。……先儒论'格物'者多矣，乃多以虚义参之，似非圣人立言之本意。"[51]阮元将"贯"解作行事，也把《大学》"格物"解作行事，因而提出："圣贤之道，无非实践。"这是一个具有重要意义的认识。

第二节　阮元的经典版本校勘学思想

版本学、校勘学本是一个大题目。阮元在版本学、校勘学方面有着卓越的见识和贡献。本节的着眼点不在胪列其在版本学、校勘学方面许多具体的、琐细的例证，而是从其版本校勘学的"思想性"着眼，主要在于彰显他关于经典传本的甄选原则，以及关于版本校勘的审慎态度。从前一方面说，阮元摒弃凭臆"恢复"的经典古本；从后一方面说，阮元拒绝轻率"改正"古书。

儒家经典及其注疏文本在长期传承过程中发生了许多变化。从经籍传授说，在汉代，同一经典因师法、家法不同，而有不尽相同的传本，后来师法、家法逐渐废除，加之功令所尚，一家独尊，而众家尽废。从经籍形式说，汉代是经、注各自单行，其后，为省两读，遂变而为分传附经的形式，而有所谓"经注本"。到了宋代，学者勇于疑经、改经，汉唐注疏皆摒而不用，纷纷另作新注。

对于清代经典考证学家而言，首先面临一个经典文本的甄选问题。谈到经典文本，自然有一个求古本之真的问题。然而求古本之真，必以古本存世为前提。古本早已不存，而以复古本为名，凭臆造作所谓"古本"，又岂可信据？

在解决了经典文本的甄选问题之后，又会面临一个版本校勘的原则问题，如果得到了一个较好的底本，发现底本中有明显的误字，是否径直改正它呢？万一并非底本有误，而是校改者的误判呢？这样岂非愈校愈误吗？

阮元主持《十三经注疏》校勘之局，他是用什么原则来处理以上问题的呢？下面略举《周易》与《尚书》二经之例说明之。

（一）关于《周易》

《汉书·艺文志》著录"《易经》十二篇"，唐颜师古注："上下篇，及十翼。"[52] 这是说汉代田何所传之《周易》上下经加十传，是经、传分开的。当时传《易》诸家中，独费直所传之《易》为古文，刘向曾以中秘所藏古文《易》校施、孟、梁邱诸家之经，或脱去"无咎""悔""亡"，唯有费直所传之《易》与古文《易》同。东汉之时，马融、郑玄皆传费氏《易》，费氏《易》遂盛于世。王弼作《周易注》，即本费氏《易》。但王弼为了解经的方便，拆分《彖传》《象传》《文言》之文，各附于相应卦爻辞之下。[53] 孔颖达因王弼、韩康伯《周易注》而作《周易正义》，学者宗之，古本《周易》遂不复存。

北宋时，学者试图恢复古本《周易》，吕大防 (1027—1097) 始考验旧文，作《周易古经》二卷；晁说之（1059—

1129）作《录古周易》，将上下经与十传重新分编，并通过数十种文献重新考订经传之文。其后薛季宣、程迥、李焘、吴仁杰、吕祖谦继有同类著述，而内容"大致互相出入"，皆名之为"《古周易》"。朱熹本吕祖谦《古周易》而作《周易本义》，其理由是王弼本以传附经，误导学者，使学者"未及玩心全经，而遽执传之一端，以为定说，于是一卦一爻仅为一事，而《易》之为用，反有所局，而无以通乎天下之故"[54]。

　　其实，《周易》古文本无可考，诸家所作不无自我作古之嫌。且擅改经传文字，更不足取法。以是，自明永乐年间官修《周易大全》，复改从王弼本。关于《周易》传本与校勘，阮元提出如下看法：

　　　　《古周易》十二篇，汉后至宋晁以道、朱子始复其旧。自晁以道、朱子以前，皆《彖》《象》《文言》分入上下经卦中，别为《系辞》上下、《说卦》《序卦》《杂卦》五篇，郑玄、王弼之书业已如是，此学者所共知，无庸觇缕者也。《易》之为书最古，而文多异字，宋晁以道《古文易》捃扯为之，如郭忠恕、薛季宣《古文尚书》之比。国朝之治《周易》者，未有过于征士惠栋者也，而其校刊雅雨堂李鼎祚《周易集解》与自著《周易述》，其改字多有似是而非者，盖经典相沿已久之本，无庸突为擅易。况师说之不同，他书之引用，未便据以改久沿之本也，但当录其说于考证而已。[55]

　　阮元为孔颖达《周易正义》之《校勘记》作序，文章开头不谈《周易正义》，却大谈所谓《古周易》，继又批评惠栋之改经字，其实皆在影射晁说之、朱子所谓"《古周易》"之

不足法，而认为今人治《易》，仍应循守王弼、孔颖达的注疏之本。

（二）关于《尚书》

《尚书》有关"今文"和"古文"的名目，最应分辨清楚。因为不同时代，所谓"今文"和"古文"有不同的指谓。汉代伏生所传二十九篇，立为学官者有欧阳、大小夏侯三家，被称为"《今文尚书》"，孔安国所献《古文尚书》增多伏生《书》十六篇，被称为"孔壁《古文尚书》"；此汉代《尚书》之"今文"和"古文"。孔壁《古文尚书》大约亡于晋永嘉之乱。东晋时，梅赜上《古文尚书》五十八篇，其中三十三篇与伏生所传二十九篇同，所多之数乃将伏生《书》之《尧典》分出《舜典》一篇；《皋陶谟》分出《益稷》一篇；又将《盘庚》分为上、中、下三篇。之所以也称这部分为"古文尚书"，只是个别文字参酌马融、郑玄的《尚书注》有所改易而已。就其内容而言，本属"《今文尚书》"。另外所谓"《古文尚书》二十五篇"，后世阎若璩、惠栋、程廷祚等考证为伪作，称之为"伪《古文尚书》"。此为梅赜本《古文尚书》之"今文"和"古文"。唐太宗时孔颖达等奉诏作《尚书正义》，实本此梅赜本《古文尚书》。唐玄宗不喜古文，天宝三载（744），"诏集贤学士卫包，改古文从今文"[56]，以便习读。汉代所谓"古文"实是战国时期的六国文字，汉晋人称之为科斗文，"今文"是指汉代所通行之隶书。唐代所谓"古文"是指隶书，"今文"是指当时的楷书，学者所称为"俗书"者。卫包所改，如改"员"作"云"、改"说"作"悦"、改"景响"作"影响"之类。今所传《尚书》五十八篇"即卫包奉诏改定之本。此唐代《尚书》之"今文"和"古文"。

《玉海》载："唐陆德明《释文》用古文。后周显德六年（959），郭忠恕定古文刻版。"[57] 注："忠恕定《古文尚书》并《释文》。"[58] 此书宋初不甚流行。后吕大防得之于宋次道、王仲至家，晁公武取以刻石，薛季宣据以作《训》，其书遂大显于世。《四库全书总目》卷十三于"《书古文训》十六卷"条下评道："季宣此本，又以古文笔画改为今体，奇形怪状，不可辨识，较篆书之本尤为骇俗。其训义亦无甚发明。……故虽宋人旧帙，今亦无取焉。"[59] 学者或推测郭氏所得为唐朝秘府所藏未经卫包改过的梅赜本《古文尚书》，然其时上距天宝三载已二百余年。不知郭氏从哪里得到此书，故学者疑其为赝本。

关于《尚书》传本，阮元提出如下看法：

> 自梅赜献孔《传》而汉之真古文与今文皆亡。乃梅本又有今文、古文之别。《新唐书·艺文志》云："天宝三载，诏集贤学士卫包，改古文从今文。"……乃若天宝既改古文，其旧本藏书府，民间不复有之，更经丧乱，即书府所藏亦不可问矣。……乃后周显德六年，郭忠恕独校《古文尚书》上之，上距天宝三载已二百余年，不知郭氏从何而得其本？……其为赝本无疑。[60]

这里有几点特别值得注意：第一，阮元已明确肯定汉代有真《古文尚书》，则梅赜所献《古文尚书》自然为伪作，他在所作《孝经校勘记序》中说，《孝经》"《孔注》今不传。……《孔注》即存，不过如《尚书》之伪《传》，决非真也"[61]。而他在《拟国史儒林传序》中亦曾表彰阎若璩等"卓然不惑，求是辨诬"[62]。第二，阮元虽然认为梅赜所献《古文尚书》为伪作，但在其整个《十三经注疏》校勘本的刻印计划中，并没有排除孔颖达依据梅赜本《尚书》五十八篇所作的《尚书正义》。第三，阮元所据之"《尚书》五十八篇"乃卫包奉诏改定之本。五代之郭忠恕虽称得卫包改定前之《尚书》五十八篇，因其来历不明，摒而不取。

通过以上两例，可以略见阮元在版本校勘学方面的两条重要原则，其一，反对凭臆"恢复"古本。在阮元看来，求古本之真，其意本非不美。但古本既已不存，则应取"相沿已久之本"，而不应自我作古，另造所谓"古本"。以此原则衡量，则晁以道、朱熹之所谓《古周易》，郭忠恕、薛季宣之所谓"《古文尚书》"便不足取了。其二，反对率尔"改正"古书。晁以道之所谓"《古周易》"与郭忠恕之所谓"《古文尚书》"，皆以所谓古文改今体，以致奇形怪态，不可辨识。因而阮元提出："经典相沿已久之本，无庸突为擅易。"[63]阮元又在《江西校刻宋本十三经注疏书后》一文中说："刻书者最患以臆见改古书，今重刻宋板，凡有明知宋板之误字，亦不使轻改，但加圈于误字之旁，而别据校勘记，择其说附载于每卷之末，俾后之学者不疑于古籍之不可据，慎之至也。"[64]这就是说，即使底本有明显误字，也不轻改，仅加标记于误字之旁，而于校勘记中加以说明。

以上所论，仅是阮元版本校勘学思想之一端，这也反映出他的"实事求是"的治学态度。

注释：

［1］侯外庐：《中国思想通史》第五卷，北京：人民出版社，1956年，第578页。

［2］［3］〔宋〕陆九渊著，钟哲点校：《陆九渊集》，北京：中华书局，1980年，第399，395页。

［4］［7］［8］〔清〕李元度纂，易孟醇校点：《国朝先正事略》，

长沙：岳麓书社，2008 年，第 680，680，681 页。

[5] 钱穆:《中国近三百年学术史》，北京：商务印书馆，1997年，第 529 页。

[6] 郭明道先生《阮元评传》认为，虽然阮元入仕籍自填籍贯为仪征，实际上其家世居扬州，只是他的祖父阮玉堂为便于科举考试，始占籍仪征。然在清代，无论是阮元生前或身后，皆视其为仪征人（如李元度作《国朝先正事略》称其为"仪征相国"），今亦不便改了。（参观郭明道：《阮元评传》，北京：社会科学文献出版社，2005 年。）

[9][11][12][13][14][15][16][18][19][20][21][22][26][35][36][38][39][42][43][44][48][49][50][51][55][60][61][62][63][64]〔清〕阮元著，邓经元点校:《揅经室集》，北京：中华书局，1993 年，第 1，238，48，47—48，48，48，50，52，202，176，176，179，179，177—178，179，180，177，181，182—183，183，53，53—54，237，55，253—254，254—255，262，37，253—254，620 页。

[10] 如阮元说:《汉书》云:'修学好古，实事求是。'后儒之自循于虚而争是非于不可究诘之境也。河间献王竟逆料而知之乎! 我朝儒者，束身修行，好古敏求，不立门户，不涉二氏，似有合于'实事求是'之教。"（参见〔清〕阮元著，邓经元点校:《惜阴日记序》，《揅经室集》，第 687—688 页。）

[17]〔汉〕刘向著，向宗鲁校证:《说苑校证》，北京：中华书局，1987 年，第 56 页。

[23] 阮元说:"元此论乃由汉郑氏'相人偶'之说序入，学者或致新僻之疑，不知'仁'字之训为'人'也，乃周、秦以来相传未失之故训。东汉之末犹人人皆知，并无异说。康成氏所举'相人偶'之言，亦是秦、汉以来民间恒言，人人在口，是以举以为训，初不料晋以后此语失传也。大约晋以后异说纷歧，狂禅迷惑，

实非汉人所能预料。使其预料及此，郑氏等必详为之说，不仅以'相人偶'一言以为能近取譬而已。"（参见〔清〕阮元著，邓经元点校：《论语解》，《揅经室集》，第194页。）

［24］［54］〔宋〕朱熹撰，朱杰人、严佐之、刘永翔主编：《朱子全书（修订本）》第20—25册《晦庵先生朱文公文集》，上海：上海古籍出版社；合肥：安徽教育出版社，2002年，第1524，3890页。

［25］〔汉〕郑玄注，〔唐〕贾公彦疏：《仪礼注疏》，〔清〕阮元校刻：《十三经注疏》，北京：中华书局，2009年，第2277页。

［27］［28］［29］［30］［32］［33］［34］黄怀信、张懋镕、田旭东撰：《逸周书汇校集注》，上海：上海古籍出版社，2007年，第316，385，405，787，1213，1208，1192页。

［31］郭沫若《十批判书·孔墨的批判》说："'仁'字是春秋时代的新名词，我们在春秋以前的真正古书里面找不出这个字，在金文和甲骨文里也找不出这个字。"（郭沫若：《十批判书》，北京：东方出版社，1996年，第87页。）

［37］〔宋〕程颢、程颐著，王孝鱼点校：《二程集》，北京：中华书局，2004年，第16—17页。

［40］汪荣宝撰，陈仲夫点校：《法言义疏》，北京：中华书局，1987年，第157页。

［41］［46］［47］〔宋〕朱熹：《四书章句集注》，北京：中华书局，1983年，第131，72，7页。

［45］〔魏〕何晏等注，〔宋〕邢昺疏：《论语注疏》，〔清〕阮元校刻：《十三经注疏》，第5367页。

［52］〔汉〕班固著，〔唐〕颜师古注：《汉书》，北京：中华书局，1962年，1704页。

［53］也有人说，分传附经不自王弼始，早在郑玄，甚至费直之时就已肇始了。

［56］〔汉〕孔安国传，〔唐〕孔颖达等正义:《尚书正义》，〔清〕阮元校刻:《十三经注疏》，第 243 页。

［57］［58］武秀成，赵庶洋校证:《玉海艺文校证》，南京：凤凰出版社，2013 年，第 152，152 页。

［59］〔清〕永瑢等撰:《四库全书总目》，北京：中华书局，1965 年，第 106 页。

第五十七章
陈澧《东塾读书记》的经学主旨

20 世纪初，蔡元培为民国临时政府教育总长，主持废除"尊孔读经"。仿佛冥冥中注定，在此之前的五十年，经学硕儒不约而同，开始筹划对两千年经学历史进行总结性的研究。陈澧应该是第一位，其后王闿运（1833—1916）、皮锡瑞(1850—1908)、叶德辉（1864—1927）、刘师培（1884—1919）等皆曾为中国经学发展的历史作出总结。这个工作的初步成型，当以皮锡瑞的《经学通论》和《经学历史》为标志。而皮锡瑞的成功，未尝没有前数人对两千年经学做出总结的历史贡献。这里所要谈的是陈澧。

陈澧（1810—1882），广东番禺人，字兰甫，号东塾，世称东塾先生。清道光十二年（1832）举人，师承阮元，曾任学海堂学长、菊坡精舍山长。精研经学，于天文、地理、音韵、乐律等亦造诣甚深，其著述达 116 种，主要代表作有《东塾读书记》《汉儒通义》《声律通考》等。这里主要讨论其《东塾读书记》，此书由复旦大学杨志刚教授编校，收入钱锺书、朱维铮主编的《中国近代学术名著》中。

《东塾读书记》的前身是《学思录》，草创于公元 1858 年。作者心仪顾炎武的学问，欲效法顾炎武的《日知录》，而成一通论古今学术的巨著。同治十年（1871），陈澧大病几死，自觉其著述计划过于庞大，难以完成。遂从数百册积稿中，撷取其精华部分，写定成书，改名《东塾读书记》。这部书主要以讨论经学为主，论述各经源流正变得失，所记皆经学研究的前沿问题，其评论皆公允平实、言而有据。其所讨论虽然只是具体的经学问题，而非一般的经学史问题，但因为其对所评判的经学问题能持正确的立场和态度，所以后世撰写经学史的作者能有所参酌和取法。这是此部书的重要意义之所在。总之，陈澧《东塾读书记》是一部可以比肩顾炎武《日知录》的著作。

陈澧《东塾读书记》于每部经皆提出许多论点，这里不能一一论列，只选择其讨论《孝经》《易经》《尚书》《诗经》《春秋》五部经典中的最重要观点，加以介绍。

第一节 "《孝经》为道之根源，六艺之总会"

明清之时，学界已通行"十三经"之说，十三经中哪一部经典最重要，学界并没有一致的意见。但自汉代郑玄以后，有一派学者认为《孝经》最重要，而一直成为学术界的潜流，这是我们所应该知道的。陈澧就属于这一派的学者。朱维铮教授将这种观点看作是"陈澧的发明"是不对的。

朱维铮教授认为陈澧将《孝经》列为《东塾读书记》的首篇，是出于"或可以自效"的目的，说白了，是一种迎合"皇上初政"的投机，他说：

> 一八七五年清朝改元"光绪"，也许又值"皇上初政"，再度唤起陈澧"或可以自效"的希望的缘故，他在这一年刊布了《东塾读书记》的起首两卷，即《孝经》卷和《论语》卷，就是明证。这不是我的推测。所谓

十三经，序次照例先列"五经"，无论经古文学或经今文学都如此，不同的只是"五经"内在次第。而以《孝经》居首，《论语》次之，则是陈澧的发明。卷一读《孝经》记，凡十三则，却有近一半篇幅，历引郑玄、许冲、司马光诸语，称《孝经》"为道之根源，六艺之总会"，合以《论语》，"而立身治国之道，尽在其中"。此卷特引咸丰帝令各省岁科试增《孝经》论一事，赞曰"正合东汉之制"，而谁都知道四岁的新君是作为咸丰继子登极的。陈澧赶在光绪称元这年推出这两卷，不正是《东塾读书记》写作意向的直接发露么？[1]

这一段论述很长，应该说基本是对陈澧的曲解。因为发布"各省岁科试增《孝经》论"的咸丰帝已死，作为咸丰继子的光绪帝年甫四岁，谁会去理睬陈澧"《东塾读书记》的起首两卷书"的刊布呢？朱维铮教授既然已经注意到"卷一读《孝经》记，凡十三则，却有近一半篇幅，历引郑玄、许冲、司马光诸语，称《孝经》'为道之根源，六艺之总会'"，那为什么不从《孝经》本身的内容来寻得理解，而要去深挖陈澧"或可以自效"的"写作意向"呢？

事实上，经典的排序从来都不是随意的。经典排序先后反映经典受重视的程度，但它又不是固定不变的，它随着时代的发展而变化。

关于经典排序，可以从西周王官之学说起，最初常见的提法是《诗》《书》《礼》《乐》。大约先秦以前，人们最重视《诗》《书》，所以文献中常见对《诗》《书》的引录，即《诗》云"《书》云"之类。春秋后期，应该是由于孔子的重视，加上了《周易》和《春秋》，后来渐渐在孔门中有了"六经"的名目。汉代由于《乐经》失传，因而讲"五经"。有时又加上

《论语》《孝经》，而称"七经"。西汉末，由于刘歆的倡导，五经开始按《周易》《尚书》《诗经》《礼经》《春秋》的顺序排列。《周易》逐渐被视为五经之首。

至宋初，儒家经典已经增加到十二经，即《周易》《尚书》《诗经》《礼记》《仪礼》《周礼》《春秋左氏传》《春秋公羊传》《春秋榖梁传》《论语》《孝经》《尔雅》。王安石熙宁变法，《孟子》升格为经，至此，儒家经典增加到十三部。

南宋时，朱熹将《大学》《中庸》从《礼记》中抽出，与《论语》《孟子》合编，称为"四书"，并强调学者应先读"四书"，后读五经，后世因而有"四书五经"的提法。由于明清科举重视八股文，而八股文常从"四书"中出题，"四书"的重要性因而高于五经。

但在明清之际，由于学界对于《大学》的争议非常尖锐，陈确曾提出"还《学》《庸》于《戴记》……出学人于重围之内"[2]，反对朱熹将《大学》《中庸》从《礼记》抽出的做法。陈澧《东塾读书记》不将《大学》《中庸》单独列出，应该说已经受了陈确思想的影响。至于说把《孝经》列于诸经之首，那并不是"陈澧的发明"，而是将"郑玄、许冲、司马光"诸人的意见予以集中的表达。况且，南朝梁时尚书令王俭作《七志》时，已将《孝经》列于《七志》"经典志"之首。

其实，自东汉以后，在中国经学史上一直涌动一种思潮，欲将《孝经》作为儒家最重要的经典，驾五经而上之。最明确的表述是东汉郑玄的《六艺论》，其中说："孔子以六艺题目不同，指意殊别，恐道离散，后世莫知根源，故作《孝经》以总会之。"[3]这一思想在后世一直有不同的表达方式，如明儒曹端说："'孝'云者，至德要道之总名也；'经'云者，持世立教之大典也。然则《孝经》者，其六经之精义奥旨欤！"[4]又如明儒黄道周也说："《孝经》者，道德之渊源，治化之纲领也。六经之本皆出《孝经》。"[5]类似的言论很多,《东塾读书记》卷一所引只是其中一部分。陈澧显然赞同并接受了这一观点。与前人不同的是,前人将此观点通过文章或语录表达出来,而陈澧则是在一部系统讨论经学的论著中表达出来,并明确将《孝经》置于诸经之首。这种情况之所以出现于晚清,有一个原因,就是前此儒者坚信:遵循五经所讲的"治道"原则足以治国平天下。而陈澧的时代,由于西方学术与治道的传入,"政治"已成为一种专业化很强的学问,所以陈澧不想妄谈"治法","但论学术而已"。在他看来,在当时情况下,儒家经典能对"世道人心"起到教化作用的当首推《孝经》。这应该是陈澧《东塾读书记》首列《孝经》的主要原因。

第二节　学《易》:"不必驰心于虚眇"

关于《易经》,历史上有许多神秘而缪悠无凭的说法,后人读《易》,若相信这些说法,便会被误导一生。即使不相信这些说法,若弄清它的学术原委,也要浪费许多宝贵的学习时光。陈澧是饱读经书的过来人,他要用自己的学习经历告诫读者哪些该学,哪些不该学,哪些可以相信,哪些应该存疑,尽量消除那些关于《易经》的毫无根据或不合逻辑的说法。所以,陈澧告诫学者当以一种理性、平实的态度读《易》,"不必驰心于虚眇"[6]。

(一)重卦之人不可知

《易传》中有"伏羲作八卦"的说法。虽然伏羲氏是比炎帝、黄帝还要早的上古传说人物,无从稽考,而且"伏羲作八卦"也未必是"确定的事实",但此事载之于《易传》,已成为一种"确定的说法"。凡此之类，后世学者因为信经的缘故，便不去考证，陈澧当然也不再去考证。至于重卦（六十四卦）之人是谁，《易经》和《易传》皆未言及。后儒对此有许多不同的说法，如以王弼为代表的伏羲重卦说，以司马迁为代表的文王重卦说，以郑玄为代表的神农重卦说，以孙盛为代表的夏禹重卦说，等等。其中以第一说与第二说影响最大。

唐代孔颖达支持王弼的意见，认为伏羲既画八卦，又自重卦。主要理由是：《周易·说卦传》说："昔者圣人之作《易》也，幽赞于神明而生蓍。"孔颖达认为所谓"作"是创造之义，作《易》者只能是伏羲，神农以下只能算"述"，而不能称为"作"，而用蓍之法，十八变而成卦，是指六爻的重卦而言。他又引《周易·说卦传》："昔者圣人之作《易》也……立天之道曰阴与阳，立地之道曰柔与刚，立人之道曰仁与义，兼三才而两之，故易六画而成卦。"以此证明伏羲"作"易之时，已是六爻的重卦。

陈澧对此批评说："此以伏羲创始牵连于用蓍，又以用蓍傅合于六画，已纡曲矣。且三画非创始，六爻乃为创始乎？六爻诚用蓍矣，何以知三画不可用蓍乎？"[7]

至于司马迁的文王重卦说，根据似乎来自《系辞传》之语："《易》之兴也，其当殷之末世、周之盛德邪？当文王与纣之事邪？"但《易经》中的一些爻辞如"箕子之明夷""王用享于岐山"等显然为文王以后之事。所以陈澧批评说："孔子言《易》之兴，但揣度其世与事，而未明言文王所作也。孔子所未言，后儒当阙疑而已，何必纷竞乎？"[8]这是说孔子当年并未明言何人重卦，各种猜测皆无意义。凡此之类，秉持"阙疑"态度，不为无知。

但陈澧对于此类问题，并非全无作为。他肯定《三国志》曹魏高贵乡公所说："后圣重之为六十四。"认为"此语最审慎"。[9]因为"后圣"是个笼统说法，可以包括伏羲之后的任何人。同时他认为，重卦形式的出现需要一个条件，即文字发明之后。他说："其重为六十四卦者何人，则不可知矣。然必在仓颉造文字之后也。八卦之为数少，可以口授卦名；至六十四卦，若无文字以标题卦名，上古愚民，安能识别乎？"[10]这是说六十四卦数目较多，卦画变化复杂，若无文字加以标识区别，筮史将无法演卦与交流。陈澧此言极有价值。

（二）反对"卦气""纳甲""爻辰""先天"诸说

"卦气"说传自汉儒孟喜，在汉唐时期一直有较大影响。所谓"卦气值日"，是用《周易》六十四卦来解释历法，即由《坎》《离》《震》《兑》为四正卦，分主冬、夏、春、秋四时，其余六十卦分属十二月，因一年时间为 365 日 1/4，所以每卦值 6 日 7/80，省称"六日七分"。汉儒认为《周易》中包含宇宙的根本信息与奥秘，当然也包含天文历法的奥秘，因而将六十四卦与一年 365 日 1/4 相比附匹配，实际上这种比附匹配非但无益，反而有害。所以陈澧批评说："以《易》说历，与以历说《易》，同一牵附。""六日七分，必非章句中之说。"[11]

汉儒京房还发明"纳甲法"，所谓"纳甲"，即以"甲"代表十干：甲、乙、丙、丁、戊、己、庚、辛、壬、癸。"纳甲法"就是八卦与十干相配合，以反映月相变化。反过来，学者又可用"纳甲法"解释《易经》经文。陈澧批评说："纳甲、卦气，皆《易》之外道。赵宋儒者，辟卦气而用先天；近人知先天之非矣，而复理纳甲、卦气之说，不亦唯之与阿哉？"[12]这是说，无论汉儒京房、孟喜的纳甲、卦气之说，还是宋儒邵雍的"先天"说，皆非易学正道，因而为陈澧所反对。

汉儒中郑玄还提出"爻辰"说，与京房"纳甲"说不同，但性质相同。"爻辰"说是以《周易》乾坤六爻与十二时辰、二十八宿相配合，用以解释星象，反过来又用"爻辰"说解释《周易》。陈澧引清儒张惠言之语，并加以评论说："张皋文云：'乾坤六爻，上系二十八宿，依气而应，谓之爻辰。'……澧谓：郑氏'爻辰'之说，实不足信也。……李鼎祚《集解》序云'补康成之逸象'。然其书不采爻辰之说，是其有识也。"[13]

陈澧虽然反对"卦气"说，但又肯定"卦气"说中的"十二消息卦"说。他指出："卦气之说……上下经、十翼皆无之，谓之外道可矣。十二消息卦之说，则必出于孔门。"[14]"十二消息卦"，又称"十二辟卦"，即通过十二卦中的阳和阴的逐渐生息和消减来反映一年十二月中的气候变化。具体而言，《复》卦一阳初起，表农历十一月（冬至），此后阳爻逐次增长，《临》卦二阳爻表十二月，《泰》卦三阳爻表正月，《大壮》卦四阳爻表二月，《夬》卦五阳爻表三月，至《乾》卦全为阳爻表四月，此六卦为"息卦"。而《姤》卦一阴初起表五月，此后阴爻逐次增长，《遁》卦二阴爻表六月，《否》卦三阴爻表七月，《观》卦四阴爻表八月，《剥》卦五阴爻表九月，至《坤》卦全为阴爻表十月，此六卦称为"消卦"。陈澧相信"十二月卦说"来自孔门，以为《系辞传》说的"往者屈，来者信""原始反终""通乎昼夜之道"，皆必指此而言之。[15]

（三）易学正宗

陈澧认为，汉儒中，易学正宗第一人为费直，费直的特点是以《易传》解《易经》。这是"费氏家法"，解《易》当遵循"费氏家法"。他说：

> 《汉书·儒林传》云：费直"以《彖》《象》《系辞》
> 十篇《文言》解说上、下经。"此千古治《易》之准的
> 也。孔子作十篇，为经注之祖；费氏以十篇解说上、下

经，乃义疏之祖。……此后诸儒之说，凡据十篇以解经者，皆得费氏家法者也。其自为说者，皆非费氏家法也。说《易》者当以此为断。[16]

陈澧于费直之后，推王弼为易学之正宗，理由是王弼注《易》，多引《易传》，如说"《文言》备矣""《系辞》具焉""《说卦》备矣"等。然而关于王弼尽扫汉儒象数之学，学界争议很大。晋代范宁甚至认为，魏晋学者以"浮虚相扇"，其源始于王弼、何晏，二人之罪，深于桀纣。陈澧大段引录朱彝尊和钱大昕的话，并表达自己的意见说：

朱竹垞《王弼论》云："毁誉者，天下之公，未可以一人之是非，偏听而附和之也。孔颖达有言：'传《易》者更相祖述，惟魏世王辅嗣之注，独冠古今。'汉儒言《易》，或流入阴阳灾异之说，弼始畅以义理。惟因范宁一言，诋其罪深桀纣，学者过信之。读其书者，先横'高谈理数，祖尚清虚'八字于胸中，谓其以《老》《庄》解《易》。吾见横渠张子之《易说》矣，开卷诠《乾》四德，即引'迎之不见其首，随之不见其后'二语。中间如'谷神''刍狗''三十辐共一毂''高以下为基'，皆老子之言。在宋之大儒，何尝不以《老》《庄》言《易》？然则弼之罪，亦何至深于桀纣耶？"

钱辛楣亦云："若王辅嗣之《易》、何平叔之《论语》，当时重之，更数千载不废。方之汉儒，即或有间，魏晋说经之家，未能或之先也。"

澧案：此皆公允之论。宋人赵师秀诗云："辅嗣《易》行无汉学。"百年以来，惠氏之学行，又无辅嗣之学矣。[17]

在易学史上，象数派与义理派两家争胜，自王弼之后一千五百余年，义理派成为易学发展的主流。清中叶惠栋《易汉学》出，学界又尊郑玄、虞翻象数之学，而弃王弼义理之学。陈澧对此深致不满，故称"百年以来，惠氏之学行，又无辅嗣之学矣"。

第三节　《尚书》:"别有《舜典》已亡"之说可疑

清代自阎若璩、惠栋之后，关于《尚书》的争议已经尘埃落定。但在三十年后，在赵翼与王鸣盛之间又有一次较小的争论，可以视为尚书学争论的余波。他们所讨论的问题，一是究竟应该如何拆分《尧典》，从而分出《尧典》《舜典》两篇；二是在伏生所传二十九篇《今文尚书》之外，是否别有《舜典》一篇已经亡佚。陈澧认为，《尚书》其他问题，学者已经详加讨论，只有这个问题尚在未定之数，因而提出讨论，并提供了自己的意见。

不过，要讨论这个问题，还要从源头说起，我们今天所能上溯的是孔颖达《尚书正义》所提供的较为原始的资料。孔颖达《尚书正义·原目·虞书疏》谓:

> 孔(安国)则于伏生所传二十九篇内，无古文《泰誓》，除《序》，尚二十八篇，分出《舜典》《益稷》《盘庚》二篇、《康王之诰》，为三十三，增二十五篇为五十八篇。郑玄则于伏生二十九篇之内，分出《盘庚》二篇、《康王之诰》，又《泰誓》三篇为三十四篇，更增益伪书二十四篇为五十八，所增益二十四篇者，则郑注《书序》:《舜典》一，《汩作》二……《冏命》二十四，

以此二十四为十六卷，以《九共》九篇共卷，除八篇故
为十六。[18]

这是说，《尚书》托名孔安国的传本，新增二十五篇伪
《古文尚书》中并无《舜典》一篇，因而从伏生所传之《尧典》
"慎徽五典"以下分出为《舜典》。但既然是后世人为所拆分，
就有一个拆分是否恰当的问题。

而郑玄注本《尚书》，新增二十四篇（《九共》九篇若合为
一篇则为十六篇）中有《舜典》一篇，那当然就不必再拆分
《尧典》了。问题是伏生所传之《尧典》中已经比较详细地讲
了帝舜的生平，那新增之《舜典》又会讲什么呢？

关于这个问题，前此学者并没有太多探讨，但到了清中
叶，它便成了学者所重点讨论的问题。赵翼首先挑起了这场争
论，其所著《陔余丛考》卷一有"《舜典》当从'月正元日'
分起"一节，认为《尧典》不当从"慎徽五典"以下拆分，而
应再往后，从"月正元日"开始拆分，其理由是：

> "月正元日，舜格于文祖"，即位之后，咨岳牧，命
> 九官，皆是尧崩后之事。且前此不称帝，此后皆称"帝
> 曰"，明是《舜典》原文，岂得俱指为《尧典》？其末
> "陟方乃死"一节，更是总结舜之始终，与尧何涉，而
> 可谓之《尧典》乎？又《史记·舜本纪》即位后，咨岳
> 牧，命九官，即今《舜典》"月正元日"以后之事。迁
> 既从安国问故而作《舜本纪》，可知古文《舜典》本即
> 此"月正元日"以后数节，并非别有《舜典》一篇。而
> 必泥于《今文尚书》之旧，以今《舜典》作《尧典》，
> 亦窒碍而不可通也。[19]

赵翼不认同伏生《今文尚书》所传之《尧典》，认为伏生是误将《舜典》合于《尧典》之中了。在他看来，"月正元日"以后之文，正是《舜典》。因此他也不相信郑玄注本"别有《舜典》一篇"的说法，而同时代的王鸣盛并不赞同赵翼的观点。

陈澧在尚书学上是支持赵翼的意见的。他认为，前此儒者关于《古文尚书》的考辨已经很详尽了。但关于《舜典》问题还有必要再讨论，他说："《尚书》今文、古文，近儒考之详矣。惟谓今之《舜典》亦为《尧典》，而别有《舜典》已亡，则尚可疑也。"[20]他认为赵翼"所驳最精审"[21]，因而站在赵翼的立场上来反驳王鸣盛的意见。

王鸣盛认为，尧殂落、舜即位后，直至"陟方"，皆在《尧典》，"古史义例不可知"[22]。在王鸣盛看来，尧死后之事写在《尧典》之中，在今人看来有些不合情理，但这是古史义例，不应以今人眼光来看。陈澧驳斥说，王鸣盛抬出不可知的"古史义例"不能作为反驳赵翼的理由，他说："此但云'不可知'，不能解赵氏所驳也。"[23]

王鸣盛又举出汉唐儒者若干称引《尧典》的例子，所引用的材料皆在今《舜典》中，可证《舜典》原属《尧典》。他说：

> 《王莽传》两引"十有二州"，皆云《尧典》。光武时，张纯奏宜遵唐尧之典"二月东巡"。章帝时，陈宠言唐尧著典"眚灾肆赦"。晋武帝初，幽州秀才张髦上疏，引"肆类于上帝"至"格于艺祖"，亦曰《尧典》。刘熙《释名》云："《三坟》《五典》《八索》《九丘》，今皆亡，惟《尧典》存。"刘熙时，真《舜典》已出。熙非《尚书》儒，或未之见，故云尔。后汉周磐学《古文尚书》，临终写《尧典》一篇置棺前。若如今本，磐安

得专写《尧典》乎?[24]

又说:

> 《仪礼》注引"扑作教刑",《公羊》注引"岁二月
> 东巡",贾公彦、徐彦皆云《尧典》文,盖马、郑本犹
> 存,有识者犹知援据也。[25]

陈澧回应说,王鸣盛所举这些例子,皆在"月正元日"之
前,正好证明赵翼"月正元日"之前为《尧典》的观点,并不
能证明《舜典》原在《尧典》之中。他说:

> 澧案:"十有二州""二月东巡""眚灾肆赦""肆类
> 于上帝""扑作教刑",皆在"月正元日"之前,而未有
> 引"月正元日"以后之文为《尧典》者,亦不能解赵氏
> 所驳也。周磐专写《尧典》,刘熙言惟《尧典》存,此
> 可证今《舜典》汉时在《尧典》之内,而不足以证别有
> 《舜典》也,仍不能解赵氏所驳也。[26]

陈澧引前辈陈祖范《经咫》之文:"本无别出《舜典》,《大
学》引《书》,通谓之《帝典》而已。虞夏之书,不若后世史
家立有定体,二帝必厘为两纪也。"又引刘逢禄《书序述闻》
说:"《大学》引作《帝典》者,盖《尧典》《舜典》,异序同篇,
犹之《顾命》《康王之诰》,伏生本合为一篇,则亦一篇而两序
也。"然后加按语说:"澧案:陈说通矣。刘说以《康王之诰》
为比,尤通。若云《舜典》亡失,岂可云《康王之诰》亦亡失
乎?"[27]

陈澧不相信郑玄一派的说法,即伏生二十九篇《今文尚

书》之外，别有《舜典》已亡。陈澧认为《舜典》就是《尧典》"月正元日"以后部分，两篇最初只是笼统名曰"帝典"，并无《尧典》《舜典》之分，或本是一篇而有两序。

我们以为，重新讨论《尧典》如何拆分成《尧典》《舜典》两篇未尝不可，但否认别有《舜典》，就会连带否定孔颖达的《虞书疏》中所引的郑玄《书序》，因为恰恰是在郑玄《书序》中言及孔壁《古文尚书》十六篇中包含《舜典》，而否定别有《舜典》，也可能会连带否定《史记》关于孔壁《古文尚书》十六篇的记述。这就要重新讨论已经成为"定谳"的问题。况且陈祖范与刘逢禄皆带有推论的性质，实际情况可能未必就是如此。不过，陈澧就赵翼与王鸣盛的争议，能从尚书学史的角度加以关注和评判，也还是可取的。

第四节　《毛诗》："《小序》显有续作之迹"

在经学史上，有关《诗经》的讨论，两千年来多集中在《毛诗序》的作者问题，其中最有名的是郑玄的见解。郑玄撰有《诗谱》，其中有图，排比各诗传授谱系。其图后亡佚。南朝沈重精研《诗经》及郑玄笺注，他曾说："案郑《诗谱》意，《大序》是子夏作，《小序》是子夏、毛公合作。卜商意有不尽，毛更足成之。"[28]子夏是孔子弟子卜商，毛公（指大毛公毛亨）是卜商数传之弟子。唐代学者成伯玙（生卒年不详）《毛诗指说》进一步认为《小序》由子夏裁成初句，以下出于毛亨。他说："其余众篇之《小序》，子夏唯裁初句耳，至'也'字而止。'《葛覃》，后妃之本也''《鸿雁》，美宣王也'，如此之类是也。其下皆是大毛自以《诗》中之意而系其辞也。"[29]

后世关于《毛诗》小序作者有许多不同的意见，但大多只限于提出一种观点，并无详细论证。到了清代陈澧这里，便对之加以详细讨论。他赞同沈重"《小序》是子夏、毛公合作。卜商意有不尽，毛更足成之"的说法，但不赞同成伯玙所说《小序》"子夏唯裁初句耳，至'也'字而止"的简单划一的方法，他更倾向于具体问题作具体分析的方法。他说：

> 今读《小序》，显有续作之迹。如《载驰》序云："许穆夫人作也。闵其宗国颠覆，自伤不能救也。"此已说其事矣。又云："卫懿公为狄人所灭，国人分散，露于漕邑。许穆夫人闵卫之亡，伤许之小，力不能救，思归唁其兄，又义不得，故赋是诗也。"此以上文三句简略，故复说其事，显然是续也。《有女同车》序云："刺忽也，郑人刺忽之不昏于齐。"此已说其事矣。又云："太子忽尝有功于齐，齐侯请妻之。齐女贤而不取，卒以无大国之助，至于见逐，故国人刺之。"此以上文二句简略，故亦复说其事，显然是续也。郑君虽无说，读之自明耳。[30]

陈澧认为，第一例中前三句为一人作，其后面一段话是后人续作。第二例中前两句为一人作，其后面一段话是后人续作。陈澧又举例证明郑玄本人并未认为对于《小序》"子夏唯裁初句"，他说：

> 郑君非以《小序》皆子夏、毛公合作也。《常棣》序云："燕兄弟也，闵管、蔡之失道，故作《常棣》焉。"孔《疏》引《郑志·答张逸》云："此《序》子夏所为，亲受圣人。"是郑以此《序》三句，皆子夏所为，非独

"燕兄弟也"一句矣。[31]

  类似的例子还有许多，有些诗的《小序》应该皆是子夏所写。若认为《小序》"子夏唯裁初句"，那对有些诗而言，便会不明所以。陈澧举例说：

  或谓《序》之首句，传自毛公以前；次句以下，毛公后人续作，尤不然也。如《终风》序云："卫庄姜伤己也，遭州吁之暴，见侮慢而不能正也。"若毛公时，《序》但有首句，而无"遭州吁之暴"云云，则次章"莫往莫来"，《传》云"人无子道以来事己，己亦不得以母道往加之"，所谓子者谁乎？以母道加谁乎？[32]

  卫庄姜是卫庄公的夫人，《诗经·卫风·硕人》所描写的美女"手如柔荑，肤如凝脂，……巧笑倩兮，美目盼兮"就是庄姜。她秀外慧中，《毛诗序》认为，《诗经》中有四首诗出自庄姜之手：《绿衣》《燕燕》《日月》《终风》。庄姜无子，视太子（公子完）如己出。卫庄公去世，公子完即位，是为卫桓公。其后卫桓公为异母弟州吁弑杀，州吁自立为君。《毛传》谓"人无子道以来事己，己亦不得以母道往加之"，指的即是庄姜与州吁的关系。陈澧意谓，若《终风》小序只写一句，"卫庄姜伤己也"，那《毛传》所说的"人无子道以来事己，己亦不得以母道往加之"，就不知所云了。所以，《诗经》小序并不像唐代成伯玙所说的"子夏唯裁初句"那么简单，有些诗的《小序》整段话都应该是子夏一人所作。这样的例子应该有许多。陈澧认为："自《节南山》以下，序言'刺幽王'者三十篇[33]。《雨无正》《巧言》《巷伯》《谷风》《蓼莪》《四月》《北山》《楚茨》《信南山》《甫田》《大田》《瞻彼洛矣》《裳裳者华》《桑扈》《鸳鸯》《頍弁》《车辖》《鱼藻》《采菽》《角弓》《隰桑》《瓠叶》《渐渐之石》《何草不黄》二十四篇之序，次句以下，皆言所以刺之意。"[34]这二十四篇首句之下"皆言所以刺之意"，构成完整意思，应该皆是子夏所作。[35]而另有《节南山》《正月》《十月之交》《小旻》《小宛》《小弁》六篇序，亦只'刺幽王'一句，无足成之语，以诗中明有刺语，不必足成耳"。[36]在陈澧看来，这些《小序》都应是子夏所作，毛公并未参与"足成之"。

但有一种情况比较特殊，就是《鼓钟》篇，其《小序》也只有一句"《鼓钟》，刺幽王也"。其实此篇毛公是有续序以"足成之"的。在此诗首句下《毛传》云："幽王用乐，不与德比。会诸侯于淮上，鼓其淫乐以示诸侯，贤者为之忧伤。"陈澧认为，此句实为毛公续序，后人误入《传》中："澧案：此是毛公续序，误入于《传》文之首也。"[37]

还有另一种情况，即在郑玄看来，有些诗的《小序》，子夏并未作序，而是由毛公一人所作。这同样要以郑玄本人的话来作证明。如《十月之交》《雨无正》《小旻》《小宛》四篇序，原《小序》皆称"刺幽王也"。而郑玄《诗谱》则认为是"刺厉王。……汉兴之初，师移其第耳"。孔颖达作《疏》解释说："《十月之交》，笺云《诂训传》时移其篇第，因改之耳。则所云'师'者，即毛公也。"这是说，郑玄称之为"师"的毛公在为《十月之交》等四篇诗作《小序》时，移动了《诗经》原有的排序，将之视为周幽王时期的诗，其实，此四篇诗应排在前面，是周厉王时期的诗。由此一来，《十月之交》等四篇诗《小序》便与子夏完全无关，而是毛公所作。关于这些材料，前人多疏忽不提。陈澧读书甚精细，发现了这些证据，因而评论说："据此，则郑君以《序》皆毛公所定，虽首句亦有非子夏之旧者也。"[38]

更有一种情况，《毛诗》中有的续序，并非毛公所作，而是另有其人。陈澧举例说：

> 《丝衣》序云："绎，宾尸也。高子曰：灵星之尸也。"孔《疏》引《郑志·答张逸》云："高子之言，非毛公，后人著之。"此郑以"高子曰灵星之尸也"八字，非毛公所著，乃后人著之，故《笺》绝不言"灵星之尸"，而亦不驳之也。孔《疏》误读"非毛公后人著之"七字为一句，遂谓子夏之后，毛公之前，有人著之矣。[39]

陈澧讨论《诗经》小序作者问题，分别不同情况，指出何者为子夏所序，何者为毛公续序，何者为他人续序，远较他人精细。他相信沈重"《小序》是子夏、毛公合作"的说法，所有立论皆基于此。至于宋儒怀疑《小序》的种种论说，已不在他的视野中了。

第五节　治《春秋》应"以《左传》为主"

关于春秋学，陈澧比较关注《春秋》经的起始，《左氏》是否传《春秋》，以及《春秋》三传当以何者为主的问题。

（一）《春秋》何以始于鲁隐公元年

《春秋》本是鲁国史，鲁国史理应从周公的儿子伯禽写起，即使从中间写起，那周平王东迁也算是历史大事件，至少也要从周平王东迁时写起。而《春秋》实际始于鲁隐公元年。从这一年写起有什么意义？《史记·周本纪》：（周）平王"四十九年，鲁隐公即位"。（周）桓王"八年，鲁杀隐公"。[40]

这个简短的记述，隐藏着在鲁隐公与鲁桓公之间发生的令史家扼腕叹息的大事件，而此后诸侯国之间的大事件也接连不断。

对于《春秋》始于鲁隐公的原因，陈澧给出的答案是：春秋之前，周天子尚能讨伐乱贼；进入春秋时期，周天子已无力讨伐乱贼。他举例说：

> 春秋之前，……（鲁）懿公之兄子伯御，弑懿公而自立。《春秋》不始于彼者，周宣王伐鲁，杀伯御而立孝公。是时天子尚能治乱贼也。[41]

陈澧所述的历史背景是：鲁武公九年（前817）春，武公率长子公子括和次子公子戏朝见周宣王。周宣王喜爱公子戏，遂违反祖训，废长立少，立公子戏为鲁国太子。鲁武公从周王朝回到鲁国后即去世了。公子戏即位，是为鲁懿公。鲁懿公九年（前807），时公子括已去世，公子括的儿子伯御不甘心失去原本属于他的君位，遂弑杀鲁懿公而自立，史称"鲁废公"。公元前796年，周宣王兴兵伐鲁，杀死伯御，立鲁武公三子公子称为君，是为鲁孝公。陈澧接着说：

> 至隐公为桓公所弑，天子不能治之。此则孔子所以惧而作《春秋》也。[42]

"孔子所以惧"，是惧怕从此人间失去了公正和道义，他通过"作《春秋》"的方式来为人间伸张正义。鲁隐公是一位仁君，由于西周时期的君位继承制度是"立嫡以长不以贤，立子以贵不以长"，鲁惠公去世时，太子（后来的鲁桓公）尚幼，庶长子摄政，是为鲁隐公，鲁隐公是准备将来还政给太子的。但太子听信佞臣谗言，弑杀了鲁隐公。《穀梁传·桓公元年》评论此事说："桓弟弑兄，臣弑君，天子不能定，诸侯不能救，百姓不能去，以为无王之道，遂可以至焉尔。"[43]正是由于春秋时期屡屡发生类似的"弟弑兄，臣弑君"人伦之变的事件，所以孔子要作一部《春秋》以彰显人间的伦常大法。

关于《春秋》何以始于鲁隐公元年，两千多年中春秋学家有过无数次讨论，像陈澧用了两个事例、寥寥数语解释清楚的实不多见。

（二）《左氏》"不传《春秋》"吗

曾有人认为《左传》犹如《晏子春秋》《吕氏春秋》一类书，并不是专门为《春秋》经所作的传。这类说法一直使人信疑参半，挥之不去，历史上未曾得到有力驳斥，陈澧却做到了这一点。他说：

> 汉博士谓《左氏》"不传《春秋》"。晋王接谓《左氏》"自是一家书，不主为经发"。近时刘申受云："《左氏春秋》，犹《晏子春秋》《吕氏春秋》也。冒曰《春秋左氏传》，则东汉以后之以讹传讹者矣。"澧按：《汉书·翟方进传》云："方进虽受《穀梁》，然好《左氏传》。"此西汉人明谓之《左氏传》矣，或出自班孟坚之笔，冒曰《左氏传》欤？然翟方进受《穀梁》而好《左氏》，《穀梁》是传，则《左氏》非传而何哉？……《晏子春秋》《吕氏春秋》则虽以讹传讹，能谓之《春秋晏氏传》《春秋吕氏传》乎？[44]

陈澧从班固《汉书·翟方进传》找到了"《左氏传》"这个概念。翟方进是西汉人，班固是东汉人。当东汉人述西汉事时，所使用的《左氏传》概念是西汉时已有的，还是班固发明的？陈澧分析认为，"翟方进受《穀梁》而好《左氏》"，《穀梁》和《左氏》应该是对等的，不应《穀梁》是传，而《左氏》是《晏子春秋》《吕氏春秋》一类的作品。

陈澧还反对汉博士的一种成见。汉博士以为只有句句解释经文，如《春秋公羊传》《春秋穀梁传》那种形式才叫"传"。《左传》以叙事为主，并不句句解释经文，应是一种独立著述的编年史书。况且一直有人说，是刘歆将之拆散附于各条经文之下的。陈澧则认为，"传"的文体可以多样，句句解释经文可以是"传"，"依经而述其事"也可以是"传"。他说：

> 《左传》记事者多，解经者少。汉博士以为解经乃可谓之传，故云《左氏》不传《春秋》。然伏生《尚书大传》不尽解经也；《左传》依经而述其事，何不可谓之传？……其作此书，则依《春秋》编年，以鲁为主，以隐公为始，明是《春秋》之传。[45]

在陈澧看来，《春秋》作为一部编年史，"以鲁为主，以隐公为始"，《左传》也是作为一部编年史，也"以鲁为主，以隐公为始"。显然，《左传》是为解释《春秋》经而作。如果说它是一种独立著述的编年史书，那么为什么这么巧，也是"以鲁为主，以隐公为始"？

综上所述，陈澧关于《左传》是《春秋》之传的论述，有力回击了历史上"《左氏》不传《春秋》"的观点。

（三）《左传》以记事为主，记事较《公》《穀》准确

陈澧从《经典释文·序录》中引录桓谭《新论》之语说：

　　桓谭《新论》云:"《左氏传》遭战国寝藏。后百余年,鲁人穀梁赤作《春秋》,残略多有遗文,又有齐人公羊高缘经文作传,弥失本事。"澧案:"郑伯克段于鄢",《左传》云"太叔出奔共",后十年,郑庄公犹有"寡人有弟糊口四方"之语。此必不能虚造者,而《公》《穀》则皆以为"杀之"。《左传》寝藏,《公》《穀》未得见之故尔。[46]

　　如前所述,儒家讲求君臣、父子、兄弟的伦常关系,并将之视为人间最重要之事。比如《春秋》开篇便记下"郑伯克段于鄢"的历史事件,讲的是郑庄公与共叔段兄弟之间的事情。但孔子只记此一事件之标题,并未详述事情原委。《公羊传》《穀梁传》以及后世许多春秋学家普遍认为,郑庄公当时杀了发动叛乱、企图篡权的共叔段。但大家犯了一个共同的错误,没有细读《左传》,其实,郑庄公当时只是战胜了叛军,并未杀掉叔段,并且似乎有意给叔段留下后路。叔段兵败,由鄢地出奔共国,并长期居住在那里,所以人们称他为"共叔段"。《左传·隐公十一年》记载郑庄公入许国,对许国国君说:"寡人有弟,不能和协,而使糊其口于四方。"郑庄公算是尽到了兄弟情谊。《公羊传》《穀梁传》缺乏事实根据,谴责郑庄公毫无兄弟情谊是不对的。这就说明价值判断必须建立在事实判断的基础上。也正因为如此,学习《春秋》,必先精研《左传》,弄清历史事实,然后再参考《公》《穀》才能做出恰当的价值判断。

　　陈澧进而提出:"诸儒言《左氏春秋》,而皆取《公羊》《穀梁》,诚以三传各有得失,不可偏执一家,尽以为是,而其余尽非耳。……师法固当重,然当以一传为主,而不可尽以为是。……郑君注《左传》未成,以与服子慎。而不闻注《公羊》

《穀梁》。是郑君之治《春秋》，以《左传》为主也。陆氏《纂例》谓'左氏功最高'，盖其意亦以《左传》为主。"[47]郑玄是经学名家，陆淳是春秋学名家，他们治春秋学皆以《左传》为主，言下之意，学者治春秋学，皆应以《左传》为主。以《左传》为主，不意味偏主一家，也要参考《公羊传》《穀梁传》两家的说法。

注释：

[1] 朱维铮：《东塾读书记·导言》，载于〔清〕陈澧著，杨志刚编校：《东塾读书记》，上海：中西书局，2012年，第7页。

[2]〔明〕陈确：《书大学辨后》，《陈确集》，北京：中华书局，1979年，第559页。

[3]〔唐〕李隆基注，〔宋〕邢昺疏：《孝经注疏》，〔清〕阮元校刻：《十三经注疏》，北京：中华书局，2009年，第5518页。

[4]〔明〕曹端撰：《曹月川集》，《四库明人文集丛刊》，上海：上海古籍出版社，1991年，第28页。

[5]〔明〕黄道周：《钦定四库全书·孝经集传》，北京：中国书店出版社，2018年版，第6页。

[6][7][8][9][10][11][12][13][14][15][16][17][20][21][23][26][27][28][30][31][32][34][36][37][38][39][41][42][44][45][46][47]〔清〕陈澧著，杨志刚编校：《东塾读书记》，第65，49，50，49，49，51，51，52，52，52，50—51，55—56，66，66，66，66，67，67，78，78，78，79，79，79，78，78—79，145，145，148，148，155，167页。

[18]〔汉〕孔安国传，〔唐〕孔颖达等正义：《尚书正义》，〔清〕阮元校刻：《十三经注疏》，第247页。

［19］〔清〕赵翼著；栾保群，吕宗力点校:《陔余丛考》，石家庄：河北人民出版社，1990年，第12页。

［22］［24］［25］〔清〕王鸣盛著，顾宝田、刘连朋校点:《尚书后案》，北京：北京大学出版社，2012年，第629，629，629—630页。

［29］〔唐〕成伯玙:《毛诗指说》，《影印文渊阁四库全书》，台北：商务印书馆，第70册，第174页。

［33］姜按：应为三十二篇。

［35］姜按：《节南山》以下尚有《菀柳》《黍苗》二篇《小序》亦言"刺幽王"，应补。

［40］〔汉〕司马迁:《史记》，北京：中华书局，1959年，第150页。

［43］〔晋〕范宁注，〔唐〕杨士勋疏:《春秋穀梁传注疏》，〔清〕阮元校刻:《十三经注疏》，北京：中华书局，2009年，第5148页。

第五十八章
清代《诗经》诠释的新方向

　　关于《诗经》诠释，有这样几部具有里程碑意义的著作：第一部当然是汉儒的《毛诗传》及《序》，自汉至唐，并无其他诗经学著作与之争锋。第二部则是南宋朱熹的《诗集传》，此书一出，便形成了诗经学双峰并立的局面。自宋至清，其间有不少考证谨严的诗经学著作，然大抵不归毛，则归朱，无非补苴前人罅漏而已。第三部则是清儒姚际恒的《诗经通论》，此书既不信汉儒的《毛诗·小序》，复不信朱熹的《诗集传》，卓然自立一派，与毛、朱二家鼎足而三。第四部则是方玉润的《诗经原始》，此书既不信汉儒的《毛诗·小序》，也不信宋儒朱熹的《诗集传》，复不信姚际恒的《诗经通论》。虽然方玉润仍继续走在姚际恒所开辟的道路上，但他走得更远，亦卓然自成一派。四派之中，后起者愈来愈重视《诗经》的文学性。

　　为什么学者对《诗经》的诠释，愈到后来愈重视其文学性呢？人类的价值，究而言之，无非"真""善""美"三者而已。但各民族的历史文化对"真""善""美"的追求有所偏重，并且有各自的文化特点。就一般而言，华夏民族对"真""善""美"三者的追求，最重者为"善"，其次为"真"，其次为"美"。但这个次序并不是一成不变的。随着时代的发展变化，人们的价值认知也有所发展变化。先前曾以为"善"

更重要，到后来或认为"真"更重要。而且先前所以为"善"者，到后来未必仍以为"善"。就《诗经》来说，从其"真"的方面说，它首先是一部文学作品，它是中国诗歌学史的总源头，其文学成就和价值如何，学界本应该有所总结和评骘。但自汉以后的两千年中，由于《诗三百》被作为儒家的五经之一来对待，而儒家经学的特点重在求"善"，经师所赋予它的乃是道德教化的意义，它所具有的反映人性意涵的本真意义，及其审美情操则完全被屏蔽和忽视了。

在接近两千年的历史中，关于《诗经》的解释，学者所反复讨论的无非是《毛诗·小序》的存废，以及《诗经》中有无"淫诗"等问题。这就使得《诗经》研究变得十分乏味，也因此诗经学成为经学史上研究最差的一门学问。这种情况直到清代才有所转变，一些学者如姚际恒、方玉润、袁枚等人开始从文学作品的角度来研究《诗经》，他们更为重视诗歌所反映的真情实性，以及审美情操，而相对忽视诗的所谓"载道"性质。我们将之视为《诗经》诠释的新方向。

但这里出现了一个悖论，我们所做的既然是中国经学史研究，那为什么不重视《诗经》的经学研究，反而要重视它的文学研究呢？我们的目的在于，要同时承认《诗经》的二重性：它既是一部文学作品，也是一部经学典籍。研究它如何由一部文学作品变成了经学的典籍，就好像原来本是山上的树木和石头，如何被选出作为优质的木料和石料成为大厦的柱石。《诗经》的文学性与经学性二者之间，既有联系，又有矛盾，将两者结合起来加以研究，将成为我们关于诗经学研究的一个长远规划。

以下三节，分别讨论姚际恒、方玉润、袁枚关于《诗经》的研究。其中姚际恒的《诗经通论》和方玉润的《诗经原始》都是系统的解经著作。袁枚关于《诗经》的研究，只是提出了一些诠释的理论问题，并没有撰写出一部系统的解经著作，因而将之放在最后来谈，算是一个附录。

第一节　姚际恒的《诗经通论》

姚际恒（1647—约1715），仁和（今浙江杭州）人，字立方，号首源。读书泛观博览，涉猎百家。治学不盲从古人，著有《庸言录》，书末附《古今伪书考》。其人勇于疑古，因而为现代疑古派领袖顾颉刚先生所推重。姚际恒又著有《九经通论》，《诗经通论》是其中之一。其经学著作特别富于批判精神，亦因此为当时儒者所排摈，其书稿当时皆未刊刻，后渐渐散佚。晚清后，其书稿抄本陆续有所发现。《九经通论》中，各书或存或佚，而《诗经通论》尚是完书。清中后期的王笃家藏此书抄本，当王笃任四川督学时，遂于道光十七年（1837）首刻此书，然仍传播不广，是以清代学者很少有人了解此书之价值。

姚际恒的《诗经通论》对其前的诗经学进行了系统的总结和批判，首当其冲的是《毛诗序》，他说：

> 《诗序》者，《后汉书》云："卫宏从谢曼卿受学，作《毛诗序》。"是东汉卫宏作也。旧传为子夏作，宋初欧阳永叔、苏子由辈皆信之；不信者始于晁说之。其后朱仲晦作为《辨说》，极意诋毁，使《序》几无生活处。马贵与忽吹已冷之烬，又复尊崇。[1]

《毛诗序》旧传为子夏作，并无文献证据。而范晔（398—446）《后汉书》则明确说《毛诗序》为东汉卫宏所作，因而凡具有严肃批评精神的学者多接受范晔的说法。姚际恒也接受此说。他同时也指出如欧阳修（1007—1072）、苏辙（1039—1112）这些大家仍相信《毛诗序》为子夏所作。晁说之（1059—1129）有《诗之序论》四篇，其第二篇明确说："序《诗》者，非子夏也。"[2] 其后，朱熹作《诗序辨说》极力诋排《毛诗·小序》，但《诗集传》又明里暗里袭用《毛诗序》的意见。而元代马端临作《文献通考》，复又尊崇《毛诗·小序》，此后在《诗经》的诠释上遂形成尊毛、宗朱两大流派，相持不下。姚际恒分析尊毛、宗朱两大流派形成的原因说：

> 宋人不信《序》，以《序》实多不满人意，于是朱仲晦得以自行己说者，著为《集传》，自此人多宗之。是人之遵《集传》者，以《序》驱之也。《集传》思与《序》异，目郑、卫为淫诗，不知已犯大不韪。于是近人之不满《集传》者且十倍于《序》，仍反而遵《序》焉。则人之遵《序》者，又以《集传》驱之也。此总由惟事耳食，未用心思，是以从违靡定。苟取二书而深思熟审焉，其互有得失，自可见矣。[3]

朱熹《诗集传》虽然依违于《毛诗序》，但总属于对《毛诗序》的怀疑派，应该说是走在《诗经》诠释的正路上，但他又提出"淫诗"说，虽然其说盛行一时，但到了姚际恒的时代，学者对于朱熹《诗集传》的不满已经远远超过了对《毛诗序》的不满，这使得清代诗经学又出现了向《毛诗序》复归的思潮。其根本原因在于朱熹的"淫诗"说在理论上是站不住脚的，因而姚际恒说：

　　《集传》使世人群加指摘者，自无过"淫诗"一节。
其谓"淫诗"，今亦无事多辨。夫子曰"郑声淫"，"声"
者，音调之谓；"诗"者，篇章之谓，迥不相合。……且
春秋诸大夫燕享，赋诗赠答，多《集传》所目为"淫诗"
者，受者善之，不闻不乐，岂其甘居于淫佚也！季札观
乐，于郑、卫皆曰"美哉"，无一"淫"字。此皆足证
人亦尽知。然予谓第莫若证以夫子之言曰："诗三百，一
言以蔽之，曰'思无邪'。"如谓"淫诗"，则思之邪甚
矣，曷为以此一言蔽之耶？盖其时间有淫风，诗人举其
事与其言以为刺，此正"思无邪"之确证。何也？淫者，
邪也；恶而刺之，"思无邪"矣。今尚以为"淫诗"，得
无大背圣人之训乎？[4]

　　姚际恒认为，朱熹《诗集传》与《毛诗序》的主要不同
点在于，朱熹指摘其中一些诗是"淫诗"，且是当事人所自作。
此一点若不能成立，则朱熹《诗集传》便无存在之价值。因而
姚际恒说："要而论之，《集传》只是反《序》中诸诗为淫诗一
着耳，其他更无胜《序》处。夫两书角立，互有得失，则可并
存。今如此，则《诗序》固当存，《集传》直可废也。"[5]并
且，在姚际恒看来，"《集传》主淫诗之外，其谬戾处更自不
少"[6]，如此，则朱熹《诗集传》更应废黜。而姚际恒之所以
要对之大加挞伐，在于此书至今仍为世人所习，他说："愚于
其所关义理之大者，必加指出；其余则从略焉。总以其书为世
所共习，宁可获罪前人，不欲遗误后人，此素志也。天地鬼神
庶鉴之耳！"[7]

　　这也就是说，姚际恒《诗经通论》的首要任务是要清理
朱熹的《诗集传》，其次才是清理《毛诗序》。然在姚际恒看
来，《毛诗》之《序》与《毛诗》之《传》非作于一人。《毛

诗》之《传》是基本可以肯定的。他说:"毛《传》依《尔雅》作诗诂训，不论诗旨，此最近古。其中虽不无舛讹，然自为《三百篇》不可少之书。"[8]

接着，姚际恒《诗经通论》对郑玄以下各家皆有所品评。

其论郑玄说:"人谓郑康成长于《礼》，《诗》非其所长，多以三《礼》释诗，故不得《诗》之意。予谓:康成《诗》固非长，《礼》亦何长之有? 苟使真长于《礼》，必不以《礼》释《诗》矣。况其以《礼》释《诗》，又皆谬解之理也。夫以《礼》释《诗》且不可，况谬解之理乎! 今世既不用《郑笺》，穷经之士亦往往知其谬，故悉不辨论;其间有驳者，以《集传》用其说故也。"[9]历史上，郑玄长于三《礼》之学，并且又惯于以《礼》解经（包括《诗经》），此点备受学人推崇。但此种推崇不无人云亦云的成分。姚际恒不仅不认同郑玄的诗经学，复不认同郑玄的三《礼》之学，更不认同郑玄"以《礼》解诗"的治学方法。这意味着姚际恒不仅要挑战《毛诗序》与朱熹《诗集传》的权威，也要挑战郑玄作为经学大师的权威。

姚际恒又评价朱熹之外的其他各家《诗经》诠释学，如欧阳修的《诗本义》、苏辙的《诗集传》、吕祖谦的《吕氏家塾读诗记》、严粲的《诗缉》等，他说:

> 欧阳永叔首起而辨《大序》及郑之非，其诋郑尤甚;在当时可谓有识，然仍自囿于《小序》，拘牵墨守。人之识见固有明于此而暗于彼，不能全者耶? 其自作《本义》，颇未能善，时有与郑在伯仲之间者，又足哂也。
>
> 苏子由《诗传》大概一本于《序》《传》《笺》，其阐发处甚少;与子瞻《易》《书》二传亦相似。才人解经，固非其所长也。
>
> 吕伯公《诗记》，纂辑旧说，最为平庸。

严坦叔《诗缉》，其才长于诗，故其运辞宛转曲折，
能肖诗人之意；亦能时出别解。第总囿于《诗序》，间
有龃龉而已。惜其识小而未及远大；然自为宋人说《诗》
第一。[10]

每一代人都会根据其社会需要对经典进行诠释，一部《中
国经学史》就是对于中华元典及其衍生经典进行不断诠释的
历史。宋以后一些学者对汉儒的《毛诗序》百般挑剔，但《毛
诗序》的出现正是反映了汉代社会的需要。当时，刘邦一统天
下，建立汉王朝，分封了许多同姓王，西汉社会一下子产生了
许多新贵族，这些新贵族内部存在许多矛盾，对此，顾颉刚先
生说得非常透彻，他在《自序》中说：

汉人治学，其标的为通经致用。《三百篇》之教，
儒生所极意经营者，惟在如何而使天子、后妃、诸侯王
蹈夫规矩，故一意就劝惩以立说……信之不疑，若曾亲
接。自今日视之，固当斥其妄诞，而在彼时则自有致治
之苦心存焉。……纠缠既甚，摆脱为难。[11]

汉代人，特别是贵族阶层，重视诗教，《毛诗序》的作者
正是要通过诗教为"天子、后妃、诸侯王"等立规矩，当时儒
者"以《三百篇》当谏书"，被视为理所当然。所以在对《诗
经》各篇所谓"本事"的解释上，大多与天子、后妃、诸侯等
牵连起来。而从汉至唐，学者对此解释皆信之不疑。入宋以
后，学者已由对王朝政治制度的焦虑转向对个人生命意义的焦
虑，加之书院自由讲学风气兴起，学者开始怀疑汉儒对经典的
解释，由是尝试突破汉儒经典诠释的束缚。在诗经学上，如欧
阳修、苏辙、郑樵、朱熹、严粲等人，可以说是这方面的代

表，但他们仍然这样那样地因仍旧说。由此可见，荡涤廓清之功，并非一日之事。后人不可厚责前人，即以姚际恒而言，在其后的方玉润看来，也远未完成对前人谬说的荡涤廓清之功。

皮锡瑞《经学历史》论及明代经学说："论宋、元、明三朝之经学，元不及宋，明又不及元。"[12]在明代，唯郝敬解经"多与先儒异"，但他对《诗经》的诠释，完全遵循《毛诗·小序》，因而姚际恒评论说：

> 郝仲舆《九经解》，其中莫善于《仪礼》，莫不善于《诗》。盖彼于《诗》恪遵《序》说，寸尺不移，虽明知其未允，亦必委曲迁就以为之辞，所谓"专己守残"者。其书令人一览可掷，何也？观《序》足矣，何必其书耶！其遵《序》之意全在敌朱。予谓《集传》驱之仍使人遵《序》者，此也。大抵遵《集传》以敌《序》，固不可；遵《序》以敌《集传》，亦终不得。[13]

另有明代丰坊，出身藏书世家，其人善于造伪，曾伪造《子贡诗传》《申培诗说》等书以欺世，学人多为其所惑。姚际恒批评说：

> 《子贡诗传》《申培诗说》，皆丰道生一人之所伪作也。名为二书，实则阴相表里，彼此互证，无大同异。又暗袭《集传》甚多；又袭《序》为朱之所不辨者，见识卑陋，于斯已极，何苦作伪以欺世？既而思之，有学问识见人岂肯作伪，作伪者正若辈耳！[14]

根据丰坊所造伪书，凌濛初（1580—1644）曾撰《圣门诗传嫡冢》十六卷，邹忠彻（生卒年不详）曾撰《诗传阐》

二十四卷，姚允恭（生卒年不详）曾撰《诗经传说合参》二卷。这些书名中的所谓"传"和"说"，所指皆是《子贡诗传》《申培诗说》。这些人喜欢趋时髦、立新说，而其依据却是丰坊所造的伪书，他们所耗费的精力究竟有什么意义呢？伪书之害人可谓大矣！

姚际恒在论列自汉至明说《诗》诸家的基础上，提出今后治学应把握重点，重点就在于汉儒《毛诗序》和朱熹《诗集传》两部书上，他在《自序》中说：

> 予尝论之，《诗》解行世者有《序》，有《传》，有《笺》，有《疏》，有《集传》，特为致多，初学茫然，罔知专一。予以为《传》《笺》可略，今日折中是非者，惟在《序》与《集传》而已。毛《传》古矣，惟事训诂，与《尔雅》略同，无关经旨，虽有得失，可备观而弗论。郑《笺》卤莽灭裂，世多不从，又无论已。惟《序》则昧者尊之，以为子夏作也；《集传》则今世宗之，奉为绳尺也。[15]

《毛诗序》和朱熹《诗集传》是诗经学史上最具权威性的著作，由此而形成尊毛派和宗朱派。在姚际恒看来，要想真正接近《诗经》作者的本意，那首先必须推倒《毛诗序》和朱熹《诗集传》的权威，摆脱此二书对人们思想的束缚和禁锢。这一点做不到，那关于《诗经》的诠释就很难有大的突破与进步。姚际恒《诗经通论》的着力点也正在于此，也因此此书成为《诗经》诠释史上的第三座里程碑。

姚际恒《诗经通论》解释《诗经》多采取就诗论诗、"以意逆志"的方法，比如《卫风·木瓜》一诗。《毛诗序》说："《木瓜》，美齐桓公也。卫国有狄人之败，出处于漕。齐桓公救而封之，遗之车马器物焉。卫人思之，欲厚报之，而作是诗也。"[16]姚际恒反对此说，辩驳说："既曰桓公救而封之，则为再造之恩，乃仅以果实喻其所投之甚微，岂可谓之美桓公乎？"[17]"卫人始终毫末未报齐，而遽自儗以重宝为报，徒以空言妄自矜诩，又不应若是丧心！"[18]

朱熹当年也认为《毛诗序》将《木瓜》一诗牵连齐桓公救卫之事，不合情理，因而其所著《诗集传》将《木瓜》诗解释为"男女相赠答之辞"[19]。姚际恒对此说也不赞成，反诘说："然以为朋友相赠答，亦奚不可？何必定是男女耶！"[20]

上海博物馆藏战国楚竹书《孔子诗论》中载有孔子对《木瓜》一诗的评论："【吾以《木瓜》得】币帛之不可去也，民性固然，其隐志必有以俞（喻）也。"[21]其意是说：（我从《木瓜》的诗中）得到币帛之礼不可去除的道理。人们的性情就是如此，他们内心的志愿必须有表达的方式。如此看来，《木瓜》一诗所反映的乃是中国古人的"礼尚往来"精神，所谓"礼而不往，非礼也"。姚际恒的解释庶几近之。

再举一例：关于《郑风·将仲子》，其首章说："将仲子兮，无逾我里，无折我树杞。岂敢爱之？畏我父母。仲可怀也，父母之言，亦可畏也！"《毛诗序》说："《将仲子》，刺庄公也。不胜其母，以害其弟。弟叔失道而公弗制。祭仲谏而公弗听，小不忍以致大乱焉。"[22]这就将此诗同郑庄公与其弟叔段的故事联系了起来，而诗中的"仲子"被说成是郑国大夫祭仲。祭仲曾劝谏郑庄公管好胡闹的小弟叔段，郑庄公不听。此诗"岂敢爱之，畏我父母"二句被看作郑庄公对祭仲的回答，意谓"我岂敢爱弟而不诛，以父母之故，故不为也"。但诗的原意是岂敢爱树杞，怎么可以将树杞与叔段相比拟呢？况且把"仲可怀"理解为"祭仲之言可怀"，也不符合原诗的语气和意思。

朱熹《诗集传》也不赞同《毛诗序》的意见，他援引郑樵

《诗辨妄》的观点,说:"莆田郑氏曰:'此淫奔者之辞。'"[23]姚际恒赞同此诗讲的是男女之情,但他又不赞同朱熹"淫奔者之辞"的说法,他说:"此虽属淫,然女子为此婉转之辞以谢男子,而以父母、诸兄弟及人言为可畏,大有廉耻,又岂得为淫者哉!"[24]

由上述两例,大略可见姚际恒关于《诗经》诠释的立场和方法。

第二节　方玉润的《诗经原始》

方玉润(1811—1883),云南宝宁(今云南广南)人,字友石,亦作幼石、黝石,自号鸿蒙子。自幼嗜学好古,饱读经书,赵藩《方玉润传》称其"天资卓越""涉猎至博""才学朗瞻"。他的《诗经原始》勇于开拓,不拘成说,在诗经学史上独树一帜,可以说是汉儒《毛诗传》及《序》、朱熹《诗集传》、姚际恒《诗经通论》之后,第四部里程碑式的著作。

方玉润《诗经原始·自序》对汉以后的两千年《诗经》诠释历史有一个总体评价,他说:

> 迨秦火既烈,而伪《序》始出,托名子夏,又曰孔子。唐以前尚无异议,宋以后始有疑者。欧阳氏、郑氏驳之于前,朱晦翁辩之于后,而其学遂微。然而朱虽驳《序》,朱亦未能出《序》范围也。唯误读"郑声淫"一语,遂谓《郑诗》皆淫,而尽反之。大肆其说,以玷蔑经,则其失又有甚于《序》之伪托附会而无当者。……最后得姚氏际恒《通论》一书读之,亦既繁征远引,辩论于《序》《传》二者之间,颇有领悟,十得二三矣。

而剖抉未精，立论未允，识微力浅，义少辩多，亦不足
以针肓而起废。[25]

方玉润批评前人，语言看似苛责，但大体符合实际。他
称《毛诗序》为"伪序"，是因为它伪托子夏所作。《毛诗·小
序》以为《诗经》篇篇皆有"本事""美刺"，把《诗经》当作
了一部政治、道德教科书，而所言之"本事""美刺"大多牵
强附会。从《诗经》诠释史来看，这是《诗经》诠释的一种思
潮和一个流派，并且这个思潮和流派直到清代仍然很盛行。此
派之人肯定会不满方玉润"伪序"的说法，但其语虽苛，道理
不差。

朱熹在欧阳修、郑樵辩驳《毛诗序》的基础上，系统驳
正《毛诗·小序》，然其所作《诗集传》最后仍然依违于《毛
诗·小序》，并未完全跳出其范围，这是事实。而他所异于前
人者在于将《诗经》中的一些诗篇解释成男女"淫诗"。在方
玉润看来，朱熹的失误更超过"伪序"，也因此其所作《诗经
原始》对朱熹批评的严厉更甚于"伪序"。

方玉润对姚际恒的《诗经通论》算是有所肯定了[26]，但
也只是肯定其"十得二三"。他不愿只停留在这里，而要继续
往前走，探寻《诗经》作者的"本意"，因而他接着上文说：

> 乃不揣固陋，反覆涵泳，参论其间，务求得古人作
> 诗"本意"而止。不顾《序》，不顾《传》，亦不顾《论》，
> 唯其是者从而非者正，名之曰《原始》，盖欲原诗人始
> 意也。虽不知其于诗人"本意"何如，而循文按义，则
> 古人作诗大旨要亦不外乎是。[27]

方玉润解《诗》，"务求得古人作诗'本意'而止"。但他

真的能求得古人作诗"本意"吗？似乎他自己也不敢肯定，所以又有"虽不知其于诗人'本意'何如"的话。但他相信只要诠释的方法正确，"循文按义，则古人作诗大旨要亦不外乎是"。方玉润诠释《诗经》的方法有值得重视之处，在笔者看来，其方法不仅适合研究《诗经》，也适合研究其他经典。换言之，可以视为经学史研究的通则。他在《诗经原始》卷首上《凡例》中说：

> 读书贵有特识，说《诗》务持正论。然非荟萃诸家，辨其得失，不足以折衷一是。自来说《诗》，唐以前悉遵古《序》，宋以后独宗朱《传》，近日又将反而趋《序》，均两失道也。故姚氏起而论之，其排《传》也，尤甚于排《序》，而其所论，又未能尽与古合。是以编中所论，只以三家为重，三家定则群喙息。其或众说有互相发明，足以起予者，亦旁及之。[28]

西方解释学大师伽达默尔认为作者的"本意"不可知，但又认为可以通过"视域的融合"接近作者的本意。什么是"视域的融合"？方玉润这里所说的"然非荟萃诸家，辨其得失，不足以折衷一是"可以说是"视域融合"的最好注脚。后人要解释好经典，是少不了要"荟萃诸家"意见的。但如果单纯是"荟萃诸家"，那不过是堆砌材料。在"荟萃诸家"的基础上，再加上"辨其得失"的功夫，才能提出正确的见解。需要注意的是，"荟萃诸家"不意味泛观博览、汗漫无归，而要有其重点。在方玉润看来，《诗经》诠释学的重点乃在汉儒《毛诗序》、朱熹《诗集传》和姚际恒《诗经通论》三家。当然在此三家之外，就是方玉润自己的认知和判断。其他诸家的意见"足以起予者"，他也会旁及之。这种重点和一般相结合的材

料处理方法，可以说是经学研究的不二法门。

方玉润并不认为《诗经》中的每首诗皆如汉儒所说，有其"本事"和"美刺"，他将《诗经》中的一些诗篇只以太平之世的民间山讴、田歌来对待，如对《汉广》《芣苢》等诗就是如此，即便如此，这些诗仍有其值得欣赏的美学价值。如对《周南·汉广》一诗，《毛诗·小序》说："《汉广》，德广所及也。文王之道被于南国，美化行乎江汉之域，无思犯礼，求而不可得也。"[29]而方玉润只视此诗为一首樵夫之歌，无关乎道德意义。他对《汉广》一诗评论说：

> 近世楚、粤、滇、黔间，樵子入山，多唱山讴，响应林谷。盖劳者善歌，所以忘劳耳。其词大抵男女相赠答，私心爱慕之情，有近乎淫者，亦有以礼自持者。文在雅俗之间，而音节则自然天籁也。当其佳处，往往入神，有学士大夫所不能及者。愚意此诗（笔者注：指《汉广》），亦必当时诗人歌以付樵。故首章先言乔木起兴，为采樵地。……中间带言游女，则不过借以抒怀，聊写幽思，自适其意云尔。[30]

又如，对《周南·芣苢》一诗，《毛诗·小序》谓："《芣苢》，后妃之美也，和平则妇人乐有子矣。"[31]方玉润则以为《芣苢》不过是田妇之歌，并未有特别的"故实"，欣赏此类诗，不可太过凿实，认为"若实而按之，兴会索然矣"。他评论说：

> 此诗之妙，正在其无所指实而愈佳也。夫佳诗不必尽皆征实，自鸣天籁，一片好音，尤足令人低回无限。若实而按之，兴会索然矣。读者试平心静气，涵泳此

诗，恍听田家妇女，三三五五，于平原绣野、风和日丽
中群歌互答，余音袅袅，若远若近，忽断忽续，不知其
情之何以移而神之何以旷。则此诗可不必细绎而自得其
妙焉。唐人《竹枝》《柳枝》《櫂歌》等词，类多以方言
入韵语，自觉其愈俗愈雅，愈无故实而愈可以咏歌。即
《汉乐府·江南曲》一首，"鱼戏莲叶"数语，初读之亦
毫无意义，然不害其为千古绝唱，情真景真故也。知乎
此，则可与论是诗之旨矣。……今世南方妇女登山采茶，
结伴讴歌，犹有此遗风云。[32]

这里，方玉润提出了自己的诗歌欣赏的美学理论，即诗歌
的创作与欣赏，不必皆有社会的教诚意义，有时樵夫、渔夫、
田女的随性歌唱，听来或许不入大雅之堂，无法与孔子所闻
《韶》乐的高雅相比，但因为此类诗歌"多以方言入韵语，自
觉其愈俗愈雅"，"自鸣天籁，一片好音"，也"不害其为千古
绝唱"。他将《芣苢》一诗与《汉乐府·江南曲》等诗相类比，
《汉乐府·江南曲》："江南可采莲，莲叶何田田。鱼戏莲叶间，
鱼戏莲叶东，鱼戏莲叶西，鱼戏莲叶南，鱼戏莲叶北。"[33]此
诗后数句简直不成为诗，但也可以成为"千古绝唱"，这是由
于"情真景真故也！"《芣苢》一诗也只有这样欣赏，方"可
与论是诗之旨！"这就赋予了民间诗歌的美学欣赏价值。也就
是说，解读《诗经》，"善"固然是一种衡量的价值，但即使一
首诗没有"善"的价值，"真"和"美"也可以作为衡量的价
值。或许就诗歌而言，更应以"真"和"美"来作为衡量的
价值。

方玉润对朱熹的"情诗""淫诗"说极其反感，认为《诗
经》中的诗篇多有隐喻性质，可解释度甚广，不能只限于男
女情爱上。如《木瓜》之诗，其二章说："投我以木桃，报之

以琼瑶，匪报也，永以为好也。"《毛诗序》谓："美齐桓公也。卫国有狄人之败，出处于漕，齐桓公救而封之，遗之车马器物焉。卫人思之，欲厚报之，而作是诗也。"[34]这个说法遭到后人质疑，以为当时齐桓公对卫国的帮助可谓再造之恩，怎可仅以木果相比。前述姚际恒即有此看法。因此朱熹《诗集传》说此诗"疑亦男女相赠答之辞，如静女之类"[35]。方玉润对此反驳说：

> 篇中并无男女情，安知其如《静女》类？《集传》于诗词稍涉男女字，即以为淫奔之诗，说《诗》如此，未免有伤忠厚，恐非诗人意也。[36]

凡朱熹对《诗经》所作男女之情的说解，方玉润总有辛辣的批评和嘲讽。再如《陈风·防有鹊巢》，其一章说："防有鹊巢，邛有旨苕。谁侜予美，心焉忉忉。"堤防上有鹊建巢，山丘上长有味美的嫩苕，这些都是不可能发生的事。然而诗人却担心不该发生的事情将会发生。《毛诗序》说："《防有鹊巢》，忧谗贼也。宣公多信谗，君子忧惧焉。"[37]将此诗解释为担心君主听信谗言，并将信谗的对象坐实在陈宣公身上。朱熹则视此诗为一首情诗，其《诗集传》说："此男女之有私，而忧或间之之辞。"[38]意谓作此诗者担心别人离间自己的爱人。《毛诗序》和朱熹《诗集传》代表两种不同的解释向度。方玉润也认为是"忧谗"之诗，但他不同意《毛诗序》将之坐实在陈宣公身上，尤反对朱熹将之视为男女之间的情诗。他说：

> 夫《风》诗托兴甚远，凡属君亲朋友，意有难宣之处，莫不假托男女夫妇词婉转以达之。诗人之遇晦翁，诗人之大不幸也，可慨也！[39]

又如《王风·采葛》一诗:"彼采葛兮,一日不见,如三月兮! 彼采萧兮,一日不见,如三秋兮! 彼采艾兮,一日不见,如三岁兮! "《毛诗序》谓:"惧谗也。"[40]认为作此诗者一日不得见君,即恐小人向君主进谗言。《毛诗序》的解释太过牵强,若臣子一日不见其君即疑人进谗,那此人心理岂非一种病态? 朱熹《诗集传》谓此诗:"盖淫奔者托以行也。故因以指其人而言思念之深。"[41]男女情人之间深相思念,乃人情之常。但朱熹视此为"淫奔"表现,太过刻薄,不近人情。方玉润讨厌朱熹的"淫诗"说,即使一些诗篇有可能是写男女情爱的,他往往也要另寻他解,也因此,他将此诗解为怀友之作。他说:

> 此诗明明千古怀友佳章,自《集传》以为淫奔者所托,遂使天下后世士夫君子皆不敢有寄怀作也。不知此老何以好为刻薄之言若是! [42]

方玉润进一步解释至爱亲朋之间会有这种感情说:"夫良友情亲,如同夫妇,一朝远别,不胜相思,此正交情浓厚处,故有三月、三秋、三岁之感也。若泛泛相值,转面顿忘,或市利相交,势衰即去,岂尚能作此语? 故是诗之在衰朝,亦世情之中流砥柱也,而可无存乎? "[43]方玉润说的这种情况,当然也有,但朱熹所言也不无道理。从后世人们对此诗的运用看,既可用于男女情人间的思念,也可用于亲朋间的怀念。至于作者原意,或此或彼,都是可能的。

方玉润解《诗》超迈前人之处,在于能突破汉儒《毛诗序》和朱熹《诗集传》的束缚,而从人的自然本性的立场来理解《诗经》本文。在他之前,姚际恒也持此一立场,但做得很不彻底,以致经常陷入汉儒《毛诗序》和朱熹《诗集传》的窠臼之中。方玉润在《诗经原始》中经常批评姚氏这种不彻底性。如对《关雎》一诗，《毛诗序》谓："《关雎》，后妃之德也。"[44] 朱熹《诗集传》则将其坐实为宫人之咏文王和大姒之事。姚际恒不赞同朱熹的说法，他说："此诗只是当时诗人美世子娶妃初昏之作，以见嘉耦之合，初非偶然，为周家发祥之兆。自此可以正邦国，风天下，不必实指太（大）姒、文王。"[45] 方玉润批评姚际恒仍未跳出毛《序》、朱《传》的窠臼，他说：

> 此说……仍不离世子娶妃之说。夫世子为谁？妃又为谁？周宫中之"淑女""君子"，孰有如大姒、文王者？是欲驳正前说，而仍不能脱前人窠臼。[46]

那么，《关雎》一诗的性质究竟是什么呢？方玉润认为它只是民间写初婚的歌谣，他说：

> 《小序》以为"后妃之德"，《集传》又谓"宫人之咏大姒、文王"，皆无确证。诗中亦无一语及宫闱，况文王、大姒耶？窃谓风者，皆采自民间者也。若君妃，则以颂体为宜。[47]

很显然，方玉润此一观点彻底摆脱了毛《序》、朱《传》的束缚。而方玉润的根据是，民间与宫廷诗体不同。风体属民间诗，若是宫廷诗，则应是颂体。这就将《关雎》这首民间诗复归于民间了。

又如：《魏风·十亩之间》："十亩之间兮，桑者闲闲兮。行与子还兮。十亩之外兮，桑者泄泄兮。行与子逝兮。"历来诸家以此诗为贤者弃官归田之诗，姚际恒反而怀疑此诗"类刺淫之诗",其理由是,采桑者皆是妇人,而"桑中"正是男女幽会之地。[48]方玉润批评说:"姚氏最恶《集传》指美诗为淫诗,此诗绝无淫意而乃以为淫,则何异恶人之狂而反自蹈狂疾者哉?"[49]凡此皆可见,姚际恒力反毛《序》、朱《传》,却又不能完全脱离二家解《诗》的套路,而方玉润则要彻底得多。

第三节 袁枚关于《诗经》诠释的新理论

《诗经》三百篇,作为中国古代诗歌之总集,首先是一部文学作品,具有抒情、叙事、载义等功能。自《诗三百》于春秋时期结集问世,便开启了《诗经》诠释的历史。起初,春秋时期的卿大夫"赋诗断章",对《诗三百》的运用往往采取实用主义的态度,不必考虑《诗》的原意。此种情况,到了孔子那里有所改变。孔子论《诗》说:"《诗三百》,一言以蔽之,曰:思无邪。"(《论语·为政》)又说:"《关雎》乐而不淫,哀而不伤。"(《论语·八佾》)又说:"《诗》可以兴,可以观,可以群,可以怨。迩之事父,远之事君;多识于鸟兽草木之名。"(《论语·阳货》)从上海博物馆藏战国楚竹书《孔子诗论》看,孔子更注重通过学习《诗三百》来了解社会与人性,并赋予《诗三百》以价值和意义。其后,《孟子》《荀子》《韩诗外传》凡引《诗三百》时,亦皆注重《诗三百》的价值和意义。此时学者对于《诗三百》的理解和解释,主要在明其大义,而不以琐屑考据为能事。

汲汲于《诗三百》每篇的"本事"与"美刺",以及字句的训诂考证,应该是汉儒的特点,鲁、齐、韩三家诗已有其苗头,至《毛诗》出而粲然大备,而牵强附会的弊端也随之而来。宋代朱熹不全信《毛诗·小序》,他打破《毛诗》"本事说"与"美刺说"的枷锁，但又从道学家的立场出发，提出了"淫诗说"，从而又给人们套上了更加严苛的道学枷锁。

《诗经》诠释的历史，反映了人们对礼教的态度。相对而言，先秦时期的礼教尚有许多人情的因素，汉以后礼教较先秦为严，宋以后礼教又较先秦更严。至清儒，则开启了反对礼教的思潮，并且愈演愈烈。表现在对《诗经》的诠释上，则着眼于从人的自然情性上来立论。其中的杰出代表则是清朝初中期的袁枚。

袁枚（1716—1798），钱塘（今浙江杭州）人，字子才，号简斋，晚年自号随园主人。乾隆四年（1739）进士，选庶吉士，外放江南地区任县令多年。后辞官，于江宁小仓山下筑随园，吟咏其中。广收诗弟子，女弟子尤众。袁枚是乾嘉时期代表诗人之一，论诗主"性灵说"。代表作有《小仓山房诗文集》《随园诗话》《随园随笔》等。

袁枚于《诗经》既不相信宋儒的解释，也不相信汉儒的解释。他说：

> 古之文人，孰非根柢"六经"者？要在明其大义，而不以琐屑为功。即如说《关雎》，鄙意以为主孔子"哀乐"之旨足矣。而说经者必争后妃作、宫人作、毕公作、刺康王所作。……第不知宋学有弊，汉学更有弊。……汉偏于形而下者，故笺注之说多附会。[50]

> 相传《小序》为子夏所作，古无明文。即果子夏所作，亦未必尽合诗人之旨。其他毛、郑，皆可类推。朱子有见于此，别为《集解》，推其意亦不过据己所见，羽翼《诗》教。[51]

袁枚在文学上主张"性灵说"，"性"是指性情，谓文学作品的内容当反映人的真情实性;"灵"是指灵机,谓文学作品的表达方式当有其巧妙、灵气。以此为出发点,袁枚评点《诗经》,认为《诗经》高于后世诗赋的关键在于"其人直写怀抱",不为矫饰。他说:

> 自《三百篇》至今日,凡诗之传者,都是性灵,不关堆垛。[52]
>
> 《三百篇》不著姓名,盖其人直写怀抱,无意于传名,所以真切可爱。今作诗,有意要人知,有学问,有章法,有师承,于是真意少而繁文多。[53]

在袁枚看来,"情所最先,莫如男女",男女情爱在人性中往往处于优先的地位。《诗经》的可贵之处正在于:它把男女情爱放在了应有的地位。后世儒者过度强调道德教化,有意抹杀和否定男女情爱,因而对《诗经》中的情诗往往作歪曲的解释,甚至直接视之为"淫诗",这便不能认识《诗经》的真谛。他说:

> 诗者,由情生者也。有必不可解之情,而后有必不可朽之诗。情所最先,莫如男女。……沈朗又云:"《关雎》言后妃,不可为《三百篇》之首。"故别撰尧、舜诗二章。然则《易》始《乾》《坤》,亦阴阳夫妇之义,朗又将去《乾》《坤》而变置何卦耶?此种谰言,令人欲毂。[54]

"情所最先,莫如男女",这是《关雎》之诗排在《诗经》首篇的重要原因。令人感到迂谬可笑的是,唐宣宗大中年间,毛诗博士沈朗竟提出《关雎》之诗不应列于《诗经》之首,此

事载于五代儒者丘光庭《兼明书》卷二：

> 大中年中，毛诗博士沈朗进《新添毛诗四篇表》云：
> "《关雎》，后妃之德，不可为三百篇之首。盖先儒编次
> 不当尔。今别撰二篇为尧、舜诗，取《虞人之箴》为
> 禹诗，取《大雅·文王》之篇为文王诗，请以此四诗置
> 《关雎》之前，所以先帝王而后后妃，尊卑之义也。"朝
> 廷嘉之。[55]

袁枚又言及明代诗人王彦泓（字次回，1593—1642）的
艳体诗，不为《明诗别裁》所收。其实王彦泓"水国不生红
豆子，赠卿何物助相思"[56]"几层芳树几层楼，只隔欢娱不隔
愁"[57]一类诗句，正与《关雎》"寤寐思服""辗转反侧"的
意思相近。如果说王彦泓之诗是艳诗，那《关雎》一诗也应是
艳诗。按《毛诗》一派所说，《关雎》之诗所述为文王与大姒
之事。若按照道学家们的思维，文王应该首先思念他的父亲王
季和祖父太王才对，而不应该日夜思念淑女。若如此，人之真
情实性岂不被道学家们的曲解掩饰了？所以袁枚说：

> 闻《别裁》中独不选王次回诗，以为艳体不足垂教。
> 仆又疑焉。夫《关雎》即艳诗也，以求淑女之故，至于
> 展转反侧。使文王生于今，遇先生，危矣哉！[58]
> 《关雎》一篇，文王辗转反侧，何以不忆王季、太
> 王，而忆淑女耶？[59]

《诗经》中的一些诗篇如《郑风·溱洧》："士与女，方秉
蕳兮……维士与女，伊其相谑，赠之以勺药。"毛《传》："蕳，
兰也。""采兰赠芍"用以比喻男女互赠物品以表示相爱。但

《毛诗·溱洧》小序说："刺乱也。兵革不息，男女相弃，淫风大行，莫之能救焉。"[60]而朱熹《诗集传》则说："郑国之俗，三月上巳之辰，采兰水上，以祓除不祥。……洧水之外，其地信宽大而可乐也。于是士女相与戏谑，且以勺药为赠，而结恩情之厚也。此诗淫奔者自叙之辞。"[61]同样一首诗，《毛诗》认为是讽刺社会动乱不宁；朱熹认为是"淫奔者自叙之辞"。朱熹《诗集传》与《毛诗》意见不同，似此类者甚多。因此袁枚评论说：

> 采兰赠芍，不无男女之思，而以为刺国政……朱子廓清之功，安可少欤？然朱子所谓"寡妇见鳏夫而欲嫁之"，及"淫妇为人所弃"云云，亦卒无考。[62]

"寡妇见鳏夫而欲嫁之"[63]是朱熹对《卫风·有狐》的评论；"淫妇为人所弃"是朱熹对《卫风·氓》的评论。在朱熹看来，这些女人皆不能恪守妇道、贞节。袁枚认为，这些都是朱熹以道学家眼光读《诗》的意见，并没有确凿的根据。袁枚胞妹因夫亡而殉节，袁枚对此颇感自责，他在《祭妹文》中写道：

> 汝以一念之贞，遇人仳离。致孤危托落，虽命之所存，天实为之。然而累汝至此者，未尝非予之过也。予幼从先生授经，汝差肩而坐，爱听古人节义事。一旦长成，遽躬蹈之。呜呼！使汝不识《诗》《书》，或未必艰贞若是。[64]

也因此，袁枚反省：若"不得其人，《诗》《书》《官》《礼》，皆毒民之具也"[65]。这是说，《诗经》《尚书》《周官》

《礼记》等经典得不到通达之人的正确解释，就会变成毒害人们的工具。正因为认识如此之深，所以袁枚竭力主张以"性灵说"重新认识《诗经》，求得《诗经》的本意。

《礼记·经解》曾说："温柔敦厚，诗教也。"长期以来，这种说法被儒者视为孔子的诗教思想，并被视为金科玉律。但在袁枚看来，研究孔子思想，当以《论语》为据，《礼记》不足为据。所以当同时代的沈德潜重申这一传统诗教时，袁枚明确提出了反对意见，他说：

> 孔子之言，《戴经》不足据也，惟《论语》为足据。[66]
> 《礼记》一书，汉人所述，未必皆圣人之言，即如"温柔敦厚"四字，亦不过诗教之一端，不必篇篇如是。二《雅》中之"上帝板板，下民卒瘅""投畀豺虎""投畀有北"，未尝不裂眦攘臂而呼，何"敦厚"之有？故仆以为孔子论诗可信者，"兴、观、群、怨"也；不可信者，"温柔敦厚"也。[67]

在袁枚看来，《诗经》中的诗并非都是追求含蓄蕴藉，"言有尽而意无穷"的，也有许多诗是道尽愤懑之情，"裂眦攘臂而呼"的，所以"温柔敦厚四字，亦不过诗教之一端，不必篇篇如是"，研究者不应以偏概全。

袁枚治学的最大特点，不是人云亦云、随声附和，而是独立思考，求真求实，因而能祛除诗经学上的千年迷雾。

注释：

[1][3][4][5][6][7][8][9][10][13][14][15][17][18][20][24]〔清〕姚际恒:《诗经通论》，北京：中华书

局，1958 年，第 2，3，3—4，4，4，4，4，4—5，5，5—6，6，8，91，91，91，101 页。

［2］〔宋〕晁说之：《诗之序论（二）》，载曾枣庄、刘琳主编：《全宋文》第 130 册，上海：上海辞书出版社；合肥：安徽教育出版社，2006 年，第 176 页。

［11］顾颉刚：《＜诗经通论＞序》，《文史杂志》，第 5 卷 1、2 期（1945 年 4 月）。

［12］〔清〕皮锡瑞著，周予同注释：《经学历史》，北京：中华书局，1959 年，第 283 页。

［16］［22］［29］［31］［34］［37］［40］［44］［60］〔汉〕毛公传，郑玄笺，〔唐〕孔颖达等正义:《毛诗正义》，〔清〕阮元校刻：《十三经注疏》，北京：中华书局，2009 年，第 691，711—712，591，591，691，804，703，562，732 页。

［19］［23］［35］［38］［41］［61］［63］〔宋〕朱熹注，王华宝整理:《诗集传》，南京：凤凰出版社，2007 年，第 48，56，48，96，54，65，48 页。

［21］引自姜广辉：《古〈诗序〉复原方案（修正本）》，载姜广辉主编：《中国哲学》第 24 辑《经学今诠三编》，沈阳：辽宁教育出版社，2002 年，第 175 页。

［25］［27］［28］［30］［32］［36］［39］［42］［43］［45］［46］［47］［49］〔清〕方玉润:《诗经原始》，北京：中华书局，1986 年，第 3，3，3，87，85，188，288，199，199-200，73，73，71，247 页。

［26］方玉润在《诗经原始·诗旨》篇末所加按语说:"自来说《诗》诸儒，攻《序》者必宗朱，攻朱者必从《序》，非不知其两有所失也，盖不能独抒己见，即不得不借人以为依归耳。姚氏起而两排之，可谓胆识俱优。独惜其所见未真……是其于诗人本义，固未有所发明。亦由于胸中智慧有余而义理不足故也。然在当时，

则固豪杰士矣。"见〔清〕方玉润:《诗经原始》,第67—68页。

［33］（梁）沈约:《宋书》,北京:中华书局,1974年,第605页。

［48］〔清〕姚际恒:《诗经通论》,台北:"中央研究院"中国文哲研究所,2004年,第184—185页。

［50］［51］［54］［58］［62］［64］［66］〔清〕袁枚著,王英志主编:《袁枚全集》第2册,南京:江苏古籍出版社,1993年,第305—306,495—496,527,285,416,229,284页。

［52］［53］［59］〔清〕袁枚著,顾学颉校点:《随园诗话》,北京:人民文学出版社,1982年,第146,223,16页。

［55］〔清〕董诰等编:《全唐文》卷八九九,北京:中华书局,1983年,第967页。

［56］［57］〔明〕王彦泓:《疑雨集》,上海:扫叶山房书局,1926年,第3,7页。

［65］〔清〕袁枚:《四部备要·集部·小仓山房诗文集（四）》,上海:中华书局,1936年,第432页。

［67］〔清〕袁枚著,王英志主编:《袁枚全集》第5册,207页。

第五十九章
清代后期的春秋公羊学

第一节　引言

春秋公羊学在中国历史上流行了两个时段，第一时段，从西汉的董仲舒、胡毋生写定《公羊传》文本算起，到东汉何休写成《春秋公羊解诂》，大约流行了三百多年。其后这一学术思想中断（或者说沉寂）了大约一千七百年。第二时段，从清代中叶庄存与的《春秋正辞》算起，中经刘逢禄、龚自珍、魏源等人，至清末的康有为，大约流行了二百年。

西汉时期的公羊学派的政治主张是"改制"，当社会由诸侯分裂局面向中央集权的国家体制转型之际，公羊学理论提出"大一统"观念，发挥了积极的历史作用。晚清公羊学派的政治主张是"变法"。当古代社会向近现代社会转型之际，公羊学理论再一次发挥了它的历史作用。这表明公羊学派本质上是一个推动政治改革的学派。

自汉代以后，春秋公羊学、穀梁学、左氏学三足鼎立。若从学术上说，三家各有千秋，很难说谁更优胜。若从政治上说，则公羊学可以说"首出庶物"，鹤立鸡群。公羊学为什么会在政治上有如此的表现呢？这要归之于它的说经方式。公羊学有一个其他学派所没有的特点，那就是喜欢"经外说经"。所谓"经外说经"，是说它提出了"大一统""通三统""张三世"等观念，而这些观念并非《春秋》经所原有，有的甚至不是《公羊传》所原有。

首先，"大一统"三字不见于《春秋》经，它出现在《公羊传》对《春秋》经的解释中，《春秋》以隐公元年开篇，经文是："元年春，王正月。"《公羊传》作了这样的说解："元年者何？君之始年也。春者何？岁之始也。王者孰谓？谓文王也。曷为先言'王'而后言'正月'？'王正月'也。何言乎王正月？大一统也。"（《春秋公羊传·隐公元年》）表面上看，"大一统"是在回答为何要使用周历的问题；但《公羊传》提出"大一统"概念，是通过讲历法的统一，来强调国家政体和政令的统一。"大一统"不见于《春秋》经文，而见于《公羊传》。虽然汉以后公羊学沉寂了一千七百年，但"大一统"观念却一直传承不绝。

其次，"通三统"三字不见于《春秋》经，也不见于《公羊传》，而见于董仲舒的《春秋繁露·三代改制质文》："王者之法……下存二王之后以大国，使服其服，行其礼乐，称客而朝……通三统也。"[1] 这是说，一个新王朝建立，在人事上要优待前两个王朝的后裔；在思想上，除了创立新的文化传统之外，也要尊重前两个王朝的文化传统，对之有所保留和借鉴。

"张三世"三字不见于《春秋》经，也不见于《公羊传》，甚至不见于董仲舒、何休的著作，但它源自何休《春秋公羊解诂》下面一段话：

> 于所传闻之世，见治起于衰乱之中……于所闻之世，见治升平……至所见之世，著治太平，夷狄进至于爵，天下远近小大若一。[2]

这段话中有"衰乱""升平""太平"三个词。何休认为，孔子是借《春秋》一书来讲一种历史进化理论，即社会发展是由"衰乱"而至"升平"，再由"升平"而至"太平"的。何休此语包含"张三世"的思想，但并无明确的"张三世"概念。"张三世"概念最早由其后的宋均提出。唐徐彦《春秋公羊传注疏》载："案宋氏之注，《春秋说》三科者，一曰张三世，二曰存三统，三曰异外内，是三科也。"[3]考此宋氏是指三国时期魏人宋均，宋均是郑玄后学，不知何以反与何休思想接近。后世学者将"张三世"观念归于何休名下，虽不甚准确，但也相差不远。

以上所列，便是"大一统""通三统""张三世"观念的来历。这几个观念并非《春秋》经所原有，有的甚至不是《公羊传》所原有。

为什么"经外说经"这种方式可以成立呢？"大一统""通三统""张三世"的概念虽然不见于《春秋》经，但公羊学派要人阅读《春秋》时"于所书求所不书"，在《春秋》经文之外，寻求圣人的"微言大义"。"大一统""通三统""张三世"正是公羊学所说的孔子的"微言大义"。

我们知道，中国文化自古以来就有一种内在的因袭性。产生这种因袭性的主要原因，一是王权政治的世袭制度，二是家族伦理的孝道思想，两者有机结合在一起，便形成了根深蒂固的"祖制不能改"的观念，这种观念在相当程度上影响了中国社会的进步与发展。尤其是在社会面临重大改革和转型时期，它往往成为保守政治势力的护身符和打击改革派的致命利器。

公羊学派对经典的解释采取一种古为今用、与时俱进的态度。其"大一统""通三统""张三世"等观念，为日后儒者"以经议政"预留了较大的讨论空间。这种理论的实际好处在于，它使那些试图推动"改制""变法"的人物有一个相对安全的港湾，退可以防止政治上的顽固保守派以"擅改祖制"的罪名加害自己，进可以以解经的形式向最高统治者建言，使其接受"改制""变法"的主张，而有经典可据。

若从解经的角度讲，公羊学会被其他学派的经师视为"非常异义可怪之论"。但公羊学这几个观念确实意义重大。清代后期，中国经历了从古代社会向近现代社会逐步转型的过程，主导这一社会转型的思想就是公羊学这几个观念。"大一统""通三统""张三世"成了晚清社会改革派的三个重要的理论支柱："大一统"关乎国家的统一政体问题，即国家必须统一于以君主为最高领导的中央王朝；"通三统"是一种主张制度变革的理论，即每一新的王朝必须改革旧的政治制度，建立新统，同时也参考和吸收前两朝的制度文化；"张三世"则是主张历史进化的理论，即认为社会历史的发展有三个大的阶段：由据乱世到升平世，最后到达太平世。恰恰是春秋公羊学这三个观念，使得晚清的进步与变法思潮风生水起。

当清王朝在全国确立统治地位后，许多政治制度以祖训的形式固定下来，就像铁板一块，动也动不得。公羊学之所以在清代后期复兴，并且日益壮大，其政治上的针对性就是要将公羊学作为一种有力的杠杆，撬开压在统治阶级心头的那一块"祖制不能改"的铁板。公羊学家抬出圣人孔子，讲所谓"张三世""通三统"的"微言大义"，实际就是要统治阶级能够改变观念：社会是不断进步的，是需要不断进行变革的。

清代后期春秋公羊学思潮的产生和发展，可以略分四期：初期以庄存与为代表，二期以刘逢禄为代表，三期以龚自珍、魏源为代表，四期以康有为代表。这四期公羊学的发展犹如俗语所说，是长江后浪推前浪，一浪高过一浪的。下面我们对清代公羊学的四期发展特点作一简要介绍和分析。

第二节　庄存与及其《春秋正辞》

庄存与（1719—1788），清代常州今文学派的首创者。乾隆十年（1745）一甲二名进士（榜眼），授编修。迁内阁学士，后擢礼部侍郎，值上书房。

庄存与性格耿直廉洁，有两件事特别值得称道：一是他于乾隆二十一年任直隶学政时，考试满洲童生，严令不得作弊，童生起哄。御史汤世昌劾奏，欲将庄存与罢官。乾隆皇帝厌恶满洲童生纵恣不训，亲自覆试，搜得童生作弊证据，严加惩处，并嘉奖庄存与督学严格，仍命留任。二是他在浙江督考时，巡抚馈金不受，赠以二品冠，受之。返京途中，随从相告"冠顶为真珊瑚，直千金"，庄存与使人千余里归还。

庄存与是一位经学家，后世阮元评价他"于六经皆能阐抉奥旨，不专为汉、宋笺注之学，而独得先圣微言大义于语言文字之外"[4]。这是说庄存与的学问不以古文经学和宋明经学为限，更着意于汉代讲的"微言大义"的今文经学。阮元这个评价是很精到的。

庄存与的主要著作是《春秋正辞》，他撰著此书的直接起因是受元末明初赵汸《春秋属辞》的影响。赵汸此书在后世享有极高的声誉，明初宋濂对赵汸推崇备至，以为赵汸之春秋学"直探圣人之心于千载之上""世之说《春秋》者至是亦可以定矣"[5]。明末钱谦益称赞赵汸："度越汉、宋诸儒，当为本朝儒林第一。"[6]清儒皮锡瑞则称："元、明人之经说，惟元赵汸《春秋属词》义例颇明。"[7]庄存与所欣赏的是赵汸《春秋属辞》的义例，两人论学主旨并不相同。赵汸《春秋属辞》是以《左传》为主，兼及《公羊》《穀梁》二传，但翻开庄存与的《春秋正辞》，可以看到满目多是"公羊子曰""何休曰""董仲舒曰"等，毫无疑问，庄存与是以公羊学作为主要研究对象

的。钱穆曾评论庄存与说：

> 庄氏为学，既不屑屑于考据，故不能如乾嘉之笃
> 实，又不能效宋明先儒寻求义理于语言文字之表，而徒
> 牵缀古经籍以为说，又往往比附以汉儒之迁怪，故其学
> 乃有苏州惠氏好诞之风而益肆。其实则清代汉学考据之
> 旁衍歧趋，不足为达道。而考据既陷绝境，一时无大智
> 承其弊而导之变，彷徨回惑之际，乃凑而偶泊焉。其始
> 则为公羊，又转而为今文。而常州之学，乃足以掩胁晚
> 清百年来之风气而震荡摇撼之。卒之学术、治道，同趋
> 澌灭，无救厄运，则由乎其先之非有深心巨眼、宏旨大
> 端以导夫先路，而特任其自为波激风靡以极乎其所自至
> 故也。[8]

钱穆从学术的角度出发，肯定乾嘉考据学的"笃实"，却
不喜欢西汉今文经学的"非常异议可怪之论"，以为庄存与
"实则清代汉学考据之旁衍歧趋，不足为达道"。考证之学自
明中叶杨慎复兴，经清初顾炎武、阎若璩、胡渭，迤逦而至乾
隆年间，渐呈燎原之势。在乾嘉诸老中，庄存与年龄仅小于惠
栋，而较王鸣盛（1722—1797）、戴震（1724—1777）、赵翼
（1727—1814）、钱大昕（1728—1804）诸人为年长。当时戴
震、钱大昕等人已经名满天下，而庄存与始终不甚有名。

在庄存与的时代，考据学已开始暴露出它的缺陷：第一，
如戴震等考据学家宣传治经当"由字以通其词，由词以通其
道"，但此治经路径果真可以认识"圣人之道"吗？庄存与曾
批评考据学风说："自分文析字，繁言碎辞，日以益滋。圣人
大训，若存若亡，道不足而强言，似是之非，习以为常，而不
知其倍以过言。"[9]

第二，考据学家为考据而考据，脱离现实政治，那儒者的价值关怀和政治理念应怎样持守与落实呢？庄存与认为，公羊学重视从《春秋》中探求圣人的"微言大义"，而圣人的"微言大义"实有在经典文献语言文字之外者，这就要求"于所书求所不书"。当时正是清王朝由鼎盛开始转向衰落的时期，庄存与推重公羊学，就是要借公羊学的"大一统"主张，宣扬其"拱奉王室"的思想。

钱穆还认为，当考据学走向衰落，乃至陷入绝境之后，应该有"深心巨眼"的伟大思想家出现，来引领学术走出困境。不幸的是，庄存与"凑而偶泊"在历史上扮演了一种不能胜任的思想导师的角色。

钱穆对庄存与所抱的期望实在太大了。其实庄存与只是一位老实学人，这样的学人在乾嘉时代有许许多多，为什么单单去求全责备于他呢？这显然是冲着后来常州学派的发展来说的。常州学派除了庄存与之外，还有其侄庄述祖（1750—1816），其孙庄绶甲（1774—1828），以及其外孙刘逢禄（1776—1829）、宋翔凤（1779—1860）等，后来又由刘逢禄传学于龚自珍（1792—1841）、魏源（1794—1857），因而公羊学逐渐取代乾嘉汉学成为晚清的显学。而后面发生的这一切，乃是庄存与始料未及的。没有后世常州今文学派的发展，庄存与不会受到学界如此重视。

我们相信，在庄存与的时代，不仅庄存与本人，即使同时代的所有学者皆未能预料此后学术的发展走向。一种思潮的形成往往有较长的酝酿过程，在其长期的酝酿过程中会发生很大的变化。这正如俗语所说："你怎么知道哪块云彩会下雨？"而恰恰是庄存与的学术方向成为了那块"下雨的云彩"。

庄存与学术的真正价值在于它是清代公羊学的发轫者。虽然，庄存与的《春秋正辞》只是一部解经著作，但他所表达的

是已经沉寂了约一千七百年的公羊学派的思想，并且在这部书中他或显或隐地提到了公羊学派的"大一统""通三统""张三世"的观念。

首先，他引录公羊学派的"大一统"论述：

> 公羊子曰："何言乎王正月？大一统也。"《记》曰："天无二日，土无二王。国无二君，家无二尊，以一治也。"[10]

庄存与赞同"《春秋》所以大一统者，六合同风，九州共贯"，即是说"大一统"所强调的是国家政体和政令的统一，这是任何人都不能违背的，庄氏还特别申明："此非《春秋》事也，治《春秋》之义莫大焉。"[11]意思是说，《春秋》一经中虽然并无"大一统"明文，但这是治春秋学的人所必当明晓的"大义"所在。

其次，庄存与又引录何休和刘向对"通三统"的论述：

> 何休曰："王者存二王之后，使统其正朔，服其服色，行其礼乐，所以尊先圣，通三统。师法之义，恭让之礼，于是可得而观之。"子曰："殷因于夏礼，所损益可知也。周因于殷礼，所损益可知也。周监于二代，郁郁乎文哉！"子曰："行夏之时，乘殷之辂，服周之冕。"……刘向曰："王者必通三统，明天命所授者博，非独一姓也。"[12]

庄存与引述这些材料，无非是说一个新王朝对于前代的制度文化既要有所继承，也要有所损益。而"损益"之语出自孔子之口，由此而具有了合理合法的性质。但庄存与没有进一步论述，"损益"即是"改制"，从而可证"改制"也有其合理合法性。庄存与所引刘向之语，意在告诫统治者要尊重前代的文化传统，同时此语也蕴含另一种意思，即本朝若多行不义，将来有可能被其他王朝所代替。

复次，庄存与又论及公羊学的"张三世"之说：

> 　据哀录隐，隆薄以恩，屈信之志，详略之文。智不危身，义不讪上，有罪未知，其辞可访。拨乱启治，渐于升平，十二有象，大平已成。[13]

庄存与对"张三世"的解释，文字稍嫌隐晦，其意思是说，孔子据于鲁哀公之世，上录鲁隐公以下十二公之事，这期间由于世代有远有近，恩义有薄有隆，因此《春秋》在书写的笔法上也就有详有略。涉及现实的政治，为了避祸，就必须奉行"智不危身，义不讪上"的原则。但孔子通过《春秋》鲁国十二公的历史，已经寄寓了他的历史观，即在孔子看来，社会的发展是从拨乱世到升平世，再到太平世的。

如上所述，庄存与所著《春秋正辞》之意义，乃在于打破了东汉何休以后公羊学一千七百年的沉寂，拉开了清代公羊学的序幕。他明确要高举公羊子、董仲舒、何休的旗帜，从而接续了公羊学的统绪，此正如梁启超所述：

> 　今文学启蒙大师，则武进庄存与也。存与著《春秋正辞》，刊落训诂名物之末，专求所谓"微言大义"者，与戴、段一派所取途径全然不同。其同县后进刘逢禄继之，著《春秋公羊经传何氏释例》，凡何氏所谓非常异义可怪之论，如"张三世""通三统""绌周王鲁""受命改制"诸义，次第发明。……段玉裁外孙龚自珍，既

受训诂学于段，而好今文，说经宗庄、刘，……往往引
《公羊》义讥切时政，诋排专制。……虽然，晚清思想之
解放，自珍确与有功焉。……夏曾佑赠梁启超诗云："瑗
人（龚）申受（刘）出方耕（庄），孤绪微茫接董生（仲
舒）。"此言今文学之渊源最分明。[14]

　　庄存与学术的成功之处在于，他于古文经学如日中天之
时，从"孤绪微茫"中独辟蹊径，重新接续了公羊学的统绪，
这一学脉得到后学中一些有影响力的人物的大力宣传和弘扬，
因而在晚清社会形成了颇有声势的公羊学思潮。对于这一思潮
在政治上的利弊得失可以暂不讨论，即使就其治学方法而言，
抛开当时学者普遍热衷的博雅考订之学，走出自己的学术道
路，这种学术精神是值得表彰的。

第三节　刘逢禄与《春秋公羊经何氏释例》

　　刘逢禄是清代公羊学第二期发展的代表人物，也是清代复
兴公羊学事业的关键人物。

　　刘逢禄（1776—1829），字申受，江苏武进人。庄存与
外孙，幼年即由母亲庄氏授西汉贾谊、董仲舒文章。至十一
岁时，庄存与询其所学，叹曰："此外孙必能传吾学。"[15]
三十九岁（嘉庆十九年）中进士，选庶吉士。后改礼部主事，
先后在礼部服职十二年。刘逢禄一生潜心研究公羊学，最重要
的著作是《春秋公羊经何氏释例》，其他著作如《公羊何氏解
诂笺》《发墨守评》《穀梁废疾申何》《箴膏肓评》《左氏春秋考
证》《论语述何》等，从各方面阐述和发挥公羊学说。

　　刘逢禄大张旗鼓地彰显和宣扬"大一统""通三统""张三

世"等公羊家法，认为这些公羊家法传达了孔子的"微言大义"，他的这一做法，同庄存与遮遮掩掩、欲言又止的表达方式有很大不同，在这个意义上，刘逢禄成为清代公羊学理论的实际奠基人。

"大一统""通三统""张三世"这些公羊家法，关系着一些重大理论问题，"大一统"所讲的实际是关于国家体制的理论，"通三统"所讲的实际是关于社会变易的理论，"张三世"所讲的实际是关于历史进化的理论。这些理论的重大意义不言而喻，但在当时只有那些目光如电的思想家，才能深刻地体会这些理论的重要意义，因而才会不遗余力地去通过古香古色的语言去阐释它。刘逢禄正是这样的思想家。由于他的努力，使由庄存与发轫的清代公羊学至此发皇壮大，声势顿盛。梁启超称赞刘逢禄高扬庄存与所开创的常州今文学"大张其军，自是'公羊学'与许郑之学代兴，间接引起思想界革命"，而常州学派因此成为"一代学术转捩之枢"。[16]

刘逢禄为公羊学"大张其军"的方法，就是一方面宣称自家学派是孔子嫡传，另一方面又用许多笔墨贬抑和压制敌手。

刘逢禄设想了孔子当年传授《春秋》"微言大义"的场景："窃尝以为《春秋》微言大义，《鲁论》诸子皆得闻之，而子游、子思、孟子著其纲，其不可显言者属子夏口授之。"[17]这是说，孔子思想中那些"大义"纲要已由子游、子思、孟子一脉传承下去；孔子思想中那些"不可显言"者，则嘱托子夏口授传播，其后，"公羊氏五传，始著竹帛者也。然向微温城董君、齐胡毋牛及任城何劭公三君子同谓相继，则《礼运》《中庸》《孟子》所述圣人之志，王者之迹，或几乎息矣！"[18]

在刘逢禄看来，春秋学只有公羊学派属于孔子所说的那种"中人以上，可以语上"者，相比之下，穀梁学派也传授了孔子《春秋》，但传承了小处，忽略了大处，如"不传建五始

（即大一统）、通三统、张三世、异内外诸大旨，盖其始即夫子所云'中人以下，不可语上'者"[19]。

如果穀梁一派是"中人以下，不可语上"，那左氏一派"不传《春秋》"，更是等而下之了。刘逢禄认为《左氏春秋》是一部优秀的史学著作，但它原本不是为解释《春秋》而作，而是后人"增设条例"，将之作为《春秋》之传的，他说："东汉之季，古文盛行，《左氏》虽未立学官，而并列于经传久矣。左氏以良史之材，博闻多识，本未尝求附于《春秋》之义，后人增设条例，推衍事迹，强以为传《春秋》，冀以夺公羊博士之师法，名为尊之，实则诬之。"[20]

其实，公羊、穀梁、左氏三家之学孰优孰劣，相争已久，刘逢禄并没有提出新的有力证据证明公羊学更优胜，只是清中期以后今文经学崛起，古文经学已呈衰落之势，所以刘逢禄的公羊学才显示出折冲樽俎的力量来。在我们看来，三家之争，很难说学术上谁是谁非。刘逢禄的学术贡献并不在于他揭示了《春秋》经的奥秘，而在于他根据时代的需要，更为详尽地阐发了公羊学主张政治改革的精神。

刘逢禄所处的时代正是"鸦片战争"的前夜。当时中国社会存在什么问题，学者可以用什么思想武器来解决它，这个问题也许要从世界的眼光来看。卡尔·马克思身在欧洲，对于18世纪中叶至19世纪初的中国的情况有着清楚的认识，他说：

> 这个幅员广大的帝国，包含着差不多有三分之一的人类，它不管时势怎么变迁，还是处于停滞的状态，它受人藐视而被排斥于世界联系系统之外，因此它就自高自大地以老大天朝至善尽美的幻想自欺。……旧世界底代表以道德思想来鼓励自己，而最新社会底代表却争取

那种以最贱的价格购买和以最贵的价格出卖的权利。[21]

当西方社会已经进入到成熟的资本主义社会之时，中国尚沉睡在"老大天朝至善尽美"的迷梦之中，不仅社会政治体制极其落后，即从其思想而言，也是陈旧不堪。在西方，那是产生康德、伏尔泰、卢梭、黑格尔、亚当·斯密的年代。而在中国，与时代相对应的则是产生庄存与、戴震、章学诚、刘逢禄等人的时代。虽然这些人在中国学术史上具有崇高的地位，但与同时代西方学者相比，实际是中国古代与西方近代两个不同世界的产物，根本无法相比。这意思是说，从世界历史背景而言，中国学者应该有更好的学术作品，但可惜没有。有鉴于当时中国社会的停滞与落后、思想界的守旧与僵化，进步学者不得不在传统的学术泥沼中跋涉。当时的春秋公羊学并不是理想的思想武器，但在传统的思想武库中这已经是最好的思想武器，所以学者只好勉为其难，以它作为解决现实社会政治困境的法宝。

正是由于当时中国社会停滞落后、国人思想守旧僵化，刘逢禄弘扬公羊学的目的就是唤醒沉睡中的国民，为此，他借着讲公羊家法，着意宣传"张三世"的历史进化论。

《春秋》鲁国十二公二百四十二年的历史，被分作三个大的阶段，即从孔子的角度而言，由后往前推，"所见世"谓鲁哀公、定公、昭公之世，共六十一年；"所闻世"谓襄公、成公、宣公、文公之世，共八十五年；"所传闻世"谓僖公、闵公、庄公、桓公、隐公之世，共九十六年。公羊学家认为，因为时代远近不同，孔子《春秋》书写的详略也不同。简言之，远者书写略而近者书写详。又因为远者恩义弱，近者恩义重，所以对"所见世"在书写上多隐微之辞，对"所闻世"在书写上多痛言其祸，对"所传闻世"在书写上多减弱其恩。如此等等，是对孔子"春秋笔法"的一个总结。这个总结应该说并不离谱。但公羊学派并未到此为止，他们又从《春秋》"三世说"中总结出另一套理论，认为"所传闻世"相当于"衰乱世"，"所闻世"相当于"升平世"，"所见世"相当于"太平世"。如何休注《春秋公羊传》时所说：

> 于所传闻之世，见治起于衰乱之中，用心尚粗糖，故内其国而外诸夏，先详内而后治外。……于所闻之世，见治升平，内诸夏而外夷狄……至所见之世，著治太平，夷狄进至于爵，天下远近小大若一。[22]

何休这一理论的根据在于，从《春秋》经文的义例看，孔子在书写"所传闻世"的衰乱世道时，是以鲁国为内，以华夏族的其他诸侯国为外；而在书写"所闻世"的升平世道时，是以华夏各诸侯国为内，以华夏周边的夷狄为外；而在书写"所见世"的太平世道时，夷狄各国的君王皆加以爵位名号称之，天下再也没有远近大小内外的区别，四海一家，天下大同。

但是，令人感到吊诡的是，春秋时期实际的历史并不是由衰乱世转到升平世，再走向太平世的。毋宁说正好相反，社会发展是越来越乱，正如徐彦《春秋公羊传注疏》卷一所说："当尔之时，实非太平，但《春秋》之义若治之太平于昭、定哀也。犹如文、宣、成、襄之世实非升平，但《春秋》之义而见治之升平。"[23]

对此，公羊学家解释说，"文与而实不与"乃是孔子特殊的春秋笔法，"文与"是说与理想模式相符合，"实不与"是说与历史实际不符合。孔子正是通过这种方法寄寓他的发展进化的历史观。

孔子这套春秋笔法如此迂曲，相信后世学者没有人愿意仿效、敢于仿效。正因为如此，公羊学家强调，不能把《春秋》经文当作纪事之书来读，而应把它当作一部寓意深微的历史理论和政治哲学的著作来阅读。

公羊学派花了这么大的力气、费了这么多周折来讲孔子的"微言大义"——一种发展进化的历史观，今人读之不免感到心累。但主流文化的悲哀正在于长期缺少这种发展进化的历史观，因而公羊学派不得不借助人们对孔子和儒家经典的信仰，来开掘和建构出一套发展进化的历史观，以唤醒守旧僵化的国人，冀其有所觉悟，以推动停滞不前的社会有所改变。

以上所述，是公羊家法所讲的"张三世"的意义，其思想虽然最早由东汉的何休提出，但何休乃至唐代的徐彦都未将"张三世"的意义解释清楚，直到清代的刘逢禄才将它系统加以梳理和阐释。刘逢禄所著《春秋公羊经何氏释例》开篇即讲"张三世"，他先列举出《春秋》若干"张三世"的例证，然后加以阐释说：

> （《春秋》）分十二世以为三等，有见三世，有闻四世，有传闻五世。于所见微其词，于所闻痛其祸，于所传闻杀（减弱）其恩。……鲁愈微而《春秋》之化益广……世愈乱而《春秋》之文益治。……"文王既没，文不在兹乎？"（孔子）愀然以身任万世之权，灼然以二百四十二年著万世之治。……《春秋》起衰乱以近升平，由升平以极太平。……"无平不陂，无往不复"，圣人以此见"天地之心"也。[24]

在此阐释"张三世例"之后，刘逢禄又阐释"通三统例""王鲁例""建始例""秦吴楚晋黜表"等，兹不赘述。梁启超曾评论说："（刘逢禄）《春秋公羊经传何氏释例》，凡

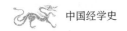

何氏所谓非常异义可怪之论，如'张三世''通三统''绌周王鲁''受命改制'诸义，次第发明。其书亦用科学的归纳研究法，有条贯，有断制，在清人著述中，实最有价值之创作。"[25]

刘逢禄除了在著述方面对清代公羊学做出了奠基性的贡献外，在培养公羊学的后备人才方面也起了至关重要的作用。鸦片战争前后的公羊学中坚和健将龚自珍和魏源都是刘逢禄的弟子。关于他们的学行，我们留待下一节来介绍。

第四节　龚自珍和魏源

龚自珍和魏源是清代公羊学第三期发展的代表人物，从他们开始，公羊学理论从书斋走向社会，从论学转向议政。龚自珍和魏源生活的时代，正当清朝统治由盛转衰之时，他们敏锐地认识到"衰世"的到来，向世人大声疾呼挽救社会的危机，传统的公羊学说在他们手里得到了改造，成为批判社会现实、呼吁变革的思想武器，因而对晚清社会产生了巨大、深远的影响。

龚自珍（1792—1841），字璱人，号定盦，浙江仁和（今杭州）人。晚清思想家、文学家。道光九年（1829）考中进士，官礼部主事。四十八岁时辞官，两年后因暴疾卒于丹阳云阳书院，终年五十岁。

龚自珍是清嘉庆、道光年间的名人，他的名气与其说得自他的学问，不如说得自他的诗文[26]；与其说得自他的诗文，不如说得自他的思想；与其说得自他的思想，不如说那个时代人们太无思想。

龚自珍是著名考据学家段玉裁的外孙，那时整个学术界都在尊享考据学的盛宴，而思想界则是一片贫瘠荒芜的土地。晚年的段玉裁回顾一生，怀疑自己学术上走错了路，他说："顾（玉裁）不自振作，少壮之时，好习辞章，生耗岁月。……归里而后，人事纷糅，所读之书，又喜言训诂考核，寻其枝叶，略其本根，老大无成，追悔已晚。"[27]他又在去世前一年致书陈寿祺说："今日大病，在弃洛、闽、关中之学谓之庸腐，而立身苟简，气节败，政事芜。……专言汉学，不治宋学，乃真人心世道之忧。"[28]段玉裁晚年不希望龚自珍再走考据学的路，他告诫龚自珍"勿读无用之书，勿作无用之文""努力为名儒，为名臣，勿愿为名士"[29]。

但龚自珍终究只是一位名士，他青年时期就有诗才，有侠气，有抱负，他敏感地看到了当时社会的许多问题，渴望从传统文化中找到理论创新的源泉，以解决当时的社会矛盾。在二十八岁时他遇到了公羊学大宗师刘逢禄。刘逢禄此时也在物色后继人才，龚自珍和魏源两位有才学的青年人进入了他的视野，他们很快便建立了师生关系。其后龚自珍赋诗表达他的喜悦之情说："昨日相逢刘礼部，高言大句快无加；从君烧尽虫鱼学，甘作东京卖饼家。"[30]"端门受命有云礽，一脉微言我敬承。宿草敢祧刘礼部，东南绝学在毗陵。"[31]第一首诗中引了一个典故，据《北堂书钞》卷九十五所载，三国时期的钟繇曾把《春秋》左氏学比喻为大官厨，珍馐列鼎，美不胜收；而把《春秋》公羊学比作道边卖饼家，土气俚俗。龚自珍在诗中表示宁愿去作"卖饼家"，而反讥考据学派死啃书本如蠹鱼。他曾批评当时学者沉迷于炊琐饾饤的考据之学说："近日学者风气，征实太多，发挥太少，有如桑蚕食叶而不能抽丝。"[32]此言亦可看出他对"虫鱼学"的不屑。

第二首诗也引用了一个典故，按汉代纬书所说，鲁哀公十四年，西狩获麟，孔子于端门接受上天指令，因而作《春秋》，这就使得《春秋》一书具有了神圣的意义。后继者（"云礽"）绵绵不绝，一直到他龚自珍这里。而龚自珍正是从身处东南毗陵（常州）的刘逢禄这里得到"绝学"真传的。从两首诗中可以看出龚自珍对"绝学"真传的热爱，以及对刘逢禄的尊敬。

所谓"绝学"，是指刘逢禄在其著作中所阐释的春秋公羊学思想。关于春秋公羊学所讲的"大一统""张三世""通三统"等观念，在龚自珍的著述中时有表现，但他还只停留在宣传的意义上，并不是一种深入的研究。如其言"大一统""张三世"说：

> 问："太平大一统，何谓也？"答："宋、明山林偏僻士，多言夷夏之防，比附《春秋》，不知《春秋》者也。《春秋》至所见世，吴、楚进矣。伐我不言'鄙'，我无外矣。《诗》曰：'无此疆尔界，陈常于时夏。'圣无外，天亦无外者也。""然则何以三科之文，内外有异？"答："据乱则然，升平则然，太平则不然。"[33]

龚自珍将"大一统"之说与"张三世"之说联系起来，认为"据乱世"和"升平世"尚有夷夏内外之辨，到了"太平世"，没有了夷夏内外之辨，因为已经进入了"大一统"时代。

龚自珍有《春秋决事比》一书，大概作于其四十七岁之时，其书今已佚，但尚有《自序》存世，《自序》介绍此书说：

> 凡建五始、张三世、存三统、异内外、当兴王，及别月日时，区名字氏，纯用公羊氏；求事实，间采左氏；求杂论断，间采穀梁氏，下采汉师。总得一百二十事。[34]

《自序》介绍所著《春秋决事比》一书以阐明公羊学派的"张三世""存三统"等微言大义为主，间采《左传》《穀梁传》之说。

龚自珍思想的影响主要是在当时"万马齐喑"的政治文化背景下，敢于发出"乱也将不远矣"这种振聋发聩的声音，并称将"有大音声起，天地为之钟鼓，神人为之波涛"，预言社会将发生巨大变动。他的论议对当时学界有很大的震撼力。然从学理而言，其思想缺少系统性和深刻性，以致梁启超在《清代学术概论》中评价说："综自珍所学，病在不深入。所有思想，仅引其绪而止，又为瑰丽之辞所掩，意不豁达。虽然，晚清思想之解放，自珍确与有功焉。光绪间所谓新学家者，大率人人皆经过崇拜龚氏之一时期。初读《定盦文集》，若受电然，稍进乃厌其浅薄。"[35]梁氏之言，可谓定评。

魏源（1794—1857），字默深，湖南邵阳人。道光二年（1822），中顺天乡试举人，时年二十九岁。道光二十五年（1845），中进士，时年五十二岁。所著书有《诗古微》《书古微》《皇朝经世文编》《圣武记》《海国图志》《元史新编》《老子本义》《古微堂诗集》等。

鸦片战争前后，学界人物龚、魏并称。如果说龚自珍是才华横溢的才子，那魏源可称得上锐意开新的学者。学术界将1840年鸦片战争定为近代史开端的标志是非常正确的。龚自珍卒于1841年，次年第一次鸦片战争结束。魏源卒于1857年，比龚自珍晚去世十六年，这十六年太重要了，使他有机会对中英鸦片战争这一中国历史上的重大事件有所反省和总结，也因此魏源成为中国近代史上第一位思想家。

魏源具有这样的历史地位，是与他平日的为人和治学的品格分不开的。魏源是一位笃实谨严而具有开拓精神的学者，他同龚自珍一样，曾师从刘逢禄，但他不是简单重复公羊学"张三世""通三统"等理念，而是将社会改革的理念注入到他的经史之学的研究之中。在经学上，有鉴于刘逢禄已经有了《春秋公羊经何氏释例》这一典范性的学术成果，魏源则进入《诗经》和《尚书》的研究领域，借助对这两部经典的研究，以增强对西汉今文经学广泛而深入的认识。

经学在汉代有今文经学和古文经学之分，差不多各经皆分今文和古文。清代庄存与所代表的常州学派，又称常州今文学派。但事实上，庄存与之后，庄氏家族在经学研究上除了《春秋》经传承公羊学之外，其余诸经基本是今古文兼采，甚至更多采取古文经学的路数，如庄述祖所作《毛诗考证》《毛诗周颂口义》，基本属于古文经学，所作《尚书大传》《尚书今古文考证》属今古文并传。庄绶甲研究《毛诗》《尚书》《周官》之学，也基本是古文经学的路数。这种情况表明，当初庄氏家族对于经学的研究对象乃取一种一视同仁的态度，并未特别打出今文经学的旗帜。庄存与外孙刘逢禄和宋翔凤高扬了春秋公羊学，但对儒家其他经典的研究并未刻意标榜今文经学的文本和观点。刻意标榜今文经学文本和观点应该是从魏源的《诗古微》和《书古微》开始的。由于这两部书是以今文经学的文本和观点来展现的，人们溯源推始，将庄存与所代表的常州学派说成是"常州今文学派"，其实两者是有差别的。

《诗古微》搜集西汉齐、鲁、韩三家诗遗说，阐发其义，以攻《毛诗》。《毛诗》的最大问题是，认为《诗经》305 篇都有或"美"或"刺"的政治用意，被后人概括为"美刺说"，这就把诗经学引入了严重的误区。魏源指出，《诗经》的成功在于抒发和表达人们"欢愉哀乐"的真性情，如果每篇都有或"美"或"刺"的政治用意，那诗中所表现的"欢愉哀乐"之情就都成了假托。他说："诗以言志，百世同揆，岂有欢愉哀乐，专为无病代呻者耶？"[36] 他又指出：

　　甚哉！美刺固《毛诗》一家之例，而说者又多歧之，
以与三家燕越也。夫《诗》有作《诗》者之心，而又有
采《诗》、编《诗》者之心焉，有说《诗》者之义，而
又有赋《诗》、引《诗》者之义焉。作《诗》者自道其
情，情达而止，不计闻者之如何也。[37]

　　在魏源看来，作《诗》者有作《诗》之意，其后地采
《诗》、编《诗》、赋《诗》、引《诗》者各有其意，不能把后
人的理解视为作者之意。魏源指出，《诗经·国风》中的许多
诗篇"皆男女民俗之诗""非必诗人之意，篇篇此美此刺也"。
他赞赏齐、鲁、韩三家诗说得作者本意，"三家之得者在原
诗人之本旨"，《毛诗》之失正在于"执采《诗》者之意为作
《诗》者之意"[38]。

　　在笔者看来，两千多年来，诗经学也许是最不堪回首的
学问。《毛诗序》的"美刺"说严重束缚了诗经学的研究，宋
代郑樵、朱熹等人曾经严肃批评《毛诗序》，如朱熹曾说："大
率古人作诗，与今人作诗一般。其间亦自有感物道情，吟咏
情性，几时尽是讥刺他人？只缘《序》者立例，篇篇要作美刺
说，将诗人意思尽穿凿坏了。且如今人，见人才做事，便作一
诗歌美之或讥刺之，是甚么道理？"[39]然朱熹当时解释《诗
经》，亦尚依违于《毛诗序》之间。其后，维护《毛诗序》的
大有人在，因而学界又陷入"废序"与"存序"的长期争执
中，使得学者无暇开展关于诗歌原理和规律的研究。

　　魏源《诗古微》对于《毛诗》的批评是深刻的，虽然来得
较晚，但开启了近代诗经学研究的新篇章。正如梁启超所说：
"今文学复活，古文的《毛氏诗》，当然也在排斥之列。最初
做这项工作者，则为魏默深之《诗古微》。……默深这部书……
可以供将来'新《诗》学'之参考。"[40]又说："魏源著《诗

古微》，……其论《诗》不为'美刺'而作，……此深合'为文艺而作文艺'之旨，直破二千年来文家之束缚。"[41]

魏源的另一部今文经学著作是《书古微》，这是完全站在《尚书》今文经的立场上来撰写的一部书。擅长考据本是古文经学的优点，但考据学的发展掘了古文经学的坟墓。明清考据学值得夸耀的是关于《古文尚书》的辨伪，从明中叶的梅鹭《尚书考异》《尚书谱》，至清代阎若璩的《尚书古文疏证》、惠栋的《古文尚书考》、程廷祚的《晚书订疑》等，将今传《尚书》中的二十五篇《古文尚书》证明为东晋人伪作，已成定谳。其中阎若璩所作贡献最大。其后孙星衍(1753—1818)的《尚书今古文注疏》、段玉裁（1735—1815）的《古文尚书撰异》、陈乔枞(1809—1869)的《今文尚书经说考》等，只研究今文经二十九篇，完全排除伪《古文尚书》二十五篇。然而乾隆年间所刻《十三经》，仍将今传《尚书》五十八篇（包括伪《古文尚书》二十五篇）列为书经，对此魏源主张应该将伪古文二十五篇从《尚书》中统统黜除，以杜绝混乱产生！

阎若璩等人虽不信东晋人所献《古文尚书》二十五篇，但对东汉杜林所得漆书《古文尚书》一卷则深信不疑。据《后汉书·杜林传》所载："林前于西州得漆书《古文尚书》一卷，常宝爱之，虽遭难困，握持不离身。"[42]其后，贾逵、马融、郑玄等皆曾为此书作传注。魏源认为漆书《古文尚书》不可信，他说："考荼（漆）书竹简，每简一行，每行二十五字或二十二字。若四十五篇之《书》，荼（漆）书于简，则其竹简必且盈车。乃谓仅止一卷，遭乱挟持不离，不足欺三尺孺子。"[43]魏源所说固然有道理。但东汉的著名古文经学家杜林、贾逵、马融、郑玄等皆曾眷顾此书，则此书的真实性应无问题，至于只有"一卷"，或是书写讹误。魏源抓住此一讹误，而断言绝无此事，或不免偏激。不过，由此事亦可见魏源在经学上与常州学派前辈不同，已有强烈的门户之见。

魏源其后进入同乡经世派官员江苏布政使贺长龄的幕府，代之编成著名的《皇朝经世文编》一百二十卷。鸦片战争爆发，魏源目睹英国野蛮侵略和清朝的腐败，又完善旧著，撰成《圣武记》四十卷，刊刻于扬州。他的经史之学的成就颇为林则徐所看重，受其嘱托，魏源在林则徐组织编译的《四洲志》的基础上，广泛采辑世界史地资料，撰成《海国图志》，初刊本五十卷，此后经两次增订至一百卷。

《海国图志》一书的编成，使中国人第一次对世界有了一种全景式的认识，也使得清朝上层社会从此放低“天朝上国”的身段，承认技不如人。魏源在此书序言中提出的“师夷长技以制夷”的救国方略影响了几代中国人，在这个意义上，魏源可以说是中国近代史上名副其实的思想导师。虽然《皇朝经世文编》《海国图志》一类书并不是经学研究著作，但是，春秋公羊学，乃至西汉今文经学，其根本精神所在就是坚持历史进化论和经世致用的学术宗旨，魏源从今文经学入手而得其神髓。其《皇朝经世文编》《海国图志》等书的编撰，正是为了突显、落实历史进化论和经世致用的学术宗旨。

在某种意义上而言，魏源在中国思想史上的地位恰似日本的福泽谕吉（1835—1901），福泽谕吉比魏源晚生四十年，当时日本与中国同样落后于西方国家。福泽谕吉通晓荷兰语和英语，并多次到西方国家考察，了解西方文明的先进，也了解当时东亚邻国如中国和韩国的落后且眷恋旧习，不思进取，因而主张“脱亚入欧”。他对当时中国人的故步自封心态的批评，切中其弊，主张日本“脱亚入欧”也无可厚非。但他同时教唆和设计侵华则内藏邪恶。福泽谕吉启迪了日本人，同时也教坏了日本人。由此可见，思想家立言不可不慎也。相比之下，魏源教导中国人“师夷长技以制夷”，有励志图强之意，而并无

侵吞他人之心，古来以儒家道德立国之中华民族虽然历经坎坷和苦难，其卓越优良之精神，终必将为世界所理解和认可也。

第五节　康有为的"改制"变法理论与实践

康有为是清代公羊学第四期发展的代表人物，也是清代今文经学的集大成者。

康有为（1858—1927），号长素，广东南海县人，人称南海先生。康有为年轻时即以天下为己任，慷慨奋发，光绪五年（1879）开始接触西方文化。光绪十四年（1888），借参加顺天乡试之机，第一次上书光绪皇帝请求变法，受阻未上达。光绪十七年（1891）后在广州设立万木草堂，收徒讲学，弟子有梁启超、陈千秋等。1895年赴京会试，时值中日甲午战争失败，《马关条约》即将签订。康有为遂与梁启超等联络十八省会试举人一千三百余人上万言书，要求拒绝签约并实行变法，史称"公车上书"。此上书亦未能上达。考中进士后，第三次上书送到了光绪皇帝手中，得到光绪帝赏识。1898年光绪帝颁布《国是诏》，任命康有为为总理衙门章京，策划变法事宜。变法失败后逃亡日本，组织保皇会。辛亥革命后，作为保皇党领袖，反对共和制。晚年始终宣称忠于清王朝。其著作有《新学伪经考》《孔子改制考》《论语注》《孟子微》《春秋董氏学》《日本变政考》《俄彼得变政记》《大同书》等。

康有为是中国近代史上维新派的领袖，晚清的"戊戌变法"是同康有为的名字紧密联系在一起的。"戊戌变法"的思想动力和理论基础又是同公羊学的"张三世"理论紧密联系在一起的。但康有为的公羊学理论已经不是古色古香的理论形态，而是结合西学作了创造性的理论改造，以致大量的西方学说及其术语出现在他的著作中，可谓"旧瓶装新酒"。正像宋儒面对佛学的挑战创造了理学一样，康有为等晚清儒者面对西学的挑战，创造出一种"西学化的儒学"[44]。

康有为自年轻时起即怀抱以学术救国的志向，他曾自述其学习经历说：

> 予小子……始循宋人之途辙，炯炯乎自以为得之矣，既悟孔子不如是之拘且隘也；继遵汉人之门径，纷纷乎自以为践之矣，既悟其不如是之碎且乱也。苟止于是乎，孔子其圣而不神矣。既乃离经之繁而求之史，凡数千年国家风俗治乱之故，若者与孔教相因而进退者，得之于战国、秦、汉之间，东汉为美矣，以为未足尽孔子之道也。既乃去古学之伪，而求之今文学……而得《易》之阴阳之变，《春秋》三世之义，曰：孔子之道大，虽不可尽见，而庶几窥其藩矣。[45]

康有为其始从广东大儒朱次琦学宋儒之学，既而不惬意，又去学东汉古文经学，既而以为古文经如《周礼》《左传》《古文尚书》等多为刘歆"窜润""不足尽信"，而且古文经学家专事训诂考据，"问以国政而不通，询以时事而不知，考以民生而不达"[46]，尤为康有为所不喜。即如举世推重的考据学大家戴震，也在鄙弃之列，"思考据家著书满家，如戴东原，究复何用？因弃之"[47]。既而为春秋公羊学，以为孔子"微言大义"尽在公羊之学。他说：

> 能通《春秋》之制，则六经之说莫不同条而共贯，而孔子之大道可明矣。《春秋》成文数万，其旨数千，皆大义也。汉人传经，皆通大义，非琐屑训诂名物也。

故两汉四百年，君臣上下制度议论，皆出《公羊》，以
《史记》《汉书》逐条求之可知也。苟能明孔子改制之微
言大义，则周秦诸子谈道之是非出入，秦汉以来二千年
之义理制度所本，从违之得失，以及外夷之治乱强弱，
天人之故，皆能别白而昭晰之。振其纲而求其条目，循
其干而理其枝叶，其道至约，而其功至宏矣。[48]

康有为由此将公羊学奉为圭臬，以公羊学统摄六经，以指
导其变法维新的政治活动。而他所说的公羊学实际是将一些西
方近代的思想和学说融进了公羊学中，从而将公羊学推向了一
个新的高度。

康有为春秋公羊学的首要之义在"改制"。冯友兰先生曾
说："春秋公羊学的基本精神是'改制'。"[49]此语可以解释为
什么康有为那样信奉公羊学，因为他可以高举公羊学的"改
制"旗帜来实现他所倡导的社会政治改革，他曾明确说："读
《公羊》，先信改制。不信改制，则《公羊》一书，无用之书
也。"[50]"吾所发明，孔子改制。"[51]但汉代公羊学所言之
"改制"，仅仅是"改正朔，易服色"一类的王朝标志性改变，
并不一定意味对社会政治制度进行改革。而康有为所要进行
的"改制"，意味着"政治革命"或"社会改造"，此正如梁启
超所说："近人祖述何休以治《公羊》者，若刘逢禄、龚自珍、
陈立辈，皆言'改制'，而有为之说实与彼异。有为所谓'改
制'者，则一种政治革命、社会改造的意味也。"[52]

康有为认为，以政治革命、社会改造为实质的改制"事
大骇人"，所以自古至今，凡言"改制"者，皆以"托古"的
形式进行，孔子也是如此。他解释说："圣人但求有济于天下，
则言不必信，惟义所在。无征不信，不信民不从，故一切制
度托之三代先王以行之。"[53]"孔子以布衣而改乱制，加王心，

达王事，不得不托诸行事以明其义。"[54] "布衣改制，事大骇人，故不如与之先王，既不惊人，自可避祸。"[55]孔子当年以一介"布衣"倡导改制，但无征不信，所以要托古人之事以言改制。康有为作为无权无势的一介书生，要效法孔子进行"改制"，托言古学，也是顺理成章之事。所以康有为借公羊学以言改革，一求避祸，一求取信于人。

在西方，达尔文的进化论已经成为常识性的知识，此一理论由自然科学引入社会学，因而关于社会进化和社会变革的理论也很常见。然在中国，两千多年来儒者一直将尧舜"三代"作为黄金时代，有关社会进化的思想不啻空谷足音。源自《公羊传》中"所见异辞，所闻异辞，所传闻异辞"的提法，被东汉何休《春秋公羊传解诂》发展为"张三世"的历史进化论。清后期的公羊学家便抓住此一观念大做文章。康有为更将"张三世"当作一种理论框架，用它来作为认识社会、指导政治的理论工具。而随着社会政治形势的变化，以及他本人阅历的增加与眼界的开阔，关于"张三世"的内涵也一变再变。

康有为有多个关于"张三世"的理论模型，其中最基本的是他为改制变法所设计的"张三世"的理论模型，即以两千年君主制度为"小康升平世"的"三世"说。

康有为将公羊"三世"说和《礼运》"大同""小康"说糅合在了一起，以"升平世"为"小康"，以"太平世"为"大同"。他说："三世为孔子非常大义，托之《春秋》以明之。所传闻世为据乱，所闻世托升平，所见世托太平。乱世者，文教未明也；升平者，渐有文教，小康也；太平者，大同之世，远近小大如一，文教全备也。"[56]

何休的"三世"说比较简略，只是描绘了社会从低级向高级发展的趋势。康有为要将其改造成一种具有感染力并且可以把握的理论，必须说明三世的具体状态。他将《礼记·礼运》

篇所讲的"大同""小康"说与之加以比附，对公羊"三世"
说作了一个极好的补充。具体而言，"小康"可以对应"升
平"；"大同"可以对应"太平"。"小康"社会是家天下，君主
制；"大同"社会是"公天下"，民主制，"天下为公""选贤与
能"。其意是说，孔子假托尧、舜，为中国的未来发展设计了
民主制度，康有为说：

> 尧、舜为民主，为太平世，为人道之至，儒者举以
> 为极者也。……孔子拨乱升平，托文王以行君主之仁政；
> 尤注意太平，托尧、舜以行民主之太平。……可知六经
> 中之尧、舜、文王，皆孔子民主、君主之所寄托。……
> 拨乱之治为文王，太平之治为尧、舜，孔子之圣意、改
> 制之大义，《公羊》所传微言之第一义也。[57]

这样，康有为将现代西方的民主概念糅进了古老的公羊学
说之中。平心而论，他的这种推演并不算太牵强，容易为学者
所接受。在这种设计中，康有为暗示了可以按西方民主样式
（如设议会等）进行改制变法。

为了推动中国的政治改革，康有为学习和研究了西方的政
治理论和政治制度，研究了日本的"明治维新"和俄国彼得大
帝的政治改革，并撰写了相关书籍，他想把这些经验作为救治
中国的医方。经过康有为多年的奔走呼吁，他的改制学说在社
会上获得了很大反响，并终于获得了光绪皇帝的青睐，使他可
以有机会一展抱负。然而正如大家所知道的，以康有为为主导
的"戊戌变法"最终失败了。这是为什么？这里有客观历史的
原因，也有康有为个人的原因。

从客观的历史说，康有为所处的时代，种种社会事件表
明，这已是王朝末期的景象。清朝前中期对外闭关锁国，对内

大搞文字狱以钳制人们思想，到此时开始结出恶果。由于这些政策的推行，使得中国失去了同外国文化交流、及时向外国学习的机会，也使得士人完全失掉了学术思想自由，以致思想界万马齐喑，毫无生气可言。清后期公羊学家如刘逢禄、龚自珍、魏源等人大讲"通三统""张三世"等观念，无非是要唤起"九州生气"。从鸦片战争到康有为之时，五十年过去了，洋务运动逐步开展，魏源所说的"师夷长技"慢慢可以做到了，但"制夷"完全谈不上。国内如曾国藩、左宗棠、李鸿章等中兴名臣，对于镇压人民起义和边疆叛乱还可以应付，但对付洋人的侵犯，从第一次鸦片战争到第二次鸦片战争，再到中日甲午战争，屡战屡败，割地赔款。国何以为国，民何以为民，此康有为所以提出不能仅仅停留在"师夷长技"之上，还要学西方的国家制度，因而大声呼吁"改制"。然而此时清王朝已经是风烛残年，病入膏肓，要动"大手术"，只能加速其死亡。汉代齐诗的"四始五际"曾谈到政治改革与政治革命的时机节点理论，其中说"卯酉之际为革政，午亥之际为革命"，用时钟作比喻，一个王朝的政治改革时间只适合在"卯酉之际"（犹如上午九时至下午三时），过了此时就不能进行政治改革了。晚清康有为所主导的"戊戌变法"正应了这个预言。

从康有为主观方面说，他有一副爱国忠君热肠，有一套最称完善的公羊学理论体系，虽然变法失败后奔走呼号、颠沛流离，但就其一生的学术、政治表现而言，也可谓有声有色。但康有为其人在个性上有其弱点，如读书有余而历练不足，论理有余而虑事不足，张扬有余而沉雄不足。从其改制变法的理论而言，那不过是闭门造车，不要说政治家们不以为然，即使在学术圈中也是非议多多，不敢信从。他的那一套理论，若在书斋中坐而论道，未尝不可，若用以指导政治改革，就太幼稚了。因为这一套公羊学理论，好似玻璃做成的花朵，虽然好看，但一碰就会碎。因为他国变法的成功，有他国的国情，他国的成功经验未必适合本国国情。

康有为参与"戊戌变法"枢机班子时不过四十岁，此前并没有从政经验，其他参与变法枢机班子的几位改革派人士也都在三四十岁，支持变法的光绪皇帝此时不过二十八岁。帝师翁同龢属于清流，虽然德高望重，但说到底也还是个书呆子。就是这么几个人，相信凭借一纸诏书就会摆平一切，却不了解当时政治权力的结构和运作方式，不了解军政大权并不在帝党手中。在这种情况下，以康有为为代表的改革派进行毫无章法可言的密集改革，每一项改革都触犯一批既得利益者，而增加敌对势力暗中对抗的力量，所以，"戊戌变法"的失败几乎是必然的。从这个意义上说，康有为不仅为自己画了句号，也为春秋公羊学画了句号。

注释：

[1]〔清〕苏舆撰，钟哲点校：《春秋繁露义证》，北京：中华书局，1992年，第198页。

[2][3][22][23]〔汉〕何休注，〔唐〕徐彦疏：《春秋公羊传注疏》，〔清〕阮元校刻：《十三经注疏》，北京：中华书局，2009年，第4774，4764，4774，4774页。

[4]〔清〕阮元撰：《庄方耕宗伯经说序》，载〔清〕庄存与：《味经斋遗书》卷首，阳湖庄氏清光绪八年刻本。

[5]〔明〕宋濂：《<春秋属辞>序》，《宋濂全集》"辑补"，杭州：浙江古籍出版社，1999年，第1893页。

[6]转引自〔清〕朱彝尊原著，林庆彰等编审，张广庆等点校：《点校补正经义考》第6册，台北："中央研究院"中国文哲研究所筹备处，1997年，第297页。

[7]〔清〕皮锡瑞著，周予同注释：《经学历史》，北京：中华书局，1959 年，第 284 页。

[8] 钱穆：《中国近三百年学术史》，北京：商务印书馆，1997 年，第 582—583 页。

[9]〔清〕庄存与：《四书说》，《味经斋遗书》，阳湖庄氏清光绪八年刻本。

[10][11][12][13]〔清〕庄存与：《春秋正辞》，上海：上海古籍出版社，2014 年，第 10，10，10—11，8 页。

[14][25][35][41][52] 梁启超著，朱维铮导读：《清代学术概论》，上海：上海古籍出版社，1998 年，第 74—75，75，75，76，79 页。

[15][20]〔清〕刘逢禄：《刘礼部集》卷十一，《续修四库全书》第 1501 册，上海：上海古籍出版社，1996 年，第 209，61 页。

[16] 梁启超：《近代学风之地理分布》，《饮冰室合集·文集》第 14 册，北京：中华书局，2015 年，第 65—66 页。

[17][18][19][24]〔清〕刘逢禄撰，曾亦点校：《春秋公羊经何氏释例·春秋公羊释例后录》，上海：上海古籍出版社，2013 年，第 426，426，426，8—9 页。

[21]（德）马克思：《鸦片贸易》，《马克思恩格斯论中国》，北京：人民出版社，1997 年，第 95 页。

[26] 如钱仲联所说：龚自珍"七言绝句，富丽深峻，才气横逸，实开古人未有之境。……光绪甲午以后，其诗派风行海内，家置一编，竞事模拟。"见钱仲联：《清诗纪事·道光朝卷》，南京：江苏古籍出版社，1989 年，第 9588-9589 页。

[27][29]〔清〕段玉裁：《经韵楼集》，《续修四库全书》第 1435 册，第 76，100 页。

[28]〔清〕段玉裁：《与陈恭甫书》，载〔清〕陈寿祺：《左海

文集》卷四,《续修四库全书》第 1496 册,第 158 页。

[30][31]〔清〕龚自珍著;刘逸生选注:《龚自珍诗选》,杭州:浙江人民出版社,1980 年,第 7,148—149 页。

[32]〔清〕章学诚著,仓修良编注:《文史通义新编新注》,北京:商务印书馆,2017 年,第 694 页。

[33]〔清〕龚自珍:《龚定盦全集·续集》,《续修四库全书》第 1520 册,第 62 页。

[34]〔清〕龚自珍:《<春秋决事比>序》,《续修四库全书》第 129 册,第 662 页。

[36][37][38]〔清〕魏源:《诗古微》,《魏源全集》第 1 册,长沙:岳麓书社,2004 年,第 129,129,132 页。

[39]〔宋〕黎靖德编,王星贤点校:《朱子语类》,北京:中华书局,1986 年,第 2076 页。

[40] 梁启超著,夏晓虹、陆胤校:《中国近三百年学术史》,北京:商务印书馆,2011 年,第 225—226 页。

[42]〔宋〕范晔著,〔唐〕李贤等注:《后汉书》,北京:中华书局,1965 年,第 937 页。

[43]〔清〕魏源:《书古微》,《魏源全集》第 2 册,第 1—2 页。

[44] 姜广辉:《传统的诠释与诠释学的传统——儒家经学思想的演变轨迹与诠释学导向》,《中国哲学》第二十二辑《经学今诠初编》,辽宁教育出版社,2000 年,第 1—21 页。

[45] 康有为:《礼运注·叙》,《孟子微·礼运注·中庸注》,北京:中华书局,1987 年,第 235—236 页。

[46] 康有为撰,姜义华、张荣华编校:《康有为全集》第 1集,北京:中国人民大学出版社,2007 年,第 44—45 页。

[47] 康有为:《我史》,北京:中国人民大学出版社,2010 年,第 11 页。

［48］［50］［51］康有为撰，姜义华、张荣华编校:《康有为全集》第 2 集，第 18—19，121，9 页。

［49］冯友兰:《春秋公羊学与中国封建社会》,《社会科学研究》,1984 年第 2 期。

［53］［54］［55］［57］康有为:《孔子改制考》,北京：中华书局，2012 年，第 267，268，267，283-285 页。

［56］康有为:《春秋例》,《春秋董氏学》卷二,北京：中华书局，1990 年，第 28—29 页。

第六十章
皮锡瑞的"经学十变"说析论
——兼评皮锡瑞今文经学的历史观

　　自先秦至晚清，中国经学发展呈现出治丝益棼的乱象。如何梳理两千余年的经学论题，如何对经学发展的历史作一简明扼要的概括，便是摆在晚清和近代学者面前的一个艰难课题。而这一课题首先是由皮锡瑞的《经学通论》和《经学历史》两部著作来初步完成的。虽然以今日的观点来看，这两部著作在经学问题和经学史的研究上尚属草创，在观点与范式上存在许多问题，但它是由一位真正懂得经学的人来写的，虽然此后有了更多的所谓经学史论著，但多半是由不懂经学或对经学一知半解的人来写的。相比之下，皮锡瑞的这两部书更显出其价值来。

　　皮锡瑞的经学与经学史研究，有着宏观的通史视野，《经学历史》是这方面的代表作；同时又有微观的专经分析，《经学通论》是这方面的代表作。皮氏自己虽然持今文经学家的立场，却又能平允地对待古文经学与宋学。同时，他的研究并不是封闭的、对过往陈迹作"盖棺论定"式的叙述，而是尽可能展现那些还有待进一步解决的经学问题，从而表现出一种富有开放性、前瞻性的问题意识。总体上说，皮锡瑞的经学与经学史研究是有重要价值的，这是民国以来最不能绕过的经学研究成果。本章尝试略论皮氏的经学史观。

第一节　经学史分期及其评估

早在乾隆年间，四库馆臣在编纂《四库全书》时，就曾对经学发展的历史作出分期和评判，《四库全书总目·经部总叙》提出"经学六变"说，大意谓：第一变，两汉经学，其学术流弊是"拘"；第二变，魏晋隋唐及宋初经学，其学术流弊是"杂"；第三变，宋庆历后至南宋经学，其学术流弊是"悍"；第四变，宋末至元代经学，其学术流弊是"党"；第五变，明末王学一派经学，其学术流弊是"肆"；第六变，清朝汉学一派经学，其学术流弊是"琐"。

总体上说，皮锡瑞对四库馆臣的"经学六变"说是"求其同而存其异"，并在此基础上，他作了更为细致的分期，可以归纳为"经学十变说"：

> 一、经学开辟时代（断自孔子删定六经为始）；二、经学流传时代（战国至汉初）；三、经学昌明时代（自汉武帝始）；四、经学极盛时代（西汉元帝、成帝至东汉）；五、经学中衰时代（汉末至魏晋）；六、经学分立时代（南、北朝）；七、经学统一时代（唐至宋初）；八、经学变古时代（北宋仁宗至南宋）；九、经学积衰时代（元、明）；十、经学复盛时代（清）。[1]

皮锡瑞所论有得有失：第一，以"孔子删定六经"为"经学开辟时代"，以"战国至汉初"为"经学流传时代"，较四库馆臣认为经学始于汉代的见解为优，特别值得肯定。经学酝酿、发轫于先秦，是一个事实，不能斩断，否则经学便成了无源之水、无本之木。实际上，在孔子之前各诸侯国卿大夫之间引《诗》、赋《诗》之风气，已经将《诗经》置于经典的地位了。但皮氏所云"必以经为孔子作，始可以言经学；必知孔子作经以教万世之旨，始可以言经学"[2]，其言不免欠妥。在皮氏之前，龚自珍曾说："仲尼未生，先有六经；仲尼既生，自明不作。仲尼曷尝率弟子使笔其言以自制一经哉！"[3]皮锡瑞不同意龚自珍的观点，认为至少《春秋》一经为孔子所作，其他经典的最后删定撰录也皆与孔子有关。

笔者以为，皮氏将孔子"删定"六经理解为"作"六经，不免有些牵强，但孔子"删定"六经有其重要意义则不容忽视，其重要意义就在于：孔子是自觉地将六经作为华夏民族价值观的载体。在这个意义上，我们可以认同皮氏"孔子删定六经为经学开辟时代"的观点。借用韩愈的话说，皮氏此论是"大醇而小疵"。

第二，皮锡瑞所说的经学第二期，即战国至汉初的经学流传时代，实际是孔子之七十子后学，以及孟子、荀子等人的传经时期。设置这一时期是很正确的，但皮锡瑞同时又认为：

> 孔子所定谓之经，弟子所释谓之传，或谓之记。弟子展转相授谓之说。惟《诗》《书》《礼》《乐》《易》《春秋》六艺乃孔子所手定，得称为经。……汉人以《乐经》亡，但立《诗》《书》《易》《礼》《春秋》五经博士，后增《论语》为六，又增《孝经》为七，唐分"三礼""三传"，合《易》《诗》《书》为九，宋又增《论语》《孝经》《孟子》《尔雅》为十三经，皆不知经、传当分别，不得以传记概称为经也。[4]

在皮锡瑞看来，论经典只应限于《诗》《书》《易》《礼》《春秋》五经，他所著《经学通论》也只论五经。这种说法若限定在唐代以前固无问题，但经学有一个发展过程，经典的数目由五经发展到后来的十三经，虽有官学主导，也几乎是约定俗成。既然经典数目已经随时代而发展，那经学研究也自然应该扩展，而不应只局限在五经的范围。倘若今天我们写一部经学史著作，只承认"五经"是经，后来续增的经典一概不予承认，那我们岂不成为一种新的抱残守缺了？

第三，皮锡瑞的分期过于细碎，令人眩惑，而难得要领。皮锡瑞曾经说："治经必宗汉学，而汉学亦有辨。前汉今文说，专明大义微言；后汉杂古文，多详章句训诂。章句训诂不能尽餍学者之心，于是宋儒起而言义理。此汉、宋之经学所以分也。"[5]这意味他把后世经学分为汉学（包括西汉今文经学、东汉古文经学）和宋学的发展主线，可惜皮锡瑞并未以此视角作为其经学史的范式。今天我们以此视角来看待皮氏所说的"经学十变"说，其第三至第七时期实际是"汉学"，第八至第九时期实际是"宋学"。除去这两大块，就是前面讲的第一期孔子删定六经的经学开辟时代，以及第二期战国至汉初的经学流传时代，还有最后第十期的清代经学。

第四，皮锡瑞《经学历史》的一大贡献，是对宋、元、明、清四朝经学研究成绩的评估。因为此四朝经学研究著述甚多，对之加以通览并加评判的难度很大，非如皮锡瑞这样的大经学家，一般学者很难做到。

首先我们来看皮锡瑞对宋、元、明三朝经学的评论，他说："论宋、元、明三朝之经学，元不及宋，明又不及元。……宋儒学有根柢，故虽拨弃古义，犹能自成一家。若元人则株守宋儒之书，而于注疏所得甚浅。……是元不及宋也。明人又株守元人之书，于宋儒亦少研究……是明又不及元也。……元、明人之经说，惟元赵汸《春秋属词（辞）》，义例颇明。……明梅鷟《尚书考异》，辨古文之伪，多中肯綮。开阎若璩、惠栋之先，皆铁中铮铮、庸中佼佼者也。"[6]此一评论颇中肯綮。

宋代经学虽"新",但"学有根柢";元、明两代经学著述虽多,但多因袭前人。这就提醒学者研究经学不必于元、明两代过多着力,只着重研究赵汸、梅鹜等人即可。

再看皮锡瑞对清朝经学的评论。皮锡瑞称清代为"经学复盛时代",一方面,经学"名家指不胜屈"[7],不仅远超元、明,亦驾宋代而上之。但最后检阅清代经学之总成果:"《皇清经解》《续皇清经解》二书,于国朝诸家,搜辑大备。惟卷帙繁富,几有累世莫殚之疑,而其中卓然成家者,实亦无几。"[8]这个评估是非常重要的。清代经学著作卷帙浩繁,这在皮锡瑞这种精研经学的大家看来,已有"累世莫殚之疑",而在经学已然断裂百年后的今天看来,更是如此。清代在经史考证方面有许多名家,而清代考据学家有一共同的特点,就是对于资料的搜集能力,"上穷碧落下黄泉",几乎可以做到穷尽一切资料,所以他们的著作往往以资料详赡取胜,然而在学术观点上却很少推陈出新,提出具有思想性的学术创见,以致乾隆末年的章学诚批评说:"近日学者风气,征实太多,发挥太少,有如桑蚕食叶而不能抽丝。"[9]"桑蚕食叶而不能抽丝",则此桑蚕又有什么价值呢? 清儒治经,长于资料汇总,而拙于理论提升,其价值也是相当有限。正是在这个意义上,皮锡瑞对清代经学成就的最后评估并不很高,"其中卓然成家者,实亦无几",因而他于各经仅举出一两部代表性经注而已。这一评估嘉惠后学实多,使后来学者减少了研究的盲目性,少走许多弯路。

总体来说,皮锡瑞提出"经学十变"说,将经学的发生、流传上溯于先秦,是其卓识。他对宋、元、明、清四朝经学研究成绩的评估,难能可贵。但他关于汉学、宋学的发展过于强调阶段性特点,失去了主线,是其所失。

第二节　周易学的历史观

皮锡瑞所著《经学通论》其实是一部诸经简史，即关于《易经》《尚书》《诗经》、三《礼》《春秋》的简史。皮锡瑞于三《礼》本是以《仪礼》为经的，以其逻辑而言，是不该三《礼》并列的，但或许他以为《礼记》《周礼》也非常重要，所以又将三《礼》并列。

本节先谈皮锡瑞的《易经》史观。易学发展两千余年，流派众多，思想极其庞杂。在清代以前学者很少对易学发展脉络进行梳理。清乾隆时期修《四库全书》，四库馆臣总结汉以后易学发展，将传统易学概括为"两派六宗"[10]，"两派"为象数派和义理派，"六宗"即象占宗、禨祥宗、造化宗、老庄宗、儒理宗和史事宗。"两派六宗"之外又有其他各种流派的易学。清儒陈澧《东塾读书记》也曾对易学发展的历史作过梳理。然而皮锡瑞对之似皆未加措意，而提出自己对易学发展史的观点。其观点有得有失，所可注意者有以下几点：

（一）以《易经》卦爻辞为孔子所作

传统易学认为，伏羲作八卦，文王重为六十四卦，文王、周公作卦爻辞，孔子作十翼。这些见解虽然皆未有明证，但已为主流意见所默认。皮锡瑞提出：

> 以爻辞为文王作，止是郑学之义；以爻辞为周公作，亦始于郑众、贾逵、马融诸人，乃东汉古文家异说。若西汉今文家说，皆不如是。史迁、扬雄、班固、王充但云文王重卦，未尝云作卦辞、爻辞，当以卦爻之辞并属孔子所作。盖卦爻分画于羲、文，而卦爻之辞皆出于孔子，如此则与"《易》历三圣"之文不背。[11]

前人提出《周易》卦爻辞为文王、周公所作，原无明确证据。皮锡瑞固然可以反对，但他提出《周易》卦爻辞并为孔子所作，根据只是与"《易》历三圣"之文不背，那就太过牵强了。《左传》《国语》记录孔子以前二十余次以《周易》占筮的例子，显示那时《周易》已有卦爻辞了。皮锡瑞认为凡此类材料皆为"占书傅会"之辞，乃是后人掺入《左传》等书之中。他说：

> 或疑《左氏传》引筮辞，多在孔子之前，不得以卦辞、爻辞为始于孔子。案：占书傅会，前已言之……《左氏传》此等处皆不可据。《说苑》泄冶引《易》曰："君子居其室"至"可不慎乎"，泄冶在孔子前，不应引《系辞》，此等明是后人挽入，《左氏》引《易》亦犹是也。[12]

关于《周易》卦爻辞的作者问题，我们可以不预设立场，不去判断主流观点与皮锡瑞观点孰是孰非。但皮锡瑞的论证方式简单武断，不易为学者所接受，则是一个事实。这类问题在皮锡瑞的著作中所在多有，我们无须一一指正，心知其意可也。需要指出的是，皮锡瑞作此类简单判断，也有其原因，即出于其今文经学的立场，要树立孔子教主的形象，建立对"六经"的信仰，因而尽可能将"六经"说成是孔子所作。皮锡瑞此一立场使其关于经学史的研究常常失去客观性。

（二）肯定王弼扫除术数之学

正如前引四库馆臣所言，易学在历史上分为象数、义理两大派。两派易学形成门户之见，常常互相攻驳。而在王弼以后，义理一派渐占上风，然义理与象数两派仍然长期争论。

肯定王弼义理派的学者如宋儒章如愚说："三《易》同祖伏羲，而文王之《易》独以理传；五家同传《周易》，而费氏之学独以理传；马、王诸儒同释《易》之学，而王弼之注独以理传。然则明《易》之要，在理而已矣。"[13] 这是说，治《易》当以义理之学为正轨。又如王炎说："焦延寿、京房、孟喜之徒，遁入于小数曲学，无足深消，而郑玄、虞翻之流，穿凿附会，象既支离，理滋晦蚀。王弼承其后，遽弃象不论，后人乐其说之简且便也，故汉儒之学尽废，而弼之注释独存于今。"[14] 这是肯定王弼扫除孟喜、焦延寿、京房、郑玄、虞翻等人象数之学的功劳。但也有学者在肯定王弼易学"畅以义理"的同时，又批评其尽弃象数，如陈振孙说："自汉以来，言《易》者多溺于象占之学，至弼始一切扫去，畅以义理，于是天下后世宗之，余家尽废。然王弼好老氏，魏晋谈玄，自弼辈倡之。《易》有圣人之道四焉，去三存一，于道阙矣。况其所谓'辞'者，又杂以异端之说乎？范宁谓'其罪深于桀、纣'，诚有以也。"[15] 揆诸家之意，以为王弼易学以义理为主固然可取，但也不应尽废象数之学。正是在前人意见的基础上，皮锡瑞指出：

> 孔子之《易》，重在明义理，切人事。汉末易道猥杂，卦气、爻辰、纳甲、飞伏、世应之说，纷然并作。弼乘其散，扫而空之，颇有摧陷廓清之功。而以清言说经，杂以道家之学，汉人朴实说经之体，至此一变。宋赵师秀诗云"辅嗣《易》行无汉学"，可为定论。范武子谓王弼、何晏"罪浮桀、纣"，则诋之太过矣。弼注之所以可取者，在不取术数而明义理，其所以可议者，在不切人事而杂玄虚。……平心而论，阐明义理，使《易》不杂于术数者，弼与康伯深为有功；祖尚虚无，使《易》竟入于老、庄者，弼与康伯亦不能无过。瑕瑜

不掩，是其定评。诸儒偏好偏恶，皆门户之见，不足据
也。[16]

在皮锡瑞看来，如果说王弼易学有过错，似乎并不在于尽
废术数，而在于其义理之学杂有老庄的玄虚之学。此一观点大
体合于义理一派儒学的观点。平心而论，自汉以后，象数（术
数）一派易学，诸家异说，各有套路。后世学《易》者往往穷
年累月难得究竟，即使得其究竟，则又多为无用之学。这也就
是说，象数之学容易使学《易》者误入歧途，害人一生。皮锡
瑞此一论断为学《易》者指明了正途。

（三）宋儒图书之学为易外别传，清儒有廓清之功

易学发展至宋代，流行图书之学，其主要者有刘牧的《河
图》《洛书》、邵雍的《先天图》、周敦颐的《太极图》，据称这
三种图皆来自五代末、宋初的道士陈抟。图书之学属于象数
之学的范围，对此，程颐所著《周易程氏传》（或称《伊川易
传》）全然不信；而朱熹所撰《周易本义》则将此类易图冠于
篇首，由此而有程、朱易学的异趋。对此，皮锡瑞指出：

> 宋人图书之学，出于陈抟，抟得道家之图，创为太
> 极、河洛、先天后天之说，宋人之言易学者多宗之。周
> 子稍变而转易之，为《太极图说》，宋人之言道学者多
> 宗之。邵子精于□□（原缺），著《皇极经世书》，亦为
> 学者所宗。……顾炎武谓见易说数十家，未见有过于《程
> 传》者，以其说理为最精也。朱子作《本义》以补《程
> 传》，谓程言理而未言数，乃于篇首冠以九图，又作《易
> 学启蒙》，发明图书之义。[17]

入清以后，毛奇龄作《图书原舛篇》、黄宗羲作《易学象数论》、黄宗炎作《图学辨惑》，力辨易图之非。至胡渭《易图明辨》则集其大成，对图书之学摧陷廓清，从易学中根除之。胡渭《易图明辨》驳朱熹《周易本义》说："若朱子所列九图，乃希夷、康节、刘牧之象数，非《易》之所谓象数也。……九图虽妙，听其为《易》外别传，勿以冠经首可也。"[18]皮锡瑞对此评论说：

> 锡瑞案：胡氏之辨甚明，以九图为《易》外别传，尤确。……宋儒之学，过求高深，非但汉、唐注疏视为浅近，孔、孟遗经亦疑平易，故其解经多推之使高，凿之使深。……宋时一代风尚如此，故陈、邵图书盛行，以朱子之明，犹无定见而为所惑，元、明以其书取士，学者不究《本义》，而先观九图，遂使易学沉霾数百年，国初诸儒辨之而始熄。[19]

在对待宋儒的图书之学方面，皮锡瑞旗帜鲜明，他充分肯定程颐义理之学的精微，而鄙视朱熹的《周易本义》，认为《周易本义》"以九图冠《本义》之首，未免添蛇足而粪佛头"[20]！

皮锡瑞于清代易学推崇张惠言和焦循，以为两家之学是学《易》入门之书，他说："汉儒之书不传，自宋至今，能治专家之学如张惠言，通全经之学如焦循者，实不多觏，故后之学《易》者必自此二家始。"[21]同为清儒，皮锡瑞或许见二家之学有创新意识而有所偏爱，实则张惠言和焦循两家偏于象数之学，这与皮锡瑞一贯重视义理学的观念颇不相合。以笔者的看法，从整个易学史看，《周易》的注本还是程颐的《周易程氏传》（或称《伊川易传》）和杨万里的《诚斋易传》更适合作为学《易》的入门之书。

简而言之，在周易学研究方面，皮锡瑞强调《易经》卦爻辞为孔子所作，失于武断，但他肯定王弼扫除术数之学，表彰清儒廓清图书之学，为学者指明了义理易学发展的正途。

第三节　尚书学的历史观

皮锡瑞是一位出色的经学史家，同时也是一位出色的经学家，尤精于尚书学的研究，曾作有《尚书古文疏证辨正》和《今文尚书考证》等专书，他深知尚书学研究的难度极大，因而说："《尚书》有今、古文之分，人皆知之，而未有一人能分别不误者。"[22]这意味包括皮锡瑞自己也不能保证在《今文尚书》、《古文尚书》与伪《古文尚书》的研究上准确无误。皮锡瑞对以往的尚书学辨伪工作予以总结说："锡瑞案：张霸《书》之伪，《汉书》已明辨之；孔安国《书》之伪，近儒已明辨之；马、郑《古文尚书》出于杜林者，是否即孔壁真《古文》，至今犹无定论。"[23]在皮锡瑞看来，西汉成帝时，张霸造《尚书百两篇》，当时即被识破，这个问题已无需再讨论了。东晋梅赜献上托名孔安国为之作传的《古文尚书》，经过梅鷟、阎若璩、惠栋、程廷祚等人的考辨，确定其中二十五篇为伪作，已成定谳，也无需再讨论了。鲁恭王所发现孔壁《古文尚书》十六篇乃是真《古文尚书》，应无疑义。不过，此书后来遗佚，其后杜林在西洲得《古文尚书》一卷，不知它是否就是真《古文尚书》，因此书再次遗佚，故此问题也很难讨论了。

那关于尚书学还能讨论什么问题呢？

（一）伏生所传《今文尚书》到底是二十九篇，还是二十八篇

关于《今文尚书》，自汉代以来就有二十九篇与二十八篇两种说法。后世包括今日学术界的主流意见多以伏生所传《今文尚书》为二十八篇。对此，龚自珍曾作《大誓答问》二十六则，专门纠正此一说法。其第一则说："问曰：'儒者百喙一词，言伏生《尚书》二十八篇，武帝末民间献《大誓》（《泰誓》），立诸博士，总之曰二十九篇。今文家始有二十九篇。'……答曰：'使《尚书》千载如乱丝，自此言始矣。'"[24]

司马迁《史记·儒林传》最早记录了伏生所传《尚书》二十九篇之事，其文曰："秦时焚书，伏生壁藏之。其后兵大起，流亡。汉定，伏生求其书，亡数十篇，独得二十九篇，即以教于齐、鲁之间。"[25]班固《汉书·艺文志》所记与此略同。司马迁、班固当时只提到《尚书》二十九篇，并未直接列出这二十九篇的篇名。虽然如此，司马迁在《史记》各篇（如各本纪、世家中）还是列出了这二十九篇的篇名。分歧的焦点在于《顾命》和《康王之诰》是分作两篇，还是合作一篇，若分作两篇则为二十九篇，若合作一篇则为二十八篇。实际上司马迁本人是将其分作两篇的，所以《史记·周本纪》说："成王将崩……作《顾命》，太子钊遂立，是为康王。康王即位，遍告诸侯，宣告以文武之业以申之，作《康诰》（考证：此指《康王之诰》）。"[26]这里显然是将《顾命》和《康王之诰》作为两篇的。《史记》这条材料实际是解决二十九篇与二十八篇之争的最关键材料，可惜学者多忽略之。而首先纠正学者疏失的便是龚自珍，后来的皮锡瑞坚持了龚自珍的正确意见。

这个问题之所以"使《尚书》千载如乱丝"，是由于这中间有一些足以扰乱人心的材料。首先是王充《论衡·正说》篇的一些说法，其中说：

遭秦用李斯之议，燔烧五经，济南伏生抱百篇藏于山中，孝景皇帝时始存《尚书》。伏生已出山中，景帝遣晁错往从受《尚书》二十余篇。伏生老死，《书》残不竟，晁错传于倪宽。至孝宣皇帝之时，河内女子发老屋，得逸《易》《礼》《尚书》各一篇，奏之。宣帝下示博士，然后《易》《礼》《尚书》各益一篇，而《尚书》二十九篇始定矣。

或说《尚书》二十九篇者，法日斗七宿也。四七二十八篇，其一日斗矣。故二十九。……盖俗儒之说也。[27]

王充非如司马迁、班固是朝廷史官，而是一位民间学者，所记之事多处失实。如他说"伏生抱百篇藏于山中""景帝遣晁错往从受《尚书》二十余篇""晁错传于倪宽"皆属传闻失实。因为伏生只是藏《尚书》于屋壁中，并未将《尚书》带到山中；是汉文帝遣晁错往受《尚书》，并非汉景帝；是欧阳生传授《尚书》于倪宽，并非晁错传授，如此等等。记叙一个事情的经过，如此错谬百出，与《史记》《汉书》相比，其史料价值究竟如何，学者本不难得出结论。尤其是他说汉宣帝时得《尚书》一篇（指《泰誓》），加上此篇《尚书》二十九篇始定"，完全不合逻辑。司马迁是汉武帝时候的人，怎么会加上他后世才出现的《泰誓》来凑足二十九篇之数呢？

然而魏晋之时又出现了一部朱熹称之为"伪书"的《孔丛子》，朱熹是位大学者，他并不轻言什么书是伪书，他所称为伪书的如《孔子家语》、《孔丛子》、伪《古文尚书》二十五篇，后来证明多半有问题。朱熹曾说："《孔丛子》恐是伪书。"[28] 又说："《孔丛子》鄙陋之甚，理既无足取，而词亦不足观。"[29]《孔丛子》相传为孔臧所作，内有一篇《与侍中从弟安国书》，其中说："唯闻《尚书》二十八篇，取象二十八宿，谓为至然也，何图古文乃有百篇邪？"[30]这话显然是接着上引王充"法曰斗七宿"的话头讲的，王充已然斥为"俗儒"，难道孔子的后代闻人孔臧就是此类"俗儒"吗？因为孔臧、孔安国的时代早于司马迁，所以"二十八篇"之说便由此材料"坐实"了。

要清除历史加在《尚书》上的层层迷雾，实非容易。为此，皮锡瑞《经学通论》专列"论伏生传经二十九篇，非二十八篇，当分《顾命》《康王之诰》为二，不当数《书序》与《大誓》（《泰誓》）"一题。其中说："汉初传《尚书》者，始自伏生，伏生传经二十九篇，见《史记·儒林传》《汉书·艺文志》。"[31]皮锡瑞指出，这两种文献最早提出了"伏生传经二十九篇"。接着，皮氏又说：

> 乃孔颖达《正义》云："《尚书》遭秦而亡，汉初不知篇数，武帝时有太常蓼侯孔臧者，安国之从兄也，与安国书云：'时人惟闻《尚书》二十八篇，取象二十八宿，谓为信然，不知其有百篇也。'"
>
> 锡瑞案：此引《论衡》法四七宿之说，而遗其一曰斗之文。段玉裁谓："孔臧书不可信。"王引之谓"二十八篇之说，见于伪《孔丛子》，及《汉书·刘歆传》臣瓒注，盖晋人始有此说。"据段、王说，则今文二十八篇之说非是，孔臧书即伪《孔丛子》所载也。[32]

孔颖达引伪《孔丛子》之文解释《今文尚书》篇数，皮锡瑞援引清儒段玉裁、王引之之语提出孔臧书不可信，其材料出自《孔丛子》，而《孔丛子》是伪书。皮锡瑞接着又说：

惟王充《论衡·正说篇》云："至孝宣皇帝之时，河内女子发老屋，得逸《易》《礼》《尚书》各一篇，奏之宣帝，下示博士，然后《易》《礼》《尚书》各益一篇，而《尚书》二十九篇始定。"如其说，则益一篇乃有二十九，伏生所传者止二十八矣，所益一篇是《大誓》。《尚书正义》引刘向《别录》曰："武帝末，民有得《大誓》书于壁内者，献之，与博士使读说之数月，皆起传以教人。"《文选》注引《七略》同，且曰"今《太誓篇》是也"。《论衡》言宣帝时，与《别录》《七略》言武帝末不合，王引之、陈寿祺皆以《论衡》为传闻之误，则其言《尚书》篇数，亦不可信。[33]

皮锡瑞借王引之、陈寿祺之言指出《论衡·正说篇》传闻失实，所言《尚书》篇数亦不可信。最后，皮锡瑞提出最关键的证据：司马迁是将《顾命》与《康王之诰》分作两篇的。即二十九篇之数包括《康王之诰》，而不包括《大誓》(《泰誓》)。他说：

《史记·周本纪》云，作《顾命》，作《康诰》(《康诰》即《康王之诰》)。则史公所传伏生之书，明分二篇，其后欧阳、夏侯乃合为一，疑因后得《大誓》，下示博士使读说以教人，博士乃以《顾命》《康王之诰》合为一篇，而挽入《大誓》，此夏侯篇数所以仍二十九。[34]

皮锡瑞批评孔颖达《尚书正义》误导学者："若《书正义》谓司马迁在武帝之世，见《太誓》出而得行，入于伏生所传内，故为史总之，并云伏生所出，不复曲别分析，云民间所得也，史公不应谬误至此，其说非是。"[35] 皮锡瑞处理此问题非常精到，也非常清楚，可惜今日治《尚书》之学者于此多未留意。

（二）伪《古文尚书》除了阎若璩等人考辨之外，还有哪些问题

皮锡瑞曾说："孔安国《书》之伪，近儒已明辨之。"[36]这意思是说，关于《古文尚书》辨伪问题已经基本解决，可以不再讨论了。但是皮锡瑞从另一角度，即从义理与行文的角度来谈伪《古文尚书》，认为它即使从义理与行文的角度来看，也不符合经典的标准。

1. 先从义理方面说，伪《古文尚书》有不合事理处。人们通常认为伪《古文尚书》颇为"近理"，如元儒吴澄《书纂言·目录》称伪《古文尚书》二十五篇"其言率依于理"[37]，又如清儒阮元说"《古文尚书》孔传出东晋，渐为世所诵习。其中名言法语，以为出自古圣贤，则闻者尊之"[38]云云。皮锡瑞举例说，伪《古文尚书》二十五篇也有不合情理的地方，严重误导了后人。比如伪《古文尚书》中的《大禹谟》讲禹率师征苗民，苗民不服，大禹听从伯益建议，班师退修文德，"舞干羽于两阶，七旬有苗格"。皮锡瑞指出："《大禹谟》'舞干羽于两阶，七旬有苗格"，为宋人重文轻武、口不言兵所借口。"[39]又如伪《古文尚书》中的《胤征》说："威克厥爱，允济；爱克厥威，允罔功。"意谓主帅对待将士，威严胜过慈爱则成功，慈爱胜过威严则无功。皮锡瑞认为，此语误导后世统帅为立威妄杀将士，他说："《允（胤）征》'威克厥爱，允济'，为杨素等用兵好杀之作俑。"[40]史称，隋朝权臣"杨素用兵多权略，驭众严整，每将临敌，辄求人过失而斩之，多者百余人，少不下十数，流血盈前，言笑自若。及其对阵，先令一二百人赴敌，陷阵则已，如不能陷而还者，无问多少悉斩

之。又令二三百人复进，还如向法。将士股栗，有必死之心，由是战无不胜，称为名将"[41]。古来儒将"儒服说兵机，爱兵如爱子"[42]，似杨素这种虐兵方式，未能引发兵变，已属幸事。推原其因，乃由《胤征》思想误导所致。又如伪《古文尚书》中的《泰誓》数商纣王之罪说"今商王受，弗敬上天，降灾下民，沉湎冒色，敢行暴虐，罪人以族，官人以世，惟宫室、台榭、陂池、侈服，以残害于尔万姓，焚炙忠良，刳剔孕妇"云云，相比商汤数桀之罪多了许多。所以皮锡瑞指出："《泰誓》三篇数殷纣罪，有刳剔孕妇，斫朝涉之胫，剖贤人之心等语，宋人遂疑汤数桀之罪简，武数纣之罪太甚，而'罪人以族'，非三代以前所有。"[43]《泰誓》记述所谓武王历数商纣王罪状，说得太过分了。而称商纣王"罪人以族"，其实罪族、灭族的惩罚，后世才有，三代之时并无此种惩罚。这不仅显示出伪《古文尚书》不合事理，也进一步暴露了《泰誓》为伪书的面目。

2. 再从行文方面说，伪《古文尚书》多雷同重复。皮锡瑞将《今文尚书》与伪《古文尚书》作了一个对比，认为《今文尚书》篇篇有义，不相雷同，而伪《古文尚书》篇与篇之间，意思多相雷同：

> 《今文尚书》二十九篇，篇篇有义，初不犯复，其辞亦无复见。若伪《古文》不但旨意略同，其辞亦多雷同。《太甲下》与《蔡仲之命》雷同尤甚，《太甲下》云："惟天无亲，克敬惟亲。民罔常怀，怀于有仁。德惟治，否德乱。与治同道罔不兴，与乱同事罔不亡。"《蔡仲之命》云："皇天无亲，惟德是辅。民心无常，惟惠之怀。为善不同，同归于治；为恶不同，同归于乱。"其文义不谓之雷同，得乎?《太甲下》云"慎终于始"，《蔡仲之命》

云"慎厥初，惟厥终"，亦雷同语。[44]

皮锡瑞还特别比较研究了《今文尚书》与伪《古文尚书》那些分作三篇的经文，发现《今文尚书》"《盘庚》三篇旨意不同，上篇告亲近在位者，中篇告民之弗率，下篇既迁之后申告有众，未尝有重复之义"。而伪《古文尚书》中如"《太甲》三篇、《说命》三篇，皆上、中、下文义略同，且辞多肤泛。非但上、中、下篇可移易，而伊尹之辞，可移为傅说；傅说之辞，可移为伊尹；伊尹、傅说之辞，又可移为《大禹谟》之禹、皋，以皆臣勉其君，而无甚区别也。《泰誓》三篇，皆数纣罪而无甚区别，使真如此文繁义复，古人何必分作三篇？"[45]

为什么伪《古文尚书》会出现这种雷同、重复的现象呢？皮锡瑞分析认为："盖其书本凭空结撰，其胸中义理又有限，止此敷衍不切之语，说来说去，层见叠出，又文多骈偶，似平正而实浅近，以比《尚书》之浑浑灏灏者，迥乎不同。"[46]总之，伪《古文尚书》是凭空杜撰，非据实而录。凭空杜撰没有真情实感，思维就只能在原地打转。

简而言之，在诸经研究上，皮锡瑞于《尚书》研习最精，而较少差误。他严谨地梳理和总结了前人的研究成果，并进一步讨论了有待解决的问题，考辨《今文尚书》实为二十九篇，而非学人惯称的二十八篇，并从伪《古文尚书》的义理与行文上补充了阎若璩等人的辨伪证据。

第四节　春秋学的历史观

（一）关于《春秋》的"大义微言"

"微言大义"或"大义微言"是一个后起的说法。其初，解释《春秋》的《左氏传》《榖梁传》《公羊传》，以及解释此三传的杜预、范宁、何休皆不曾使用"微言大义"或"大义微言"的说法。最早使用"微言大义"或"大义微言"说法的应该是宋儒，宋儒以为周敦颐、二程发现了孔孟的"微言大义"或"大义微言"，接续了孔孟千载不传的"道统"。后来，学者研究《春秋》公羊学，遂将公羊学派的思想说成是发挥孔子《春秋》的"微言大义"。而学者所讲"微言大义"又各自不同，有人笼统说"微言大义"，并不一定说"微言大义"是什么；也有人将"微言"和"大义"分作两项说，而所说的内容也因人而异。在春秋学上，皮锡瑞属于公羊学派，他对"大义微言"的解释是：

> 《春秋》有"大义"，有"微言"。所谓"大义"者，诛讨乱贼，以戒后世是也；所谓"微言"者，改立法制，以致太平是也。[47]

皮锡瑞提出这一论断，其根据在于孟子的解释。在皮锡瑞看来，"据孟子说，孔子作《春秋》是一件绝大事业，大有关系文字"。孟子站得高、看得远，所以要理解《春秋》，必须顺着孟子的思路，他说：

> 此在孟子已明言之，曰："世衰道微，邪说暴行又作，臣弑其君者有之，子弑其父者有之，孔子惧，作《春秋》。《春秋》，天子之事也，是故孔子曰：'知我者其惟《春秋》乎，罪我者其惟《春秋》乎？'"赵注："设素王之法，谓天子之事也。"……孔子惧弑君弑父而作《春秋》，《春秋》成而乱臣贼子惧，是《春秋》大义；天子之事，知我罪我，其义窃取，是《春秋》微言。大

义显而易见，微言隐而难明。孔子恐人不知，故不得不自明其旨。……赵岐注《孟子》两处皆用公羊"素王"之说，朱子注引《胡传》，亦与公羊"素王"说合。素，空也，谓空设一王之法也，即孟子云"有王者起，必来取法"之意。本非孔子自王，亦非称鲁为王，后人误以此疑公羊，公羊说实不误。[48]

尊王、尊父是《春秋》三派，乃至整个儒学的"大义"，儒者对于这一点不会有异议。反过来说，《春秋》记载了许多次弑君、弑父的案例，在儒者看来，这类事是绝对不能容忍的。如果社会对这类事麻木不仁、习以为常，那将贻害无穷。孔子作《春秋》将弑君弑父之人永远钉在历史的耻辱柱上，就是以此告诉世人，人间的大是大非是什么。正如皮锡瑞所说：

> 臣弑君，子弑父，非一旦一夕之故也，其渐久矣。故有国者不可以不知《春秋》……为人臣者不可以不知《春秋》。……为人君父而不通于《春秋》者，必蒙首恶之名；为人臣子而不通于《春秋》之义者，必陷篡弑之诛、死罪之名。[49]

皮锡瑞以"诛讨乱贼，以戒后世"为《春秋》"大义"，学者应无异议。学者有异议的可能是以"改立法制"为孔子"微言"。在这里，皮锡瑞是站在公羊学派立场上来理解的。皮锡瑞认为，公羊家称孔子为"素王"，不是以孔子为王，也不是以鲁国为王，而是以《春秋》这部书当"一王之法"，即孔子为后世所制之"法"，后世应按《春秋》所制定的法来"改制""变法"。皮锡瑞说：

云垂空文，当一王之法，则知素王改制之义不必疑矣。《春秋》有素王之义，本为改法而设，后人疑孔子不应称王，不知素王本属《春秋》……所谓改制者，犹今人之言变法耳。法积久而必变，有志之士，世不见用，莫不著书立说，思以其所欲变之法，传于后世，望其实行。自周秦诸子，以及近之船山、亭林、梨洲、桴亭诸公皆然。[50]

皮锡瑞这一说法，便使社会要求政治改革、变法的声音有了合理合法的依据。而在现实社会的政治斗争中，皮锡瑞也是康有为"戊戌变法"的实际支持者。这也使得皮锡瑞的经学并非"徒托空言"。

（二）《春秋》只是"借当时之事做一样子"

按通常的理解，孔子所作《春秋》乃是根据《鲁春秋》删修而成，虽然孔子在文字上颇下功夫，以寄寓其政治理想，但《春秋》仍不失为一部史书。但皮锡瑞认为，学者不应将《春秋》当作史书来读，而应当作"案例"来读，这些案例是孔子精心选出并寄寓其是非褒贬之意，后世读者遇到类似问题，只须依据相应"案例"参照仿行就可以了。所以，皮锡瑞说：

（《春秋》）犹今之《大清律》，必引旧案以为比例，然后办案乃有把握，故不得不借当时之事，以明褒贬之义，即褒贬之义，以为后来之法。如鲁隐非真能让国也，而《春秋》借鲁隐之事，以明让国之义；祭仲非真能知权也，而《春秋》借祭仲之事，以明知权之义；齐襄非真能复仇也，而《春秋》借齐襄之事，以明复仇之义；宋襄非真能仁义行师也，而《春秋》借宋襄之事，以明仁义行师之义。所谓见之行事，深切著明，孔子之意，盖是如此。故其所托义，与其本事不必尽合，孔子特欲借之以明其作《春秋》之义，使后之读《春秋》者，晓然知其大义所存，较之徒托空言而未能征实者，不益深切而著明乎？"三传"惟公羊家能明此旨，昧者乃执《左氏》之事，以驳公羊之义，谓其所称祭仲、齐襄之类，如何与事不合，不知孔子并非不见《国史》，其所以特笔褒之者，止是借当时之事做一样子，其事之合与不合，备与不备，本所不计，孔子是为万世作经，而立法以垂教，非为一代作史，而纪实以征信也。[51]

皮锡瑞用这一番话反驳了《左传》一派对公羊学派的质疑。在皮锡瑞看来，有客观实际的历史，有主观书写的历史。主观书写的历史是否符合客观实际的历史并不重要。孔子所作《春秋》并"非为一代作史，而纪实以征信"，而是"为万世作经，而立法以垂教"，即孔子所作《春秋》是经，而非史；所强调的是价值，而非事实。

皮锡瑞认为《春秋》一书"借事明义"，通俗地说，是一种"假借"或"假托"。刘逢禄《释三科例》中强调，公羊家说《春秋》"黜周王鲁"，并不是说真有其事，而只是一种"假借"。皮锡瑞的前辈学者陈澧，在春秋学上属于《左传》派，他对公羊家的说法提出质疑，公羊家一方面讲"黜周王鲁"是孔子"微言"，一方面又讲"黜周王鲁非真"，岂不意味是孔子有意作伪吗？[52]当面对这样的质疑时，皮锡瑞的回应是：

刘氏谓"黜周王鲁非真"，正明其为"假借"之义，陈澧乃诋之曰："言黜周王鲁非真，然则《春秋》作伪欤？"不知为假借，而疑为作伪，盖《春秋》是专门之学，陈氏于《春秋》非专门，不足以知圣人微言也。[53]

真是"道不同不相为谋"，同一部《春秋》，经学家们意见相左，争持不下，"此亦一是非，彼亦一是非"，我们只能说这些不同见解只是经学家的个人意见，未必是孔子的真实思想。但是，皮锡瑞这一春秋学的历史观应该比较符合公羊学派的宗旨。

总体来说，皮氏在春秋学研究方面，站在公羊学派立场上，以"改立法制"为孔子"微言"，并在现实社会的政治斗争中支持康有为的"戊戌变法"运动，表明皮氏的经学研究并非"徒托空言"，而是积极联系和参与"经世致用"的政治实践的。

第五节　结语

皮锡瑞提出"经学十变"的经学分期说，将经学的发生、流传上溯于先秦，是其卓识。他对宋、元、明、清四朝经学研究成绩的评估，难能可贵。但他关于汉至明代经学的发展过于强调阶段性特点，失去了汉学、宋学的两条主线，使其经学分期说显得过于细碎。

皮锡瑞的专经研究有许多真知灼见，但由于他持守今文经学的立场，刻意树立孔子教主的形象，将"六经"说成是孔子所作，这使得他的专经研究有时会失去客观性。在周易学研究方面，皮锡瑞强调《易经》卦爻辞为孔子所作，失于牵强武断，但他肯定王弼扫除术数之学，表彰清儒廓清宋儒图书之学，为学者指明了义理易学发展的正途。在尚书学研究方面，皮锡瑞考辨《今文尚书》实为二十九篇，而非学人惯称的二十八篇，结论是正确的。可惜今日治《尚书》的学者于此多未留意。他又从伪《古文尚书》的义理与行文上补充了阎若璩等人的辨伪证据，也有相当的学术价值。在春秋学方面，皮锡瑞站在今文经学公羊学派的立场，并接受宋儒的"微言大义"之说，以"改立法制"为孔子《春秋》"微言"，并在现实社会的政治斗争中支持康有为的"戊戌变法"运动，表明皮氏的经学研究并非"徒托空言"，而是积极参与"经世致用"的政治实践的。

自先秦至晚清，中国经学已经发展了两千余年，其内蕴博大精深，而又纷繁复杂，以致学者对于经学和经学史研究望而生畏。皮锡瑞的《经学历史》《经学通论》两部书高屋建瓴而又简明扼要，可以说是关于中国经学和经学史研究的第一次成功总结。虽然其中尚存在值得进一步讨论和商榷的问题，但比之其后的同类著作，它属于今后治经学者最不能绕开的著作。

注释：

［1］参见姜广辉：《中国经学思想史》第一卷《前言》，北京：中国社会科学出版社，2003年，第16-17页。

［2］［4］［5］［6］［7］［8］〔清〕皮锡瑞著，周予同注释：《经学历史》，北京：中华书局，1959年，第27，67—68，89-90，283-284，321，344页。

［3］［24］〔清〕龚自珍：《龚定盦全集类编》，北京：中国书店出版社，1991年，第128，149-150页。

［9］〔清〕章学诚著，仓修良编注：《文史通义新编新注》，北京：商务印书馆，2017年，第694页。

［10］〔清〕永瑢等撰：《四库全书总目》，北京：中华书局，1965年，第1页。

［11］［12］［16］［17］［19］［20］［21］〔清〕皮锡瑞：《经学通论·易经》，北京：中华书局，1954年，第9，10，25，27，31，36，44页。

［13］［14］〔清〕朱彝尊原著，林庆彰等编审，许维萍等点校：《点校补正经义考》第1册，台北："中央研究院"中国文哲研究所筹备处，1997年，第193，191—192页。

［15］〔宋〕陈振孙：《直斋书录解题》，上海：上海古籍出版社，2015年，第1页。

［18］〔明〕胡渭：《易图明辨》，成都：巴蜀书社，1991年，第227—228页。

［22］［23］［31］［32］［33］［34］［35］［36］［39］［40］［43］［44］［45］［46］〔清〕皮锡瑞：《经学通论·书经》，北京：中华书局，1954年，第59，48，50，50，50，51，51，48，90，90，90，91，91，91页。

［25］［26］〔汉〕司马迁：《史记》，北京：中华书局，1982年，第3124—3125，134页。

［27］〔汉〕王充：《论衡》，上海：上海人民出版社，1974年，第425页。

［28］〔宋〕朱熹撰，朱杰人、严佐之、刘永翔主编：《朱子全书（修订本）》第22册，第2372页。

［29］〔宋〕黎靖德编，王星贤点校：《朱子语类》，北京：中华书局，1986年，第3252页。

［30］〔春秋〕孔鲋：《孔丛子》，北京：中华书局，1985年版，第156页。

［37］〔元〕吴澄：《书纂言·目录》，《景印文渊阁四库全书》第61册，台北：商务印书馆，第6页。

［38］〔清〕阮元著，邓经元点校：《揅经室集》，北京：中华书局，1993年，第77页。

［41］〔宋〕司马光编著，〔元〕胡三省音注：《资治通鉴》，北京：中华书局，1956年，第5532页。

［42］引自〔元〕吴莱：《渊颖集》，北京：中华书局，1985年，第308页。

［47］［48］［49］［50］［51］［53］〔清〕皮锡瑞：《经学通论·春秋》，北京：中华书局，1954年，第1，1—2，5，12，21—22，24页。

［52］参见〔清〕陈澧著，杨志刚编校：《东塾读书记·春秋三传》，上海：中西书局，2012年，第159页。

后论并记
——再谈儒学是一种"意义的信仰"

在我主编的《中国经学思想史》第一卷，其中第七章题目是《儒学是一种"意义的信仰"》，这一章是我撰写的，先前曾在《传统文化与现代化》杂志 1997 年第 3 期上发表。虽然如此，我自知这个问题还没有完全说透。余敦康先生生前曾多次对我说："儒学是一种意义的信仰，这是非常重要的命题，广辉你什么事情也不要做，你先把这个问题论证好。"我本人也有这样的认识，只是我思想一直陷入了一个误区，总想从哲学本体论的路径来解决，但一直苦于难以圆满证成。

近日思考经典文本本身的问题，突然灵光一现，觉得"意义"问题的论证不应该走哲学本体论的路径，而应该走经典诠释学的路径。

西方哲学一直把"世界第一性"的本体论问题当作哲学的根本问题，在回答此问题时，那些创造不同哲学体系和独到命题的学者被视为哲学家。反观中国古代文化，并没有"哲学"这个词汇，也没有相应的哲学学科。"哲学"这个词语以及哲学学科是最近一百多年才有的。学者用西方哲学范式来剪裁中国思想史料，并加以论列，于是有了《中国哲学史》这类著作。书中所述也多是古代学者的"哲学"思想，而非现代学者的"哲学"思想，因而长期以来，国内只有中国哲学史家，而少有当代的中国哲学家，这是因为这些学者大多没有提出自己的哲学体系和哲学命题。我自己也想朝这方面努力，但又觉得自己的思考力远远不够。

回想中国古代学者的思维方式，他们大多并未将"世界第一性"的本体论问题当作学术的首要问题来处理，《庄子·齐物论》说："六合之外，圣人存而不论。"其意是说，我们所能认知并加以讨论的是天地之间的事情，天地之外的事物虽然可能存在，但我们暂不讨论。这虽是庄子说的话，也基本是中国古代学者的共识。

那中国古代知识分子最重视什么？经典，以及与经典相关联的圣人。先秦诸子百家表现为"圣人崇拜"，而当汉代经学确立之后，便转向对圣人著述的崇拜，即"经典崇拜"。但经典文本的意义有待阐释，那些对经典意义阐释得充分并有许多发明的学者，如汉代的郑玄、服虔及宋代的二程、朱熹便有了准圣人的待遇。他们的解释著作的重要性有时甚至超过经典文本，所谓"宁道孔圣误，讳言郑、服非""六经尊服、郑，百行法程、朱"，反映的就是这种情况。

表面上看，传统知识分子平时最看重和尊崇的是圣人、经典以及对经典的权威解释，但从本质上看，他们最重视的乃是圣人、经典、经典权威解释所承载的"意义"。这种"意义"是他们认同的共识。这些共识中的思想核心，便是诸如"民本""德治""修身""孝道""仁爱""中和""诚信""大一统""协和万邦""天人合一"等理念，这些理念曾被人讥讽为儒者的"老生常谈"。但从今日观点看，这正是中华民族的核心价值观所在，是儒者"孜孜矻矻"一直守护，不能动摇和改变的。正如韩愈所说："自古圣人贤士，皆非有心求于闻用也。闵其时之不平，人之不义，得其道，不敢独善其身，而必以兼济天下也。孜孜矻矻，死而后已。"（韩愈《谏臣论》）圣人贤士所守护的这些核心价值就是中国人"意义信仰"的实质内容。这种信仰实际上是一种人文信仰，与世界上其他宗教神学信仰有本质的不同。宗教神学信仰将"神"或"上帝"作为目标本身，而中国人的"意义信仰"是把"民本""德治""修身""孝道""仁爱""中和""诚信""大一统""协和万邦""天人合一"这些理念作为家国情怀与理想追求。虽然在中国文化中也有"神""上帝"的概念，但它只是"敬畏"意识建构的工具，其终极目的乃是服务于民众的思想教化，而不是要建构一种宗教化的神学信仰体系，正如《易经·观·象传》所说"圣人以神道设教，而天下服矣"。

当然，单单只提中华文化核心价值观的几个理念，那未免太过于简约化了。正如司马迁《史记·太史公自序》所说："《易》著天地、阴阳、四时、五行，故长于变;《礼》经纪人伦，故长于行;《书》记先王之事，故长于政;《诗》记山川、溪谷、禽兽、草木、牝牡、雌雄，故长于风;《乐》乐所以立，故长于和;《春秋》辨是非，故长于治人。是故《礼》以节人，《乐》以发和，《书》以道事，《诗》以达意，《易》以道化，《春秋》以道义。拨乱世反之正，莫近于《春秋》。《春秋》文成数万，其指数千。"六经各有许多大小义理，仅《春秋》一经就有大小义理数千。"文成数万"是就《春秋》经的字数言的;"其指数千"，是就《春秋》经的指归及义理而言的。儒学大的义理或有十几个、几十个，而小的义理就难以缕数了。儒家学者所要做的，就是将经典当作富矿，从中发掘和研究有价值的思想资源，以此作为精神的财富和行为的指南。这是经学研究的最终目的。而从研究方法而言，经学研究的考据（包括文字、音韵、训诂、历史、地理等）与义理（哲学、伦理学、政治学、心理学等）方法本身可以分化成不同的学问和学科，共同构成"意义信仰"的学问研究和理论探讨的平台。所以，在传统文化中，无论儒家学者做什么研究，都在他们的心中高悬一个"意义信仰"，及由经典研究所启示的对天道、人道的"意义"追求。

在中国文化中，有"大传统"与"小传统"之说。"大传统"指文化精英所代表的儒家主流文化。这部分人基本是人文主义者，他们尊重"天地君亲师"，是因为他们是生养培育自己的施恩者，是自己报恩的对象，中国许多人是无神论者，或者神明观念比较淡薄。这也就是说，"天地君亲师"是观念式的，不是偶像式的。观念只在人们的心中，并非彼岸世界的一种神明存在。"小传统"则是指各种民间信仰，它包括佛教、道教以及其他各种民间鬼神宗教。这一类信仰，我们可以将之归类为宗教神明的偶像崇拜。但就中国文化的主流而言，是以儒家文化为主导的人文信仰，而非宗教鬼神信仰。

人文信仰是一种人本主义信仰，而不是神本主义信仰，人是为人本身而活着，不是为上帝或神活着。这就排除了各种神学宗教信仰体系。

西方14世纪以后的文艺复兴和启蒙运动，冲破中世纪天主教以神为中心，以天堂和来世为精神寄托，以禁欲主义为道德戒律的思想束缚，提出"自由""平等"和"社会契约"等思想，强调现世生活的意义，以对人的肯定来反对对神的屈从。

而在中国，在与西方社会相对应的时段中，那种中世纪宗教统治的所谓"千年黑暗"以及其后的要求自由、平等社会思潮都未出现，与这两种较为极端的情况相比，中国人的精神世界与社会生活毋宁说是一种"中庸"的状态。

抛开西方那种特定范式的人本主义，中国人的社会生活一直是以人为本，而非以神为本的。虽然在中国文化中一直有神的位置，但这些神是服务于人们的政治和社会生活的，所谓"天视自我民视，天听自我民听"（《尚书·泰誓中》）。

如果说"上帝"是西方宗教思想的核心，那"圣人"则是中国人文思想的核心。"圣人"是人不是神。如前所述，在汉代以后，人们对"圣人崇拜"转入对圣人所删述整理的上古典籍的崇拜，即经典崇拜。中国先哲一直热衷探讨人间真谛，探讨人生的意义，他们坚信人间真谛、人生意义即在圣人删修整理的经典中。他们通过经典诠释的手段，来发掘经典的"微言大义"。因此对人生意义的信仰，便转化为对经典意义的阐释。这是古代许多大儒竭尽一生精力进行经典诠释的根本原因。

荀子曾经说："《礼》之敬文也，《乐》之中和也，《诗》《书》之博也，《春秋》之微也，在天地之间者毕矣。"在他看来，天地间的真理都蕴含在儒家经典之中，这不是荀子一人的看法，而几乎是所有儒者的看法。当时以及后世的观念就是如此，而从现代人的视角看，这种思想肯定有其自我封闭的局限性。

但是，这个问题也有突破的办法，并且两千多年来一直都在运用。那就是，通过经典诠释来发掘、创造新的意义。其办法就是经典文本、诠释主体、社会需要、历史阶段四者的互动。

从经典文本的数量说，从汉代的五经到北宋时期的十三经注疏，经典的数目和字数是大大扩大了。经典已经不限于孔子删修整理的"五经"，后世著名的传注和疏本被纳入经典的范围。

从诠释主体来说，自汉代以后，参与儒家经典注疏的经学家至少有数千家之多，仅清代朱彝尊《经义考》一书，就列出了八千多种经学著作。其中最著名的经学家如郑玄、服虔、程颐、朱熹等人具有了准圣人的地位。

从社会需要说，经学家通过诠释活动完全可以加进原来经典文本中没有的内容。其中表现特别突出的就是对《春秋》经的诠释。比如《春秋》公羊学所讲的"大一统""通三统""张三世"等思想就是汉代春秋公羊学派所添加进来的内容，这些新加进的内容被说成是孔子的"微言大义"。到了清代，由于学者立场不同，以及随着清朝政权稳固、西学传入等客观形势的变化，在《春秋》"华夷之辨"问题上便有"攘夷""变夷""进夷"的不同诠释。学者通过这种诠释引导人们适应已经变化了的外界客观形势。

从历史阶段说，先秦诸子时代具有理性主义的特征。孔子后学即所谓"七十子"对孔子思想所作的解释都具有理性主义的特点，这一点从《礼记》一书所收七十子文献可以看出来。到了汉代，则出现了以董仲舒《春秋繁露》为代表的神学化儒学，其后更有所谓谶纬之学出现，纬书一度大行其道，我们可以将之视为造神运动。另一方面，汉儒在解经上带有强烈的礼教化的特点，如齐、鲁、韩三家诗以及毛诗对《诗经》的解释就是如此。此外，儒者解经对于当时天文、历法、音律等科学知识极尽牵强附会之能事，作了许多不必要的联系，如郑玄《周易》象数学的"爻辰说"就是如此（参见惠栋《易汉学》）。到了魏晋时期，以王弼、韩康伯为代表的《周易注》所开创的周易义理派，一扫汉代各种象数学体系，解经以人事为主，其后成为易学发展的主流。但其学有时带有以无为本的玄学特色，被四库馆臣评为"尽黜象数，说以《老》《庄》"。这一倾向到宋代得到了纠正，而有胡瑗、程颐为代表的儒理宗的形成。宋代解经有回归先秦理性主义的特点。一方面解经有明显求真的倾向，如朱熹等人对《古文尚书》二十五篇伪作的质疑，对《诗经》部分诗篇教化意义的解构等。另一方面却又制造了新的伪案，如对邵雍等人《先天图》一类伪托作品的肯定，以及对于道统论的杜撰等。到了清代，解经的求真精神得到进一步发扬，代表作则有阎若璩的《尚书古文疏证》、胡渭的《易图明辨》和方玉润的《诗经原始》等。而另一方面，汉代经学又得以强势回潮，如惠栋、焦循、张惠言等人所代表的

《周易》象数学即是。

如上所言，尽管经典诠释有适应时代形势变化的特点，但有一些核心价值观却相当稳固，如前面所说的"民本""德治""修身""孝道""仁爱""中和""诚信""大一统""协和万邦""天人合一"等理念便是学者牢牢守护的核心价值观。中华民族正是靠这些理念和准则对待和处理各种关系。这也便是我所说的"意义的信仰"。这种意义的信仰是通过经典诠释的方式来完成意义的证成和建构的。这部《中国经学史》记录了中国经典意义证成和建构的两千余年历程。

这部《中国经学史》是我个人的一部学术专著，历时十载完成。以一人之力要完成《中国经学史》这样重大的课题，无论在古代和现代，都是一个巨大的挑战。在《中国经学史》撰写规划中，其中有些人物章节对我来说也是生疏和全新的。这是有很大压力的。同时在这十年中，我先后带有二十余名硕博士生，我要求他们每人通一经，这对初涉经学的学生来说，也是有压力的。我既要完成课题，又要指导学生写论文，在时间和精力上就有双重的压力，因而时常处在一种矛盾中。在教学与写作的过程中，我深刻理解了古人所说的"教学相长"的道理。我在实际工作中尽力将完成课题与培养学生两者统一起来。在指导学生的同时，我自己先有一个学习过程，学生的深入研究则可补充和丰富我原有的知识。甚至有时候从学生搜集的材料中产生灵感，写出具有创新性的论文来；或者指导学生按我提出的思路和架构进行撰写。结果在悉心指导学生撰写论文、完成学业之后，也在我的研究课题中得到了学生的辅助和反哺。从这个意义上说，这部著作也是师生共同完成的作品。

在本书即将出版之际，对业师邱汉生先生的怀念萦于心头。邱先生一直有写一部《中国经学史》的愿望，因抱病在身而力不从心。在他去世之前，我去医院看望他，劝他安心养病，他要写一部《中国经学史》的心愿，将来由我们弟子来完成。为了这一句承诺，我专研经学三十年，在这部《中国经学史》之前，我已经主编、主撰了《中国经学思想史》《新经学讲演录》《中国文化的根与魂》《义理与考据》《易经讲演录》《诗经讲演录》《论语讲习录》，点校了梅鷟《尚书考异》《尚书谱》等经学方面的著作。当最后一遍看完这部《中国经学史》清样后，回顾这三十年来的学术经历，自思当初作出的一个承诺，应该是一种偶然性，而信守践行这个承诺，则成了我的心念。现在书已完成，可以告慰和纪念业师，同时它也造就和实现了自我。此时我似乎觉得，自己就是为经学和经学史而生的。

中国近百年来，经学衰而哲学兴。"哲学"概念来自西方，中国哲学史虽然出了许多部，但都是按西方哲学范式剪裁中国思想史料而写成的，写得再好，终难摆脱"西哲"的"跟班"、矮人一头的阴影。而本民族两千多年的经学发展史却没有写好，蕴藏在经学史中的民族文化的主体精神和核心价值观却没有阐扬出来，这是我三十年来一直思考的问题，并一直以"筚路蓝缕，以启山林"的精神去努力开拓它。杜甫说："文章千古事，得失寸心知。"但愿此心能与学界同仁心灵犀通。

此书稿完成后，肖永贵和唐陈鹏对整个书稿作了统一体例、校对引文、标注出处等完善工作。四本初校样印出后，普庆玲、肖永贵、唐陈鹏、秦行国各校对了其中一编。

此书是 2010 年国家社会科学基金重大项目的最终研究成果。此书出版得到了湖南大学、岳麓书社以及国家出版基金的积极支持，在此一并感谢。

此时此刻，有很多要表示感谢的话写在后面。而最需要感谢的是我们共同拥有的这个时代。中国自古就有"盛世修史"的传统。在今天这样一个安定康裕的繁荣盛世中，感动于国民对于国学的热爱与热衷，作为学者有幸能徜徉在当代齐备的文献数据库中，我们才有可能利用这些宝贵资源写出好的学术著作。当此书即将面世之际，我唯一所想的是，但愿我的辛勤努力不负这个伟大时代。倘如此，无悔此生。

姜广辉

初稿 2022 年春

定稿 2022 年秋，时年 74 岁

于湖南大学岳麓书院